인간시대 르네상스

인간시대 르네상스

지은이 | 박홍규

1판 1쇄 펴낸날 | 2009년 11월 20일

펴낸이 | 이주명
편집 | 문나영
출력 | 문형사
종이 | 화인페이퍼
인쇄·제본 | 한영문화사

펴낸곳 | 필맥
출판등록 제300-2003-63호
주소 | 서울시 서대문구 충정로2가 184-4 경기빌딩 606호
이메일 | philmac@philmac.co.kr
홈페이지 | www.philmac.co.kr
전화 | 02-392-4491
팩스 | 02-392-4492

ISBN 978-89-91071-72-8 (03900)

* 잘못된 책은 바꾸어 드립니다.
* 값은 뒤표지에 있습니다.

이 도서의 국립중앙도서관 출판시도서목록(CIP)은 e-CIP 홈페이지(http//www.nl.go.kr/cip.php)에서
이용하실 수 있습니다.(CIP제어번호: CIP2009003442)

인간시대 르네상스

박홍규 지음

필맥

머리말

나는 모든 사람이 개인적으로 자유롭고 사회적으로 자치하면서 자연과 조화롭게 사는 것이 옳다고 믿고 있다. 개인의 삶은 신이나 집단 등에 의해 결정되는 것이 아니어야 하고 그런 것들로부터 자유로워야 하지만, 동시에 사회적으로 언제나 타인과 함께 자치하고 자연과 조화를 이루며 자연적으로 존재해야 한다. 나는 이런 생각을 자유―자치―자연의 3자주의라고 부르고, 이것이 모든 인간이 주인이 되는 민주주의의 실질적 내용이라고 생각한다. 3자주의를 최소한의 내용으로 갖지 못하는 민주주의는 형식적인 허울만의 민주주의에 불과하다. 지금 한국의 민주주의가 그렇다.

14~16세기의 르네상스 시대는 우리가 사는 현대처럼 모든 인간이 아닌 일부 인간만이 주인인 비민주주의 시대였지만, 그 전인 중세에 인간이 아닌 신이 주인이라고 했던 것을 부정하고 인간이 세상의 중심이라는 생각(휴머니즘)에 입각해 자유―자치―자연이 존중되는 사회를 추구하며 유토피아를 꿈꾸었다는 점에서 명실공히 근대의 시작이었다. 그 유토피아는 무엇보다 유럽 밖에서 만난 원주민

의 삶을 보고 꿈꾼 것이었으나, 동시에 그 원주민을 착취하는 제국주의와 자연정복이라는 악몽의 디스토피아를 낳기도 했다. 따라서 나는 르네상스를 '중세와 달리 자유—자치—자연을 추구해 유토피아를 꿈꾸었으나 제국주의와 자연정복으로 타락한 14~16세기의 서양문명'으로 정의한다(르네상스에 대한 종래의 견해에 대해서는 이 책의 부록에서 설명한다).

르네상스에 대한 이런 정의는 지금까지 국내외에서 나온 다른 어떤 정의와도 다르다. 우선 그 본질을 '중세와 달리 자유—자치—자연을 추구'한 것으로 보는 점이 다르고, '유토피아라는 꿈'과 '제국주의와 자연정복이라는 악몽'을 그 '이상과 현실'로 대비시키는 점도 다르다. 특히 나는 유토피아라는 서양의 꿈은 비서양 세계에서 건너간 것이라는 점을 강조하고 싶고, 그럼에도 서양은 비서양을 침략하고 자연을 정복하는 길로 나간 역사적 모순을 고발하고자 한다.

그동안 르네상스라고 하면 고대의 문예(특히 미술)를 부흥시킨 움직임이라고 보고 그것을 찬양하는 데 급급하는 태도가 일반적이었다. 그러나 나는 서양 중심의 서양 찬양에 지나지 않는 그러한 르네상스관을 철저히 비판하는 입장에서 이 책을 쓴다. '나는 자유다'라고 요약할 수 있는 르네상스의 인간관에 대해서는 1부에서, '우리는 자치한다'라는 르네상스의 사회관에 대해서는 2부에서, 르네상스의 꿈인 '유토피아'에 대해서는 3부에서, 르네상스의 악몽인 '제국주의와 자연정복'에 대해서는 4부에서 각각 다루기로 한다.

이 책에서 내가 일관되게 주장하고자 하는 것은 르네상스의 본질이라고 할 수 있는 다양성과 보편성 사이의 지적 긴장이다. 그것은 개인의 자유, 사회의 자치, 자연과의 조화라는 가치를 추구하는 과정에서는 당연히 생기는 것이다. 내가 말하는 자유—자치—자연의 3자주의란 최소한의 보편적 합의를 위한 틀이며, 그 속에서 뒤섞이는 다양성을 담아내면서 보편성으로 걸러 내어주는 틀이다. 다양성이란 다양할 수밖에 없는 인간과 문화의 다양성을 뜻하고, 보편성이란 누구나 인정할 수밖에 없는 인간성과 문화의 보편성을 뜻한다.

나는 이런 기본적 틀을 확고하게 만들어주는 르네상스가 지금의 우리에게 필요하다고 생각하며, 그러한 르네상스를 가능하게 하기 위해서는 우리가 인간해방과 자유—자치—자연에 대한 믿음을 가져야 할 필요가 있다고 생각한다. 그러나 내가 보기에 역사상의 르네상스는 다양성과 보편성을 추구하는 자유로운 개인들이 사회적으로 자치를 하며 자연과 조화를 이루려고 하는 지적 운동으로 시작됐다는 점에서는 옳았지만 그것이 유럽 이외의 문명은 배제함으로써 결국은 제국주의와 자연정복에 이르렀다는 점에서는 유럽의 실패였을 뿐만 아니라 세계에 비극을 초래하고 인류사에 큰 문제를 초래했다. 르네상스에 대한 이러한 이야기는 내가 아는 한 그다지 일반적이지는 못하므로 나만의 '색깔'을 가진 르네상스관이라고 해야 할 것이다.

이 책은 내가 앞으로 계속 펴낼 '사상과 예술 이야기' 시리즈의 한 권이다. 이 시리즈는 위에서 말한 자유—자치—자연의 3자주의에 입각해 인류의 사상과 예술을 비판적으로 훑어보려는 시도다. 불교, 유교, 기독교는 물론이고 고대 그리스로마문화에서부터 중세와 르네상스를 거쳐 현대문화에 이르기까지 위대한 사상과 예술 가운데 자유—자치—자연을 추구하지 않은 것은 없었다.

물론 반대로 자유—자치—자연을 부정하는 사상과 예술도 있었고 그런 것들이 위대한 사상과 예술로 찬양되기도 했지만, 나는 이를 잘못된 것이라고 보아 그 가치를 부정한다. 가령 고대 그리스의 소크라테스, 플라톤, 아리스토텔레스를 비롯해 현대 서양의 사상가인 마르크스, 니체, 프로이트, 그리고 예술가인 바그너, 릴케, 피카소 등의 사상과 예술을 나는 부정한다. 이는 대표적으로 비판돼야 할 사람들의 예를 든 것에 불과하고, 그 밖에도 재평가돼야 할 사람들은 많다. 이러한 재평가 작업에 동반자가 되어주는 필맥의 이주명 대표와 문나영 편집팀장에게 깊이 감사한다.

2009년 11월 박홍규

차례

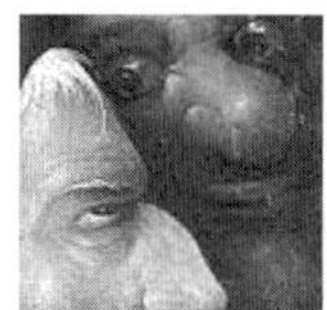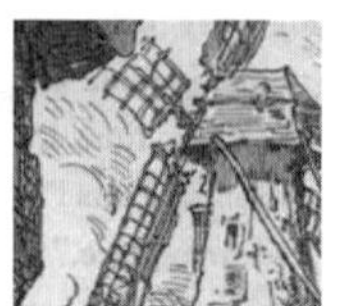

*

프롤로그: 르네상스를 '인간시대'로 다시 보기

지금까지 르네상스는 고대 문예의 부흥이라는 14~16세기의 이탈리아 미술 중심으로 찬양돼왔다. 이와 달리 나는 르네상스를 자유−자치−자연의 유토피아를 추구했지만 제국주의와 자연정복으로 타락한 14~16세기의 인간시대로 본다.

르네상스는 '문예부흥'이 아니라 '인간시대'다

인류의 역사를 어떻게 보아야 할까? 그 하나의 방법이 시대구분이다. 그중 가장 전통적인 것이 고대−중세−근대라는 3분법이다. 이는 이 책의 1장에서 소개되는 페트라르카가 만든 시대구분이다. 페트라르카는 자신이 저주받을 중세 말에 살고 있다고 의식하면서 자기 뒤에 올 시대는 찬란했던 고대의 재생(르네상스)이어야 한다고 생각했다.

페트라르카는 자기의 시대를 비판하는 차원에서 역사를 그렇게 본 것이었지 역사 전체를 그렇게 구분하는 것이 반드시 옳다고 본 것은 아니었다. 그러나 그 뒤로 사람들은 고대−중세−근대라는 3분법으로 역사를 보아왔다. 즉 페트라르카가 살았던 14세기 이전을 중세, 그 이후를 근대라고 보아온 것이다. 이런 시대 구분이 반드시 옳다고 할 수는 없겠지만 가장 일반적인 것이 된 것은 사실이다. 서양인들은 아직도 페트라르카처럼 생각한다. 서양인이 아닌 나는 그것이 반드시 옳다고는 생각하지 않지만 이 책에서는 그런 시대구분에 따르도록 하겠다.

이에 따르면 중세는 신이 중심인 시대, 근대는 신이 아닌 인간이 중심인 시대이며, 고대는 원시시대부터 중세 이전까지를 말한다. 그런데 최근에는 현대를 다시 근대와 현대로 구분하는 것이 일반적이다. 보통 근대는 14~18세기, 현대는 19~20세기로 본다. 나는 근대를 다시 14~16세기의 '인간시대(르네상스)'와 17~18세기의 '계몽시대'로 나눌 수 있다고 본다. 이 책에서는 이런 방식으로 역사를 구분해 설명하도록 하겠다.

14~16세기의 르네상스 인간시대에는 예술은 물론이고 학문까지 포함하는 광범한 문화운동이 전개됐을 뿐만 아니라 더 나아가 정치, 경제, 사회의 전반, 그리고 자연세계에까지 걸쳐 커다란 변화가 있었다. 그런 변화의 요인 중에 그리스 로마 문명의 재발견이 포함지만 그것이 전부는 아니었다. 따라서 르네상스를 단순히 고대문명의 '부흥'으로 보아서는 안 된다. 또한 문화는 물론이고 정치, 경제, 사회의 전반에 걸쳐 커다란 변화가 있었으니 르네상스를 '문예'라는 것에 한정시키는 것도 적절하지 않다.

따라서 르네상스를 '문예부흥'이라고 번역하는 것은 옳지 않다. '문예'란 문학과 예술을 가리키는 말이고, 일제시대 이후로 학교에서 문예반이란 주로 문학 취미를 가진 학생들의 특별활동을 가리키는 말이었다. 부흥이라는 말은 1950년대에 부흥부라는 중앙부서가 설치되면서 널리 사용된 말인 듯하지만 지금은 부흥회라는 종교적인 행사를 지칭하는 경우 외에는 그리 사용되지 않는 말이 됐다.

'르네상스'란 원래 프랑스 말로 '재생', '재흥', '재활', '부활', '부흥' 등의 뜻을 갖고 있다. 그런데 '부흥'이라는 말만으로는 무엇이 부흥한 것인지를 알 수 없다. 르네상스라고 하면 흔히 고대 그리스로마 '문예'의 '부흥'이라고 하지만 르네상스는 반드시 그것에만 그친 것이 아니었다. 고대의 재발견은 새로운 것을 만들어내기 위한 하나의 수단에 불과했다. 즉 새로운 정신과 감성을 표현하기 위해 '고대'의 형식과 내용을 당대에 적응시킨 것이었다. 그러나 이러한 점도 이탈리아의 르네상스가 보여준 특징이었지 북유럽의 경우에는 반드시 그렇지도 않았다. 물론 북유럽에서도 새로운 경험을 표현하기 위해 새로운 형태를 모색하는 움직임은 있었다.

이러한 변화의 공통분모는 '고대의 재발견'이 아니라 '개인인 나와 우리의 새로운 발견'이었다. 사상에서든 정치에서든 미술에서든 문학에서든 인간은 오직 신에 의해 희롱당하는 존재이거나 자연의 질서에 따르는 모든 사물 가운데 하나에 불과한 존재라는 관념이 거부되고, 인간은 개인인 '나'와 '우리'로 존재한다는 사실에 커다란 가치가 주어지기 시작했다. 그러한 새로운 인간상은 각각의 개인으로 하여금 공적인 영역과 사적인 영역을 불문하고 전통의 틀에서 벗어나 스스로 세계를 인식하고 독자적인 삶을 창조할 수 있게 했다.

나아가 새로운 인간상은 인간 자신만이 아니라 인간들의 사회는 물론이고 물질적인 자연세계도 각각의 시간과 공간 속에서 특이성을 가진 것으로 인식하게 했다. 그 결과 하나의 사회나 국가는 물론이고 하나의 인물이나 풍경, 하나의 옷이나 집 등 하나하나의 대상이 모두 일반적인 범주에 의해서만 설명되는 것이 아니라 그 각각이 독립적으로 실존하는 것으로 파악되게 됐다. 그리고 이런 관점은 그 반대물을 배제하는 것이 아니라 모든 개별적 존재의 다양성을 횡단하는 보편성을 추구하는 것을 통해 모든 존재 사이의 균형을 찾고 유지하려는 것이었다.

이처럼 르네상스를 단순한 '부흥'이나 '재생'이 아니라 새로운 '시작'이나

'탄생' 또는 '새벽'이나 '봄'이라고 보는 경우에 그 핵심은 새로운 인간관인 휴머니즘이다. 독일의 철학자 에른스트 블로흐(1885~1977)는 르네상스에 대해 "인간의 뇌리에 한 번도 제대로 떠오른 적이 없었던 것"이며 "하나의 새로운 탄생"이라고 말했다. 이런 관점에서 그는 알베르티(1404~1472)가 "인간은 무엇보다도 행동하기 위하여 창조된 존재이며, 인간의 사명은 한마디로 유용성이다"라고 한 말, 그리고 후텐(1488~1523)이 "탐구하려는 행위들이 찬란하게 만개하고, 정신들은 서로 부딪치고 있다. 그것은 다름 아니라 삶에 대한 욕구다"라고 한 말에 주목한다.

르네상스는 생각하는 인간인 호모 사피엔스(homo sapiens)와 달리 행동하고 창조하는 인간인 호모 파베르(homo faber)를 탄생시켰다. 호모 파베르는 페트라르카나 다 빈치를 비롯한 르네상스 예술가들에게서 보듯이 예술작품의 창조자일 뿐만 아니라 생산수단의 발명자이기도 하고, 에라스무스나 마키아벨리를 비롯한 르네상스 사상가에게서 보듯이 행동하는 인간이며, 라블레나 세르반테스의 작품에 나오는 주인공들과 같이 개성적인 인간이기도 하다. 이는 종래의 천편일률적인 인간, 즉 공손하지만 엄격한 상류층이나 농노, 시민 같이 판에 박힌 인간과 달랐다. 또 광대한 세계로 과감하게 나아간 르네상스는 지리적으로 지동설에 의해 세계를 확장하고 자연을 재인식했다. 중세에 악마적 대상이었던 자연은 원근법으로 그려진 풍경으로 재현됐다. 그리고 수학과 함께 자연과학이 등장했고, 자연법과 함께 국가이론이 등장했다.

이는 정치경제적으로 도시의 시민계급이 절대권력으로 변화한 국왕세력과 함께 중세의 기사계급이 장악하고 있었던 봉건적 구조를 파괴한 결과였다. 봉건경제는 이탈리아에서 가장 먼저 파괴됐다. 이탈리아에서는 메디치가에 의해 은행이 창설되고 대규모 제조업 공장이 가내수공업을 몰아내면서 초기 자본주의가 싹

트기 시작했다. 이와 함께 개인의 자의식이 생겨나고, 이는 사람들로 하여금 중세의 봉건적 신학에 근거한 폐쇄적 세계에 갇혀있기보다 광대한 세계로 과감하게 나아가게 했다.

그러나 주의할 점은 적어도 역사적 현상으로서의 르네상스를 그 앞 시대인 중세와 완전히 단절된 것으로 보아서는 안 된다는 것이다. 단절된 역사라면 그것은 이미 역사가 아니다. 그러나 그렇다고 해서 새로운 시대를 어떤 두 시대 사이에 삽입된 단순한 중간이라고만 보아서도 안 된다. 르네상스 역시 당연히 그 전후 시대와 밀접한 관련이 있는 시대였다. 특히 르네상스 시대는 중세의 신으로부터 완전히 해방되지도 못했고, 신분적 계급질서로부터 완전히 해방되지도 못했다. 그러나 그러면서도 르네상스 시대에 상당한 정도의 인간해방이 분명히 이루어졌다.

더욱 중요한 점은 유럽의 르네상스가 '나'와 '우리'의 발견으로 시작됐으나 유럽 이외의 다른 '나'와 '우리'를 인정하지 않아 나중에 제국주의와 자연정복으로 타락했다는 것이다. 르네상스 이전에는 유럽이 중국이나 아랍에 비해 후진적이었다. 1300년 이후 유럽에서 정착촌이 확대되고 인구가 급증하기 시작한 뒤로 식량을 생산하기 위한 새로운 땅이 계속 필요해져 유럽인들은 자연을 파괴하고 식민지 정복에 나섰다. 흔히 유럽의 제국주의는 19세기부터 시작됐다고 생각하지만 제국주의 침략은 영국의 경우 그보다 훨씬 전인 12세기에 아일랜드 침략으로 시작됐고, 15세기 후반 이후의 소위 지리상의 발견을 계기로 본격화됐다. 1700년에 이르면 100만 명의 유럽인이 해외에 거주하기에 이르렀다고 추정되는데 이는 그들의 본래 거주지역 인구의 30명 중 1명에 해당하는 수치였다. 당시에 그들의 해외 원주민 학대는 라스 카사스를 다룬 이 책의 17장에서 설명하겠지만 너무나도 야만적인 것이었다. 당시 유럽의 제국주의는 해외 원주민을 학살하고 그들의 문명과 자연환경을 파괴했다. 뿐만 아니라 그 과정에서 유럽의 자연도 파괴됐다.

왜 지금 르네상스를 말하는가?

왜 지금 여기서 르네상스인가? 우리가 왜 군이 르네상스를 살펴보아야 하는가? 14~16세기 유럽의 르네상스가 21세기 한국과 도대체 무슨 상관이 있다고 우리가 그것을 살펴보아야 하는가? 그 14~16세기에 한반도만이 아니라 동양, 나아가 대부분의 비서양 세계 사람들에게 르네상스란 아무 상관도 없는 것이었고, 그 뒤 4~5세기 동안에도 그러했다. 그러니 21세기의 한국인에게 르네상스는 아무 상관도 없는 것이라고 해도 과언이 아니다. 이탈리아 여행을 가거나 14~16세기의 이탈리아나 유럽의 르네상스를 공부하거나 그런 것을 소개해서 돈을 버는 일을 하는 등의 이유로 상관이 있는 사람들도 있겠지만, 그들 역시 그런 특별한 이유가 아니면 일반적으로는 무관할 수밖에 없다.

여기서 내가 문제 삼고자 하는 것은 우리가 르네상스를 알아야 하는 일반적인 이유, 보편적인 이유다. 우리는 학창시절에 교과서를 통해 르네상스를 배웠다. 왜 그래야 하는가? 우리는 그 이유도 모르고 그 시대의 유명한 사람들이나 예술작품들을 무조건 암기하고는 르네상스를 알게 됐다고 생각하지 않았던가? 그러나 이제 진지하게 물어보자. 왜 지금 우리가 르네상스를 알아야 하는가?

르네상스라는 말이 역사적 시대구분의 용어로 사용된 것은 19세기 스위스의 역사가인 부르크하르트(1818~1897)가 1860년에 《이탈리아 르네상스의 문화》를 펴낸 뒤라고 할 수 있다. 그는 이 책에서 14~16세기 르네상스 시대에 이탈리아에서 고대 그리스로마의 예술과 학문이 재생되어 그 앞의 중세와는 다른 가치관인 세속주의, 합리주의, 개인주의가 생겼다고 보았다. 중세에는 신비주의, 비합리주의, 집단주의가 지배적이었다는 것이다.

이러한 부르크하르트의 견해가 과연 옳은 것이냐에 대해서는 이 책의 마지막에 실린 부록에서 다시 살펴보도록 하고, 여기서는 그런 견해가 부르크하르트 이래로 상식이 돼왔다는 점을 인정하면서 우리의 문제를 살펴보도록 하자. 먼저 서양의 중세를 지배했던 신비주의, 비합리주의, 집단주의가 지금의 우리에게는 어떠한가? 그런 것들이 21세기 한국을 지배하고 있다고 말할 수는 없을지라도, 가령 집단주의는 과연 우리와 무관한 것일까?

나는 21세기 한국사회는 대단히 집단주의적인 사회라고 본다. 개인보다도 집단이 우선이고 중심인 사회라고 생각한다. 그러면서도 한국은 대단히 반사회적이고 이기주의적인 사회이기도 하다. 개인이 자기의 삶을 결정하는 것처럼 보이지만 사실 그것은 이미 집단적으로(그것도 상업적으로나 정치적으로) 결정된 것이고, 사람들은 대체로 사회의 이익보다는 개인의 이익을 위해서만 이기적으로 살아가기 때문이다. 따라서 한국은 집단주의와 이기주의가 묘하게 결합된 사회이며, 이기적 집단주의 사회라고 부를 수 있을지도 모른다. 이런 의미에서 한국은 아직 진정한 인간해방을 맞고 있지 못하다. 집단은 해체되어 그 구성원들이 모두 개인으로 돌아가야 하고, 동시에 각 개인은 이기적 이익에 매달리기보다 사회로 돌아가야 한다.

또한 신비주의는 세속주의로, 비합리주의는 합리주의로 바뀌어야 한다. 한국사회는 대단히 세속적인 사회이면서도 종교는 물론 미신 등의 비과학적 사고방식이 어느 나라에서보다 창궐하고 있다. 한국사회는 대단히 합리적인 사회인 듯 보이면서도 동시에 지극히 비합리적인 사회이기도 하다. 따라서 모든 비합리적인 것은 철저히 해체되어 합리화돼야 하고, 모든 신비주의는 그 신비의 탈을 벗고 세속화돼야 한다. 이런 점에서도 우리는 아직 진정한 인간해방을 맞고 있지 못하다.

2009년에도 여전히 1945년의 해방이 문제가 되는 것은 단순히 친일문제를 해결하지 못한 탓이 아니라 인간해방이 완전하게 이루어지지 못한 탓이다.

내가 머리말에서 설명한 3자주의, 즉 자유-자치-자연을 존중하는 태도가 이러한 문제점을 좀 더 분명하게 부각시켜준다고 생각한다. 르네상스에서 본격적으로 시작된 그런 태도는 21세기 한국에서는 아직도 제대로 시작되지 못하고 있다. 나는 앞으로 이러한 나의 시각에서 르네상스에 대해 설명하고자 한다. 그러나 더욱더 중요한 문제는 앞에서도 말한 르네상스의 종말, 특히 제국주의라는 그 종말이다. 우리는 물론 이를 모방해서는 안 되는데도 최근 경제발전을 이유로 이를 모방하고자 하는 경향이 나타나고 있어 걱정이다.

나의 입장

이 책을 쓰는 2009년 말 현재, 천박하고 유치하기 짝이 없는 남한의 부자정치가들이 '잃어버린 좌익 10년' 운운하며 요행히 권력을 잡고는 그 전의 반공자본주의로 돌아가려고 안간힘을 쓰고 있다. 하지만 세계적으로 반공을 내세우고 자본을 찬양하던 냉전이 끝난 게 벌써 20년 전의 옛날이니 그들의 패망이야 삼척동자의 눈에도 뻔하게 보일 것이다. 그러니 그들의 행태를 더 이상 시비할 필요조차 없다. 한편 북쪽에서는 사회주의를 빙자한 독재 외에는 아무것도 모르는 가운데 봉건적 세습이 야만적으로 이루어지고 있지만 역시 냉전이 끝난 마당에 그 패망 역시 삼척동자의 눈에도 뻔하게 보일 것이니 그쪽의 행태에 대해서도 새삼스레 더 이상 시비할 필요조차 없다. 그러한 남북한의 권력이 모두 곧 끝날 것이고, 분명히 곧 끝나야 한다. 그러니 그 더러운 권력 때문에 더 이상 속을 썩일 필요가 없다.

그러나 그 더러운 권력의 지배 이전에 우리가 인간의 시대가 아닌 비인간, 반

인간의 시대를 살아왔고, 그 더러운 권력이 끝나도 그런 비인간, 반인간 시대가 그리 쉽게는 끝나지 않을 것이라는 점은 결코 좌시할 수 없다. 그 더러운 권력은 그런 우리의 비인간성에 근거한 것이니 사실 우리 모두가 그 원인이다. 권력은 우리의 더러운 피를 빨아먹고 사는 흡혈귀에 불과하다. 그 흡혈귀 가운데 하나는 총천연색으로 알록달록하고(최근에는 괴상한 녹색으로 위장하고 있지만) 다른 하나는 붉은 것처럼 보이지만 어느 것이나 권력절대주의인 것은 마찬가지다. 심지어 그러한 종류의 흡혈귀는 자본주의제였다가 공산주의제였다가 다시 자본주의제로 변태를 수없이 거듭하는 경우도 많다. 이는 그 어떤 주의라는 게 사실은 권력욕의 위장에 불과한 것이고 그 위장은 화려한 색깔의 타락한 사상과 예술에 의해 이루어짐을 증명한다.

권력 이전에 우리는 반인간, 비인간의 시대를 청산하고 인간의 시대로 돌아가야 하지만, 이는 단지 권력에 대한 비판으로만 가능한 게 아니다. 언론이 중요하지 않은 것은 아니지만 그것이 시대의 근본을 바꿀 수는 없고, 게다가 오늘의 타락한 언론은 시대를 타락시키는 데 앞장서고 있다. 따라서 더욱 근본적인 성찰이 필요하다. 반인간, 비인간의 시대의 반대인 인간의 시대는 적어도 다음 세 가지 원리 위에 서는 것이라고 나는 생각한다. 그것을 한마디로 말하기는 어렵지만 나는 3자주의, 즉 자유−자치−자연을 중시하는 것이라고 부른다. 그 반대는 구속과 방종−타율(억압)−인공(제도)이다.

첫째, '나'라는 인간이 살아가는 원리인 자유의 원칙이다. 이는 인간이라면 누구나 자유로운 의지와 선택에 입각해 행동해야 한다는 원칙이다. 이는 신이나 집단, 요행이나 운명이 모든 것을 결정하던 시대와는 근본적으로 달리 인간 각자가 자기의 모든 것을 스스로 자유롭게 결정한다는 원칙이다. 따라서 각자가 미신과 이데올로기, 돈과 권력과 명예, 면죄부와 복권, 조작된 대중문화와 상업적 서비스를 비롯한 모든 비인간적인 가치로부터 철저히 해방돼 자유로워야 하고, 특히 그 가치가 제도화된 것으로부터 자유로워야 하며, 자신의 경험과 감각과 사고에 따라 스스로 판단을 해야 한다. 이러한 원칙을 최소한의 보편성으로 하는 가운데 모든 인간은 각각 다르므로 다양한 존재일 수밖에 없고, 따라서 이러한 보편성과 다양성이 인간의 존엄성이라는 차원에서 당연히 인정돼야 한다.

둘째, '우리'라는 인간들이 함께 사는 사회를 스스로 만든다고 하는 자치의 원칙이다. 삶의 목적은 신, 우주, 국가, 정부, 계급, 가족, 지역, 혈연 등에 구속되는 것이 아니라 그 모든 것에서 해방된 '나'라는 자유로운 인간과 인간 사이의 자발적인 사랑과 그것으로 이루어지는 작은 자치사회, 서로 지배하거나 종속하는 관계가 아니라 함께 다스리는 자치를 원칙으로 하는 소규모의 사회를 이루는 것이다. 그러한 사회 역시 모든 비인간적인 가치로부터 해방돼 자유로워야 하고, 그 속에서 각 개인은 자신의 경험과 사고에 따른 판단에 입각해 자유롭고 평등하게 사회에 참여해야 한다. 특히 사람들이 개인의 차원에서 이미 자유롭다면 사회의 차원에서 중요한 것은 자유로운 인간들끼리의 평등한 관계다. 개인의 경우에는 자유가 가장 중요하지만 사회의 경우에는 평등이 더욱 중요하다. 그러나 평등 역시 모두가 기계적으로 동일한 상태를 가리키는 것이 아니라 각자의 다양성이 존중되는 가운데 각각의 개인이 똑같이 중요성을 인정받는 상태를 가리킨다. 평등은 동일이나 획일이 아니다.

셋째, 모든 인간이 '인류'라는 하나의 종, 나아가 '자연'이라는 하나의 환경에 속한다는 원칙이다. 이는 모든 인간은 물론이고 모든 생물이 자연 속에서 자유롭고 평등하다는 것이다. 자유와 평등을 전제로 하여 차별이 아닌 차이만이 인정돼야 하고, 이로부터 다양성이 인정돼야 한다. 여기서 자연은 위에서 말한 사회를 인간이 사는 세계가 아닌 모든 생물이 사는 세계로 확대한 것이라고 볼 수도 있으나, 사회는 물론이고 개인에게도 당연한 듯이 부여될 수 있는 비자연성에 대한 재검토를 위해 굳이 별도의 요소로 제시하는 것이다. 이는 곧 개인의 자유나 사회의 자치는 자연 속에서 자연과 조화돼야 한다는 뜻이며, 나아가 인간의 자유와 사회의 자치가 자연을 파괴하지 않고 존중하면서 자연스럽게 실현돼야 한다는 뜻이다. 그것이 원시주의나 반문명주의에까지 이르는 극단적인 것은 아니지만 이미 한계를 넘은 문명의 타락을 항상 경계하면서 자연으로 돌아가기를 요구한다.

이러한 세 가지 원칙은 '나'의 자유, '우리'의 자치, '세계'의 자연이라는 세 가지로 인간시대가 구성됨을 뜻한다. 그런데 자유와 자치와 자연은 어느 것이든 언제 어디서나 하나가 아니라 다양하되 보편성을 갖는다는 점에 주의해야 한다. 자유와 자치와 자연에 각각 대응되는 인간과 사회와 세계가 균질성이나 획일성에 의해서가 아니라 보편주의와 다원주의에 의해 움직이는 것임을 뜻한다. 보편주의는 어떤 것이 탐구의 출발점에서 미리 주장돼 타인에게 강요되거나 그 최종의 목표로 미리 결정되어 개인이 그 속에 매몰되는 것이 아니라, 누구나 타인과의 관계 속에서 서로 이해하기 위해 공통의 공간을 탐구하는 과정의 보편주의이므로 언제나 다양하게 나타난다. 간단히 말해 이는 서로 상대방의 차이를 인정하면서 서로의 보편성을 찾아서 대화를 계속하는 것이다.

그러나 이러한 원칙을 부정하는 반인간적, 비인간적인 것이 너무나 많다. 그중에서 가장 나쁜 것은 인간의 자유와 자율성을 부인하고 인간을 이념이나 집단으로 파악하고 차별하는 전체주의, 국가주의, 집단주의, 지역주의, 혈통주의, 파벌주의, 차별주의 등이다. 인종(민족), 계급, 이념, 자본 등을 인간의 결정요인으로 보는 파시즘, 제국주의, 공산주의, 자본주의, 상업주의 따위는 그 변종들이다. 이런 것들은 인간행위의 목적을 개인이 아닌 인종과 민족의 승리나 순결, 또는 계급이나 물질이나 소비의 승리와 독재 등으로 보고 그런 것들을 위한 개인의 희생을 당연시한다. 또한 그것들은 인간집단을 선악으로 구별해 가령 아리아인이나 백인이나 프롤레타리아는 선하고 유태인이나 비백인이나 부르주아는 악하다는 식으로, 또는 그 반대의 흑백논리에 의해 구분한다. 한국인은 선하고 일본인이나 서양인은 악하다, 또는 남한인은 착하고 북한인은 악하다, 또는 그 반대 등도 모두 마찬가지다.

이런 것들은 소위 과학주의와 결부되어 더욱 강화되기도 한다. 즉 그러한 이념들은 인간의 선택이 인간이 아닌 다른 것, 가령 경제(자본주의, 공산주의), 인종(파시즘, 제국주의), 무의식(정신분석) 등의 요인에 의해 무조건 결정된다고 보는 '과학적 법칙을 위장한 것'과 결부된다. 물론 이러한 요인들이 인간에게 중층적으로 작용하여 인간의 사고와 행동에 영향을 미치는 요인임은 분명하지만 인간에게는 그러한 조건들을 스스로 극복하는 능력, 즉 개선가능성이 있다고 보는 것이 인간해방의 관점에 맞다. 즉 인간의 자유는 무한하다는 것이 아니라, 그 한계를 넘어설 능력이 인간에게는 있다는 것이 인간해방의 기본이다.

인간해방에 어긋나는 또 하나인 이기주의는 '나'라는 인간의 자율성을 인정하지만 그 '자율'을 '개인이 개인으로 충족된다'는 의미로 해석하고 타인과 사회, 나아가 세계를 자기의 이기적 이익실현의 도구로서만 인정한다는 점에서 인간해방의 원칙에 가장 어긋난다. 모든 개인의 자유와 평등을 존중하는 사회원리로서의 개인주의와 구별되어야 하는 이기주의는 인간이 인간일 수 있음이 타인을 통해서라는 것을 부정하고, 자기를 자기 속에 폐쇄시키고 타인과의 대화를 거부한다. 즉 인간은 사회적 존재이고, 인간이기 위해 언제나 타인과 함께 자연을 필요로 하는 존재이며, 그 행복을 그 자체가 변하기 쉬운 존재인 타인과 자연에 의존하기 때문에 영원히 불완전한 형태로만 가질 수밖에 없지만, 그래도 행복을 추구하지 않고는 살 수 없다고 하는 인간해방의 원칙을 부정한다. 인간해방은 신이나 진리 같은 것은 인정하지 않지만 그것을 끊임없이 탐구하는 태도는 언제나 유지하며, 그러한 탐구를 불가능하게 하는 사태를 언제나 거부한다. 그래서 나는 인간 해방에 역행하는 남북한 정권에도, 국가보안법이나 북한 형법에도 반대한다.

나의 르네상스관

나는 이상의 취지에서 이 책을 쓴다. 즉 인간시대로서의 현대, 즉 우리 시대의 처음을 살펴보기 위해 르네상스에 대한 책을 쓴다. 우선 르네상스가 신이나 권력자나 집단을 우상시하던 미신의 시대인 중세에 저항하여 인간개인을 해방시켰다는 점에서 르네상스에 대한 이 책을 쓴다. 우리 사회에는 아직 신이나 미신을 믿는 사람들이 많고, 특히 집단이나 돈에 의존하는 경향도 너무나 강하다. 혈연—지연—학연으로 이루어지는 연고사회, 돈—권력—명예로 이루어지는 물질적 욕망의 사회라고 해도 과언이 아니다. 이래서야 인간사회, 민주사회라고 할 수 없다. 이런 상황에 저항하기 위해 나는 우리 인간의 해방의 원형, 우리 사회의 모태, 우리 인간 각자의 기본인 르네상스가 그렇지 않았음을 강조하기 위해 이 책을 쓴다. 어쩌면 우리는 아직도 그러한 르네상스를 제대로 경험하지 못했다는 이유에서 이 책을 쓴다. 우리는 아직 제대로 된 인간해방을 맞고 있지 못하다.

그런데 우리에게 르네상스란 무엇일까? 우리의 역사나 문화의 하나일까? 누구도 그렇게 말하지 않으리라. 그것은 세계사나 서양사의 일부이지 (한)국사의 일부가 아니라고 말하리라. 그러나 나에게 역사란 인간의 역사, 인류의 역사 그것일 뿐이다. 그 전부와 일부의 구별이야 있을 수 있겠지만 그 일부가 전부와 본질적으로 다를 수는 없다. 왜냐하면 나는 한국인임과 동시에 세계인, 즉 인류의 한 사람이기 때문이다. 따라서 르네상스는 우리 인류의 역사와 문화의 하나다. 그리고 그 인류에는 나도 당연히 포함되니 르네상스는 우리 한국인의 역사와 문화의 하나다.   따라서 그 르네상스인도 내 친구다. 르네상스인은 외국인, 그것도 오륙 백 년 전의 외국인이 아니라 내 친구이고 내 이웃이다. 나는 그런 느낌으로 이 책을 쓴다. 물론 어느 르네상스인이든 나를 친구라고 생각하지는 않았겠지만, 만일 어느 르네상스인이든 지금 이 땅에 살아있다면 나와 친구가 됐으리라고 믿는다. 물론 내가 좋아하는 르네상스인은 한정돼 있다. 진정한 친구는 그렇게 많거나 흔한 것이 아니다.

그러나 우리 사회에서 르네상스인을 그렇게 친구로 이야기하기란 쉽지 않다. 우리 사회에는 세계나 서양을 우리와 구별하는 묘한 민족의식이나 국가의식이 있기 때문이다. 우리가 세계와 접촉한 것은 그다지 오래되지 않았고 서양이 세계에 끼친 문제점이 많다고 생각해서다. 그러나 우리가 세계와 접촉한 지 오래되지 않았다고 해도 우리는 그전부터 이미 세계 속에서 살아왔으며, 서양의 문제점이 아무리 많다고 해도 우리는 약 백 년 전부터 우리의 전통을 헌신짝처럼 버리고 서양을 모방해왔다. 그러면서도 서양과 우리를 본질적으로 다르다고 구별하는 것은, 게다가 서양이 아닌 동양이 정통이라고까지 주장하는 것은 조선시대에 현실의 중국인 청을 사대하면서도 멸망한 명을 숭배하면서 소중화주의나 정통 유교국가임을 자처한 꼴과 전혀 다르지 않다. 즉 우물 안 개구리에 불과하다.

1세기 전부터 우리가 모방한 현대서양이란 적어도 5~6 세기 전부터 시작된 것이었고(그 뿌리는 물론 수 천 년을 더 거슬러 올라간다) 그것도 다양한 여러 나라, 여러 사람들에 의해 만들어진 것이었다. 그 가운데 일부인 르네상스도 마찬가지이므로 그것을 어떤 식으로든 한 마디로 말할 수 없다. 한 나라, 한 시대의 것으로도 설명할 수 없다. 지역에 따라, 시대에 따라 다르기 때문이다. 그야말로 시공간에 따라 변화무쌍했기 때문이다. 따라서 유일하게 가능한 것은 사람으로 말하는 것이다. 그것도 친구로 친숙하게 지내며 살펴서 말하는 것이다.

친구도 인간이니 변하기 마련이지만 인간보다 더욱 수명이 긴 역사나 문화는 당연히 변한다. 5~6세기 전에 시작된 현대서양도 그 생명이 다했다고 하는 말들이 무성하다. '모던'이라고 하는 그 현대서양이 이제 사라지고 그것과 다른 '현대 이후'라는 뜻의 '포스트모던'이 그 뒤를 잇고 있다는 것이다. '모던' 즉 현대란 지금 그 현재를 살고 있는 사람의 시대를 말하는 것이니 지금 우리가 사는 시대는 현대인 것이지 '현대 이후'일 수 없다. 그러니 그런 말을 함부로 해서는 안 되지만, 특히 학자란 자들이 그렇게 경망스러워서는 안 되지만, 자기 시대를 부정하고 싶은 욕망이야 누구에게나 있을 수 있으니 이해하도록 하자. 이 책에서 다루는 르네상스 사람들도 그랬다.

우리는 그 500~600년을 50년 만에, 아니 30년, 20년 만에 압축해 거쳤다고 자랑하고, 포스트모던도 마찬가지로 우리에게 이미 왔다고 자랑한다. 그러나 역사는 고무줄처럼 늘였다 줄였다 할 수 있는 것이 아니다. 기껏 서양기계를 도입해 물건을 생산한 것으로 서양을 따라잡았다고는 도저히 말할 수 없다. 단축은커녕 현대 이전의 중세도 공존하는 지극히 어지러운 양상까지 보이고 있다. 게다가 포스트모던이 주장되면서 50년이나 100년 전으로 돌아가자는 주장도 나온다. 그러나 이 역시 조선시대 유학자들이 공자 말씀에 따라 요순시대로 돌아가자고 한 것처럼 웃기는 소리다. 역시 우물 안 개구리다.

그러나 요순시대든 언제든, 유토피아든 어디든 모두 인간이 사는 세상이라면 뭐가 그리 다를까? 생로병사라는 삶의 기본은 언제 어디서나 마찬가지가 아닌가? 그것을 아무리 다양한 변화라고 본다고 해도 변하지 않는 하나의 보편성인 인간성은 있을 수 있다. 이를 정체성이라고도 하지만 그것이 가령 한국인—서울 사람—서울대 출신—이씨 집안 사람 식의 출신 국적—지역—학교—혈통에 의해 결정되는 것은 아니다. 혈연-지연-학연이 사회생활의 원리인양 돌아가는 대단히 전근대적인 대한민국에서 출신 혈통-지역-학교는 대단히 중요하고, 민족주의가 팽배한 현실에서 국적이 갖는 의미도 크지만 그것들보다 더욱 중요한 정체성인 인간성의 결정요인은 가치관이고, 그것이 사상이나 예술을 결정하는 가장 중요한 요인이다. 인연사회의 체질에 젖어 세계의 사상이나 예술에 대해서도 민족연-국가연-문화연 등을 강조하는 것도 세계인으로서의 자세는 아니다.

르네상스의 인간중심주의는 신이나 직업이나 가족(종족)이 세상의 중심이라고 본 중세의 관점과는 명백히 다른 것이었다. 그러나 인간이 세상의 중심이라고 해서 인간이 그 본능적 욕망을 무한히 펼칠 수 있고 그것이 옳다고 생각한 사람들이 처음부터 반드시 많았던 것이 아니다. 르네상스인들은 도리어 금욕을 주장하기도 했다. 물론 그 금욕은 중세적인 것이라고 볼 것이 아니라 인간에게 고유한 가치와 연결된 것이었다고 봄이 옳다.

자유-자치-자연이 존중된 르네상스 시대에는 획일적이고 기계적인 중세에서와 달리 삶의 다양성과 보편성이 중시됐듯이 사상과 예술의 다양성과 보편성도 중시됐다. 중세에는 기독교가 모든 것을 지배한 반면 르네상스에서는 기독교 외의 이교사상과 예술, 특히 다른 많은 이교사상과 함께 다양한 사상의 하나로 그리스 로마의 고대문명이 존중됐다. 상식적으로 르네상스는 기독교의 중세에 대한 대립인 고대문예의 부흥으로 이해되지만 이는 반드시 정확한 이해가 아니다. 그러나 르네상스 시대 사람들이 고대문예를 비롯한 다양한 사상과 학문과 예술을 통합하고자 노력한 것은 사실이다.

여기서 통합이나 통일이라고 함은 어떤 하나가 다른 것들을 제압하고 흡수하여 똑같이 만들어버리는 기계적인 획일화와는 전혀 다른 것임을 주의해야 한다. 즉 다양한 여러 가지가 있음을 전제로 하고, 그 각각이 보편성을 갖는 것으로 보아 그 보편성을 찾아 서로 연결시킴에 의해, 전체를 유기적으로 통일된 것으로 보는 것이 통합이나 통일이다. 그러나 이는 서로가 자유롭고 평등한 상태에서 정직하게 대화하여 문제를 풀어나가는 변증법적 정신이 없이는 있을 수 없다. 나는 그것이 르네상스의 핵심이라고 생각하고, 그것이 지금 21세기 대한민국에 가장 빈약하기에 우리에게도 르네상스에 대한 이해가 절실히 필요하다고 본다. 그러나 주의할 점이 있다. 다양성을 주장함은 자칫 차별을 주장하여 평등을 부정하는 것이 되기 쉽고, 보편성을 주장함은 차별이 아니라 평등을 주장하지만 다양성을 거부하는 것이 되기 쉽다는 점이다. 따라서 이 점을 항상 주의하면서 그 둘 사이의 긴장관계를 충분히 이해해야 한다.

그러나 르네상스를 무조건 찬양할 수만은 없다. 무엇보다도 문제점은 앞에서도 말했듯이 그 시대가 민주주의 시대가 아니었고 특히 제국주의로 타락했다고 하는 점이다. 물론 500~600년 전의 옛 사회는 그 시대 상황에 비추어 판단해야 한다. 그러나 그렇다고 해서 그 시대를 찬양하는 것은 다른 문제다. 당시에도 가령 모어나 뮌처처럼 민주주의를 요구한 사람들이나 라스 카사스나 몽테뉴처럼 제국주의에 반대한 사람들이 분명히 있었으나 그들은 철저히 무시됐다. 우리는 그런 민주주의의 선구자들을 높이 평가해야 한다. 반면 지금까지 부당하게 높이 평가된 사람들은 적절하게 재평가해야 한다. 가령 베이컨이나 셰익스피어가 그런 사람이다. 나는 이 책을 이와 같은 입장에서 썼다.

이 책의 특징과 문제점

이 책은 본래 2002년 3월부터 2003년 3월까지 〈신동아〉에 〈박홍규의 색깔 있는 문화이야기〉라는 제목으로 12회 연재한 글과 〈신동아〉 2003년 1월호 부록의 권두 논문으로 실은 〈생명, 휴머니즘, 유토피아〉란 글을 약간 수정하여 함께 묶고, 그 연재에 싣지 못한 페트라르카, 쿠자누스, 반 에이크, 피코, 뒤러, 루터, 브루노, 브뤼헐, 세르반테스, 베이컨에 대한 글 10편을 더한 것이다. 그것들을 4부로 나누어 묶었고 각 글의 배열도 연재 때와는 다르게 했다.

나는 르네상스론의 고전인 부르크하르트의 견해를 비롯한 통설적 견해를 비판적으로 보고, 르네상스가 종교개혁과 함께 국가주의, 제국주의, 자본주의의 선구가 되었으며, 동시에 그것을 극복하려는 노력으로도 나아갔다고 본다. 즉 르네상스를 무조건 찬양하는 것이 아니라 그 공과를 함께 인정하는 겹눈의 관점이다. 르네상스의 특징이기도 했던 이러한 겹눈의 입장은 모든 현상에 대해 취해야 할 관점으로서 지극히 당연한 것인데도 우리나라에서는 서양이든 동양이든 한국이든 간에 충분히 인정되지 못하고 어떤 하나의 편견만을 고집하는 홑눈의 입장만이 지배했다. 그것은 암흑적인 것으로서 르네상스인들이 근본적으로 도전한 것인데 우리는 아직까지도 그런 수준에 머물고 있다. 그래서 르네상스에 대한 우리 나름의 이야기가 필요한 것이다.

나는 〈신동아〉 측에서 붙인 연재물 제목대로 나만의 '색깔 있는' 이야기를 하고자 했다. 연재는 기간이 1년이어서 12회로 제한되어 나는 르네상스인 10명을 나름으로 골라 우리도 르네상스를 이루자면 이런 사람들을 참조할 필요가 있다는 취지에서 글을 썼다. 나는 그들을 종래와 같이 천재나 위인으로 숭상하는 것이 아니라 우리가 좋아하여 본받기도 하고 싫은 점이 있어 비판하기도 하는 친구같이 묘사하고자 노력했다. 이 책에서 추가한 인물들에 대한 글도 마찬가지다.

이 책을 4부로 나눈 원칙은 위에서 설명한 3자주의다. 즉 1부는 개인의 자유를 강조한 사람들을 '나는 자유다'라는 주제로 묶고 페트라르카, 쿠자누스, 반 에이크, 알베르티, 피코, 미켈란젤로를 다루었고, 2부는 사회의 자치를 강조한 사람들을 '우리의 자치'라는 주제로 묶고 에라스무스, 뒤러, 마키아벨리, 루터, 브뤼헐, 브루노를 다루었으며, 3부는 자유, 자치에 자연까지 포함한 '유토피아의 꿈'을 꾼 사람들을 묶고 다 빈치, 모어, 라블레, 세르반테스를 다루었고, 4부는 그런 유토피아가 적어도 피침략자에게는 악몽으로 나타난 '제국주의의 길'에 관련된 사람들인 라스 카사스, 베이컨, 몽테뉴, 셰익스피어를 묶었다. 그러나 이러한 분류는 대단히 주관적인 것이고, 특히 르네상스 시대를 산 그들 20명은 누구나 자유-자치-자연에 대해 고민했기 때문에 어느 하나로 분류되기 어렵다. 나의 분류는 어디까지나 그중 어느 것이 강조되느냐에 따른 것에 불과하다.

르네상스 사람들은 그 밖에도 여러 가지 기준에 의해 분류될 수 있다. 시기별, 나라별, 영역별 등이 가장 무난한 방법이어서 이미 그런 분류는 많았다. 그러나 그런 편년사 식의 방법은 르네상스의 정신을 탐구하려는 우리의 목적에 적합하지 않다. 나는 가능한 한 대조적인 인물을 나란히 배치해 르네상스의 양면을 이해하도록 했다. 가장 넓게 분류해보면 현실주의자와 이상주의자라는 구별이 가능하다. 현실주의는 예술의 경우 사실주의 즉 리얼리즘으로 주로 북유럽 화가들(반 에이크, 뒤러, 브뤼헐)의 작품에 나타나는 특징이다. 반면 이상주의는 현실을 중시하거나 직접 묘사하지 않는 입장으로 주로 이탈리아 화가들의 특징이다(미켈란젤로, 다 빈치). 철학자나 문인들도 이와 같이 분류된다. 북유럽의 쿠자누스, 루터, 몽테뉴, 베이컨, 셰익스피어는 현실주의자다. 이탈리아의 알베르티와 마키아벨리도 현실주의자다. 반면 이탈리아의 페트라르카와 피코와 브루노, 에스파냐의 라스 카사스와 세르반테스, 북유럽의 에라스무스, 모어는 이상주의자다. 물론 이러한 분류는 대단히 일면적이고 자의적이다. 누구에게나 이상과 현실의 괴리와 관련된 고민이 있다. 냉철하게 현실을 보려는 눈과 위대한 이상을 찾는 가슴이 누구에게나 있기 마련이다. 그러나 그중 어느 것이 더 앞서느냐의 차이는 분명히 있다.

이러한 분류는 진보와 보수라고 하는 우리 사회의 분류와는 반드시 일치하지 않는다. 흔히들 사회주의와 같은 진보의 예술을 리얼리즘이라고 하고 쿠르베 같은 현대 리얼리스트에게서 그런 점이 확인되기도 하지만 반드시 그런 것은 아니다. 가령 르네상스 리얼리즘의 창시자라고 할 수 있는 반 에이크는 정치적으로 대단히 보수적이었다. 물론 그의 선배로 그와 같은 리얼리스트였던 캄핀은 진보적이었던 점에서 보듯이 정치적 태도와 예술적 입장이 반드시 획일적으로 결합되지는 않는다.

20명 중에서 서로 대조적인 인물들을 가려낼 수도 있다. 가령 "나는 무엇을 아는가?"라고 회의한 몽테뉴(18장)와 "아는 것이 힘이다"라고 과신한 베이컨(19장)을 대조시킬 수 있다. 몽테뉴는 아메리카 원주민을 동정하고 동물을 포함한 자연을 사랑했으나 베이컨은 자연의 정복을 주장했다. 베이컨은 모어처럼 대법원장직에 올랐고 모어의 《유토피아》를 모방한 유토피아 소설을 썼지만 공산주의를 주장한 모어와 달리 베이컨은 과학기술의 천국을 이상향으로 묘사했다. 또한 나는 베이컨과 셰익스피어를 함께 보고, 이들을 제국주의에 반대한 라스 카사스와 몽테뉴에 대조시켰다. 베이컨과 셰익스피어를 제국주의자로 보는 점에 대해서는 당연히 반론이 있을 수 있겠으나 나는 나름대로 그렇게 보았다.

휴머니스트들도 서로 차이가 난다. 시대별로나 나라별로도 다르고 정치적 입장도 다르다. 가령 마키아벨리, 모어, 베이컨은 공직에 오르지만 페트라르카, 쿠자누스, 알베르티, 에라스무스, 루터는 공직에 오르지 않는다. 특히 같은 이탈리아 휴머니스트이면서도 알베르티와 마키아벨리는 공직참여에 대한 태도가 전혀 다르다. 또 같은 영국인으로서 같은 공직에 올랐어도 모어와 베이컨은 대조적이다. 에라스무스와 루터도 대조적이다.

화가들도 마찬가지다. "내가 할 수 있는 한"이라고 한 반 에이크(3장)나 "내가 만족할 때 끝난다!"라고 한 미켈란젤로(6장)는 각각 플랑드르 르네상스와 이탈리아 르네상스를 대표한다. 미켈란젤로는 북유럽 화가들인 뒤러(8장)나 브뤼헐(11장)과는 물론, 같은 이탈리아 화가인 다 빈치(13장)와도 대조적이다.

이 모든 것은 내 나름의 독특한 시각에 입각한 것이다. 특히 르네상스라고 하면 미술, 그것도 이탈리아 미술을 뜻했으나 나는 도리어 반 에이크 같은 북유럽 르네상스 미술이 더욱 앞서 르네상스 정신의 진수인 개별 인간의 초상을 그렸다고 본다. 또한 뒤러 같은 민중판화가나 브뤼헐 같은 민중화가가 미켈란젤로나 다 빈치보다 더 위대한 화가라고 본다. 이 책에서 나는 20명 중 화가를 5명만 다루었는데 이는 대부분 화가들로 설명되는 다른 르네상스 책과 근본적으로 다른 점이다. 게다가 다른 책에서는 대부분 이탈리아 화가들만 다루지만 나는 5명 중 2명만 이탈리아 화가인 미켈란젤로와 다 빈치를 다루었고 나머지 3명은 플랑드르 화가들인 반 에이크와 브뤼헐, 그리고 독일 화가인 뒤러를 다루었다. 휴머니스트의 경우도 마찬가지다. 15명 중 5명(페트라르카, 알베르티, 피코, 마키아벨리, 브루노)만이 이탈리아인이고 나머지 10명은 그 밖의 유럽인들이다.

소위 지리적 안배 따위를 고려한 것이 전혀 아닌데도 내가 중요하다고 생각한 르네상스인들이 결과적으로 그렇게 나타났다는 점은 중요한 의미를 갖는다. 사실 이러한 구성도 당시의 지역이나 인구의 비율에 따져보아도 이탈리아에 너무 큰 가중치를 둔 것이다. 그래서 가령 내가 앞으로 좀 더 상세한 르네상스에 대한 책을 쓴다면 이탈리아 사람들이 아닌 다른 지역 사람들을 더 많이 다룰 것이다.

또한 유럽이 아닌 다른 지역 사람들도 다루어야 할 것이다. 이 책은 그렇게 하지 못한 점에서 치명적인 결점을 갖는다는 점을 고백하지 않을 수 없다. 나는 르네상스 시대의 사상이 이슬람 등의 영향을 받았고 미술도 중국의 영향을 받았으며 특히 유토피아 사상은 아메리카 인디언 사회의 영향을 받았다는 점 등 다른 책에서는 볼 수 없는 점을 지적했지만 이 정도로는 충분하지 못하다. 특히 14~16세기를 뜻하기도 하는 르네상스 시대에 우리나라를 비롯한 유럽 이외의 다른 지역에서 전개된 문화에 대해서는 설명하지 못했다. 이는 그 어떤 14~16세기 문화보다도 유럽 르네상스 문화가 중요하고 우리에게도 그러하다는 인식에 근거한 것이지만 가령 지금 우리나라 사람들에게 14~16세기 한반도나 동양에서 나타난 문화가 무관하다고는 할 수 없다.

독자들이 이 책의 갈피에 있는 저자 소개에서 보듯이 나는 르네상스에 대한 소위 전문가가 아니다. 나는 르네상스에 대한 일반적인 소개의 글을 쓸 생각이 처음부터 없었고, 내가 평소 좋아하여 읽어온 유럽 르네상스인 20명을 현대적인 관점과 한국인의 입장에서 보아 르네상스가 우리에게 주는 교훈을 나름대로 짚어보고자 했을 뿐이다. 따라서 이 책은 르네상스 전반에 관한 책이 아니고, 각 인물에 대한 철저한 학문적 연구도 아니다.

이 책의 내용 가운데 〈신동아〉에 연재됐던 부분과 관련해서는 그 연재가 끝난 후 지금까지 6년간 여러 문헌이 출판되었기에 그런 책들도 검토했다. 그러나 그 대부분은 대단히 전통적인 입장에서 쓰인 것이어서 나의 입장과는 일치하지 않아 이 책에서 인용한 바는 거의 없다. 나는 이 책을 쓰면서 연재 시에 지면제약으로 생략했던 것들을 되살렸고, 연재 시였던 2002~2003년과 달라진 상황에 따라 내용을 일부 수정했다. 또 잡지 연재라는 점에서 생략했던 인용의 근거를 최소한으로 달았다. 다만 인용은 쉽게 찾아 볼 수 있는 한글 문헌으로 한정했다.

QVI COELVM CECINIT MEDIVMQVE IMVMQVE TRIBVNAL   LVSTRAVITQVE ANIMO CVNCTA POETA SVO
SENSIT CONSILIIS AC PIETATE PATREM   NIL POTVIT TANTO MORS SAEVA NOCERE POETAE   QVEM

피렌체의 산타마리아 델 피오레 성당 벽에 그려진 도메니코 디 미켈리노의 프레스코화 〈단테와 신곡〉(1465). 단테가 왼손으로 자신의 《신곡》을 들고 보여주고 있고, 오른손으로는 열을 지어 지옥으로 가는 죄인들을 가리키고 있다. 단테의 뒤쪽으로는 아담과 이브가 있는 지상의 낙원을 정점으로 7단계의 연옥이 보인다. 그림의 위쪽은 해와 달이 있는 천국이고, 그림의 오른쪽은 이탈리아 르네상스의 온상이었던 피렌체의 산타마리아 성당이다.

이탈리아 르네상스의 대표적 미술품 가운데 하나인 미켈란젤로의 〈천지창조〉.
16세기 초에 바티칸 내 시스티나 예배당의 천장화로 그려진 그림.

북방 르네상스의 대표적 화가인
피터르 브뤼헐의 〈농가의 결혼식〉.

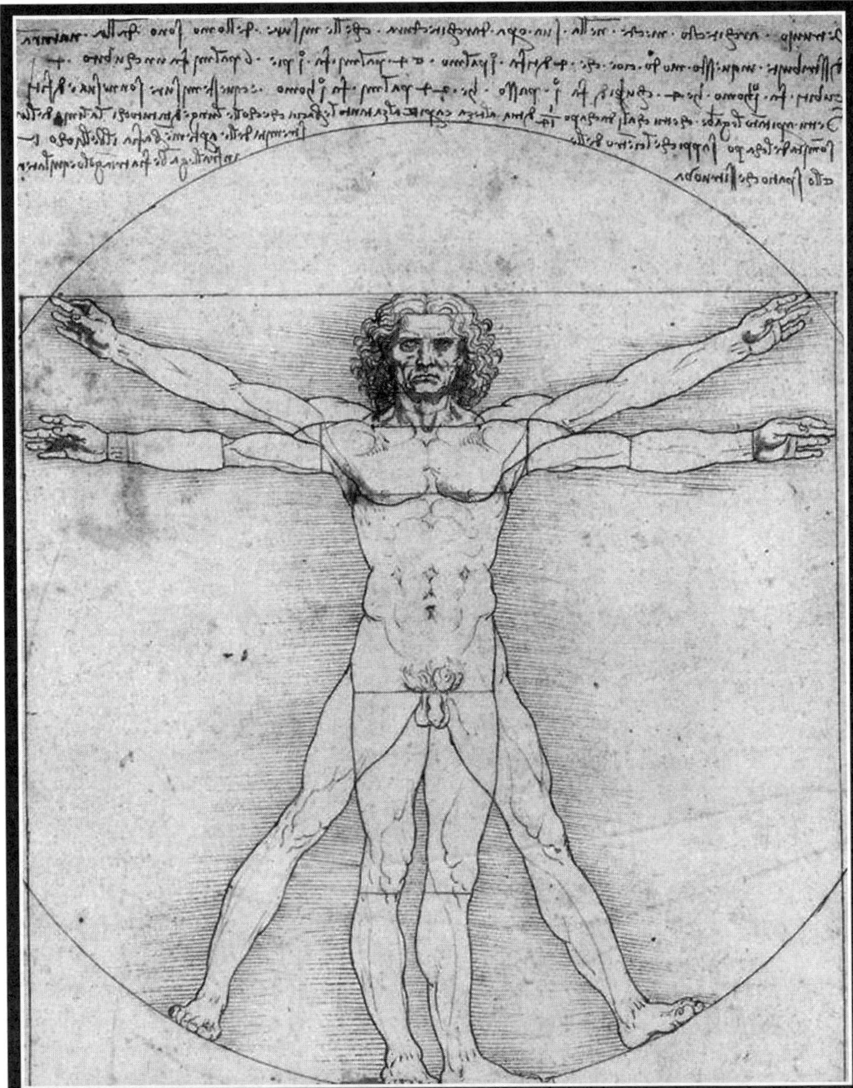

레오나르도 다 빈치의 〈비트루비우스적 인간〉. 다 빈치는 로마시대의 건축가인 마르쿠스 비트루비우스 폴리오의 기하학적 인체비례 이론에 따라 이 그림을 그렸다. 이 그림은 사람의 신체는 우주의 질서와 같은 이상적인 비례를 구현하고 있다는 관념을 보여주는 동시에 비례의 측면에서 인체의 모습을 완벽하게 표현하고자 했던 다 빈치의 예술적 추구를 엿보게 해준다.

르네상스의 인간, "나는 자유다"

" 나는 내가 아는
어느 누구하고도 다르다 "

최초의 르네상스적 전인(全人)이자 최초의 휴머니스트이며 최초의 현대인인 페트라르카. 그는 문학과 철학과 신학을 통일하고자 노력하고 역사와 지리 등 다양한 분야에서 보편적인 인간성을 추구하여 현대 학문과 예술의 기틀을 세웠다.

＊

“나는 내가 아는 어느 누구하고도 다르다”라고 말할 수 있는 개성적인 인간이 아니라면 그는 르네상스인이나 휴머니스트가 아닌 것은 물론이고 현대인도 아니다. 강조를 위해 다시 말하자면 “나는 내가 아는 어느 누구하고도 다르다”라고 말할 수 있는 개성적인 인간이 곧 르네상스인이자 휴머니스트이고 현대인이다. 이 말을 한 프란체스코 페트라르카(1304~1374)는 최초의 르네상스인이자 휴머니스트이고 현대인이다. 그래서 나는 르네상스인을 찾아가는 이 여행의 출발점을 페트라르카로 잡았다.

개성적인 사람을 가리켜 자의식이나 자아의식이 강한 사람이라고 한다. 자의식이란 외계나 타인과 구별되는 자아인 ‘나’에 대한 의식을 말한다. 자의식은 개인주의와 연관되기도 한다. 왜냐하면 개인주의란 각 개인의 의의와 가치를 중시하고 개인의 권리와 자유를 존중하는 사고방식이기 때문이다. 그러나 개인주의는 그런 사고방식에만 그치는 것이 아니다. 개인주의가 하나의 사회를 구성하고 운동시키는 원리가 되는 경우에는 그것을 자의식과 구별해서 봐야 한다.

르네상스 시대의 사회가 그런 개인주의 사회였는지는 의문이지만, 개인주의 사회가 아닌 사회에서 사는 인간에게도 얼마든지 자의식이 있을 수 있다. 자의식이 소수에게 먼저 생긴 다음에 다른 사람들에게 전파되고 공유되면서 사회가 개인주의적으로 변할 수 있고, 그러면서 민주주의가 발달할 수도 있다. 그러나 르네상스 시대의 사회가 그런 개인주의나 민주주의의 사회였다고는 도저히 말할 수 없다. 우리는 이 점을 분명히 염두에 두고 르네상스를 살펴봐야 한다. 또한 르네상스를 살펴보는 것을 통해 자의식과 개인주의가 없이는 민주주의도 있을 수 없다는 점을 분명히 깨달아야 한다.

페트라르카의 자의식은 지극히 우연한 계기, 즉 그가 32세 때 산에 올라 스승에게서 선물로 받은 아우구스티누스(354~430)의 《고백》을 들치다가 우연히 다음 구절을 읽은 것에서 비롯됐다고 한다. "사람들은 높은 산, 거센 파도, 넓은 강, 광대무변한 대양, 그리고 성좌의 운행을 보고 놀라지만 자기 자신에 대해서는 놀라지 않습니다."(10권 8장; 윤성범 옮김, 을유문화사, 1966, 404쪽) 페트라르카는 자기도 역시 자연에는 놀라지만 자기 자신에 대해서는 무관심하다는 사실을 깨닫고 자연이 아닌 인간의 본성에 대한 연구를 시작했다. 그는 인간의 존엄성과 탁월한 능력을 분석하고, 이상으로 삼아야 할 삶의 모범을 제시하고자 했다. 그것은 윤리적 행위의 규범을 모색하려는 시도였다. 인간의 존엄성과 탁월한 능력을 강조했다는 점에서 그는 우리가 뒤에서 보게 되는 피코(5장)를 비롯한 휴머니스트들의 선구였다.

페트라르카가 "나는 내가 아는 어느 누구하고도 다르다"라고 말한 것은 인간 각자의 개성만을 말한 것이 아니라 자기가 사는 시대의 개성을 말한 것이기도 했다. 단테까지 중세의 사상가들은 역사를 동일한 성격의 사건이 연속되는 것으로 보았지만, 페트라르카는 역사를 각각 독특한 개성을 가진 다양한 문명의 전개로 보았다. 이런 관점에서 그는 로마가 멸망한 뒤 중세까지를 야만스럽고 무지하며 저급한 문명의 시대로 보면서 고대 그리스와 로마를 닮은 새로운 시대를 꿈꾸었다. 이런 점에서도 그는 최초의 르네상스인이자 최초의 현대인이었다.

물론 이러한 개성적인 자의식이나 시대의식이 반드시 옳다고 말할 수는 없을지도 모른다. 그러나 그 뒤로 페트라르카와 같은 사람들이 더 생겨났고, 그렇기에 우리는 그를 최초의 르네상스인이라고 부를 수 있는 것이다. 그가 그렇게 개성을 주장한 것은 자기 이전의 사람들, 다시 말해 그가 중세라고 부른 시대의 개성 없는 사람들과 자기를 구별하려는 것이었는지도 모른다. 또는 그가 개성을 갖고 있었다기보다 스스로 개성을 갖고자 한 희망을 강조한 것이었는지도 모른다. 아니면 그가 개성을 전혀 갖고 있지 않았는데도 거짓으로 그렇게 말한 것인지도 모른다. 어쨌든 르네상스인에게는 개성이 무엇보다도 중요했다. 개성은 현대인에게도 중요하며, 특히 개성에 그다지 관심이 없는 한국인에게 중요하다. 우리가 페트라르카를 비롯한 르네상스인에게서 배울 필요가 있는 것이 바로 개성이다.

아래에서 보게 되겠지만 페트라르카가 개성을 추구한 사람이었다는 데 대해서는 그다지 의심이 들지 않지만, 그의 시대의식이 과연 옳은가에 대해서는 여러 가지 의문이 생긴다. 그가 살았던 14세기가 아직 중세였는지 아니면 현대로 넘어왔는지가 명확하지 않기 때문이다. 다만 페트라르카가 산 시대의 사람들은 대부분이 여전히 중세적이었고, 이런 점을 고려하면 개성을 중시한 페트라르카는 참으로 선구적인 인물이었다고는 말할 수 있다. 아니, 이 책에서 우리가 살펴보게 될 모든 르네상스인들이 사실 그렇게 시대에 앞선 전위였다.

최초의 르네상스인

페트라르카가 아우구스티누스의 《고백》을 읽고 자기가 그동안 자연에만 관심을 쏟고 자기 자신에게는 무관심했던 점을 반성했다고 해서 그 뒤로는 그가 자연에는 무관심해지고 인간에만 관심을 갖게 됐다는 것이 아니다. 그것은 그가 중세의 신을 중심으로 한 자연과학(따라서 현대의 자연과학과는 다르다)에만 관심을 갖고 인간에 대해서는 무관심했음을 반성한 것이었다. 그가 만년에 스콜라 철학을 비판하는 내용으로 쓴 글 〈자기와 다른 많은 사람들의 무지에 대해〉(1367)에서 짐승, 새, 고기 등에 대해 많이 아는 어느 의사에 대해 그의 지식은 대부분 거짓이고 설령 참된 것이라고 해도 그것은 인간의 행복과는 무관하다고 한 것도 같은 맥락이다. 이런 의미에서 부르크하르트가 페트라르카를 '최초의 완전한 현대인'이라고 부른 것에 동의할 수 있다.

페트라르카가 원래 페트라코였던 자기 이름을 좀 더 멋있게 들리게 하려고 페트라르카로 고친 것도 그의 자의식을 내비쳐준다. 그러나 그의 자의식을 가장 잘 보여주는 것은 그의 모든 작품이 자서전을 연상시키는 형식을 취하고 있다는 점이다. 그의 작품은 모두 개인적인 일이나 자기 마음에 떠오른 생각을 적은 것이다. 그가 즐겨 쓴 대화 또는 서간문 형식의 산문은 물론이고, 그가 완성한 3연14행 시인 소네트도 그의 자의식이 낳은 것이다. 그 뒤로 소네트는 시, 극, 산문, 교향곡 등 모든 예술의 기본형식이 됐고, 연작 소네트는 현대의 영화와 텔레비전 드라마의 기법으로도 사용됐다. 우리가 이탤릭체라고 부르는 글씨체도 페트라르카의 필체를 모방한 것이라는 설이 한때 있었다.

페트라르카는 평생 엄

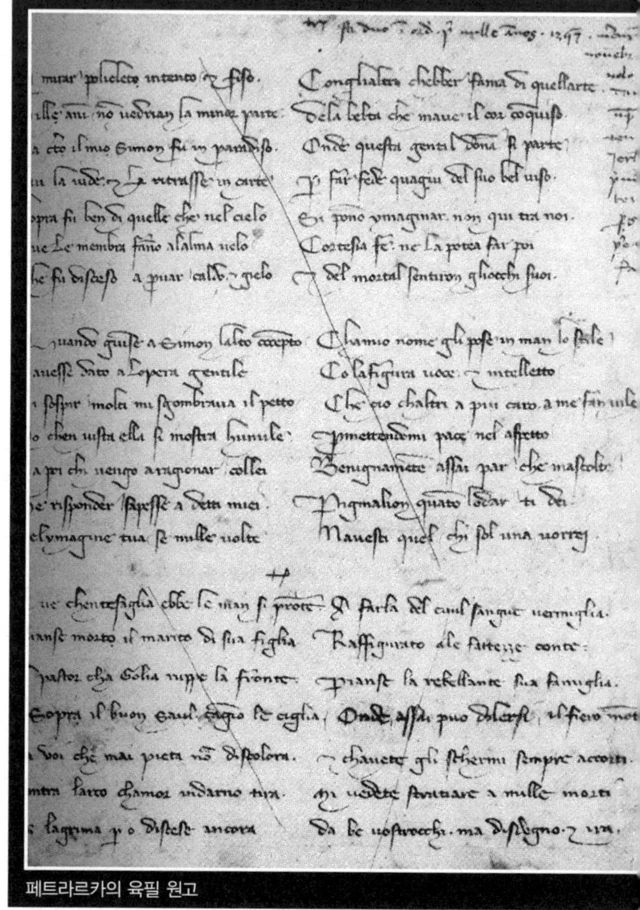

페트라르카의 육필 원고

46

청나게 많은 곳을 돌아다닌 여행가이기도 했다. 모험정신으로 충만했다는 점에서도 그는 르네상스인이자 현대인이었다. 그의 모험은 등산이나 여행에 그치지 않고 정치, 경제, 사회, 문화의 모든 활동에까지 미쳤다. 그는 최고 권력자들에게도 쓴 소리 하기를 주저하지 않았다. 가령 베네치아공화국 총독에게는 전쟁을 하지 말라고 경고했고, 신성로마제국 황제에게는 황제의 권위를 회복시키라고 촉구했다. 그는 당시의 지성인으로서 사회적 책무를 다하고자 한 행동인이기도 했다. 그는 사람들을 무감각하고 폐쇄적으로 만드는 전쟁에 반대했고, 공화정이 수립되기를 바랐다. 그의 기대는 언제나 좌절당했지만 그럼에도 그는 언제나 낙관주의자였고, 이런 점에서도 그는 르네상스인이었다.

페트라르카를 현대적인 의미의 민주주의자로 볼 수는 없다. 그러나 그는 적어도 공화주의자이자 이탈리아의 통일을 희구한 유토피언이었다. 그는 정치인으로서의 공적 삶과 작가로서의 정신적 삶의 조화, 다시 말해 활동적 삶과 관조적 삶의 조화를 추구했다.

우마니타스

우리가 배운 세계사 책은 르네상스의 3대 천재화가와 3대 천재문인을 말한다. 3대 천재화가란 다 빈치, 미켈란젤로, 라파엘로를 말하고, 3대 천재문인이란 단테, 페트라르카, 보카치오를 말한다. 우리는 3대 천재화가의 그림은 쉽게 감상할 수 있지만, 3대 천재문인의 글은 쉽게 읽을 수 없다. 단테의 《신곡》이나 보카치오의 《데카메론》은 한글로도 번역된 지 오래지만 그 내용이 상당히 방대하고 난해하다. 14세기에 씌어진 그것들은 지금 우리의 감각에 맞지 않기 때문에 읽어내기가 쉽지 않다.

나는 적어도 일반인의 경우 그것들을 반드시 읽어야 한다고는 생각하지 않는다. 그러나 나는 특히 페트라르카의 글은 아무리 읽어보고 싶어도 우리 글로 찾아 읽기가 쉽지 않다는 점을 유감스럽게 생각한다. 그의 작품이 《신곡》이나 《데카메론》처럼 유명하지 않아서 그런지는 모르겠지만, 시집인 《칸초니에레》만 그 일부가 겨우 번역됐을 뿐이다. (이상엽 역, 나남출판. '칸초니에레(Canzoniere)'는 '전체가 조화롭게 짜여있다'는 뜻으로, 이 책의 원제가 아니라 나중에 통용되게 된 이 책의 별명이다. 이 책의 원제는 'Rerum vulgarium fragmenta'이며, 이는 '속어로 쓴 조각시집'이란 뜻인데 한국어 번역자가 '세속적인 것들의 조각들'이라고 옮긴 이유를 나는 잘 모르겠다.)

《신곡》과 《데카메론》에는 줄거리라도 있지만 《칸초니에레》는 366편(이는 1년의 날수를 연상시킨다)의 시를 모아놓은 것일 뿐이어서 낯설다. 게다가 페트라르카의 다른 책들은 아직 번역되지 않았다. (페트라르카에 관한 거의 유일하다고 할 수 있는 한글번역 문헌은 코크레인 엮음, 김동호 옮김, 《르네상스》, 신서원, 52~112쪽에 실린 초역 글이다. 페트라르카에 관한 참고문헌으로는 크리스텔러가 쓴 짧은 논문을 번역한 것이 있다. 이광래 편저, 〈이탈리아 철학〉, 지성의샘, 1996, 11~32쪽)

(왼쪽) 단테의 초상.
(오른쪽) 보카치오의 초상.

페트라르카는 700여 년 전인 14세기의 인물로 최초의 휴머니스트이고, 르네상스 휴머니즘의 창시자이자 대표자로 꼽힌다. 단테(1265~1321)는 14세기 초까지 산 사람으로 페트라르카보다 40세 정도 연상이었지만 그를 휴머니스트라고 볼 수 있는지에 대해서는 오래전부터 논쟁이 있었다. 보카치오(1313~1375)는 페트라르카보다 10세 정도 연하였지만 그 역시 휴머니스트로 평가되지는 않고 다만 작가로서만 평가된다.

휴머니스트니 휴머니즘이니 하는 말은 르네상스 시대에 사용된 말이 아니라 19세기 초에 독일에서 처음 사용된 말이다. 그러나 라틴어인 우마니타스 (humanitas)라는 말은 15세기 후반부터 사용됐다. 우마니타스란 동물성 (animalitas)에 대립되고 신성(神性, divinitas)을 닮은 것을 가리키는 말로서 거기에는 지적 교양은 물론이고 윤리적이고 실천적인 교양과 미적인 교양, 그리고 인류애까지 포함된다. 따라서 이 개념을 기독교와 대립되는 것으로 이해해서는 안 된다. 페트라르카를 비롯한 르네상스인들은 전통적인 신학을 이교적인 철학과 문학과 통합하고자 했다. 그 뒤를 이은 종교개혁가들도 기독교를 부정한 것이 아니라 중세의 기독교단을 개혁하고자 했을 뿐이다.

'우마니타스 연구(studia humanitatis)'는 주로 고대 그리스로마 문화에 관심을 갖고 그 원전을 비판적으로 검토하는 것, 즉 문법, 수사학, 역사학, 시학, 도덕철학을 포함하는 인문학을 뜻하는 말이었다. 따라서 우마니타스 연구는 중세 후기의 스콜라적 학문인 법학, 의학, 신학에 대립되는 것이기도 했다. 그러나 그것은 어디까지나 새로운 학문의 연구를 뜻하는 것이었고, 그 자체가 기독교를 부정하는 것은 아니었음에 주의해야 한다. 페트라르카는 우마니타스(인간성)에 대한 최초의 연구자였다.

우마니타스는 새로운 철학인가?

우마니타스와 거기서 유래한 휴머니즘의 내용에 대해서는 오랫동안 논쟁이 이어졌다. 앞에서 보았듯이 우마니타스가 원래는 단순히 학과과목을 뜻하는 말이었고, 그러한 우마니타스는 중세에도 있었던 것이기 때문이다. 또한 르네상스의 철학도 중세 이래의 전통인 아리스토텔레스주의와 스콜라 철학에 입각한 것이었다. 페트라르카 이후의 휴머니스트들이 스콜라 철학을 비판했지만, 이는 앞에서도 말했듯이 스콜라 철학이 법학, 의학, 신학이라는 좁은 직업교육에 그치는 것을 비판하고 동시에 스콜라 철학의 유물주의적, 이성주의적, 종교주의적인 면을 비판한 것이었을 뿐이다. 따라서 휴머니즘은 새로운 철학이 아니라는 주장이 끊임없이 나왔다.

휴머니즘에 대한 이러한 비판은 오늘날에도 흔히 볼 수 있다. 스콜라적인 직업교육 학문인 법학, 의학, 신학은 지금도 여전히 인기가 있다. 더구나 오늘날 그 밖의 다른 인기 있는 학문들도 모두 직업교육과 관련이 있다. 이런 현상을 두고 우리가 사는 시대가 중세와 같다고 말할 필요는 없다. 직업교육과 관련이 있는 학문이 인기가 있는 것은 아마도 어느 나라, 어느 시대에도 마찬가지였을 것이다. 또한 전문직업인 교육에는 전문적인 학문의 교육만이 아니라 교양의 교육도 필요하다는 주장도 어느 나라, 어느 시대에나 있었으리라. 물론 그 정도는 다를 수 있다. 그러나 어느 나라, 어느 시대에도 사람들이 교양만으로 살아갈 수 있는 경우는 없었다.

르네상스 시대의 교양은 고대 그리스로마의 저술을 읽는 것이었다. 그러나 고대 그리스로마의 저술은 그 전인 중세에도 얼마든지 읽을 수 있는 것이었다. 중요한 것은 르네상스에 와서 고전에 새로운 가치, 즉 중세에 부여됐던 가치와는 다른 가치가 부여됐다는 점이다. 그런데 실제 고전의 부활은 고대 로마가 있었던 이탈리아가 아니라 알프스 이북의 여러 수도원에서 이루어졌다. 따라서 르네상스 시대에 이탈리아에서 고전에 새로운 가치가 부여된 것과 고전의 부활이 반드시 일치하는 것은 아니었다. 이런 점에서 우리는 고전의 부활이라는 것 자체를 크게 중시할 필요가 없음을 알 수 있다. 중요한 것은 새로운 가치이지 고전의 부활이 아니다. 고전의 부활은 새로운 가치를 만들어내기 위한 역사적 소재나 근거 정도의 의미를 갖는 것이다.

그 새로운 가치란 12세기 이후에 이탈리아에 도시국가가 생겨나면서 등장한 공화주의다. 공화주의 아래서는 법과 정책이 토의를 거쳐 결정되므로 웅변술과 수사학의 훈련과 시민의 공적 의무에 대한 의식이 필요해짐에 따라 휴머니즘이라는 새로운 가치가 생겨났다. 이런 시대적인 요구에 부응할 수 있는 것이 당시의 이탈리아와 마찬가지로 도시국가를 배경으로 공화주의를 실천했던 고대 그리스 로마였다. 그래서 고전이 부활했던 것이지, 고전이 먼저 부활해서 르네상스가 이루어졌다고 하는 말은 그야말로 우스갯소리에 불과하다. 따라서 우리가 오늘날 르네상스를 꿈꾼다면 고전의 부활보다 우리의 현실에 대한 고민이 먼저 필요하다. 지금 내가 페트라르카를 비롯한 르네상스인을 이야기하는 것은 현실에 대한 나의 고민 때문이다. 우리의 전통 고전은 반드시 읽어야 한다고 먼저 주장하고 나서 그것으로부터 지혜라는 것을 짜내려고 하는 태도에 나는 반대한다. 왜냐하면 내 경험에 비추어 보면 아무리 그렇게 해보아도 실패할 것이기 때문이다.

물론 르네상스 시대의 시민은 민주주의에서 말하는 인민이 아니라 지배층 엘리트였다. 우마니타스는 지배층 엘리트에 들기 위한 교육의 새로운 분야로 요구된 것이지 민주적 시민의 교양으로 요구된 것이 아니었다. 중세의 논리적인 스콜라 철학은 신학이나 자연과학처럼 절대적 확실성을 추구하는 경우에는 적절했으나, 르네상스 시대의 정치적 논쟁처럼 가능성을 추구하는 경우에는 무익했다. 그러나 르네상스는 중세에 강조됐던 신을 부정하려는 것이 아니었고, 그렇다고 해서 스콜라 철학처럼 신을 이성적인 절대가치로 추구한 것도 아니었다. 르네상스는 신을 사랑하는 것으로 충분하다는 것이었다. 다시 말해 르네상스는 중세의 지적 절대주의를 부정하고 지적 상대주의를 지지했다.

이러한 지적 상대주의는 중세에 성경이나 교부의 저서(가령 토마스 아퀴나스의 《신학대전》)나 그리스로마의 고전을 하나의 권위로 받아들이던 태도나 글의 일부를 발췌해 제시하던 태도를 부정하고 각각의 견해를 그 자체의 문맥 속에서 이해하려고 하는 새로운 지적 태도이기도 했다. 그러나 여기서 지적 상대주의라고 하는 것을 보편성에 대한 추구를 포기한 것이라고 보아서는 안 된다.

이런 점에서 이탈리아, 특히 피렌체는 새로운 가치가 싹트기에 적합했다. 토마스 아퀴나스 같은 예외(아퀴나스도 궁극적인 목표는 진리에 대한 지식이 아니라 사랑이라고 했다)가 있었지만 중세의 신학에 대한 이탈리아인의 기여는 미미했다. 이탈리아에서는 신학보다는 도시의 요구에 부응하는 의학이나 법학이 더 발전했다. 게다가 피렌체에는 1349년까지도 대학이 없었다. 이는 곧 피렌체가 대학의 전통주의나 전문가 중심주의로부터 자유로웠다는 뜻이다. 공화주의가 특히 피렌체 정치의 특징이었다(르네상스를 낳은 피렌체 사회에 대해서는 이 책의 부록을 참조하라).

가혹한 시대, 불행한 인간

1304년에 태어나 71년간을 산 페트라르카는 평생 가혹한 시대를 살면서 스스로 불행하다고 느낀 사람이었다. 이는 그만의 독특한 입장이 아니라 당시의 객관적 사정에 의한 것이었다. 유럽에서는 11세기경부터 농업이 발전하면서 인구가 비약적으로 늘어나고 도시도 탄생했지만, 페트라르카가 태어나기 직전인 13세기 말부터는 유럽의 농업생산이 정체됐다. 농업생산의 정체는 1339년부터 시작된 영국과 프랑스 사이의 백년전쟁에 의해 더욱 심화됐고, 1347년부터 3년간 창궐한 페스트로 인해 유럽 인구의 3분이 1이 죽었다. 페트라르카가 태어난 이탈리아에서도 난립한 도시국가들 사이에 전쟁과 전염병이 끊이지 않았다. 이런 점에서 페트라르카의 시대는 가혹했고, 그 시대를 살았던 사람은 모두 불행했다.

페트라르카가 태어나기 전만 해도 이탈리아의 사회는 개방적이었고, 사회적 유동성이 있었으며, 정치가 귀족정에서 공화정으로 변해갔다. 그러나 그가 태어난 뒤로는 세상이 거꾸로 가기 시작했고, 특히 페스트가 그런 퇴화를 가속화시켰다. 그래서 농민반란이 빈발했고, 그에 대한 지배층의 대응도 완강했다. 사회는 폐쇄적으로 변했고, 사회적 유동성은 사라졌으며, 빈부의 양극화가 심화됐다. 예술에 재능이 있는 극소수만이 신분상승이 가능했다. 가령 보티첼리(1444/5~1510)는 무두공의 아들이었으나 예술가로 출세했다. 공화제는 극소수 시민들에 의해 선출되는 과두정으로 바뀌었고, 그 극소수 시민들과 인민 또는 대중은 엄격하게 구분됐다. 그러나 이미 생겨난 자유에 대한 열망만은 후퇴하지 않았다. 페트라르카 역시 그런 자유에 대한 열망에 평생을 불태웠다. 이런 그의 태도는 그 자신의 개성 때문이었을 수도 있지만 그가 살았던 시대의 특징 때문이었을 수도 있다.

페트라르카는 12세부터 아버지의 권유로 당시의 출세코스였던 법 공부를 시작했으나 그것을 싫어했고, 22세 때 아버지가 죽자 문학을 시작했다. 젊은 문학도로서 그는 당시 교회에서 사용되고 있었던 라틴어가 아닌 이탈리아어로 연애시를 쓰면서 도시의 향락적인 삶에 젖었다. 그는 나중에 《칸초니에레》에서 이 시절을 두고 "빗나가던 내 젊디젊은 그 시절"이라고 회상하고 "폭식, 수면, 그리고 태만한 펜은/ 세상으로부터 모든 미덕을 추방했고/이리하여 악습에 굴복한 우리의 천성은/거의 제 길을 벗어나버렸네"라고 노래했다.

젊은 문학도에게 사랑이 없을 수가 없다. 페트라르카가 23세 때 만난 유부녀 라우라는 단테의 베아트리체처럼 그의 영원한 연인으로 평생에 걸쳐 그에게 시적 영감의 원천이 됐다. 아버지의 유산을 다 써버린 26세에 페트라르카는 문학 활동에 필요한 자유와 여가를 갖기 위해 성직자가 됐으나, 그의 방탕한 생활은 변하지 않았다. 페트라르카는 평생 부를 경멸했고, 이 점에서는 중세적인 성향을 갖고 있었다고 할 수도 있다. 그 뒤의 르네상스인들은 대부분 부를 중시했기 때문이다. 그러나 페트라르카 역시 부 자체를 경멸했다기보다는 부가 초래하는 노고와 근심과 구속을 혐오했다고 보는 것이 옳다. 이런 점에서도 그는 선구적인 르네상스인이었다. 그는 30~40대에 주교와 교황청의 고위직을 제안 받았지만 자유를 방해받는다는 이유에서 거절했다. 그러나 지식인으로서 필요한 공적인 업무와 행동에 그가 소홀했던 것은 아니다.

페트라르카는 앞에서 보았듯이 32세 때 아우구스티누스의 《고백》을 읽고 자신의 삶을 회의하기 시작했다고 하지만, 34세 때 자신의 사생아가 태어나기 전까지는 그의 생활에 큰 변화는 없었다. 그는 짝사랑의 대상인 라우라에 대해서는 평생 예찬했지만, 자신에게 자녀를 낳아준 여인에 대해서는 단 한 편의 사랑시도 쓴 적이 없다. 그 여인이 누구인지에 관해서도 전해진 바가 전혀 없다. 명색이 성직자인 그에게 사생아 남매가 있었다는 사실은 당연히 도덕적 비난의 원인이 되지만, 이런 일은 당시의 성직자에게는 흔한 일이었음을 지적해둘 필요가 있겠다.

여하튼 그는 그 사생아들과 함께 도시생활을 청산하고 시골로 가서 홀로 문학연구에 전념해 4년 뒤 계관시인이 됐다. 그 뒤 그는 도시생활에 대립되는 고독한 시골생활을 찾아 이탈리아 각지를 방랑하다가 죽었다. 그의 고독한 시골생활은 《칸초니에레》에 나오는 다음 시에서 엿볼 수 있다.

> 오 작은 방이여, 너는 일찍이 일상의 심각한
> 폭풍우가 내게 불어올 때 항구가 되어 주었고,
> 지금은 낮에는 부끄러워 감추고 다니는,
> 어두운 밤에 흘리는 눈물의 수원지이지.
> 오 작은 침대여, 너는 몹시도 고통스럽던 시절
> 휴식처요 위안이었지. (234가)

페트라르카는 교황청을 중심으로 한 당시의 도시생활을 기독교에 대한 배신인 모든 악덕으로 가득 찬 악마의 삶, 즉 동물성의 삶이며 우마니타스(인간성)를 상실한 삶으로 보았다. 그러나 시골에서 고독하게 산다고 해서 우마니타스가 당장 회복되는 것은 아니었다. 그는 성경이 가르친 이상적인 기독교도의 삶은 "정직하고 소박한 가난"(《칸초니에레》 138가)이라고 생각했다. 그래서 그는 정신의 병, 즉 교만, 탐욕, 정욕, 태만(울병), 사랑, 명예욕이 근본문제라고 생각하고 그것들에서 해방돼야 참다운 자유와 고독이 가능하다고 보았다. 이는 곧 외부에 대한 의존이나 집착으로부터의 자유를 통해 자기 자신으로 돌아가고, 이를 통해 타인에게 도움을 준다는 것이었다. 그것이 그에게는 참된 기독교인의 길이자 현대인의 길이었다.

교부인 아우구스티누스의 《고백》을 읽고 그러한 각성을 하게 된 페트라르카는 교부문학과 성서를 연구하는 동시에 당시에 이단이었던 그리스로마의 고전문화를 통해 그러한 각성을 발전시키고자 했다. 그는 당시에 상당히 소실된 상태였던 고전문학, 특히 키케로의 작품, 플라톤의 대화편, 호메로스의 원전 등을 수집하고 그 계승과 재생을 위해 노력했다. 이런 작업을 통해 그는 '인간적인 인간', 미덕을 갖춘 인간, 우마니타스를 갖춘 인간을 추구했다.

르네상스는 그 앞 시대인 중세에 대한 비판과 함께 고대 그리스로마의 고전에 대한 재조명에서 비롯됐는데 그 최초의 재조명을 한 사람이 바로 페트라르카였다. 그는 로마의 작가들 가운데 키케로, 세네카, 베르길리우스 등을 좋아했고 그들을 따랐다. 그러나 그들에 대한 재조명보다 더 중요한 것은 플라톤과 아리스토텔레스에 대한 재조명이었다. 뒤에서 보듯이 플라톤에 대한 르네상스 휴머니스트들의 본격적인 연구는 플라톤의 저술이 모두 라틴어로 번역된 1484년 이후, 즉 페트라르카가 죽은 뒤 1세기가 지난 뒤부터였으므로 페트라르카가 플라톤을 충분히 이해했다고 볼 수는 없다.

그러나 페트라르카는 정념으로부터 영혼을 순화하는 것이 인간의 도덕적 목표가 돼야 한다는 플라톤의 생각을 받아들였고, 플라톤을 '철학의 왕'이라고 부르면서 그를 중세에 가장 위대한 그리스 철학자로 숭상된 아리스토텔레스보다 우위에 두었다. 이러한 그의 플라톤 재평가는 나중에 플라톤주의가 르네상스를 지배하게 되는 데 결정적으로 기여했다. 한편 그는 아리스토텔레스를 플라톤보다 못한 2인자로 보기는 했으나 아리스토텔레스를 경멸하지는 않았고, 아리스토텔레스에 대한 당시의 연구를 비판하는 것을 통해 새로운 아리스토텔레스 연구의 길을 열었다.

1348년에 페스트로 인해 라우라(당시 그녀는 11명의 자녀를 낳은 중년부인이었다)와 친구들 대부분이 죽고 난 뒤에 페트라르카는 더욱 종교적으로 변했다. 당시의 페스트는 페트라르카에게 개인적 불행을 가져다주었을 뿐만 아니라 유럽의 역사에서 유례가 없는 재앙이었다. 유럽의 인구는 1340년에 7900만 명이었다가 1400년에는 5500만 명으로 줄었다. 이런 대폭적인 인구감소는 그 앞 시대의 지나

친 성장에 따른 결과이기도 했다. 1000년 이후 인구가 급증하면서 식량에 대한 수요가 크게 늘어나자 변두리의 토지까지 경작하게 됨으로써 농업생산이 일단 재난이 일어나면 쉽게 무너질 수 있는 구조가 됐던 것이다.

그 결과로 많은 인력이 필요한 농업을 포기하고 인력이 적게 드는 목축을 선호하는 양상이 나타났다. 이런 양상은 토머스 모어를 다룬 14장에서 보게 되겠지만 결국은 "양이 사람을 먹어치우는" 비참한 결과를 초래했다. 이러한 경제적 문제는 사회적으로는 물론 정신적으로도 엄청난 위기감을 낳았다. 그래서 사람들이 변했다. 가령 '채찍고행자'들은 본래 경건운동가들이었으나 페스트 발생 이후에는 성직자 말살과 빈부차별 철폐를 주장했다. 페트라르카는 그런 사회적 개혁자로 바뀌지 않고 오히려 종교에 더욱더 사로잡혔으나 죽을 때까지 자신의 영혼이 구제될 것이라는 확신을 갖지 못했고, 언제나 자신의 탐구에 한계가 있음을 의식하는 회의주의자로 살았다. 이런 점에서 그는 몽테뉴를 비롯한 모든 회의주의자의 아버지였다.

교회 비판

페트라르카는 자기가 추구한 '동물성 극복을 통한 인간성 완성'은 신의 선물로 성취될 것이라고 생각했다. 즉 그는 인간성의 완성은 인간이 자력으로는 이룰 수 없고 그것을 이루는 데는 신의 은혜가 필요하다고 보았다. 그가 초기에는 열렬한 연애시를 쓰다가 후기에는 종교적 내면성을 담은 시를 쓰게 된 것도 그의 생각이 이렇게 변한 것과 관련이 있다. 가령 《칸초니에레》에 나오는 다음 시를 보자.

나는 매우 지쳐 있네.

내 죄들과 못된 버릇의 오랜 짐에 짓눌려,

나는 두려움에 크게 떨고 있네.

중도에 절망할까봐, 또 내 적의 손아귀에 들어 갈까봐.

위대한 친구가 내려와 지고의 형언할 수 없는 자비로

나를 자유롭게 해주었고

그 후 그는 내 시야 밖으로 날아갔으니,

그를 정신없이 응시했으나 헛된 일이 되었네.

하지만 그분의 음성은 아직도 지상에서 이렇게 울려 퍼지네.

오, 고통 받는 그대들이여, 발걸음을 떼어 내게로 오라.

만일 그대들의 속된 욕망이 그 발걸음을 막지 않는다면.

어떤 자비가, 어떤 사랑이, 혹은 어떤 운명이

내가 쉴 수 있도록 나를 지상에서 들어 올려줄

비둘기 깃털을 나에게 베풀어줄까? (81가)

위 시의 둘째 연에 나오는 '위대한 친구'란 그리스도를 말하고, 셋째 연의 마지막 행은 《마태복음》의 11장 28절에 나오는 말이다. 페트라르카는 그리스도와 성경은 물론 신학을 높이 평가했고, 신학을 모든 학문의 여왕이라고 불렀으며, 토마스 아퀴나스(1225?~1274)나 보나벤투라(1218~1274)와 같은 스콜라 신학자들을 존경했다. 그러나 철학이나 종교에 대한 페트라르카의 연구는 당대 스콜라 철학이나 스콜라 신학과는 거리가 멀었고, 그는 특히 당대 스콜라 학자들의 타락을 엄중하게 비판했다. 그는 스콜라 학자들이 신을 사랑하지 않고 신을 인식하려고만 하여 신에 대한 공허한 변증법적 논의에만 열중한다고 비판했다. 그는 무엇보다 당시 교황청의 부패를 통박했다. 《칸초니에레》에 나오는 다음 시를 보자.

불덩어리가 하늘에서 네 머리 위로 쏟아지리.
수많은 악한 짓을 즐기니 말이다. 악한이여,
강물로 목을 축이고 도토리로 허기를 채우던 때부터
사람들을 가난에 처넣으며 너는 부귀와 권세를 누리는구나.

배신의 둥지에 숨어 오늘도
온 세상으로 퍼뜨릴 온갖 악덕을 준비하고 있네.
하녀와 강론, 그리고 음식들,
그중엔 마지막 단계인 음란한 짓도 있구나.

네 방들에서는 늙은이들이 소녀들과
욕정을 불태우고, 악마는 그 사이에서
정욕의 불길에 풀무질을 하며 이들을 거울로 비추네.

그 시절 너는 그늘에서 깃털에 싸여 키워진 것이 아니라,
맨몸으로 바람을 맞고 맨발로 가시덤불 사이를 걸었지.
난 지금 네 죄악의 악취가 하늘까지 닿았으면 하고 바란다. (136가)

그는 교황청을 가리켜 "고통의 샘, 분노의 주거지/죄악의 교습소이며 이단

의 신전"인 "위선과 악"의 장소라고 부르고, 교황청이 모두를 "한없이 울고 한숨짓"(《칸초니에레》138가)게 만든다고 비판한다.

> 아 거짓들의 온상인가, 아니면 선이 죽고,
> 또 악이 양분을 얻어 피어나는 무서운 감옥인가.
> 살아 있는 자들의 지옥이니, 만일 그리스도가 결국 네게
> 노하지 않는다면 그것은 엄청난 기적이리라.

> 정직하고 소박한 가난의 샘,
> 너를 창설한 자들에 대항하여 뿔들을 세우니
> 뻔뻔스러운 매춘부라, 너는 도대체 어디에 희망이 있느냐?

> 너의 불륜관계에, 잘못 만들어낸 엄청난 재산에 있느냐? (138가)

철학, 문학, 신학의 통일

페트라르카의 철학은 고독한 자기대화였다. 고독하게 산다는 것은 오로지 신을 증인으로 삼아 자기의 양심에 물어가면서 사는 것을 뜻했다. 그러한 대화의 전형을 보여주는 것이 《나의 비밀(Secretum)》이라는 그의 작품이다. 그 대화는 페트라르카가 아우구스티누스와 대화하는 형식을 취하고 있지만, 아우구스티누스가 하는 말도 페트라르카 본인의 말이므로 사실은 자기대화다. 따라서 그 대화는 고백이다. 이 작품의 대화는 기독교의 고백정신에 따른 것이므로 플라톤의 대화나 키케로의 대화와는 다른 것이다. 이런 점에서 페트라르카의 경우는 철학과 신학이

구분되기 힘들다.

페트라르카는 스콜라 철학과 같은 공허한 논리변증이 아닌 구체적인 삶에 밀착한 철학적 탐구와 실천을 중시했다. 이런 점에서 페트라르카는 뒤에서 보게 되는 몽테뉴나 파스칼과 같은 프랑스 모랄리스트들의 선구였다. 그리고 그의 방식은 개별 속에서 보편을 탐구하는 시와 소설의 수법과도 일치하는 것이다.

페트라르카는 문학과 신학도 구분하지 않았다. 그는 시학은 신학의 적이 아니며, 신학은 신에 대한 시학이라고 주장했다. 그에 의하면 복음서는 시적 비유로 가득 차 있고 구약성서에도 서사시를 비롯한 시가 많이 들어 있으며, 라틴 교부들도 시를 이용하거나 운문 소품만을 썼다고 주장했다. 따라서 그는 내용이 진실하고 건전하다면 문체의 형식은 전혀 중요하지 않다고 주장함으로써 그 전에 신학과 시학 사이에 그어졌던 경계선을 지웠다. 특히 그는 스콜라 신학에서 볼 수 있는 이론적 구축은 불필요하다고 주장했다.

또 서술방법이 엄밀하게 논리적인가 아닌가 하는 문제도, 산문이냐 운문이냐 하는 문체의 차이도 중요하지 않으며, 신학과 문학은 일치한다고 그는 보았다. 그는 암브로시우스(340~397), 아우구스티누스, 히에로니무스(345?~419?)와 같은 교부들이 그렇게 했다고 주장했고, 자기도 작품에서 그런 일치를 표현하고자 했다. 이런 점에 대해 그는 《칸초니에레》에서 다음과 같이 노래한다. 이 시에서 페트라르카가 아버지라고 부르는 사람은 아우구스티누스다.

나는 오늘날의 스타일과 옛 말씀 사이에서
매우 양면적인 내 작업을 아마도 해내리.
이에 대해 내가 감히 이야기하는 것은 두려우니,
결국 자네는 로마에서 그에 대한 소리를 들으리.

하지만 나에게 부족한 것이 있다네,

그 분, 나의 사랑하는 아버지께서 쌓아 놓으신

성스러운 실들로 내 작품을 끝냄에 있어. (40가)

이렇게 페트라르카가 추구한 신학과 문학의 통일은 철학과 문학의 통일을 의미하는 것이기도 했다. 이와 같은 페트라르카의 사상을 집약적으로 보여주는 작품이 그가 임종 직전까지 40년 동안 쓴 《칸초니에레》다. 그 속에 실린 366편의 시는 연인 라우라에게 바치는 사랑을 주제로 하고 있다. 가령 그녀는 페트라르카가 추구한 "덕의 꽃이요, 미의 샘"이고 "내 구원의 뿌리"(351가), "천상의 영혼이요/뜨거운 태양"(90가), "지상에서 천사의 자태", "세상에 유일한 천상의 아름다움"(156가)이라고 찬양된다. 즉 철학의 덕과 시학의 미, 그리고 신학의 구원이 라우라에게서 통일돼있다.

사랑과 시대에 대한 절망

누구나 그렇듯이 시인은 그녀를 처음 만난 날을 축복한다. 유부녀인 그녀가 시인의 사랑에 응하지 않아 시인은 재난과 고통에 빠지지만, 그래도 시인은 그녀를 처음 만난 날을 축복한다.

축복이어라, 나를 사로잡았던 그대의 아름다운 두 눈에

내가 정신을 잃었던 그 날, 그 달, 그 해,

그 계절, 그 무렵, 그 시각, 그 순간,

그 아름다운 마을, 그대를 본 바로 그곳이여.

또한 축복이어라, 내가 사랑에 빠져
맞았던 그 달콤한 첫 고통이여,
내가 표적이 되었던 화살들, 또 그 활,
나의 심장까지 미친 그 고통들이여.

축복이어라, 님의 이름을 부르며
내가 뿌려댄 그 많은 노래들,
탄식들, 눈물들, 그리고 그 절절함이여.

또 축복이어라, 모든 종이, 종이들이여, 내가
님께 바친 찬미가로 가득했지, 또 다른 이에게는 조금도
곁을 내주지 않은 오직 님만을 향한, 내 모든 사념이여. (61가)

페트라르카가 찬미한 여성인 라우라

시인의 사랑 찬미는 사랑이 세상을 밝히는 것이기 때문이기도 하다. 그는 "참혹한 생활 속에서도 너를 견뎌내게 한/사랑의 희망에 대한 미덕으로/이 안개 가득한 대기를 깨끗이 하라"(34가)고 노래한다. 그러나 이런 사랑 찬미도 결국은 부질없다.

부질없는 소망들과 헛된 고통 속에서
갖가지 방식으로 나는 울고 말하면서,
체험으로 사랑을 아는 이가 그 어디에 있든,
나는 용서만이 아닌, 자비를 빌고 싶소. (1가)

그러나 그토록 가혹하고 그토록 험한 길을
나 찾아낼 줄 모르니 사랑은 한결같이
내게 속삭여주지 않고, 다만 그에게 속삭이네. (35가)

시인은 고통스러운 사랑에서 도망치고자 한다. 그러나 도망칠 수 있기는커녕 더욱더 사랑의 포로가 돼버리고 만다.

나는 도망칠 수 있는 곳을 결국 찾지 못하네.
그 아름다운 두 눈이 나를 그토록 오랜 고통에 빠트리고 있어
나는 떨고 있네, 하지만 그 큰 고통은
잠시도 휴식을 취하지 못한 내 심장을 부수지 못하네.

도망치고 싶다. 하지만 그 사랑의 눈빛은

밤낮으로 내 머릿속에 있네.
어찌나 빛나는지, 열다섯 번째 되는 해인 지금
첫날보다 훨씬 더 나를 현혹하네. (107가)

그 고통은 그가 23세에 그녀를 만났을 때부터 그가 죽는 71세까지 반세기 동안이나 이어진다. "이렇게 나의 재난들은/모두의 고통 속에 시작되었다오."(《칸초니에레》 3가) 라우라를 향한 그의 사랑은 이성이라는 자신의 미덕을 파괴하여(2가) 자신을 괴롭히는 재난과 고통이 되고(3가), "인생의 혹독한 고통과 수많은 번뇌"(12가)가 된다. 그래서 "나는 아름다운 두 눈의 공격이 너무나 두렵다네/그 속에 사랑과 나의 죽음이 머물고 있기에"(39가)라고 노래하기도 한다. 그런 사랑은 또한 "지독한 악마"(62가)이기도 하다. 여기서 우리는 페트라르카가 이성에 대한 믿음을 갖고 있지만, 동시에 그것이 절대적인 것이라고 생각지는 않는 비관주의적인 입장을 갖고 있었음을 알 수 있다. 아마도 사랑과 시대에 절망한 탓이었으리라.

그러나 이 시집에 표현된 동경과 환멸, 기대와 실망, 즐거움과 슬픔, 치유와 고통은 단지 그의 불행한 짝사랑에 대한 것만이 아니었고, 그의 불행한 시대현실에 대한 표현이기도 했다. 그는 그런 시대를 극복하기 위해 당시의 지배자들에게 이탈리아와 기독교세계의 재생과 평화를 호소했지만 모두 이루어지지 못해 오로지 라우라에게만 매달린다.

나는 이 내 지친 몸을 너무나도 힘겹게 이끌며
걸어온 지난날의 걸음걸음을 떠올리다,
그 순간 그대에게서 불어오는 바람에 원기를 얻어

한숨지으며 가던 길을 가네, 아, 힘겨워라! (15가)

그러나 라우라 역시 시인에게는 고통일 뿐이고, 결국 그가 마지막으로 결단
하는 것은 죽음이지만 망설인다.

만일 내가 죽음으로써 나를 무너뜨린 사랑의
사념으로부터 자유로워질 수 있다 믿었더라면,
나는 진작에 내 두 손으로 이 증오스러운 사지와
사랑의 근심덩어리를 땅에 묻었으리.

하지만 나는 그것이 통곡과 통곡의 통로이고,
또 고통과 고통의 통로일 뿐일까 두려워
나를 막고 있는 그 고개 이편
생과 사의 중간에 머물러 있다오. (36가)

결국 시인이 향하는 대상이 절대자인 신으로 바뀌지만, 앞에서도 말했듯이
그는 신을 절대적으로 믿지는 않았다. 당시의 교황청을 비롯한 성직자들의 부패
에 환멸을 느낀 것이 하나의 이유였으리라.

나는 나의 지난날을 한없이 고통스러워하네,
날개를 가지고 있음에도, 간과할 수 없는 일을
해낼 수 있을 만큼 하늘로 날지 않은 채
인간을 사랑함에 모두 써버린 그 순간들을. (365가)

한국어 번역자는 네 번째 행에 나오는 '인간'을 라우라라고 주석하지만 시인 자신을 포함한 인간 모두라고 보아도 좋으리라. 왜냐하면 위 구절에 이어서 "인간의 품위를 해치고 신을 모욕하는 내 죄들을 아는 당신"이라고 신을 찾아 자신의 영혼을 구해주기를 빌기 때문이다.

그리하여 만일 내가 전쟁과 폭풍우 속에서 살았다면
항구에서 평화롭게 죽게 하시고, 만일 거처가
헛된 것이었다면 적어도 내 떠남을 명예롭게 하소서.

한국어 번역자는 위 1행의 '전쟁'을 '마음 속 전쟁, 즉 내적 고뇌'라고 주석하지만 이 역시 시인이 평생 겪은 수많은 전쟁 그 자체를 뜻한다고 보아도 좋으리라. 그러나 앞에서도 말했듯이 그는 죽음에 이르러서도 신에게 '구원의 손길'을 청할 정도로 그 자신이 살아생전에 구원을 받았다고는 생각하지 않고 죽음을 맞는다.

나는 인간의 비참함을 줄여줄
마지막 날이 다가올수록
더욱더 시간이 빠르고 허무하게 흘러가고,
또 그에 대한 내 희망도 헛되고 소용없음을 아네.

나는 내 사념들에게 말하노니, 결국 우리는 사랑을 노래하며
오래 가지는 못 하리. 지치고 고통 받는
지상의 육체는 마치 금세 내린 눈처럼

녹아가기 때문이니라, 여기서 우리는 평화를 얻으리라.

웃음과 통곡, 두려움과 분노를
아주 오래도록 헛되게 했던
희망이 그와 함께 무너질 것이기 때문이며,
그렇게 우리는 인간이 얼마나 자주
의문 가득한 것들을 향해 나아가는지,
또 얼마나 자주 헛되이 희구하는지를 알리라. (32가)

바르톨루스의 폭군론

페트라르카에게서 정치사상을 찾아보기는 힘들다. 대신 그와 같은 시대를 산 바르톨루스 폰 사소페라토(1313~1357)를 통해 당시의 정치사상을 살펴볼 수 있다. 특히 그의 《폭군에 관하여》가 번역(E. 코크레인, 김동호 옮김, 《르네상스》, 신서원, 2003)되어 있어서 그 독서를 권하기 위해서라도 간단히 소개할 가치가 있다. 그는 비천한 농민 출신이었지만 르네상스의 가장 위대한 법률가였는데 《폭군에 관하여》(1355?)는 법률가가 쓴 최초의 폭군반대론이다.

바르톨루스는 그 이전의 법률가들이 법을 추상적 정의에 따라 미리 정해진 체계(즉 로마법)에 따르는 것이라고 믿어 당시의 현실 사이에 문제가 많았던 것을 극복한 점에서도 위대한 법률가였다. 또한 도시국가의 권위를 황제의 권위와 동일시하고 도시국가가 독자적인 입법권과 시민권 및 징세권을 갖는다고 본 점에서도 중요했다.

《폭군에 관하여》는 정치적 폭군을 중심으로 하지만 교황과 같은 종교적 폭군

이나 내면이 사악한 도시나 가정, 심지어 자기 내면의 폭군에 대해서도 언급하는
점에서 특징적이다. 그는 이처럼 여러 가지 폭군을 언급한 뒤에 그 폭군의 행위가
법적으로 무효임을 증명한다.

페트라르카의 후계자인 프랑스 최초의 작가

크리스틴 드 피잔(1364~1430)은 남성우월주의에 반기를 들었던 여성으로 최근
페미니즘의 선구자로 소개되고 있는 프랑스 최초의 작가로서 페트라르카의 후계
자라고 할 수 있다. 그녀는 서정시, 우화, 역사서를 포함하는 방대한 저술을 남겼

남자들에게 강의를 하고 있는 피잔

고, 당시 사회의 여성에 대한 차별을 폭로하고 자신의 경험에 입각해 작품을 쓴 자의식의 작가라는 점에서도 페트라르카의 참된 후계자였다.

그녀는 1405년에 펴낸《여성들의 도시에 관한 책》에서 신은 남성과 여성에게 똑같은 잠재력을 부여했다고 주장했다. 여성이 굶주린 자궁을 가졌고 따라서 여성의 성욕이 남성의 그것보다 더 통제하기 어렵다는 옛 의학상식을 비판하고, 여성은 선천적으로 고결하고 정숙하다고 강조했다. 이러한 본질주의적인 태도는 현대의 페미니즘과는 구별되는 것이지만, 이는 그녀가 14세기의 여성임을 고려하면 크게 문제되지 않는다.

그녀의《세 가지 덕의 책》은 왕녀로부터 창녀에 이르는 여러 여성들에게 조언을 주는 책인데, 그 인물들에 대한 상세한 묘사는 뒤에서 살펴볼 최초의 초상화가인 반 에이크를 비롯한 플랑드르 화가들이 묘사한 일상의 모습과 유사하다. 그녀의 서정시는 궁정문학의 범주에 드는 연애시이지만 인간의 세속적인 경험에 주목한 책으로서 당대의 신학, 철학, 미술보다 문학이 개인을 발견한 가장 중요한 장르였음을 증명한다. 그녀가 마지막으로 쓴 작품은 잔 다르크를 찬양한 책이다.

페트라르카의 다른 후계자들

페트라르카가 죽은 1374년 당시에는 그의 영향력이 미미했다. 그가 1350년에 만난 보카치오(1313~1375)는 그의 영향으로 중세적인《데카메론》에서 고전연구로 관심을 돌려 피렌체와 페트라르카를 연결하는 역할을 했지만 페트라르카가 자신의 후계자로 꼽은 사람은 루이지 마르실리(1342~1394)였다. 그러나 진정한 후계자는 콜루치오 살루타티(1331~1406)였다. 1375년부터 1406년 죽기까지 30년을 피렌체 공화국 서기장(chancellor, 지금의 수상에 해당)을 지낸 탓으로 그의 영향에 의해 피렌체는 새로운 휴머니스트 문화의 중심지로 변했다. 특히 그가 재직한 기간에 피렌체는 밀라노의 침략을 받은 위기의 시대여서 부유한 상인들은 살루타티를 중심으로 공화제를 지키기 위한 투쟁에 나섰다.

밀라노의 공격으로 피렌체의 위기가 절정에 이른 1401년에 살루타티의 제자인 브루니(1370~1444)는 공화제를 옹호했고, 이러한 옹호는 그의 《피렌체 인민사》(1415~1429)에서 절정에 달했다. 브루니는 처음에는 법을 공부했으나 인문학 연구에 몰두했고, 오랫동안 피렌체 공화국의 서기장 등 관직을 지냈다. 그가 젊은 시절에 쓴 《피렌체 찬가》(임병철 옮김, 책세상, 2002)는 피렌체 공화국의 우수한 정치사회제도를 극도로 찬양한 책으로서 뒤에 가서 저자 자신이 역사와 찬양은 별개라는 점에서 후회한 책이기도 했다.

그러나 그의 《피렌체 인민사》는 중세의 전통사관을 비판한 점에서 획기적이었다. 단테의 《왕정론》에 이르기까지 중세 역사가들은 카이사르와 아우구스투스의 로마제국이 고대사의 절정으로서 예수를 받아들이도록 준비했고 그것을 신성로마제국이 이었다고 보았다. 그러나 브루니는 아테네와 로마의 고대문화는 공화정의 산물이고, 그것을 로마 황제들의 권위주의가 파괴했다고 반박했다. 또 피렌체도 카이사르가 아닌 공화주의자 술라가 건설했고, 토스카나인들은 로마시대와 게르만시대에도 자유를 위해 투쟁했다고 주장했다. 이로써 그는 로마 말기에 고대역사가 끝났고 이를 부활시키는 새로운 역사가 필요하다고 본 페트라르카의 역사관을 부활시켰다.

브루니와 함께 시민적 휴머니스트로 불리는 마테오 팔미에리(1406~1475) 역시 피렌체의 사법부장관을 지냈는데, 특히 그는 '활동적 삶'을 전면적으로 긍정한 《시민생활론》으로 유명했다. 가난을 찬양한 페트라르카와 달리 팔미에르는 부유함은 미덕의 실현에 필수적인 조건이고, 미덕은 그것이 시도돼야만 완전한 것에 가까워진다고 보았고, 고독한 생활을 하면서 국가의 임무나 공공 업무를 경험하지 않은 사람을 배척했다.

따라서 부르크하르트가 휴머니스트를 사회에 무관심한 가난한 지식인이라고 본 것은 사실과 다르다. 지도적인 휴머니스트들은 부유한 지배층 엘리트 출신이거나 공직을 통해 명성과 재산을 얻은 이민 출신들로서 피렌체의 공화제를 유지하는 데 크게 기여했다. 〈군주론〉을 쓴 마키아벨리도 1498년부터 1512년 사이에 공화제에서 관직을 지냈다.

그러나 모든 휴머니스트들이 공화주의자였던 것은 아니고 독재에 봉사한 자들도 많았다. 휴머니스트에 대한 비판자들도 있었다. 보수적인 기독교인들은 휴머니스트를 기독교를 거부하는 이교도라고 비판했다. 또 보수적인 기업인들은 라틴어 문법과 시학이 보통사람에게는 무용하다고 비판했다. 심지어 그들이 고전에만 젖어 단테, 페트라르카, 보카치오를 경멸한다는 비판도 있었다.

피렌체 공화주의는 15세기 후반 메디치가의 지배로 약화되다가 에스파냐와 교황청의 지원을 받은 메디치가에 의해 1532년에 끝났으나 그 뒤에도 페트라르카의 휴머니즘은 오랫동안 지속됐다.

교육혁명과 인쇄혁명

문학과 철학 및 신학을 통합하고자 한 페트라르카의 꿈은 교육혁명으로도 이어졌다. 그는 당시의 라틴어를 경멸했고 실제 생활에 무용한 논리학이나 자연과학을 가르치는 대학을 비판했으나 교육혁명은 대학 이전의 기초교육에서 일어났다. 전통적인 학교는 주로 라틴어로 쓴 중세적 교재들을 암기하도록 가르쳤다. 15세기 초부터 휴머니스트들은 고대 로마 시대처럼 웅변과 시민적 의무를 가르쳐야 한다고 주장했는데 이런 교육은 20세기까지 이어졌다. 뒤에서 보는 알베르티도 그런 기초교육을 받았다.

이탈리아에서와 달리 유럽 북부에서는 교육혁명의 중심이 대학이었다. 그 이유는 이탈리아에서는 대학이 법학과 의학 중심이어서 기초교육을 마친 20세 전후의 학생이 입학한 반면 북유럽에서는 14세쯤 대학에 입학해서 기초교육부터 공부했기 때문이었다.

휴머니즘의 보급에 학교 이상으로 기여한 것은 1450년대에 발명된 인쇄술이다. 페트라르카를 비롯한 많은 휴머니스트들이 중세 필사본의 오류를 지적하고 이를 통해 휴머니즘을 주장했는데, 인쇄된 책은 그런 원문 확인을 더욱 쉽게 해주었고, 인쇄된 고전들과 휴머니스트들의 책은 휴머니즘의 보급에 절대적으로 기여했다. 인쇄술은 또한 휴머니스트 학문의 범위를 확대하여 자연과학이나 법학, 신학, 의학의 고전보급과 발전에도 기여했다.

" 모든 인간에게는 인간성이 있다 "

르네상스 최초의 철학자 쿠자누스. 그는 다양성과 보편성, 즉 모든 대립의 통일을 통해 최초로 인간해방을 선언했고 최초의 근대적 과학론과 이슬람을 포함한 모든 세계문화에 대한 관용론을 주장했다.

*

앞에서 우리는 르네상스의 출발점으로 "나는 내가 아는 어느 누구하고도 다르다"라고 선언한 페트라르카를 살펴보았다. 페트라르카는 개성을 강조한 문학인이자 휴머니스트였으나 엄밀한 의미에서 보편적인 인간성을 추구한 철학자라고할 수는 없다. 이제 우리는 "모든 인간에게는 인간성이 있다"고 선언하고 대립하는 모든 것이 종합되는 통일을 추구한 르네상스 최초의 철학자인 15세기 독일의 니콜라우스 쿠자누스(1401~1464)를 살펴본다. 종래 그는 마지막 중세철학자로 다루어졌지만, 나는 그를 르네상스의 선구적 사상가로 본다. 독일 철학자 슈테판 오토(1931~)는 근대철학이 데카르트와 함께 시작되는 것은 신화에 불과하고 쿠자누스가 인간의 정신을 세계의 아르키메데스적 점으로 만들었다고 했다(오토프리트 회페 엮음, 이강서 외 옮김, 〈철학의 거장들〉, 1권, 한길사, 2001, 513쪽).

우리는 페트라르카를 최초의 르네상스인으로 보았다. 쿠자누스는 페트라르카(1304~1374)보다 1세기나 늦은 사람이니 르네상스인에 당연히 포함시킬 수 있다. 물론 시기에 따라 르네상스인이다 아니다를 결정할 수는 없다. 14세기는 물론 15~16세기에도 학자들은 휴머니스트보다 스콜라주의자가 대부분이었고 일반인들은 더더욱 중세적인 신의 시대에서 벗어나지 못했다. 그런 가운데 최초의 휴머니스트라고 볼 수 있는 사람이 쿠자누스다. 그는 페트라르카가 통일하고자 한 철학, 신학, 문학을 넘어 모든 대립을 종합하는 통일을 주장했기 때문이다.

쿠자누스를 살펴보기 위해 우리는 이탈리아 반도를 떠나 알프스를 넘어 유럽의 다른 나라로 가야 한다. 나폴레옹도 넘기 힘들었다던 알프스이지만 옛날부터 양쪽 사람들은 서로 넘나들었다. 앞에서 본 페트라르카도 이탈리아에서 태어났으나 어린 시절 프랑스 아비뇽에서 살았다. 그러나 그는 이탈리아인으로서 이탈리아를 중심으로 활동했다. 반면 쿠자누스는 독일 출신이다. 그러나 젊은 시절에 이탈리아에 유학했다.

13~15세기에 이탈리아 대학의 의학과 법학 교수들은 유럽에서 가장 뛰어나 많은 북유럽 학생들이 이탈리아로 왔다. 마치 지금 우리 대학생들이 미국에 유학하듯이 당시 이탈리아 대학의 졸업장은 경쟁에 반드시 필요했다. 그 유학생들을 통해 이탈리아 휴머니즘은 알프스를 넘어 여러 나라에 전파됐다.

이탈리아라는 고대 라틴 세계에 대한 알프스 이북 사람들의 동경은 19세기까지 이어졌다. 그 사이 가장 유명한 사람은 《이탈리아 기행》을 쓴 괴테, 그리고 미학자로서 이상적 예술미를 그리스 조각에서 구한 《그리스 고대 조각 모방론》을 쓴 빈켈만이었다. 이처럼 이탈리아 여행은 단지 공간의 이동에 그치지 않고 문화의 기원을 찾아나서는 구도의 여행이었다.

그러나 이탈리아 르네상스의 기반이었던 도시국가나 도시화된 귀족과 상인이 북유럽에는 많지 않았다. 대신 도시가 아니라 시골을 좋아하는 봉건적인 국왕과 귀족만이 있었다. 그들은 그리스 로마 고전이 아니라 전쟁이나 사랑 같은 중세적 기풍을 사랑했고 중세 스콜라 철학에 젖어 살았다. 부자들도 마찬가지였다.

그러나 이탈리아에서 도시국가의 필요에 의해 르네상스가 피어났듯이 북유럽의 왕들도 14~16세기 이후 각국의 발전을 위해 로마법을 아는 법률가나 관료를 길러야 할 필요를 느꼈다. 그래서 북유럽 중에서도 영국, 프랑스, 에스파냐처럼 이미 중앙집권화된 나라에서는 왕에 의해 인문학이 꽃피었다. 독일 같은 분권화된 나라에서는 영주들이 앞장섰다. 특히 분열된 독일민족을 부흥시키고자 하는 의욕에 의해 독일이 가장 적극적으로 이탈리아 휴머니즘을 받아들였다.

그러나 북유럽의 휴머니즘은 이탈리아 휴머니즘과 달리 종교문제에 집중됐다. 그 원인을 북유럽인들의 정신적 특성에서 찾으려고 하는 노력이 있었지만 이는 사실과 다르다. 도리어 이는 쿠자누스나 그 뒤의 에라스무스를 비롯한 소수 휴머니스트들의 의식적인 노력이었다.

르네상스의 교회

쿠자누스는 물론이고 어느 서양인을 살펴보는 경우에도 우리는 그가 살고 있거나 살았던 곳에서 교회가 가진 중요성을 항상 고려해야 한다. 서양의 중세에는 물론이고 르네상스 시대에도, 더 나아가 근대에도 교회가 중심이었다. 우리는 흔히 교회나 성당(유럽에서는 이 둘이 우리나라에서처럼 구별되지 않는다. 이 글에서는 성당과 교회를 구별하지 않고 다 교회라고 부르겠다)이라고 하면 대단히 성스러운 곳이라고 생각한다. 교회에는 하늘로 높게 치솟은 종루가 있고 그 속에서 고독한 성직자가 고행을 하며 하루 종일 기도만 한다고 생각한다. 그러나 서양의 교회는 우리가 생각하는 그러한 성스러운 곳이기만 한 곳이 결코 아니었다.

유럽에 가보면 어디에나 거대한 교회가 있다. 아무리 작은 마을에도 교회가 있다. 큰 도시에는 교회가 수없이 많이 있고, 그 가운데 중심교회가 반드시 있다. 그러한 교회를 중심으로 마을과 도시가 형성돼있다. 우리의 교회는 좁고 작고 낮지만 유럽의 교회는 넓고 크고 높다. 우리의 교회 안에는 긴 의자가 즐비하지만 유럽의 교회 내부에서 의자는 일부의 공간만 차지할 뿐이다.

르네상스 시대의 사람들도 교회를 중심으로 하여 살았다. 그런 점에서 르네상스는 물론이고 그 뒤에도 유럽은 상당부분 중세적인 종교의 전통을 유지했다고 할 수 있다. 중세에는 교회가 로마제국을 계승했다고 봐도 좋을 만큼의 제국을 형성하고 있었다. 그러나 교황의 권위는 13세기 후반부터 무너지기 시작했고, 그때부터 종교개혁이 서서히 진행됐다. 그러나 사람들의 일상생활에서는 교회가 여전히 중요했다.

　교회가 사회의 중심이 아닌 순수한 종교적인 장소로 변화한 것은 사실 극히 최근의 일이다. 따라서 서양사회를 이해하는 데서 르네상스와 동시에 일어난 종교개혁에 의해 프로테스탄트가 서양종교의 주류가 됐다고 생각하는 것은 잘못이다. 특히 이탈리아나 에스파냐는 지금까지도 종교개혁이 이루어지지 않았고, 여전히 가톨릭 중심이다. 종교개혁을 경험한 프랑스에서도 가톨릭은 여전히 강하다.

　르네상스 시대의 교회는 신성한 곳이라기보다는 세속의 전당으로서 시민생활과 밀착돼있었다. 사람들은 장사나 전쟁, 심지어 연애나 불륜에 관한 이야기도 교회에서 보통으로 했다. 말하자면 시장바닥 같았다. 그것도 의자에 앉아서 속삭인 것이 아니라 교회 안을 오가면서 말했다. 물론 당시에 교회 측이 그러한 야단법석을 좋아했을 리는 없다. 그래서 교회 안을 돌아다니거나 특히 미사 때에 그렇게 소란스럽게 행동하는 것을 금지하는 명령이 자주 내려졌으나 별로 효과가 없었다.

　게다가 교회에는 언제나 거지가 들끓었고, 사람들이 말을 끌고 교회 안으로 들어오기도 했다. 교회에서 도박꾼들이 도박판을 벌이기도 했고, 교사들이 학생들과 함께 수업을 하기도 했다. 심지어 정치적인 집회도 심심찮게 벌어졌다. 특히 수호성인의 날과 같은 경축일에 거대한 축제가 벌어지면 주민 모두가 교회에서 식사를 하고 술을 마시며 밤새 춤을 추기도 했다. 또한 교회는 주민들의 목재창고로 이용되기도 했고, 귀중품을 보관하는 곳으로도 이용됐다. 당시에는 그렇게 이용할 수 있는 공간이 교회뿐이었다.

　이처럼 당시의 교회는 세속과 분명하게 경계선을 그은 신성한 곳이 아니었다. 물론 구체적인 사정은 나라마다 달랐고, 특히 이탈리아의 교회가 세속적이었다. 그래서 1580년에 이탈리아의 베로나를 방문한 몽테뉴는 그곳의 교회에서 사람들이 미사 시간에 모자도 벗지 않고 제단에 등을 돌리고서 선 채로 이야기를 하는 것을 보고 놀랐다고 썼다. 그러나 이는 귀족인 몽테뉴의 시각으로 보는 것이 옳다. 정도의 차이가 있었을 뿐이지 당시 유럽의 어디에서나 교회는 세속적이었다. 교회의 그런 세속적인 분위기가 르네상스를 발생시킨 배경의 하나로 볼 수도 있다.

르네상스 시대의 이탈리아에서는 종교행사가 중요한 축제로 성대하게 치러졌고, 특히 종교극이 그 중요 요소였다. 가장 중요한 축제는 각 도시의 수호성인을 기리는 축제였다. 각 도시는 위신을 걸 정도로 거창하게 축제행사를 치렀는데, 그것은 종교행사라기보다 도시의 자치정신을 함양하고 도시의 위용을 과시하는 행사였다. 행사의 중심 내용은 예수를 모방하는 것이었다. 즉 예수의 일곱 가지 자비(병자를 간호하는 것, 빈민에게 음식과 물, 옷을 지급하는 것, 죄수를 원조하는 것, 죽은 자를 매장하는 것, 순례자에게 숙소를 제공하는 것, 빈민의 발을 씻어주는 것, 최후의 만찬처럼 회식을 하는 것)를 행하고 예수가 끌려가면서 당한 것과 같은 매질을 스스로에게 가하는 것 등이었다.

이러한 종교행사는 교회나 권력에 의해서가 아니라 평신도의 자발적인 조직에 의해 행해졌다. 평신도의 조직은 14~5세기에 널리 보급되어 당시에 이탈리아의 북부와 중부 지역에만 최소한 420개가 있었다. 그 조직은 위에서 말한 그리스도 모방 행위를 했으나 경우에 따라서는 가족이 없는 빈민을 특별히 돌보거나 죄수를 돌보는 등의 일을 전문적으로 하는 조직도 있었다. 예를 들어 미켈란젤로는 죄수를 원조하는 조직의 일원이었다. 그 조직은 뒤에서 다시 설명하겠지만 미술가들을 지원하는 기능을 하기도 했고, 여러 가지 행사에 필요한 음악을 작사, 작곡하거나 연극을 만드는 등의 예술적인 활동에도 참여했다. 더욱 중요한 것은 그러한 조직 자체가 설교를 하는 등의 종교적 행위도 주도했다는 점이다. 예를 들어 마키아벨리는 그러한 조직의 중요한 설교사이기도 했다.

르네상스의 성직자

르네상스 시대에는 성직자와 세속인의 구별도 분명하지 않았다. 성직자는 동시에 세속의 직업인이기도 했다. 트리엔트 공의회(1545~1563) 이후 신학교가 창설되기까지 성직자는 특별한 교육을 받지도 않았다. 심지어 성직자는 돈으로 살 수 있는 지위였고, 그렇게 성직자가 된 사람이 내연의 처와 사생아 자녀를 거느리기도 했다. 성직자는 군인처럼 무기를 소지하기도 했고, 사냥을 했으며, 성직자의 복장을 하지 않고 지내는 경우도 흔했다. 앞에서 보았듯이 성직자였던 페트라르카는 사생아를 두 명이나 낳았고, 뒤에서 보게 되는 에라스무스는 성직자의 사생아로 태어났다. 이러한 성직자의 타락이 종교개혁의 한 원인이 됐음은 주지의 사실이나, 당시로서는 성직자가 그렇게 사는 것이 당연한 것으로 여겨졌다는 점도 주목할 필요가 있다.

당시에는 성직자 수가 지금의 서양이나 우리나라와는 비교가 안 될 정도로 많았다. 당시에는 종교가 사회를 지배했기에 성직자가 되는 것이 출세코스였으므로 웬만한 형편이면 누구나 성직자가 되고자 했다. 사람들의 신앙심이 깊었기에 성직자도 많았으리라는 추측도 할 수 있겠지만, 당시 사람들이 지금 사람들보다 신앙심이 더 깊었다고 볼 수 있는 증거는 없다.

1427년에 피렌체의 인구 3만 8천 명 가운데 신부와 수녀가 1천 1백 명, 재속 성직자가 3백 명 정도였다. 그로부터 1백 년 뒤인 1550년에는 피렌체의 인구가 두 배 정도인 6만 명으로 늘어났는데 성직자는 더 많이 늘어나 5천 명을 넘어 전체 인구의 거의 10퍼센트에 이르렀다. 1581년에 베네치아의 경우는 13만 명 정도의 인구 가운데 성직자가 4천 명 정도여서 피렌체보다는 성직자의 비중이 낮았으나 성직자가 어디에나 많았던 것은 틀림없다.

지금은 성직자가 상당히 엄격한 교육을 받고, 계층적으로 구분되지 않은 채 가톨릭의 경우에는 로마 교황청과 그 산하조직에 모두 소속되지만 르네상스 당시의 성직자는 동일한 계층 출신도, 동일한 조직 소속도 아니었다. 당시에는 성직자가 사제, 재속성직자, 수도사로 구분됐다.

첫째, 사제는 교회의 최고 권력인 추기경을 보좌하는 성직자로서 당시 이탈리아에는 약 3백 명쯤 있었다. 사제는 대부분 귀족 출신으로서 특정한 가문들에서 대대로 계승되는 것이 보통이었다. 그러나 대학에서 교회법 분야를 공부해 학위를 받고 추기경의 보좌서기 등이 되면서 사제직에 진출하는 경우도 있었다. 이탈리아에서만이 아니라 유럽 전체에서 사제는 신학이 아닌 교회법의 전문가인 경우가 대부분이었다. 르네상스 시대에 이렇게 사제가 된 사람들 가운데 휴머니스트로 활약한 경우가 많았다. 가령 페트라르카, 쿠자누스, 브루노, 에라스무스, 루터 등이 그러했다.

둘째, 재속성직자란 일반 교구의 신부를 말한다. 재속성직자도 사제처럼 특정한 가문 출신으로 대대로 계승하거나 그러한 가문으로부터 성직을 사거나 빌려서(이 경우 수입의 일부를 바쳐야 했다) 근무하는 대리사제인 경우가 대부분이었다. 이러한 재속성직자의 경우 수입이 그다지 많지 않고 경우에 따라서는 미숙련 노동자보다 낮아서 말이나 소 등 갖고 있는 재산을 팔아 생계를 유지하기도 했다. 그들 대부분은 교육을 받지 못했고, 도제로서 암기로 익힌 교리 정도로 신부직을 수행하는 것이 보통이었다. 말하자면 지극히 무식한 신부들이었다.

셋째, 수도사는 지금 한국에도 있는 베네딕트회나 칼멜회 등과 같이 엄격한 규율을 갖춘 수도회에 속한 성직자였다. 수도사 가운데서 상당수의 저술가나 예술가가 배출되기도 했으나 그들 모두가 반드시 교양 있는 사람은 아니었다. 그러나 수도사들은 종교 본연의 임무인 설교를 중시해서 그들로부터 훌륭한 설교사가 많이 배출됐다.

북유럽의 휴머니스트들

쿠자누스는 이탈리아 사람이 아니라 15세기 전반의 독일 사람이었다. 우리는 르네상스를 말할 때 흔히 이탈리아를 중심으로 생각하고 그것이 이탈리아에서 알프스를 넘어 독일을 비롯한 북유럽으로 건너갔다고 생각하지만 반드시 그렇게만 볼 수는 없다. 르네상스의 핵심인 휴머니즘의 왕으로 불리는 에라스무스(1469~1536)가 네덜란드 태생이지만 르네상스를 대표하는 휴머니스트였고, 그 전에도 북유럽에 르네상스의 선구자라고 할 만한 사람들이 많았다. 에라스무스보다 70년 정도 앞서 태어난 쿠자누스도 그중 한 사람이다. 심지어 오컴(1285?~1349)처럼 에라스무스보다 200년 정도 앞선 사람도 있었다.

그러나 오컴은 물론이고 쿠자누스도 르네상스인으로 다루어지지 않는 것이 보통이다. 가령 찰스 나우어트는 《휴머니즘과 르네상스 유럽문화》(진원숙 옮김, 혜안, 2003, 230쪽)에서 오컴을 비롯한 14세기 초엽의 영국 수도사들이 "중세적 전통학문을 포기하고 고대문화의 포괄적 부활을 도모했음을 증명하는 것은 없다"면서 "그 고전주의는 분명 중세적 학문 안에서 고전적 주제를 적용한 것이지 르네상스의 선구는 아니었다"고 말한다. 그는 심지어 쿠자누스에 대해서도 그 책에서 전혀 언급하지 않는다. 또한 반 에이크 같이 처음으로 시민의 초상화를 그린 화가도 언급하지 않는다.

그러나 나는 이러한 견해에 찬성하지 않는다. "중세적 전통학문을 포기하고 고대문화의 포괄적 부활을 도모했음"이라는 판단기준은 정도의 문제에 불과하다. 더 본질적인 문제는 종교와 현실을 구분하고, 인간을 하나의 개별 존재로서 인식하고, 민주주의를 인정했는가의 여부다. 이런 것을 인정한 점에서 오컴, 쿠자누스, 반 에이크는 르네상스인이고, 적어도 그 선구자임에 틀림없다.

오컴

움베르토 에코의 소설인 《장미의 이름》은 1327년에 윌리엄이라는 이름의 영국인 수도사가 이단혐의를 받는 이탈리아의 어느 프란체스코파 수도원에 가서 그곳에서 이레 동안에 일곱 차례나 발생한 살인사건을 탐정으로서 수사한다는 내용으로 돼있다. 윌리엄과 대조를 이루는 호르헤라는 눈이 먼 수도원장이 아리스토텔레스 저작의 독서를 금지하는데 그것을 읽은 수도사들이 하나하나 살해된다. 호르헤는 맹목적이고 교조적인 중세 기독교를 상징한다.

　에코는 물론이고 작품 속에서 누구도 그 수도사가 영국의 스콜라 철학자인 윌리엄 오컴(1285?~1349)이라고 말하지는 않지만 그 수도사의 이름과 연대, 그리고 특히 그 인물에 대한 묘사를 보면 오컴을 연상하지 않을 수 없다. 그러나 오컴은 1327년 무렵에 이탈리아로 간 것이 아니라 아비뇽에 있는 교황청으로 가서 이단심문을 받았고, 그 뒤로도 독일에서 지내다가 죽었으므로 생전에 이탈리아에 간 적이 없었으리라고 짐작된다.

　에코가 르네상스를 어떻게 보았는지가 이 소설에서 분명하게 나타나지는 않지만, 이 소설의 배경인 14세기 이탈리아가 아랍의 자연과학과 영국의 경험주의적 사상을 받아들임으로써 르네상스를 꽃피우게 됐음은 이미 널리 알려진 사실이다. 따라서 이 소설은 경험주의적 사고를 할 줄 아는 영국인 윌리엄이 이탈리아로 가서 그곳 사람들에게 그들의 무지와 독선을 깨우쳐주는 역할을 수행하는 설정으로 돼있다고 볼 수도 있다.

오컴은 일반적으로 르네상스의 인물로 다루어지지 않는다. 하지만 그는 이 단이라는 혐의를 받았고, 그의 몇 가지 명제는 유죄선고를 받았으며, 당시의 교황 요하네스 22세와도 알력이 있었다. 더욱 중요한 점은 보편자의 본질적 실재를 주장하는 중세 사변신학(思辨神學)의 실재론에 맞서서 보편자를 부정하고 개별자를 인정한 유명론(唯名論, nominalism)을 확립해 근대 경험론적 사상의 선구가 됐다는 것이다.

오컴의 사상은 대단히 난해하지만, 토마스 아퀴나스를 비롯한 13세기 스콜라 철학자들이 이성과 신앙을 종합한 것에 맞서 신비와 지식의 한계를 주장했다고 요약할 수 있다. 그는 중세의 학자들이 보편적 진리라고 내세운 것들을 의심했고, 신의 방식은 인간이 이해할 수 없으므로 인간으로서는 자신의 시야를 낮추는 것이 최선이라고 주장했다.

오컴의 글들을 우리말로 최초로 번역한《오캄 철학 선집》(이경희 옮김, 간디서원)이 2004년에 출판된 것은 대단히 기쁜 일이지만, 그것을 읽어내기란 여간 힘들지 않다. 여기서는 아주 쉽게 정리하자. 오컴은 지상의 세속세계를 자율적인 것으로 보게 해준 최초의 사상가다. 그에 의하면 지상세계가 신의 의지에 의한 결과라고 한다면 그 의지는 질서의 요청 자체에 의해 제한될 것이고, 그렇다면 신을 조화에 복종하게 해야 하며, 신보다도 더 높은 규칙에 따르면서 신이 세계를 창조했다고 보지 않을 수 없는데, 이는 신이 최고라는 기독교의 가르침에 위배된다. 따라서 그에 의하면 낙원에서 추방된 뒤의 인간세계는 신에 의해 질서가 잡혀진 것이 아니라 인간세계에 특유한 법칙에 따르는 자율적인 세계다. 이러한 오컴의 생각은 고대 그리스로마의 사상과도 일치하는 것이었다.

오컴은 인간세계는 신적 세계의 연장이 아니므로 신의 법칙에 따라 인간세계를 통치한다는 주장은 근거가 없고, 따라서 기만이라고 보았다. 왕이나 교황들이 그렇게 주장하는 것은 그들 자신의 권력을 정당화하기 위한 기만에 불과하고, 그들도 모두 인간에 불과하며, 그들 자신이 실수를 범하거나 이단이 될 수도 있고, 그럴 경우에는 그런 왕이나 교황도 유죄로 판단하거나 파면할 수 있다고 주장했다. 또한 그는 그리스도도 자신의 왕국은 이 세상이 아니라고 했듯이 종교와 정치는 분리돼야 한다고 주장했다. 따라서 오컴은 그와 같은 시대를 산 파도바의 마르실리우스(1275?~1343)와 함께 지상의 권력은 신의 영역이 아닌 전혀 다른 곳에 그 원천이 있다고 본 것이다. 그에 따르면 지상의 권력은 인민에게 그 근원이 있고, 인민이 그 주권을 왕에게 위임한 것이니 왕을 파면할 수도 있다. 그러나 오컴

근대 경험론 사상의 선구가 된 영국의 스콜라 철학자 윌리엄 오컴. 영국 서리 주에 있는 한 교회의 스테인드글라스.

은 왕과 교황이 대립할 때에 황제 편에 섰다.

오컴은 또한 신앙과 이성의 분리를 주장했다. 그는 인간세상은 신적 세계의 연장이 아니므로 순수하게 인간적인 방법인 이성, 경험적 관찰, 엄밀한 논리에 의해 인식해야 하며, 인간세상을 아는 데 신이 필요한 것은 아니라고 보았다. 이는 몽테뉴보다 250년, 스피노자보다 350년이나 앞서 신앙과 이성의 분리를 주장한 것이었다. 인식의 자율성에 대한 오컴의 이러한 생각은 인식방법의 개혁으로 연결됐고, 그 결과로 오컴은 중세의 전통적인 실재론을 거부하고 유명론, 즉 개별주의를 주장하기에 이르렀다. 그에 따르면 어떤 유(類)나 종(種) 이전에 사물은 개별자로 존재하고, 그런 경험적 실재는 신의 의도에 의해 설명될 수 없다고 보았다. 이런 점에서 그는 르네상스 철학과 근대 철학의 선구자였다.

오컴의 영향

이러한 오컴의 주장은 곧 교황의 권위에 대한 중대한 도전이었다. 그러나 교황 자체도 1387년 이후로 아비뇽(페트라르카가 살았던 곳)과 로마에 각각 존재했고, 심지어 세 사람까지 늘어나기도 했다. 따라서 교황은 더 이상 그리스도의 위임을 받은 보편적 권력의 구현이 아니라 국익이나 지방이익을 대표하는 자로서 황제나 왕과 경쟁하는 존재로 격하됐다. 이처럼 교황이 완전한 존재가 아니라면 완전함은 어디에서 구할 것인가? 이에 대해 두 가지의 상이한 답이 주어졌다.

하나는 신앙인 각자의 영혼 속에 완전함이 있다는 답이었다. 즉 각자의 영혼은 오로지 성서를 통해 신과 직접 대면해야 한다는 것이었다. 그래서 누구나 교황과 마찬가지로 진리를 말할 수 있는 존재가 됐다. 이러한 사고는 뒤에 종교개혁으로 이어졌다. 또 하나는 교황을 보편적 교회의 중추로 인정하면서도 교황 개인이 아니라 신도들이 임명한 성직자들의 공의회에 교회의 실체가 있다는 것이었다. 이는 마치 왕의 권한이 국회에 양도되는 것과 같았다. 어느 경우에나 교회권력과 세속권력 사이의 괴리는 깊어졌다.

당시의 기독교 개혁 운동은 부자나 권력자나 학식자가 아닌 소박한 민중의 생활을 찬양하는 것으로도 나타났다. 이런 움직임을 대표하는 저작이 토마스 아 켐피스(1380?~1471)의 《예수 그리스도를 본받아》다. 세계에서 가장 많이 읽힌 기독교 서적이라는 이 저서에서 그는 신 앞에서는 누구도 특권자화될 수 없다고 주장하고 가난한 사람의 존엄을 강조했다. 그는 뒤에서 보게 되는 에라스무스에 게도 깊은 영향을 끼쳤다. 앞에서 인용한 바 있는 나우어트는 토마스 아 켐피스의 사상과 같은 것은 학문세계의 오만과 비종교적 합리주의에 대한 저항을 내포하는 반지성주의라는 이유에서 르네상스와 다르다고 말하지만, 르네상스를 반드시 지성주의라고 봐야 할 근거는 없다.

토마스 아 켐피스

쿠자누스의 인간선언 – 다양성과 보편성

쿠자누스는 오컴만큼 신과 세계의 관계를 철저히 분리하지는 않고 서로 유사한 것으로 보았다. 그러나 그는 신에 이르는 길이 하나가 아니라 여러 개라고 본 점에서 새로웠다. 그는 《학식 있는 무지에 대하여》(1440)에서 인간의 다양성과 연결된 무수한 관점의 공존을 강력하게 주장하여 각 개인의 주체성과 각 집단의 상대성을 인정했다. 동시에 그는 그러한 인간의 다양성과 함께 신의 보편성을 동시에 사고하는 것이 가능하다고 보았다.

그에 따르면 신의 통일성과 인간의 다양성 사이에 존재하는 완전한 균형이 세계의 객관성과 지각의 주관성 사이의 균형으로 우리를 인도한다. 주관성이 개별적인 것과 보편적인 것을 매개해준다. 신의 보편성으로 인해 인간은 함께 살아간다. 보편성은 신의 속성이지만 단지 신만을 위한 것이 아니다. 인간성이라고 하는 것을 개별적인 각각의 존재에 견주어 보면 거기서 보편성과 같은 성격의 관계성을 찾을 수 있다. 즉 각자는 서로 다르지만 모두 같은 인간이라는 것이다.

"모든 인간에게 단순한 단 하나의 것인 인간성이라는 것을 고찰해보면 그것이 모든 인간 속에 있고 개별적인 인간 각자에게도 있음을 알 수 있다. 본래 인간성이라는 것은 동서남북 어디에서도 볼 수 없다. 그러나 동쪽에 있는 인간에게 인간성은 동쪽에 있고, 서쪽에 있는 인간에게 그것은 서쪽에 있다."

다시 말해 인간성이란 신을 축소한 불완전한 이미지이며, 각각의 인간은 인간성에 속한다. 따라서 각자는 보편적인 것을 경험하게 된다. 이는 언어를 통해서도 충분히 알 수 있다. 언어는 어디에서나 개별적인 것이지만, 이와 동시에 언어를 말하는 장소와 시간이 멀리 떨어져 있어도 그 언어를 이해할 수 있다는 것이다.

쿠자누스는 《추측에 대하여》(1442년경)에서 신과 인간의 관계와 관련해 신이 원래의 모습이고 인간은 그것과 유사한 모습이라는 견해를 밝혔다. 즉 그는 인간이 신을 모방한다고 보았다. 이는 뒤에서 보게 되는 알베르티가 《회화론》(1435)에서 예술가가 마치 신인 것처럼 창작한다고 본 것과 동일한 사상이자 미켈란젤로나 뒤러의 예술적 태도를 결정한 사상이다.

쿠자누스의 통일사상

본명이 니콜라우스 크레브스인 쿠자누스는 1401년에 독일 모젤 강변의 쿠에스에서 태어났다. 쿠자누스는 쿠에스인(人)이라는 뜻이다. 그는 1413년에 네덜란드의 '공동생활형제회'에서 교육을 받았고, 1416년 이후에는 독일과 이탈리아의 여러 대학에서 법학, 철학, 수학, 자연과학 등의 학문을 광범위하게 연구했으며, 이때 특히 이슬람교에 대해서도 연구했다. 1430년에 귀국한 그는 바젤 공의회에 참가했고, 《보편적 협화에 대하여》(1440)를 썼다. 이 저서는 당시의 혼란된 기독교사회를 하나의 유기체로 보고 신체와 정신, 즉 신성로마제국과 가톨릭교회를 조화롭게 결합시키고자 쓴 것이었다. 그는 그 뒤에도 평생 교회개혁과 교회일치를 위해 애썼고, 1448년에 추기경, 1452년에는 티롤 지방에 있는 브리크센의 주교가 됐다. 시민계급 출신으로서는 이례적인 일이었다.

쿠자누스 사상의 핵심인 통일의 사상은 그가 살았던 시대의 요구에서 비롯된 것이다. 이것을 더 정확하게 말하면 협화(協和)의 사상이라고 할 수 있다. 협화라는 말은 일반적으로 사용되는 말은 아니지만 국어사전에는 나온다. 국어사전에 의하면 협화는 '서로 협력하여 화합함'이라는 뜻으로 협력, 조화, 일치, 화합, 통일, 통합 등과 비슷한 말이지만 그중 어느 것과도 반드시 일치하지는 않는다. 예를 들어 서로 정반대인 것들이 하나가 되는 것을 무엇이라고 불러야 할까? 그것을 흔히 정반합이라는 변증법(쿠자누스는 변증법의 아버지이기도 하다)의 논리로 설명하기도 하지만, 그중 '합'을 협화라고 바꿔 말하면 어떨까?

여기서 내가 굳이 이런 고민을 하면서 협화라는 말을 내세우는 이유는 우리의 삶이 남북한의 대립, 좌우익의 대립, 진보와 보수의 대립, 빈부의 대립, 남녀의 대립 등 서로 정반대되는 것으로 보이는 것들의 대립이 너무나 격심하기 때문이다. 우리는 그런 대립 가운데 어느 경우에도 통일이 필요하다고 생각하지만, 남북한의 대립만 해도 벌써 반세기가 지나도록 그것을 해소하고 통일을 이뤄내지 못하고 있다. 그래서 서로 대립하는 것들의 협화, 즉 협력하여 화합하는 것이 우리에게 절실하다.

바로 이런 의미를 가진 협화라는 말이 쿠자누스의 사상을 단적으로 드러내주지만, 이 책에서는 그런 협화라는 말의 뜻을 바탕에 깔고서 보다 보편적으로 사용되는 통일이라는 말을 쓰기로 하겠다. 쿠자누스가 살았던 시대도 정반대되는 것들이 대립하는 시대였다. 중세 신학자였던 그는 창조자인 신과 그 아들인 그리스도의 관계를 '대립하는 반대의 합치'로 보고 그것과 유사한 '상이한 것들의 통일'을 구상했다. 즉 인간성이라고 하는 것을 현실에서 상이한 것들을 매개하는 본성으로 보고 신을 '여러 매개의 매개'로 보아 인간은 그러한 신에 의지해 인간세상에 무수하게 존재하는 '대립하는 반대의 합치'를 사유하고 그것을 실현하려고 노력해야 한다고 쿠자누스는 주장했다.

쿠자누스의 과학론과 관용론

쿠자누스는 1450년에 《지혜에 관한 무학자의 대화》, 《정신에 관한 무학자의 대화》, 《저울의 실험에 관한 무학자의 대화》를 썼다. 여기서 무학자란 학식은 없으나 신앙은 돈독한 사람을 뜻한다. 3편 모두 인간의 지적 능력을 높이 평가하면서도 그 능력이 신과 관련해 한정된 것임을 강조하고, 학문적 지식 추구를 목적으로 삼는 전문가를 비판하며, 세속의 권위로부터 자유로운 연구를 할 필요가 있다는 내용이다.

인간의 지적 탐구는 기성의 것을 토대로 하여 미지의 것을 추측하는 것에 의해 성립한다고 하는 그의 초기사상이 이 3편의 저작에서도 유지됐다. 《학식 있는 무지에 대하여》에서 '학식 있는 무지'란 '신에 의해 알려진 무지'와 '깊게 깨달은 무지'라는 두 가지 의미를 포함하는 것이었음이 이 3편에서 분명해진다. 쿠자누스는 인식의 궁극적인 대상인 진리에 대해 인간은 무지하다고 보았다.

이 3편 가운데 특히 《저울의 실험에 관한 무학자의 대화》는 저울을 사용한 정밀한 측정을 기초로 하여 여러 경우로 본 '질'의 차이를 '양(무게)'의 다소에 따라 설명한 것으로 자연과학적 사고의 선구가 됐다. 그는 또한 코페르니쿠스에 앞서 지동설에 관한 생각을 했다.

쿠자누스의 사상 가운데 특히 현대적인 의미를 가진 것으로 이슬람을 포함한 여러 종교에 대해 관용해야 한다는 사상을 꼽을 수 있다. 이런 사상은 당대에는 지극히 위험한 생각이었으나 쿠자누스는 추기경까지 역임한 덕분에 종교재판에 회부되지는 않았다. 그의 사상에는 아랍 철학자들로부터 영향을 받은 요소가 많았고, 그는 코란에 대한 책도 집필했다. 그는 특히 어느 종교에나 하나의 자연적이고 이성적인 핵심이 존재한다고 믿었고, 나아가 종교로 인한 전쟁은 없어져야 하고 모든 종교인은 화합해야 한다고 주장했다. 이런 점에서 그는 최초의 세계인이었다고 할 수 있다.

" 내가 할 수 있는 한 "

개별적인 인간을 최초로 그린 초상화의 창시자인 화가 반 에이크. 그는 르네상스 미술의 선구자이자 현대 예술가의 표상이다. 그는 유화기법과 원근법을 완성한 화가이자 시민과 시민생활을 전통적인 종교화 속에 표현한 최초의 독창적이고 자율적인 화가다.

*

르네상스를 다루는 이 책에서 이탈리아 미술가들은 아직 언급하지도 않은 채 반 에이크라는 15세기 북유럽 화가를 먼저 언급하는 데 대해 의아해 할 독자들도 있을 것 같다. 이탈리아 르네상스의 선구자라고들 하는 조토 디 본도네(1267?~1337)는 얀 반 에이크(1395?~1441)보다 1세기나 앞서 살았던 사람이고, 쿠자누스는 물론이고 페트라르카보다도 앞서 태어났다. 그러나 나는 조토나 그 뒤를 이은 이탈리아의 초기 르네상스 화가들에게서는 '나는 자유'라고 외치는 인간을 느낄 수 없다. 르네상스 화가들 가운데서 나에게 가장 먼저 그런 느낌을 주는 사람은 반 에이크다.

"내가 할 수 있는 한"이라는 말은 15세기 플랑드르(지금의 네덜란드 남부, 벨기에, 프랑스 북부에 걸치는 지역)의 화가인 반 에이크가 자신의 그림에 자신의 이름과 함께 쓴 말이다. 자신이 최선을 다해서 그 그림을 그렸다는 뜻이겠다. 그림을 그려본 사람은 누구나 알지만 자신의 작품이 과연 완성작인지 알 수 없다. 물론 자신만이 아니라 다른 누구도 그것은 알 수 없다.

그러나 반 에이크의 이 말은 단순히 자신의 그림이 미완성임을 고백하는 겸손의 태도를 소극적으로 드러낸 것이 아니라 자신이 최선을 다했다고 생각하는 적극적인 자부심을 드러낸 것이다. 그것도 화가로서 최선을 다했다는 의미에 그치는 것이 아니다. 당시의 그 어떤 휴머니스트 못지않게 고전에 능통했고 기하학이나 화학에도 조예가 깊었던 만능의 르네상스인인 그가 자신의 모든 지식을 동원해 이 세상에 가까이 가려고 했다는 생각을 당당하게 밝힌 것이다.

그 말은 또한 자연의 사물, 인간의 세계, 신이 창조한 세계는 인간이 아무리 노력해도 완벽하게 그릴 수 없다고 하는 지혜의 변이기도 한 것이 아닐까? 인간의 손에 의해 만들어지는 것은 언제나 미완성이기 때문에 오히려 더 완벽한 것이라는 생각이 거기에 담겨 있는 것이 아닐까? 르네상스 당시에는 화가가 과학자보다도 자연에 대해 더 많이 안다고 인정됐다. 당시 예술가들은 인간이 신으로부터 독립해 있다는 생각을 하지는 않았지만, 자신이 해결해야 하는 것은 자신이 해결함으로써 신의 영력을 순화시킨다는 생각에서 자신의 눈으로 직접 사물을 보는 방법을 익히려고 했다. 반면에 과학자들은 중세적 전통에 젖어 있었다. 그래서 유화기법이나 원근법이 과학자들이 아니라 화가들에 의해 발견되고 발명됐다.

반 에이크는 1550년에 바사리에 의해 유화의 창시자로 인정됐으나, 반 에이크 이전에도 유화가 그려졌음이 그동안에 밝혀져 이제는 그를 유화의 창시자라고 말할 수 없다. 그러나 그가 유화기법의 완성자임은 지금도 널리 인정되고 있다. 또 유화의 '공기원근법'을 그가 창시했다는 이야기도 전설일 뿐인 것으로 밝혀졌으나, 이것을 완성한 사람도 역시 그라는 사실은 인정되고 있다. 반 에이크는 빛과 공기의 층이 가진 두께에 따라 색이 여러 가지로 변한다는 사실을 알고 그런 점을 화면에 엄격하게 구사한 최초의 화가로 알려져 있다. 그러나 그가 완성시켰다고 하는 기법들도 회화사의 오랜 역사에 비추어보면 사실은 미완성에 불과한 것이었음이 틀림없다. 반 에이크는 이런 점을 너무나 잘 알았기에 "내가 할 수 있는 한"이라고 말한 것이 아닐까?

미술사에서 반 에이크가 중요한 자리를 차지하게 된 더 큰 이유는 그가 근대 초상화의 창시자라는 데 있다. 중세에는 특정한 개인을 다른 개인들과 다르게 보고 그렇게 그리거나 기록할 필요가 없었다. 초상화는 15세기에 신흥도시의 자유시민이나 왕족의 요구에 의해 그려지기 시작했지만, 반 에이크만큼 사실적으로, 그리고 종교적이라고 할 정도의 엄숙한 분위기로 초상화를 그린 화가는 없었다.

반 에이크가 그린 그림에 그런 분위기가 표현된 탓인지 미술사에서 그는 흔히 중세 말의 화가로 취급돼왔다. 호이징가는 《중세의 가을》에서 반 에이크의 그림이 부르주아적 느낌을 주기는 하지만 중세의 궁정생활이 그 원천인데다가 궁정사회나 궁정사회와 가까운 상류 부르주아들을 위해 그려졌다는 이유로 그를 중세 말의 화가로 보았다. 그러나 반 에이크에 대한 호이징가의 이런 태도는 앞에서 보았듯이 르네상스를 부정하려는 의도에서 비롯된 것이므로 무시해도 된다. 그런 것보다 더 중요한 것은 반 에이크가 유럽 회화의 역사에서 처음으로 개인의 초상화를 그렸다는 점이다.

미술사를 보면 고대의 이집트나 그리스로마에서 초상화가 그려지고 초상조각이 만들어졌음을 알 수 있지만 그런 초상화의 전통은 중세의 천년 동안에 사라졌다. 그 뒤 르네상스에 와서 비로소 초상화가 부활한다. 르네상스의 미술은 초상화의 부활로 시작됐다. 그 대표화가가 15세기 플랑드르의 반 에이크다.

그런데 이러한 초상화의 부활은 당대의 사상과 사회의 변동에 따른 것이라는 점에 주의할 필요가 있다. 가령 우리가 앞의 2장에서 본 13세기의 오컴과 그의 영향을 받은 14세기 사상과 사회의 변동, 1장에서 본 페트라르카, 그리고 2장에서 본 15세기 쿠자누스에 의한 '나'의 발견과 개인 찬양 등이 초상화가 부활하는 데 배경이 된 당시의 변화라고 할 수 있다. 반 에이크는 특히 쿠자누스와 같은 시대를 살았으므로 그의 사상을 충분히 섭취했을 것이다.

지상의 삶 그 자체가 관찰할 가치가 있고 재현할 가치가 있다고 한 오컴과 쿠자누스의 사상은 반 에이크를 비롯한 당대의 여러 화가들이 새로운 그림을 추구하는 데 밑바탕이 됐다. 회화에서 그러한 사상의 영향은 개별성의 강조로 나타났다. 여기서 개별성이란 다음 세 가지를 말한다.

첫째, 하나의 특정한 사물을 그 특정한 시점에서 재현한다는 의미의 개별성. 둘째, 사물을 그리는 화가의 투시화법이라는 시점이 갖는 유일무이한 개별성. 이

를 통해 화가는 사물을 있는 그대로 그리는 것이 아니라 사물을 독자적으로 재구
성하여 그림으로써 스스로 독자적인 존재임을 주장한다. 화가가 자신의 그림에
서명을 하는 것이나 반 에이크처럼 "내가 할 수 있는 한"과 같은 말을 써넣는 것
도 그 작품의 작가로서의 자신을 주장하는 방식이다. 또한 화가가 지배적 전통에
종속되지 않고 독창성을 발휘하는 것도 자신의 개별성을 강조한 결과다. 셋째, 그
림을 보는 감상자가 화가와 공유하는 시점의 개별성. 이를 통해 북유럽의 회화는
철저히 사실주의적인 것이 되면서 이상주의적인 경향을 나타낸 이탈리아나 프랑
스의 회화와 대조적인 것이 됐다.

르네상스 시대의 플랑드르

지금까지 설명한 미술사 이야기는 우리나라에서는 물론이고 세계적으로도 아직
상식이 아니다. 가령 반 에이크는 영국의 BBC 텔레비전에서 방송된 앤드류 그레
이엄 딕슨의 《르네상스 미술기행》(김석희 옮김, 한길사, 2002)에서 거의 언급되지
않는다. 이 책의 독자들 중에서도 왜 쿠자누스 다음에 반 에이크가 나오는지 궁금
한 사람들이 있으리라.

　　15~16세기에 플랑드르는 이탈리아에 필적할 정도의 문화적 혁신을 이루었
다. 15세기에 유럽의 상업은 이탈리아의 베네치아와 플랑드르의 브뤼헤에 의해
장악됐다. 당시 플랑드르에서는 인구의 3분의 2가 도시에서 살고 있었다. 이러한
도시화는 농업의 상업화를 초래해 다른 지역보다 먼저 농노제를 소멸시켰고, 직
물공업이 수출주도형 성장을 촉진하고 타피스트리와 같은 사치품산업을 발전시
켰다. 플랑드르 미술의 절정은 이런 사치품산업 발전의 절정과 일치했다.

　　그 결과로 반 에이크나 브뤼헐(11장)과 같은 대화가들의 집단이 형성됐다.

이탈리아에서와 같이 플랑드르에서도 미술가는 대부분 기술자인 직인의 자녀였다. 회화를 제작하는 것은 가족사업이었고, 반 에이크가와 브뤼헐가도 그러한 회화제작 사업을 하는 가족이었다. 그들은 대부분 도시에서 태어나 가장 큰 상업도시인 브뤼헤나 안트베르펜에서 그림을 그렸다. 이탈리아의 화가들과 마찬가지로 그들도 직인의 신분을 유지했다.

그러나 브뤼헤는 1500년 전후에 강에 모래가 퇴적되면서 해상운송이 불가능하게 되는 바람에 경제력을 상실했다. 그래서 안트베르펜이 최강의 도시가 됐고, 1550년경에는 안트베르펜의 인구가 약 10만 명으로 증가했다. 이에 따라 미술의 중심지도 안트베르펜으로 바뀌었고, 그곳에 최대의 미술품 시장이 형성됐다.

화가들의 목표는 박진감의 표현이었고, 이를 위해 그들은 원근법을 이용했다. 그리고 이탈리아에서와 같이 플랑드르의 회화도 점차 세속적으로 되어갔고, 장르가 분화되어갔다. 분화된 장르 가운데 특히 초상화(이탈리아에서보다 인기가 높았다)와 풍경화가 발전했고, 이어 16세기에는 정물화와 풍속화가 발전했다.

프레스코화는 이탈리아에서는 발전했지만 플랑드르에서는 그다지 발전하지 못했다. 이는 플랑드르가 지리적으로 북쪽에 위치한 탓으로 창문이 크고 벽면이 좁았기 때문이다. 대신 플랑드르에서는 세밀화가 발전했다. 이를 두고 당시에 미켈란젤로는 북유럽의 회화가 외부적으로 사람의 눈을 속이기 위한 것이고, 사고력이나 기술, 균형, 비례, 조화를 결여하여 결국 내용도 힘도 없는 것이라고 비판했다. 그러나 지금 돌아보면 플랑드르 회화에 대한 미켈란젤로의 이런 비판은 그다지 설득력이 없다. 당시 플랑드르의 화가들은 이탈리아의 화가들에 비해 자기의식이 약하기보다 오히려 더 강했다. 이는 그들이 시민의 초상을 처음으로 그렸다는 점에서도 알 수 있다. 반 에이크는 〈아르놀피니 부부〉 속에는 거울을, 〈반 델 파엘의 성모〉 속에는 방패에 자화상을 그렸다. 또 그의 자화상이라고 짐작되는 〈붉은 터번을 두른 남자〉도 그렸다. 이것이 바로 플랑드르에서 최초로 그려진 자화상이다.

그러나 플랑드르의 예술분야 가운데 음악이 회화보다 더욱 혁신적이었고, 조각이 가장 뒤처졌으며, 건축은 전통적인 양식을 유지했다. 이는 이탈리아의 경우 건축이 먼저 혁신되고, 이어 조각, 회화, 음악의 순서로 혁신의 운동이 전개된 양상과 상당히 다르다. 당시에 음악과 사회의 관계는 미술과 사회의 관계보다 간접적이었다. 음악의 대부분은 교회음악이었고, 음악교육도 교회에서 이루어졌으며, 궁정을 위해서도 많은 음악이 만들어졌다.

반 에이크의 삶과 그림

미술사에 나오는 반 에이크는 두 사람의 형제다. 형은 후베르트 반 에이크(1370?~1426), 동생은 얀 반 에이크다. 우리가 살펴보고 있는 반 에이크는 동생이다. 반 에이크 형제의 공동작업을 거쳐 1432년에 완성된 벨기에 헨트의 성 바본 교회 제단화는 북방 르네상스의 가장 빛나는 금자탑이다. 형제 가운데 후베르트의 경우는 "최고의 화가 후베르트 반 에이크가 이 작품을 시작하고 그에 버금가는 화가 동생 얀이 이것을 완성했다"라는 이 제단화의 명문(銘文) 외에는 그의 생애나 작품에 대해 알려주는 자료가 없다. 그러나 그도 동생과 마찬가지로 리에주 지역의 북쪽에서 태어나 브뤼헤를 주무대로 활동했던 것으로 보인다.

동생 얀에 관한 정보는 꽤 자세히 전해지고 있다. 그는 1425년부터 부르고뉴 공작인 '필리프 선량공(善良公)'의 수행원 겸 궁정화가로 일했고, 1431년 이후에는 거의 브뤼헤에서 활동하다가 그곳에서 죽었다. 그는 깊이 있는 자연관찰과 풍부한 사실력(寫實力)을 바탕으로 북방 르네상스 양식을 완성했다는 평을 듣고 있다. 그 뒤로 북방 르네상스 회화의 발전은 대부분 이들 형제, 특히 얀에게 힘입은 바가 크며, 동시에 그들의 사실주의는 이탈리아 르네상스에도 큰 자극을 주었다.

위에서 말한 제단화는 〈신비의 아기양〉이라고 불리지만 그 일부인 아담과 이브 상이 가장 유명해 제단화 전체가 〈아담과 이브의 제단화〉로 불리기도 한다. 이 제단화를 보면 우선 아담과 이브 상의 위치에 놀라게 된다. 왜냐하면 악기를 연주하는 천사들, 성모 마리아, 세례자 요한의 양 옆에 그들이 그려져 있기 때문이다. 낙원에서 추방당해 치부만 가린 채 나체로 있는 그들이 그곳에 위치하는 것은 아무래도 이상하다. 이 그림 이전에는 아담과 이브가 그런 위치에 그려진 적이 없다. 그 전에 그려진 아담과 이브는 성서가 전하는 의미를 살리는 정도의 상징으로 그려졌을 뿐이다.

반 에이크가 그린 아담과 이브의 그림은 그런 상징으로 그려진 것이 아니라 마치 아담과 이브가 지금 우리의 눈앞에 나체로 서 있는 듯이 생생하게 그려졌다. 특히 아담의 발은 우리를 향해 걸어 나오고 있는 모습이다. 아담이 치부를 가리고 있는 오른손과 가슴에 들고 있는 왼손, 그리고 얼굴은 그의 신체보다도 더 짙은 색으로 그려져 있다. 이는 성서에 나오는 아담의 모습이 아니다. 성서에서는 아담이 추방되기 전에는 완전한 나체로 살았다고 돼있으므로 그의 손이나 얼굴이 신체의 다른 부분보다 햇볕에 더 많이 그을릴 이유가 없다. 그러나 반 에이크가 그린 아담과 이브의 모델은 추방되기 전의 아담과 이브가 아니었다. 옷을 입고 살았던 모델은 분명히 손과 얼굴이 햇볕에 그을렸을 것이다. 반 에이크는 모델의 모습을 그대로 그린 것이었다.

반 에이크가 살았던 시대의 종교가 기독교였고 그 그림이 그려진 곳이 교회였다는 점을 고려하면 반 에이크가 아담과 이브를 고의로 그렇게 그렸다는 짐작

일명 〈아담과 이브의 제단화〉로 불리는 성 바본 교회의 제단화

이 가능하다. 즉 그는 아담과 이브를 일부러 당대 인간의 모습으로 그린 것이다. 그가 그린 아담은 우리처럼 숨 쉬는 존재이며, 인간성 일반을 표상하고 있다. 그가 그린 이브의 모습도 마찬가지다. 사과를 들고 있는 이브는 성서에 나오는 이야기를 반영한 것이지만, 성서에 묘사된 악마의 선물로서의 사과가 아니라 그냥 보통의 사과 하나를 들고 있는 보통 여성의 모습으로 그려져 있다.

아담과 이브의 얼굴표정도 보통사람의 그것과 다르지 않다. 그들의 얼굴은 신의 저주에 의해 낙원에서 쫓겨나 절망한 표정이 아닌 평범한 일상생활에서의 표정

을 짓고 있다. 물론 웃는 모습은 아니지만, 그렇다고 화를 내거나 걱정에 젖은 얼굴이 아니다. 기껏해야 체념한 표정 정도로 담담하게 보인다. 즉 신의 저주에 크게 충격을 받은 표정이 아니라 그들에게 부과된 인간적 조건을 별다른 저항 없이 수용한다는 듯한 태도다. 그래서 아담은 조용하게 걸어 나오는 모습이고, 이브는 조용히 기다리는 모습이다. 그 표정이나 태도가 전혀 극적이지 않고, 매우 평범하게 보인다.

이에 비해 당대에 이탈리아에서 마사초가 피렌체의 브란카치 예배당에 그린 〈낙원추방〉을 보면 아담과 이브가 절망 속에서 절규하면서 눈물을 흘리고 있다. 마사초의 그림에서는 감정과 의미가 뚜렷하게 드러나 있지만, 반 에이크의 그림에서는 보통의 남녀로서의 개인이 충실하게 표현돼있다. 뿐만 아니라 그 옆에 그려진 신, 마리아, 요한의 모습도 보통사람의 얼굴이다.

그러나 제단화 전체는 분명히 성스러운 종교화다. 여기서 중요한 것은 보통 사람들이 신성화돼 있다는 점이다. 이런 점은 〈아르놀피니 부부〉(1434)를 비롯해 반 에이크가 그린 풍속화에서도 볼 수 있다. 런던의 내셔널갤러리에 소장돼있는 〈아르놀피니 부부〉는 그림 속에 그려진 사물에 대한 도상학적 해석의 예화로 유명했다. 예를 들어 이 그림의 왼쪽에 그려진 사과가 원죄의 상징이라고 보는 식이

〈아르놀피니 부부〉

다(임영방, 〈반 아이크〉, 지소림, 1987, 50쪽). 그러나 그것은 사과가 아니라 오렌지다. 물론 그것이 사과냐 오렌지냐는 중요한 것이 아니다. 중요한 것은 앞에서 살펴본 제단화와 비슷하게 이 그림에서도 일상적인 결혼생활이 신성화돼있다는 점이다. 그림 속의 부부는 그 순간으로 영원히 멈추어있는 것처럼 보인다. 그림 속의 다른 모든 사물도 정지돼있다. 그야말로 침묵의 세계다. 그의 다른 그림에서도 이러한 침묵은 중요한 요소다.

이와 같은 성과 속의 대립 해소라는 특징은 그의 다른 종교화에서 더욱 분명하게 나타난다. 가령 그가 제단화를 그린 지 4년 뒤인 1436년에 그린 〈니콜라 로랑의 성모〉(그 그림이 걸린 교회의 이름을 따서 〈오턴의 성모〉라고도 한다)와 〈반 데어 파엘레의 성모〉나 1441~3년에 그린 〈얀 보스의 성모〉는 모두 그 그림의 기증자 이름으로 제목이 붙여졌다. 게다가 그 그림 속에는 그림의 기증자가 성모와 함께 그려져 있다. 성스러운 세계와 속세의 세계, 자연과 초자연, 지상과

〈반 데어 파엘레의 성모〉

천상을 조화롭게 융화시켜 그 경계선을 없애고 있는 것이다. 이런 점은 앞에서 본 쿠자누스의 협화사상을 그림으로 옮겨놓은 것이라고 할 수도 있다.

도상학의 문제

회화에 대한 관점은 크게 둘로 나뉜다. 그 가운데 하나는 도상학(圖像學, iconology 또는 iconography)의 관점이다. 도상학은 시각예술에서 사용된 상징, 주제, 소재를 식별, 묘사, 분류하고 해석하는 학문이다. 미술가가 특정 작품에서 이런 심상(心像)을 사용하는 것을 설명할 때 도상학이라는 말이 쓰이기도 한다. 16세기에 나온 최초의 도상학 연구들은 고대 문헌에서 수집한 표상과 상징을 미술가들이 사용할 수 있도록 바꾸어 놓는 것이었다. 이런 연구들 가운데 가장 유명한 것은 체사레 리파의 〈이코놀로지아〉(1593)다.

18세기에 이르자 유럽에서 광범위한 도상학 연구가 시작됐다. 당시의 도상학은 고고학의 부속학문으로 고대 유적들의 주제와 제재를 분류하는 학문이었다. 19세기에는 도상학이 고고학에서 갈라져 나와, 기독교 미술에서 사용된 종교적 상징의 빈도와 의미를 주로 연구했다. 20세기에도 기독교 도상학에 대한 연구는 여전히 계속됐지만, 동양 종교미술의 도상학적 측면이 새로이 연구되면서 유럽 미술의 세속적이고 고전적인 측면을 다루는 도상학 분야도 개척됐다.

20세기의 도상학을 대표하는 학자는 독일 출신의 미국 미술사학자인 파노프스키(1892~1968)다. 그는 주로 뒤러의 그림을 연구하면서 그의 이론을 발전시켰다. 그러나 그림을 보는 방법으로 도상학이 절대적인 것은 아니다. 눈에 보이지 않는 상징이 아닌 눈에 보이는 그림의 형태에만 관심을 갖고, 화가로 하여금 그러한 형태를 그리게 한 사상이나 사회환경 등을 살펴보는 방법도 있다. 가령 앞에서 내가 〈아르놀피니 부부〉에 대해 보통사람들이 신성화돼있다고 말한 것은 바로 이 방법에 속한다.

나는 이 두 가지 방법 가운데 어느 하나가 반드시 옳다고 생각하지는 않는다. 뒤에서 뒤러, 미켈란젤로, 브뤼헐, 다 빈치의 그림에 대해 설명하면서 나도 도상학적인 방법도 사용할 것이다. 왜냐하면 그들과 같은 화가의 그림에는 많은 상징이 들어있기 때문이다. 반면에 반 에이크의 그림과 같은 사실주의적인 그림에서는 그런 상징을 보기 어렵기 때문에 그런 그림에 대해서는 도상학을 이용하지 않는다.

파노프스키는 반 에이크를 비롯한 15세기 플랑드르의 회화가 낡은 종교적 상징주의를 새로운 사실주의와 합쳤다고 보지만, 나는 도리어 플랑드르 회화에서는 종교적 상징주의가 거의 사라지는 대신에 개별적인 것에 대한 관심이 뚜렷하게 나타났고, 이는 오컴과 쿠자누스 같은 새로운 사상가들의 사유와 사회의 변화가 반영된 것이라고 본다.

반 에이크와 현대예술

반 에이크가 대표하는 르네상스 시대의 플랑드르 회화는 오컴 이후에 전개된 개인의 발견이라는 정신적 변혁과 직결되는 것이었다. 예술의 사실성, 독창성, 자율성을 강조하는 그러한 경향은 전통에 충실하고 거장의 작품이나 아카데믹한 작품을 모방하는 바로크 양식이라는 고전주의 경향이 르네상스 이후에 득세했음에도 불구하고 현대미술의 근본정신이 돼왔다.

예술작품에서 개인을 묘사하는 것은 개인을 찬양하는 것이다. 이는 그 예술작품을 보는 사람들로 하여금 모든 인간은 아름답고 선하다는 환상을 품게 하려는 것이 아니라 인간의 개별성은 가치가 있다는 생각의 표현이다. 플랑드르 회화에서 신은 정신성을 향한 개인의 노력이 가 닿는 도달점에 불과할 뿐 더 이상 이 세계를 정당화하는 것이 아니다. 이 점에서 플랑드르 회화는 휴머니즘과 직결된다. 이런 플랑드르 회화의 태도는 '나'의 자율성을 보증하는 동시에 '너'의 합목적성을 긍정하는 것이다.

플랑드르 예술이 지닌 이러한 사실주의적 특징은 반 에이크 이래 세잔까지 5세기 동안 이어졌다. 20세기에 우리는 추상화를 비롯한 모더니즘이라는 새로운 예술을 보게 됐으나, 그것만을 현대예술이라고 할 수는 없다. 서양의 예술에서 뿌리 깊은 사실주의적 전통은 여전히 이어지고 있고, 특히 비서양의 예술에서는 그런 전통이 더욱 뿌리 깊다. 따라서 모더니즘이라는 이름을 내세워 현대성을 독점하려는 움직임을 받아들여서는 안 된다. 20세기 이후의 현대예술은 다양성을 보여주어야 한다. 또한 추상화로 인해 모든 구상화가 사라진 것은 아니다. 추상화를 비롯한 현대예술에서 개별적인 것의 재현이 없어진 것은 사실이지만, 그렇다고 해서 사실성, 독창성, 자율성이 뒷전으로 밀려나야 하는 것은 아니다.

르네상스는 중국의 영향으로 시작됐는가?

미술사학자들은 르네상스가 이탈리아의 화가 조토로부터 시작됐고, 그 영향을 받아 반 에이크 등의 플랑드르 회화가 개화했다고 말한다. 오스트리아의 미술사학자인 드보르자크는 《이탈리아 르네상스 미술사》에서 르네상스 미술의 선구자로 불리는 조토(1266?~1347)의 혁신은 다음 세 가지라고 지적했다. 첫째, 사물의 객관화. 둘째, 지상에 선 인물. 셋째, 자연 속의 인물. 즉 조토는 추상적 이념에 따라 화면을 구성하지 않고 자연 속에 뿌리박은 현실적 존재인 인간을 있는 그대로 객관적으로 그렸다는 것이다. 이런 맥락에서 원근법, 육체 묘사, 색채가 중요해진다. 그러나 조토가 그린 인물은 현실의 인물이 아니라 성서에 나오는 인물이거나 프란체스코처럼 전설화된 이야기 속의 인물이라는 점에 주의해야 한다. 그런 인물은 반 에이크가 그린 현실의 살아 있는 개인과는 전혀 다르다.

여하튼 드보르자크는 조토의 그림이 고대를 모방하는 데서 비롯됐다고 한다. 그러나 그는 그 고대가 어느 것인지를 설명하지는 않았고, 그러한 모방의 정도도 그렇게 크지 않았다고 말한다. 이런 애매함은 파노프스키의 《르네상스의 봄》(1960)에서도 만나게 된다. 그러나 우리는 미술사가들의 그러한 애매한 설명에 구애될 필요가 없다.

조토가 고대를 모방한 것이 아니라면 르네상스를 일으킨 혁신은 달리 설명돼야 한다. 이 대목에서 등장하는 것이 13세기의 성 프란체스코가 기독교를 변혁시킨 최초의 르네상스인이라고 하는 설명이다. 이는 바로 시오노 나나미의 책에서 볼 수 있는 설명이다. 나나미는 성 프란체스코의 개혁운동으로 중세의 모자이크 대신 값싸고 소박한 벽화가 필요하게 되어 조토와 같은 화가가 등장하게 됐다고 설명한다. 이는 단테가 라틴어가 아닌 이탈리아어로 작품을 쓴 것과 같은 것으로도 설명된다.

나나미는 이러한 설명이 마치 자신의 독창적인 견해인 것처럼 말하고 있지만, 사실 그것은 앞에서 본 드로르자크를 비롯한 미술사가들의 매우 전통적인 설명방법 중 하나에 지나지 않는다. 게다가 지금은 그런 설명을 지지하는 의견을 밝히는 사람이 거의 없다. 도리어 조토의 그림은 그가 태어나 활동한 시대의 현실을 그린 세속화로 보는 것이 일반적이다. 당시 상인층의 대두는 모든 것에 현실주의를 불러일으켰다.

여기서 주목되는 것이 조토를 비롯한 초기 르네상스 회화에 중국화의 영향이 나타난다는 견해다. 조토의 그림에 나오는 얼굴이 넓적하고 눈이 작고 찢어진 모습, 3차원적 공간파악, 힘이 있는 표현, 극적인 움직임이 보이는 인물배치, 인체를 표현할 때의 단축법, 머리카락과 털까지 세밀하게 그리는 기법 등이 모두 송나라나 원나라 시대의 중국화와 유사하다는 것이다. 이는 일찍이 20세기 초부터 제기된 견해였으나, 그 뒤로 철저히 무시됐다. 지금도 그렇지만 유럽이 아시아를 침략한 시대인 19세기와 20세기 초엽에 이와 같은 견해는 환영을 받을 수 없었다.

조토가 만년에 그린 두 개의 벽화를 살펴보자. 피렌체에 있는 산타크로체 성당에 있는 페루치 예배당의 벽화와 바르디 예배당의 벽화다. 놀랍게도 앞의 벽화는 성서에 나오는 서양인의 얼굴을 표현하고 있는 반면에 뒤의 벽화는 성 프란체스코를 그린 것인데도 동양인의 얼굴을 표현하고 있다. 의상을 봐도 앞의 벽화는 서양적인 반면에 뒤의 벽화는 동양적이며, 구도를 봐도 앞의 벽화는 정적이지만 뒤의 벽화는 동적이다.

페루치 예배당의 벽화 중 한 부분과 인물 확대 컷

이런 차이는 두 예배당의 이름과 관련이 있는 재산기증 가문의 차이를 보여주는 것이다. 페루치가와 바르디가는 당시 피렌체의 대표적인 상인집안으로서 국제적인 상업활동을 벌였다. 특히 바르디가는 페루치가와 달리 당시에 활발했던 중국과의 무역에 깊이 관여했고, 프란체스코파 기독교의 중국 전도에 대단히 적극적이었다. 그들이 1298년에 중국에 성당을 세웠는데 이는 아시시의 성 프란체스코 성당 설립과 거의 같은 시기였다. 산타크로체 성당도 프란체스코파가 세운 것이었다.

중국과의 무역으로 13세기 말에 중국의 비단이 유럽으로 수입됐으므로 조토를 비롯한 당시의 화가들은 비단에 그려진 중국화를 보았거나 그것에 대해 들었을 것이 틀림없다. 마르코 폴로가 중국에서 유럽으로 도자기를 들여온 것은 널리 알려진 이야기이나 그가 중국의 회화를 찬양했다는 사실은 그렇게 널리 알려지지

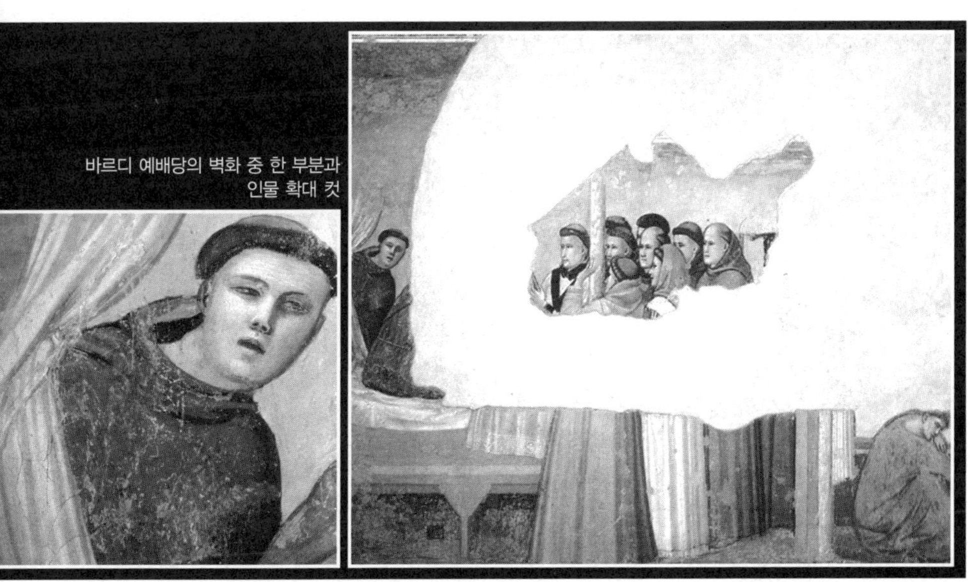

않았다. 단테도《신곡》에서 타르타르인이나 터키인과 같은 동양민족의 다채로운 옷감과 자수를 찬양한 바 있고, 당시의 여러 문학작품에서도 카타이(중국을 뜻하는 말)의 옷감이 찬양됐다. 더 나아가 보카치오는《단테〈신곡〉의 주석》에서 비단에 그림을 그린 화가를 최고의 화가로 찬양했다.

단테와 조토의 시대에 중국과 유럽 사이의 무역이 크게 발달했고, 중국의 화약, 인쇄술, 나침판이 이슬람을 통해 유럽에 전해졌으며, 이 무렵에 출판된 마르코 폴로의《동방견문록》이 중국의 원나라를 최선진국으로 소개함으로써 '지리상의 발견'을 재촉했음은 이미 상식으로 널리 알려진 사실이다. 당시 중국은 석탄을 사용하고 철을 제련할 줄 알았고 지폐를 사용함으로써 상업이 활발했다고 마르코 폴로는 전했다. 그 뒤 송대에는 중국에서 과거제도를 통해 뛰어난 관료와 지식인들이 배출됐고, 미술은 지식인들에 의한 문인화로 발전했다. 마르코 폴로가 지금의 화폐가치로 환산해도 천문학적인 수치에 이르는 부를 축적했다고 하니 당시 유럽과 중국 사이의 무역규모는 대단했을 것이다.

여기서 주의할 점은 당시의 서양인이 갖고 있었던 오리엔탈리즘이다. 당시의 서양인은 중국을 기독교 국가라고 멋대로 생각하고 자신들의 적인 이슬람을 중국이 타도해줄 것이라고 기대했다. 이는 원나라가 유럽을 침략하기 전에 이슬람을 먼저 침략한 것을 잘못 이해하여 원나라를 기독교 국가라고 상상했기 때문이었다. 이러한 상상의 산물이 12세기 유럽의 문헌에서 발견되고 있다. 게다가 그것은 낙원인 에덴동산이 동쪽에 있다는 기독교와 관념과 합치하는 것이기도 했다. 이와 같은 당시의 오리엔탈리즘이 조토로 하여금 그림에 동양인의 얼굴을 등장시키게 했다.

중국이 르네상스를 자극한 것이 사실이라고 해도 르네상스가 '메이드 인 차이나'였다고 얘기할 필요는 없다. 이는 중국의 문화가 우리에게 전래되어 영향을 끼쳤다고 해서 우리 문화를 '메이드 인 차이나'라고 얘기할 수 없는 것과 같고, 우리 문화가 일본에 전래되어 영향을 끼쳤다고 해서 일본 문화를 '메이드 인 코리아'라고 얘기할 수 없는 것과도 같다.

조토의 그림에서 중국화의 영향이 보인다고 하더라도 성모자가 지상의 존재로 그려졌다는 점에서 보면 당시에 프란체스코파가 본래는 중시했던 무소유의 청빈을 부정하고 이탈리아의 융흥하는 상업사회에 뿌리를 내린 것과 병행한 것으로 보는 게 옳다. 이미 원은 1368년에 멸망했고, 실크로드는 위험한 길로 변했으며, 무역은 거의 단절됐다. 따라서 그 뒤에 나타나는 중국의 영향, 예를 들어 다 빈치의 풍경화에 나타나는 중국의 영향은 지극히 예외적인 것이었다.

르네상스 시대의 원근법도 중국으로부터 영향을 받았다기보다는 브루넬레스코가 고대 건축으로부터 발견한 것이라고 볼 수도 있다. 중국의 원근법은 3원법이라고 하는 것이어서 르네상스 시대의 원근법처럼 하나의 시점에서 보이는 상태의 원근법이 아니었다. 중국인들은 하나의 시점이 아니라 전체적인 시점, 즉 이동하는 시점에서 바라보아야 대상을 정확하게 파악할 수 있다고 생각했다. 반면에 르네상스 시대의 이탈리아인들은 이동하는 시점을 비과학적인 것으로 여기고 고정된 시점을 주장했다.

다 빈치가 "과학은 원근법의 어머니"라고 말한 것도 이런 맥락에서 이해할 수 있다. 그러나 원근법은 당시에도 카메라가 자연을 찍듯이 과학적인 것이 아니라 사실은 화가의 시각이라고 하는 지극히 주관적이고 비과학적이며 개인주의적인 것이었다. 따라서 그것은 신이라는 전통적인 시점을 부정한 것에 불과하지 과학 그 자체로 주장될 수는 없는 것이 분명하다.

“ 다음은 무엇? ”

르네상스적 전인(全人)의 대표 격인 알베르티. 그는 법학과 철학을 비롯해 미술, 건축, 음악, 어문학 등에서도 놀라운 업적을 남겼다. 그는 세상의 모든 것을 보편성과 다양성이라는 양각의 눈으로 이해하고 종합하고자 한 만능인이자 보편인, 즉 진정한 교양인인 르네상스인이다.

*

르네상스를 이끈 인물들 가운데서 가장 대표적인 인물을 딱 한 사람만 꼽으라면 나는 주저 없이 레온 바티스타 알베르티(1404~1472)를 꼽겠다. 알베르티는 법학을 전공하는 동시에 다양한 학문과 예술을 공부했다. 그는 법학과 도덕철학을 비롯한 여러 학문분야뿐 아니라 회화, 조각, 건축, 음악, 시 등의 예술분야에서도 훌륭한 업적을 남겼다.

알베르티는 다양성 속에서 보편성을 추구했다. 이 두 가지 안목으로 그는 자기가 사는 사회를 이해하는 한편 그 사회를 뛰어넘기 위해 학문과 예술의 경계를 없애나갔다. 이런 점에서 그는 전인(全人)이고, 르네상스인이며, 겹눈의 인간이다. 한마디로 교양인, 지성인의 전형이다.

알베르티가 인생의 모토로 삼은 말이 있다. '퀴드 툼(Quid Tum)?' 우리말로 옮기면 '다음은 무엇?'이라는 말이다. 이는 그 무엇도 완성되지 않은 미완의 상태, 어떤 일이나 현상이 영원히 반복됨으로써 불변부동의 모습을 결코 찾아볼 수 없는 상태를 지향함을 뜻한다. 그가 쓰고, 그리고, 만들고, 설계한 것은 모두 이 모토 아래서 이루어졌다. 시작도 끝도 없는 편력, 해결도 결론도 대단원도 없는 끝없는 모색의 흔적이다. 앞의 3장에서 본 반 에이크가 "내가 할 수 있는 한"이라고 한 말과 같다.

그렇다고 해서 알베르티나 반 에이크가 상대주의나 자의성에 빠져든 것은 아니다. 오히려 알베르티는 보편을 향한 몸짓을 끝없이 했다. 개별의 미완성, 유동성, 다양성은 전체의 통일, 조화, 균형과 결코 모순된 것이 아니다. 예술, 학문, 기술 등에 두루 능통한 그에게는 어떤 구분도, 경계도 무의미했다. 그는 모든 분야를 자유자재로 넘나들었다. 그리고 그의 이런 다양한 행보는 궁극적으로 '하나'

를 향한 몸부림이었다.

흔히들 르네상스를 개인주의의 시대라고 말하며(도리어 개성의 시대라고 함이 옳지만), 그 근거로 자화상이나 자서전을 든다. 반 에이크가 최초의 자화상을 그렸듯이 알베르티는 역사상 최초로 자신을 조각하고 자서전을 썼다. 그런데 그의 자서전은 3인칭 시점으로 씌어져서 익명으로 유포됐다. 사실 알베르티는 무수히 많은 이름으로 글을 썼고, 때로는 익명으로 글을 쓰기도 했다. 자기 작품을 모으지도 않았고, 미완의 상태로 내버려두기 일쑤였으며, 완성품이니 결정판이니 하는 것은 아예 만들지 않았다.

이러한 비체계성과 미완성의 태도는 앞의 1장에서 소개된 페트라르카에게서도 볼 수 있고 뒤의 6장에 나오는 미켈란젤로나 13장에 나오는 다 빈치에게서도 나타나는 특징이지만, 모든 르네상스인에게서 볼 수 있는 것은 아니다. 그런 그에게서 우리는 강렬한 자기주장의 욕망과 함께 지독한 자기은폐의 욕망을 동시에 본다. 자만과 자폐의 공존이다. 이는 개성을 존중한 페트라르카의 모습보다 더 나아간 개인주의자의 모습이다.

개인주의자로서의 그는 언제나 가면을 쓰고 있다. 게다가 그 가면은 시시때때로 변한다, 카멜레온처럼. 그는 변화무쌍한 인간이다. 그렇지만 어떠한 경우에도 그는 나름의 시야와 논리를 갖추고 문제를 파악하고 해결하는 데서 탁월한 능력을 보인다. 그래서 그는 전능의 천재라고 불리기도 한다.

그러나 중요한 것은 '그가 천재로 평가된다'는 것이 아니다. 인간은 누구나 자신의 삶을 자유롭게 선택할 수 있고, 어떤 고정된 위치나 자리에 얽매일 필요가 없음을 '그가 증명해준다'는 것이 중요하다. 그렇게 인간적으로 사는 것이 바로 휴머니즘이다.

이런 점에서 알베르티는 '다양한 삶의 영역에서 보편성을 추구하는 태도'를 갖고 있었다고 볼 수 있다. 즉 동일불변(同一不變)의 내용을 갖는 사상의 형태가 아니라 때와 장소에 따라 다양하게 변하면서도 보편성을 확보하려고 하는 사고와 태도다. 다양성 사이의 끝없는 대화이자 그러한 대화를 통해 보편성을 추구하여 정치적, 경제적, 사회적 위기는 물론이고 그 모든 것을 포괄하는 의식의 위기에 대처하는 것이 바로 알베르티의 휴머니즘이었다.

알베르티는 1404년생이니 지금으로부터 600여 년 전에 태어난 인물이다. 귀족의 사생아로 태어난 그는 어려서부터 저명한 학자들에게 인문학과 자연과학의 교육을 받았고, 17세가 된 1421년부터는 볼로냐대학에서 법학을 비롯한 여러 학문을 공부했다. 이어 28세 때인 1432년부터 1464년, 즉 60세가 될 때까지 32년간 성직자로 교황청에서 일했으며 1472년에 68세로 죽은 휴머니스트다.

그의 저술은 정확한 저작연대를 알 수가 없다. 이는 그의 저술이 지금으로부터 500년도 더 전에 씌어진 탓도 있지만, 한편으로는 그가 자신의 저술을 언제 출판할지에는 전혀 관심을 두지 않은 탓이기도 하다. 그가 남긴 주요 저술 가운데 《가족론》은 1433~1434년, 《회화론》은 1435년, 《문법론》은 1438~1441년, 《조각론》은 1464년 이후, 《건축론》은 1452년에 교황이 보았다고 하나 출간은 모두 그의 사후인 1485년에 이루어졌다.

그중 우리말로 번역된 것은 1998년에 나온 《회화론》뿐이다(노성두 옮김, 사계절). 약 560년 만에 번역된 셈이다. 《회화론》의 우리말 번역자는 이 책을 '르네상스 최초', '서양미술사 최고'의 회화론이라 했다. '르네상스 최초'라는 것은 당연한 이야기이지만 '서양미술사 최고'라는 평가에 대해서는 의문이 있을 수 있다. 여하튼 그의 책들은 대부분이 각각의 해당분야에서 처음으로 씌어진 책이었고, 그 뒤로 수많은 유사서적이 나왔다.

알베르티의 모든 책은 15세기의 르네상스 사회를 이해하는 데 훌륭한 자료가 된다. 전인으로서 알베르티가 갖고 있었던 다양한 관심이 당시의 사회를 다각도로 이해하는 데 더 없이 좋은 소재들을 남겼다. 그 사회는 특히 가족과 도시라는 이데올로기로 장식된 모습의 사회다. 가족과 도시는 우리 사회에서도 중요한 이데올로기다. 물론 르네상스 시대에 도시가 중요했던 것과 달리 지금 우리에게는 국가가 중요하다. 그러나 가족 이데올로기는 르네상스 시대의 이탈리아는 물론이고 그 어떤 사회에서도 마찬가지로 중요한 것이다. 이런 두 이데올로기는 흔히 빈부갈등과 체제변화를 호도하는 장식으로 이용된다. 알베르티의 여러 책은 그러한 이데올로기를 잘 보여준다. 그러면서도 알베르티는 그 이데올로기에 단순히 복종하지 않고 새로운 변화의 모습을 예견했다. 즉 보편성과 다양성이라는 두 가지 안목으로 자기가 사는 사회를 이해하면서 그 사회를 넘어선 것이다.

앞의 1장에서 본 14세기의 페트라르카를 우리는 최초의 르네상스인, 휴머니스트, 현대인으로 불렀으나, 그는 여전히 중세적 특징을 가진 사람이었다. 중세에는 세속을 떠나 수도원에서 살면서 신을 위해 봉사하는 '관조적 삶'이 이상적인 삶의 모습이었다. 페트라르카가 시골에서 고독하고 가난하게 살면서 내면의 사색과 시 창작에 열중한 것도 그 연장선이었다. 물론 그는 관조적 삶만을 산 것이 아니라 평화를 위한 외교의 직책도 수행했지만, 그렇다고 그가 평생을 공직에 봉사한 것은 아니었다.

그와 달리 15세기 휴머니스트들은 공공생활에 적극 참여하면서 우마니타스(인간성)를 탐구하는 '활동적 삶'을 이상적인 삶의 모습으로 삼았다. 그러한 15세기 휴머니스트를 대표하는 인물이 1장의 끝부분에서 언급된 브루니와 팔미에리다. 알베르티는 15세기 휴머니스트 중에서도 특이했다. 그는 중세의 금욕적 단독생활에 충실한 성직자라는 점에서 같은 시대의 다른 휴머니스트들과 달랐고, 도리어 페트라르카에 가까웠다. 특히 중세의 사제와 달리 결혼을 해서 가정을 이룬

학자로 살면서 공화정 도시국가의 공무를 담당한 시민적 휴머니스트들과 그는 달랐다. 물론 도덕적 탁월성, 사회와의 결속, 정치적 참여, 활동적 생활 등을 찬양한 점에서는 일치했다.

또 브루니나 팔미에리가 인문학자에 그친 반면에 알베르티는 인문학은 물론이고 건축과 미술에서도 일가를 이루었다. 그러나 더욱 다른 점은 알베르티는 성직자이면서도 기독교의 기적을 의심했으며 때로는 경건하지 못하다는 비난을 들은 회의주의자였다는 점이다. 그는 브루니와 같은 다른 르네상스 휴머니스트들과 달리 평생 독신으로 살았고, 실생활에서 여성에 대해 무관심했으며, 심지어는 여성을 혐오하는 내용의 글도 썼다. 동시에 그는 휴머니스트 중에서는 거의 예외적으로 결혼과 가족, 사랑에 대한 글을 썼다. 또한 그는 권력을 풍자적으로 비판했지만, 다른 휴머니스트들과 달리 국가의 관리로서 정치활동을 하지는 않았다. 이러한 모순되는 것처럼 보이는 그의 태도와 '거리 두기'는 그의 삶과 사상 및 예술의 근본이었고, 특히 그가 근대적인 원근법(투시화법)을 확립하는 데 밑바탕이 됐다.

평생 교회인으로 산 정치혐오자

알베르티는 대학을 졸업한 뒤에 추기경의 비서로 처음 일을 시작한 뒤 1432년부터 32년간 교황의 서기로 일했다. 이렇듯 평생 교회인으로 살기는 했지만, 그렇다고 그를 종교인이라고 부를 수는 없다. 그는 그와 같은 시대를 산 다른 어떤 휴머니스트보다 교회에 대해 비판적인 인물이었기 때문이다.

그는 자신의 저서 《사제》에서 성직자의 부패, 무지몽매, 동족을 등용하는 위선과 야심, 허식과 부정거래를 비판했으며, 《가족론》에서는 성직자의 죄상을 상세하게 서술했다. 유일한 종교적 작품인 《성 포티투스전》에서 그는 세속을 혐오하는 금욕적인 생활을 그만두고 시민사회에서 자신과 타인에게 도움이 되는 인간이 되라고 유혹하는 매우 아름다운 악마를 등장시켰다. 이 작품은 수도사적인 미덕이나 금욕을 기만이라고 비판하는 내용을 담고 있다.

알베르티가 교회에서 일을 한 것은 페트라르카처럼 순전히 생계를 유지하기 위해서였다. 교회가 알베르티를 채용한 것도 페트라르카의 경우와 같이 그의 신앙심을 평가해서가 아니라 그의 풍부한 학식과 문장력을 높이 샀기 때문이다. 당시 교회는 실추된 권위를 회복하기 위해 법학과 문장력을 필요로 했기 때문에 휴머니스트들을 채용함으로써 그들에게 충분한 시간여유를 가지고 학문을 할 수 있는 기회를 제공했다.

알베르티는 관료의 길을 갈 수도 있었지만 그 길을 선택하지 않았다. 그는 정치를 혐오했다. 반면에 당시 피렌체의 휴머니스트들은 대부분 정치에 투신했다. 그들은 피렌체가 로마 공화정을 계승한 유일한 후예이며, 자신들은 그 자유정신을 이어받아 시민들의 법적 평등을 수호하기 위해 폭군과 싸운다고 주장했다. 물론 현실은 달랐다. 그들의 주장은 거짓이었다. 하지만 시민들은 정치적 휴머니즘으로 포장된 그들의 허위의식과 거짓말을 곧이곧대로 받아들였다. 훗날 이러한 실상을 낱낱이 폭로한 이가 바로 마키아벨리다.

15세기 피렌체의 문화는 다른 도시들의 문화처럼 군주를 위한 것이 아니라 공화국을 위한 것이었다. 그러나 차츰 메디치가를 중심으로 권력이 집중됐다. 11~13세기에 유지된 귀족 중심의 단체사회가 14세기에 붕괴하고 가족의 형태도 대가족제에서 핵가족제로 점차 바뀌면서 소수의 유력한 문벌에 의한 과두체제가 형성되고 그것이 전제(專制)로 나아갔다.

1427년의 국세조사에 따르면 피렌체에서 인구의 1퍼센트에 불과한 약 100가구의 시민이 도시 부의 6분의 1을 점유하고 있었다. 자유도시라는 이데올로기는 현실의 사회적 불평등을 호도하는 지배의 도구가 돼있었다. 그것은 구체적으로 도시를 수호하는 성인에 대한 숭배나 도시에 대한 찬미 등으로 나타났고, 도시에 대한 지배를 가능하게 해주는 법에 대한 찬양으로 이어졌다. 그리고 그러한 숭배와 찬미, 찬양을 위해 수많은 예술품과 저술이 만들어졌다.

르네상스 문화에 토대가 된 것이 상업에 의한 부의 증대였으므로 그 사회는 당연히 배금주의에 물들 수밖에 없었다. 메디치가는 사치를 금지한다는 명목으로 다른 가문들이 위세를 부리지 못하게 하고 그들로 하여금 정치에서 손을 떼게 함으로써 자신의 권력을 더욱 탄탄하게 다져나갔다.

베노초 고촐리가 메디치 리카르디 궁 예배당에 그린 프레스코화인 〈동방 3박사의 여행〉.

'인류를 위하여', '인간을 위하여'라는 휴머니스트들의 외침은 사실은 자신들이 속한 상류층 시민계급의 이익을 위한 이데올로기에 불과했다. 그 상류층이란 전체 인구의 10퍼센트도 안 되는 소수였다. 그들이 인구의 90퍼센트를 넘는 하층민에 대해 전혀 관심을 기울이지 않은 것은 아니었다. 하지만 그런 관심을 기울인 것은 어쩔 수 없는 선택일 뿐이었다. 사상이든 정책이든 하층민의 잠재적인 욕구를 고려하지 않으면 성공할 수 없기 때문이었다. 따라서 하층민을 위한 정책이라고 해봐야 격리를 수반하는 자선이 거의 전부였다.

알베르티도 그런 이데올로기에서 완전히 비켜난 사람은 아니었다. 그러나 적어도 그는 정치에 직접 관여하지 않았다는 점에서 여느 정치적 휴머니스트들과는 구별된다고 보는 것이 옳다. 알베르티는 정치에 참여하거나 공직에 취임하지 않았다. 그는 어디까지나 개인으로서 공공에 대한 의무를 다했을 뿐이다. 그는 정치란 창조적 능력이라는 인간의 미덕을 발휘할 수 없는 분야라고 생각했고, 정치에 대해 뿌리 깊은 불신을 갖고 있었다.

알베르티는 현실과는 전혀 맞지 않는 이데올로기로 전락한 권력적 휴머니즘의 위기를 예리하게 파악했다. 그래서 관리, 성직자, 철학자, 상인 등 모든 종류의 권력과 부를 가진 인간의 타락을 규탄했고, 전제정치에는 휴머니즘이 있을 수 없다고 비판했다.

행동하라, 무위는 죄악이다

흔히 르네상스를 문예부흥이라고 부르면서 그것이 그리스로마의 고전을 부흥시켰다고들 한다. 그래서 고전과 역사의 중요성을 강조하는 인문학적 태도가 르네상스와 관련해 강조된다. 그러나 르네상스는 고대 고전의 권위를 절대시하는 것과는 거리가 멀다. 알베르티는 라틴어가 아닌 속어의 중요성을 말했고, 최초의 이탈리아어 문법서를 저술했다. 또한 그는 그리스로마를 비롯한 과거의 역사를 그 시대의 차원에서 이해하고 그것을 자기 시대에 맞게 해석하는 역사주의의 편에 섰다.

부르크하르트의 영향으로 인해 르네상스는 그동안 개인이 발견된 시대 또는 개인주의의 시대로 이해돼왔다. 그러나 르네상스 시대에는 법에 의해 권리를 보증받은 평등한 시민들이 봉건적 제도가 말끔히 사라진 도시에서 자유롭게 개성을 발휘했다는 식의 주장은 사실과 다르다. 도리어 당시에는 가족이 시민의 정치적, 사회적 활동의 기지로 중시됐다.

흔히 르네상스의 개인주의를 상징하는 것으로 초상화를 든다. 그러나 사실적으로 그려진 군주나 그 아내의 초상화는 방문자에게 집안의 명예를 과시하기 위한 것이었고, 다른 회화나 가구, 조각, 장식 등과 더불어 거실이나 침실에 걸렸다. 또한 화려하게 그려진 딸의 그림은 그 딸이 결혼할 때 집안의 명예를 자랑하기 위한 것이었다.

이보다 더 의미심장한 것은 화가나 조각가에 의한 자화상의 탄생이었다. 그 최초의 작품이 알베르티가 만든 조각 초상이었고, 그 뒤로 많은 자화상이 제작됐다. 또한 전기와 함께 자서전이 많이 씌어졌다. 알베르티도 자서전을 썼다. 그러나 그 자서전을 개인주의의 소산으로 보기는 어렵다.

적어도 알베르티의 사상은 개인주의가 아닌 공익주의를 기반으로 했다. 그는 군주든 시민이든 모든 개인은 공익을 지켜야 한다고 주장했다. 그는 군주도 시민을 위해 통치를 하고 시민의 자유를 보장해야 할 뿐만 아니라 군주 자신도 법을 지켜서 도시를 평화롭게 유지해야지 그렇지 않으면 폭군이 된다고 주장했다. 군주만이 아니라 그 밑의 공직자도 당연히 공익을 추구해야 한다는 것이 그의 생각이었다. 이러한 알베르티의 견해는 뒤에서 보게 되는 마키아벨리의 주장과 그리 다르지 않았다. 그러나 알베르티는 마키아벨리처럼 간교한 술책을 써야 한다고 주장하지는 않았다.

알베르티는 이성과 미덕을 중시했다. 그에 의하면 교육된 이성은 편견의 해독제이며, 미덕은 인간성에 이르는 길이다. 미덕은 명예와 명성을 낳는다. 명예는 자신을 돌보지 않는 희생정신과 아량으로 공적 책임을 다하는 행동을 할 때에만 얻을 수 있는 것이다. 사사로이 권력을 탐하는 이는 명예를 얻을 수 없다. 그가 말하는 명예는 중세 귀족이나 기사의 명예와 달리 시민적, 공화정적 공생의 집합체에서 개인의 능력과 재능을 전제로 해서 성립되는 것이다.

알베르티는 훌륭한 개인이 되기 위해서는 미덕을 추구해야 한다고 주장했다. 그리고 미덕은 이성과 의지에 따르고 자연에 순응함으로써 얻어진다고 했다. 여러 가지 미덕 가운데 알베르티가 특히 강조한 것은 현명함이었다. 현명함이란 과거를 기억하는 동시에 미래를 예견하고, 세계와 그 추세를 이해하며, 유용한 것을 파악하는 능력을 가리키는 것이었다. 이 밖에 알베르티는 정직, 선량, 정의, 의지, 충성, 공정, 중용, 경건, 자애 등의 미덕을 강조했다. 이러한 미덕은 운명에 저항하는 이성의 수족이라는 것이었다. 르네상스 시대의 작품에 자주 등장하는 인물들과 같이 운명에 대해 비관적인 다른 사람들과 달리 알베르티는 인간이 내면의 자연인 이성을 올바르게 인식하고 지력과 체력을 키우면 스스로 운명을 바꿀 수도 있다고 주장했다.

또한 알베르티는 무위를 비판하고 근면을 찬양했다. 무위는 인간을 타락시켜 사회적 의무를 저버리게 하고 도시를 파괴하는 죄악이며, 근면은 인간이 다른 인간에게 도움이 되도록 사회 속에서 실천해야 하는 미덕이라는 것이었다. 단 그는 여가로서의 무위는 거부하지 않았다. 학문을 연구하고 예술을 창조하는 행위는 여가에 의해서만 가능해진다고 보았기 때문이다.

이러한 알베르티의 생각에는 공과 사 또는 도덕과 사회의 구별이 없었다. 그는 개인이 자신을 위해 하는 일은 가족이나 도시에도 도움이 돼야 하고, 거꾸로 가족이나 도시가 하는 일은 개인에게 도움이 돼야 한다고 생각했다. 인간은 사회적 존재이자 이성적 존재로서 이성을 통해 내면의 자연적 능력을 계발해서 사회에 공헌하고 자신과 타인을 모두 행복하게 만들 수 있다는 것이었다. 그래서 그는 사회에서 고립돼 추상적인 연구에만 몰두하는 사람을 반역자로 보았다. 이런 점에 비추어 인문학을 비롯한 우리의 모든 학문과 예술은 알베르티로부터 너무 멀리 떨어져 있다는 느낌을 지울 수 없다.

이처럼 알베르티는 인간의 이성과 유약한 인간이 완성되는 장으로서의 현실에서 펼쳐지는 시민생활과 책임의 문제에 관심을 가졌을 뿐 고대나 외국의 문물에 심취하지는 않았다. 르네상스는 실용적인 것이었다. 그러므로 르네상스는 도덕생활의 원리인 법과 사회생활의 수단인 경제를 중시하고 육체와 그 쾌락을 긍정하는 것이었다. 알베르티는 이런 르네상스의 정신에 맞게 실용적이고 합리적이었지만, 동시에 교회인으로서는 스토아 철학에 젖기도 했다. 이런 그의 측면은 감정을 억제하고, 건강과 명예에 무관심하며, 운명이나 죽음에 대해 달관한 듯한 그의 태도에서 볼 수 있다.

알베르티가 지니고 있었던 이런 이중성을 정신의 분열이나 시류에 따른 변모로 보는 견해도 있다. 그러나 인간은 누구나 다 어느 정도의 모순을 지니고 있다. 때로는 인간에게 내재된 모순이 시대를 투시하고 새로운 미래를 건설하게 하는 계기가 되기도 한다. 알베르티에게서 보이는 모순적인 측면도 바로 이런 것이 아니었을까?

가족의 재탄생: 혈연이 아닌 우애로 맺어진 공동체

알베르티의 저서 가운데 내가 특히 관심을 갖는 것은 《가족론》이다. 그가 쓴 모든 저서가 다 그렇지만 《가족론》은 15세기의 르네상스 사회를 이해하는 데 더없이 좋은 자료다. 이 책에서 그는 대가족에서 핵가족으로 가족의 형태가 변화하는 것을 중심으로 당시의 사회상을 묘사하고 있다.

가족에 대한 강한 관심과 옹호가 그의 사상에서 중심을 이룬다는 점이 그를 다른 휴머니스트와 구별하게 한다. 물론 가족에 대한 관심이 알베르티에게만 있었던 것은 아니다. 가령 베네치아의 초기 휴머니스트인 바르바로도 《결혼에 관하여》(1414)를 썼다. 그는 청빈에 대한 중세적 이상을 포기하고 재산을 획득하는 것이 가정과 공화국의 토대라고 주장했다. 그러나 알베르티의 《가족론》은 그것보다 훨씬 중요한 저작이다.

알베르티의 이러한 가족주의적 경향은 그동안 그를 보수적 인물로 보게 하는 요인으로 여겨졌다. 그러나 그의 《가족론》은 대가족제에서 핵가족제로 가족의 형태가 변모하는 과정에 대한 논의를 전개하고 있고, 이는 당시 사회에 대한 중요한 관찰로 평가된다. 또한 그것은 가족주의에 대한 치열한 반대가 있음에도 불구하고 여전히 그것이 뿌리 깊게 유지되고 있는 우리 사회를 관찰하는 데도 시사하는 바 크다.

11~13세기 귀족들은 대규모 토지를 기반으로 대가족을 형성했다. 그러나 반귀족 정책이 실시되어 귀족들이 분해되면서 가족의 형태도 대가족에서 핵가족으로 바뀌기 시작했다. 그리하여 1427년의 과세대장에 의하면 피렌체의 세대별 평균 가족수는 3.8명으로 격감했다. 이러한 핵가족화는 이름을 갖고 있지 않았던 사람들이 이름을 갖게 되는 계기가 됐고, 추상적인 연대로서의 새로운 가족 개념

을 탄생시켰다.

당시의 핵가족화는 가족을 넘어 친구나 이웃에 대해서도 새롭게 생각하는 계기가 됐다. 알베르티는 "나는 네가 필요하고 너는 그를, 그는 또 다른 사람을 필요로 하며, 누군가 나를 필요로 하는 또 다른 사람이 있다. 이렇듯 어떤 한 사람이 다른 사람을 필요로 하는 것이야말로 모두가 전체적인 우정과 협조로 통합되는 요인이자 수단이다"라고 말했다.

지배계급은 이러한 새로운 가족 개념을 바탕으로 결혼 등을 통해 '피렌체 시민 모두가 친척이 되게' 만들었다. 이렇게 해서 형성된 새로운 지배집단은 하층민을 감시하는 장로정치 체제와 그들을 지원하는 패트런(patron) 체제를 형성했다. 알베르티는 이것이 메디치가처럼 정치와 경제를 독점하는 지배집단을 뒷받침하는 수단이 돼서는 안 된다며 우려했다.

알베르티는 가족을 구성하는 핵심요소는 혈연이나 감정이 아닌 우애여야 한다고 주장했다. 가족이든 도시든 국가든 공동체의 구성원은 자연이라는 최상의 법에 따라 통합되고, 불화가 없도록 성실, 형평, 사랑에 의해 서로 연결돼야 한다는 것이었다. 이는 메디치가의 독재에 대한 통렬한 비판이기도 했다.

여기서 우리는 알베르티가 말한 가족은 계급의 이해관계나 전통적 관습에 복종하는 가족이 아닌 하나의 예술작품 같은 것, 다시 말해 회화나 건축과 마찬가지로 자연을 모방한 것이고 자연이 준 미덕과 합리적 규칙을 근거로 해서만 실현되는 것임을 알 수 있다. 그가 말한 가족 개념의 기초에는 이성이 있으며, 그 이성은 자연에 따르는 것이다.

르네상스 시대에는 다산(多産)이 장려되고 자녀를 애정으로 돌보는 어머니가 칭송을 받는 게 일반적이었지만, 한편으로는 중세 이래로 자녀를 유기하는 관습도 계속 이어지고 있었다. 이와 관련해 알베르티는 양자도 친자와 똑같이 키워

야 한다고 주장했다. 그는 유기된 아이들을 보호하는 고아원을 세우는 것도 명예
로운 시민의 미덕을 실천하는 것이라고 보았다.

당시의 아이들은 5~7세부터 17세까지 공립학교에서 읽고 쓰기와 상업에 필
요한 산수를 배웠다. 그러나 모든 아이가 다 교육을 받을 수 있는 것은 아니었다.
여자아이가 교육을 받는 경우는 드물었고, 남자아이도 전체의 30퍼센트 안에 드
는 상류층 아이들만 교육을 받을 수 있었다. 우리의 중고등학교에 해당하는 사립
기숙학교는 상류층 자녀를 상대로 전인교육을 실시했다. 그러나 속을 들여다보면
그 교육은 순종하는 인간을 육성하고, 유아기의 가정교육이 빚은 비남성화를 교
정해 재남성화시키는 데 초점이 맞춰져 있었다. 대학의 인문학 교육도 상류층 자
녀를 위한 것임은 마찬가지였다. 당시의 대학은 메디치가에 의해 관리되어 권력
을 유지하기 위한 여론조작의 중요한 도구 노릇을 했다.

하층민의 자녀는 교육에서 제외됐다. 그들은 교육뿐 아니라 거의 모든 사회
생활에서 배제됐다. 알베르티는 《가족론》에서 하층민은 무지몽매하므로 언제나
감시해야 한다고 말했다. 이 점에서 알베르티는 당시의 다른 휴머니스트들과 마
찬가지로 철저한 계급주의자이자 엘리트주의자였다. 아니, 휴머니즘 그 자체가
바로 귀족들이 즐기는 일종의 지적 운동이자 대중의 생활과는 무관한 몇몇 엘리
트들만의 고급 놀이였다.

여걸인가, 희생양인가

일본과 우리나라에서 널리 읽힌 시오노 나나미의 책 《르네상스의 여인들》은 르네
상스 시대를 산 네 귀족 여인들의 이야기다. 시오노 나나미는 "비좁은 정신주의
의 껍데기 속에 틀어박히지 않은 대담한 영혼과 냉철하고 합리적 정신"이 르네상

스의 핵심이라면서 그러한 "정신과 육체의 감각적이고 관능적인 조화"를 감지하지 못하면 르네상스를 이해할 수 없다고 말한다.

그런데 이 주장은 너무나 추상적이고 부분적이다. 게다가 《르네상스의 여인들》은 한때 우리 안방을 휩쓸었던 드라마 〈여인천하〉를 방불케 하는 것인데, 다시 말해 정쟁 속에서 살아가는 여걸들의 모습을 그린 것인데 어떻게 그 속에서 '대담한 영혼과 냉철하고 합리적인' 르네상스 정신을 읽을 수 있다는 것인지 의문스럽다.

남성 천재와 여걸의 시대로 르네상스를 설명하는 방식은 부르크하르트에서 비롯된 것이다. 부르크하르트는 르네상스 시대의 개인주의적 특징 덕택에 여성이 재능을 발휘하여 높은 지위에 오를 수 있게 됐다면서 몇몇 여걸과 시인, 그리고 고급 창부들을 예로 들었다. 그러나 실제로 '개인주의자'였던 여성들은 가난한 집안 출신의 저급 창부뿐이었고, 나머지는 모두 집안의 보호를 받은 고급 여성이었다.

부르크하르트와 나나미가 말한 여걸들은 비참한 처지에 놓인 다른 여성들 대부분의 처우개선에는 아무런 관심도 기울이지 않았다. 여걸들이 정치에 참여하고 예술을 후원한 것은 귀족의 딸로 태어나 귀족과 결혼했기 때문이지 다른 특별한 이유가 있었던 게 아니다. 즉 그들이 인문학적 교양을 쌓아 남성 엘리트들과 어깨를 나란히 하고 경쟁할 만한 재기발랄함을 갖추었기 때문이 아니라는 것이다.

부르크하르트와 나나미가 묘사한 화려한 여걸들의 르네상스는 최근 연구에 의해 허위임이 밝혀지고 있다. 당시의 사회는 철저한 가부장사회로 정치적, 경제적, 사회적으로는 물론이고 문화적으로도 남성의 지배가 압도적이었다. 여성은 공적인 영역에서도 등한시됐지만 가정에서도 아무런 권리를 갖지 못한 채 남편에게 종속된 처지였다.

당시의 휴머니스트들은 지극히 도덕적인 차원에서 연애를 논했고, 여성은 가족의 명예를 위해 철저히 감시해야 할 대상으로 보았다. 그래서 여성의 간통에 대해서는 매우 엄격하게 처벌해야 한다고 주장했지만 남성의 간통에 대해서는 너그러웠으며, 피렌체는 '창녀의 도시'라고 일컬어질 정도로 창녀들이 들끓었다. 당시에도 상당수의 여성들이 방직이나 세탁 등의 일에 종사하며 경제활동을 했다. 화장을 비롯한 여성의 사치는 법적으로는 금지됐지만, 실제로는 가족의 명예를 위해 필요하다는 이유로 널리 행해졌다.

1433년의 피렌체 법은 여성을 '도시에 아이가 가득 차도록 하는 아이주머니'에 비유하고 있다. 당시 여성의 가장 중요한 역할은 가계의 계승을 위해 자녀를 낳아 기르는 것이었다. 그 다음 역할이 자녀를 다른 훌륭한 가문의 자녀와 결혼시켜 화려한 인척관계를 형성함으로써 가문의 명예를 드높이는 것이었다. 또 하나 중요한 역할은 경제적인 것으로서, 많은 지참금을 가지고 결혼하는 것이었다. 지참금 문제는 특히 딸을 많이 둔 부모에게는 고통의 원인이 됐고, 그래서 지참금 보험이 생길 정도였다.

르네상스 시대의 결혼은 남녀간 나이차가 대단히 크다는 특징을 갖고 있었다. 여성은 대부분 15~18세에 배가 넘는 나이의 남성과 결혼했다. 따라서 결혼한 여성이 과부가 될 가능성이 높았다. 피렌체의 경우를 보면 50대 여성의 4분의 1과 60대 여성의 절반이 과부였다. 과부가 젊고 아이가 없으면 재혼하기도 했으나 아이가 있으면 재혼이 불가능했다. 당시 귀족의 가정에는 하녀가 있었다. 그중 상당수는 노예였다. 노예무역은 합법적인 것으로 인정됐고, 노예의 대부분은 매매되거나 상속됐으며, 심지어 성적 노리개로 학대받기도 했다.

알베르티의 예술론

1434년에 알베르티는 교황을 따라 피렌체를 방문해 그곳에 있는 회화 작품들을 보고 《회화론》을 썼다. 《회화론》 1권에서 그는 원근법에 대해 말한다. 그것은 그의 독창적인 생각을 풀어놓은 것이 아니라 이미 많은 화가들이 사용하고 있었던 방법을 이론적으로 설명한 것이다.

이어 2권에서 알베르티는 회화는 "부재한 사람을 등장시킬 뿐 아니라 죽은 사람을 살아있는 듯이 만드는 신과 같은 힘을 갖는다"고 하면서 그 구성요소를 윤곽선, 구성, 빛의 수용으로 설명한다. 윤곽선은 면밀하게 윤곽을 묘사해 대상을 확정하는 것이고, 구성은 전체의 이야기에 회화의 각 부분을 관련시키는 것이며, 빛의 수용은 색채와 색조를 윤곽에 적용하는 것이다.

마지막 권인 3권에서 그는 예술가 교육과 예술가의 성격을 논한다. 자연은 합리적으로 해석하고 표현해야 한다, 회화의 주제와 구성은 문화적, 사회적 기초를 갖는다, 교양을 쌓은 선량하고 완전한 인간만이 가치 있는 회화를 그릴 수 있다, 화가는 이익이 아닌 명예를 목적으로 삼아야 한다는 등의 주장이 3권에 담겨 있다.

지금까지 알베르티의 《회화론》은 예술가란 모든 지식에 능통해야 하고, 특히 역사, 시, 수학을 잘 알아야 한다고 권고한 책이자 수학과 관련해 원근법, 비례법, 인체비례를 내세워 회화의 새로운 개념을 이론적으로 체계화한 책이라는 평가를 받아왔다. 이 책이 회화를 장인의 기예로 보는 중세적 관념에서 벗어나 회화가 본질적으로 정신적 행위임을 입증한 책이라는 것이다.

이러한 평가는 당연한 것이지만, 나는 알베르티의 《회화론》에서 가장 중요한 점은 자연과 예술의 다양성에 대한 설명이라고 본다. 알베르티는 화면설정과 색

조선택에서의 다양성이 서로 다른 성질들 사이의 비교와 대조를 통해 미를 배가시킨다고 주장했다. 다양성 추구는 보카치오의 《데카메론》을 비롯한 다른 여러 문학작품에서도 보인다. 그런 작품들에서는 전통적 가치관에서는 공존할 수 없다고 여겨지던 다양한 특질이 한 인물 안에 공존하는 여러 가지 성향으로 표현되고 묘사됐다. 그런가 하면 다양한 인물들이 공통의 인간성을 갖고 있다는 사실로 인해 서로 만나게 된다.

알베르티는 《건축론》의 서문에서 건축가를 이성과 규칙을 가지고 정신과 지성으로 사물을 분류하며, 인간의 요구에 훌륭하고 위엄 있게 부합하는 재료들을 가려내어 정확하게 짜 맞추는 사람이라고 말한다. 즉 건축가는 사회적이고 윤리적인 공익을 건축에 반영해야 한다는 것이다. 이어 첫째 권에서는 건축과 수학 사이의 연결고리인 제도의 중요성, 둘째 권에서는 건축에 필요한 재료, 셋째 권에서는 건축의 방법이 다루어진다.

알베르티의 《건축론》은 건물에서 각종 비율의 정확성, 건물과 인체의 유비(類比)를 강조한 로마의 유기적 조화이론으로부터 출발해 필요성, 편리성, 쾌락성이라는 세 가지를 강조한다. 알베르티는 수사학의 방식으로 건축의 장식을 구분하는 태도, 원칙을 자유롭게 뛰어넘는 사고에 주목한다. 또한 그는 수학적 비율을 중시해 다양성에 통일성을 부여하고자 한다. 알베르티의 회화 작품은 남아있지 않지만 그의 건축 작품은 많지는 않지만 남아있는 것이 있다. 남아 있는 그의 건축 작품은 그의 건축론과 일치한다.

알베르티는 《회화론》에서와 마찬가지로 《조각론》에서도 공간의 측정에 수학과 기하학을 응용하는 것의 중요성을 강조한다. 그는 사람의 신체에서 가장 아름답다고 이야기되는 부분들을 골라내어 인체비례표를 만들어낸다. 이처럼 그는 자연에서 최상의 전형을 골라내어 그것을 가지고 자연미를 능가하는 예술미를 만드는 것이 예술가의 사명이라고 보았다.

《가족론》에서든 《회화론》에서든 《건축론》에서든 그의 생각은 자연에서 시작해 자연으로 끝난다. 회화나 건축이라는 인공물도 자연의 미를 실현하는 것이라는 의미에서 자연에 포함된다. 그에게 세계는 전체로서도 부분으로서도 유기적인 구성요소들로 이루어진 하나의 조직이다.

알베르티의 건축론과 관련해 여기서 '빌라(villa)'에 대해 잠시 생각해보자. 오늘날 우리가 고급주택을 가리키는 말로 흔히 쓰는 용어인 빌라는 원래 별장을 뜻하는 말이었다. 별장을 두는 취향은 르네상스 시대에서 비롯됐다. 당시의 휴머니즘은 '예술의 신이 사는 곳'이라는 정원의 이미지를 부활시켰고, 그 이미지가 자연 속에서 자유를 만끽하게 해주는 집인 빌라로 구현됐다. 따라서 빌라라는 말은 원래 부자의 거처가 아니라 자유의 집이라는 뜻이다.

알베르티가 빌라에 대해 시민의 의무인 근면을 북돋아주는 휴식처로 찬양하고 자급경제의 터전이 된다고 강조한 데서도 알 수 있듯이 당시의 별장은 오늘의 별장과 그 개념이 전혀 달랐다. 빌라 주변의 자연도 원시적인 것이기보다는 인간의 손으로 만든 예술작품이 돼야 한다고 그는 말한다. 그는 그러한 빌라를 직접 설계하고 건축하기도 했다.

속어를 옹호하다

고대 문헌의 발굴에 열을 올린 르네상스 시대에 그리스어와 라틴어가 각광을 받은 것은 당연한 현상이었다. 그런 시대풍조에 저항해 대다수 사람들이 이해할 수 있는 속어의 유용성을 처음으로 주장한 이가 바로 알베르티다. 그는 로마시대에도 라틴어는 일부에서만 사용됐고 일상에서는 모든 사람이 이해하는 속어가 사용됐다면서 이탈리아에서는 이탈리아어를 써야 한다고 주장했다.

더 나아가 그는 구어와 속어를 예술, 과학, 문학에 적합한 언어로 갈고 닦으며 체계화하는 것이야말로 휴머니스트의 과제라고 외쳤다. 그는 속어를 순화하고 그 어법을 규칙화해 문법으로 수립할 수 있음을 증명하기 위해 《문법론》을 썼다. 이 책은 최초의 이탈리아어 문법책이다. 그의 《가족론》과 《회화론》도 속어로 씌어졌다.

알베르티는 언어란 인간이 평화롭게 살 수 있도록 자연이 부과한 굴레라고 설명한다. 알베르티뿐만 아니라 르네상스 시대의 휴머니스트들은 모두 정신과 언어의 불가분성, 회화와 웅변의 중요성을 강조했다. 이런 그들의 생각은 당시에 대화체로 씌어진 책에서 예술, 문학, 가족, 정치, 상업 등에 대해 열심히 토론하는 시민의 모습이 그려지는 것으로 구체화된다.

알베르티는 대화란 다양한 견해들을 서로 보완해 진리로 인도하는 수단이라고 보았다. 그래서 논리가 아닌 대화, 지성이 아닌 직감, 반박이나 설득이 아닌 포용과 변화로 나아가는 대화술을 그는 강조했다. 열린 대화에서 개인의 견해는 인간의 다양성 가운데 하나이며 인간본성의 통일성과 보편성이 여러 조건에서 다르게 나타난 것이라는 관점이다. 따라서 특정한 하나의 견해가 그대로 보편일 수는 없으며, 다양성을 인정하는 대화만이 그 견해를 보편에 이르도록 도와준다는 것이다.

알베르티는 자신이 쓴 대화체의 책에서 그런 대화의 진수를 보여준다. 그의 책에 등장하는 사람들은 누구도 최종적인 하나의 진리를 주장하지 않고 끝없이 대화한다. 그 대화는 끝까지 평행선을 가는 것처럼 보이지만 결국은 자연스럽게 하나의 점으로 모아진다. 그 대화는 진리를 향한 여행이다. 일체의 권위주의가 없는 자유로운 분위기에서 언제나 우호적으로 유쾌하게 그 대화가 이루어진다. 게

다가 알베르티의 문체는 매우 간명하고 실용적이다.

다양성과 보편성의 변증법

알베르티는 가족과 도시(국가)의 올바른 일치를 꿈꾸었다. 그리고 자연과 자연을 모범으로 삼는 인공의 미를 통해 인류를 구제하고자 했다. 보편성과 다양성이라는 이념을 예술적 장식과 수사적 언어에 실어 이데올로기를 비판하고 새로운 사회를 창조하고자 했다. 그러나 그것이 뭐 그리 대단한 것이겠는가?

우리 모두가 알베르티처럼 만능인이자 보편인이 될 수 있다. 누구와도 다르지만 누구라도 될 수 있는 것이 인간의 본모습이다. '나는 누구인가?'라고 묻지 말라. 유일하게 고정된 아이덴티티는 없다. 우리는 누구라도 될 수 있다. 우리는 끝없이 복수의 아이덴티티를 만들어가는 존재다. 알베르티처럼 우리도 언제나 이렇게 묻자. '다음은 무엇?'이냐고.

알베르티가 평생의 모토로 삼은 '다음은 무엇?'은 비관주의를 거부하는 낙관주의의 표현이다. 의지의 힘으로 자기의 인격과 환경을 변화시킬 수 있다는 낙관주의, 인간의 변화에 대한 낙관주의다. 그러나 그것만으로는 충분하지 않다. 아니 그렇게만 살 수는 없다. 인간은 누구나 끝없이 회의에 빠진다. 만능인인 알베르티도 그랬다.

도대체 인간이란 무엇인가? 예술작품이 만들어지듯이 인간도 만들어지는 것이 아닌가? 그렇다면 인간이란 것 자체가 허구가 아닌가? 우리가 '인간주의자'나 '인문주의자'로 흔히 번역하는 휴머니스트는 사실 수사의 대가였고, 르네상스의 예술가는 장식의 프로였다. 그들은 모두 꾸밈의 천재였다. 그들이 한 일은 모두 허구의 장난, 인공의 조작이었다. 그러한 장난과 조작은 비판과 창조, 다양성과 보편성의 변증법을 통해 이루어진다.

르네상스는 근대적 사고가 규정한 '확고하게 자리를 잡고 변화가 없는 기계적인 인간'이 아닌 존재, 언제든지 지금과는 다른 사람으로 스스로 변화할 가능성을 지닌 존재로서의 인간을 이야기한다. 인간은 각자의 방식으로 자기의 본성에 맞게 행동하고 행복을 추구하지만 자아의 경계는 애매하고 불확실하다. 그러므로

인간에게는 바로 그 경계를 넘어 끝없이 밖으로 뛰쳐나가면서 다양성을 보여주는 것 외에는 달리 길이 없다. 인간이란 이러한 다양성 속에서만 존재할 수 있고, 보편성을 찾아가는 존재라는 점을 알베르티는 보여주고 있다.

" 인간은
참으로 위대한 기적이라오! "

15세기에 인간의 존엄성을 선언한 피코. 그의 인간 존엄성 선언은 곧 르네상스를 선언하고 현대를 선언한 것이었다. 그는 세계의 모든 종교와 사상의 의의와 보편성을 인정하고 그것을 통합하려고 한 문화다원주의자라는 점에서 진정한 르네상스인이자 현대인이었다.

*

앞에서 설명한 알베르티를 비롯한 시민적 휴머니스트를 엄밀한 의미에서 철학자라고 할 수는 없다. 인간에 대한 르네상스의 철학은 교황 이노센트 3세(1198~1216년 재위)가 《인간의 비참에 대해》에서 인간의 능력과 존엄성을 부정한 것에 대항해 등장했다. 그러한 움직임을 대표하는 인물이 바로 "인간은 참으로 위대한 기적!"이라고 선언한 조반니 피코 델라 미란돌라(1463~1494)였다. 그는 페트라르카보다 160년 뒤에, 쿠자누스보다는 62년 뒤에 태어났다.

피코에 따르면 신은 인간에게 고유한 것을 부여하지는 않았으나 다른 피조물들이 갖고 있는 성질은 모두 부여하여 우주의 중앙에 위치하게 했다. 즉 인간 이외의 피조물은 '한정된 본성'만을 갖고 신에 의해 미리 정해진 법칙에 따라 제한되는 반면에 인간은 어떤 속박도 없이 자신의 '자유의지'에 따라 자신의 본성을 스스로 결정한다는 것이다. 다시 말해 인간의 본성은 '정해지지 않은 것'이며, 그렇기 때문에 인간은 바라는 것을 갖고 되고, 되고 싶은 것으로 될 수 있다는 것이다.

지금의 우리는 이러한 그의 인간선언에 그다지 감동을 받지 않을 수도 있다. 그러나 인간이 아닌 신의 존엄성을 내세우는 교회와 교황이 지배하던 당시의 사회에는 그의 그러한 선언이 엄청난 충격을 던졌다. 부르크하르트는 《이탈리아 르네상스의 문화》에서 피코의 《인간의 존엄성에 관한 연설》을 르네상스의 '가장 고귀한 유산의 하나'라고 했고, 그 책을 편집한 이탈리아의 저명한 르네상스학자인 에우제니오 가린은 그 연설을 '참된 르네상스 선언문'이라고 했다. 피코는 31세에 요절했지만 그 나이에 이미 유럽 전역에서 유명했고, 그의 조카가 쓴 그의 전기와 그의 글이 1510년에 영국의 토머스 모어에 의해 영역됐다. 한국어로는 《인간의 존엄성에 관한 연설》이라는 제목으로 1996년에 번역됐다(《피코 델라 미란돌라》, 성염 저, 철학과현실사, 1996. 이하 이 책의 인용은 쪽수만을 표시함).

피코는 르네상스 휴머니스트 가운데 당대에 가장 유명했던 사람이다. 정식 이름은 조반니 피코 델라 미란돌라이나 보통 피코라고 한다. 31세에 죽은 탓으로 그는 영원한 르네상스 청년이 됐다. 페이터에 의하며 그는 "얼굴 모습이 품위 있게 잘 생기고 키가 훤칠하며, 살결이 부드럽고 표정이 아름다우며 색이 희고 약간 붉은 빛이 돌며, 눈빛은 쥐색이고 발랄하며, 이는 하얗고 고르며, 머리카락은 숱이 풍부하고 당시의 유행 이상으로 정성 들여 손질한 금발이었다."(월터 페이터, 김병익 옮김,《르네상스》, 종로서적, 1988, 27~28쪽)

그러나 그는 20세가 되기도 전에 "이미 지칠 대로 지쳐있었다. 그 스스로가 여인을 사랑하기도 했고, 또 많은 여인들의 사랑을 받기도 했으며, 이른바 '달콤한 쾌락의 꾸불꾸불한 언덕길'을 방황" 했으나 20세 이후에는 여색의 지배에서 벗어나 페트라르카처럼 이탈리아 속어로 써 놓았던 시들을 불에 태웠다(같은 책, 31쪽). 그리고 재산의 대부분을 친구에게 넘겨 자선사업에 쓰도록 했다.

1486년에 24세의 피코는 자비로 로마에서 철학과 신학에 관한 토론회를 열고 그 개회사를 하고 《900개 논제》를 써서 발표했다. 그 개회사가 우리에게 《인간의 존엄성에 관한 연설》로 알려진 것이지만, 이는 후대에 붙여진 제목이고 원래의 제목은 그냥 《연설》이었다(이하 《연설》이라고 함). 사실 그 연설의 내용 가운데 인간의 존엄성에 관한 부분은 전체의 10분의 1 정도에 불과하다.

《연설》은 "인간은 참으로 위대한 기적이라오!"라는 말의 인용으로 시작한 뒤 종래의 인간관을 비판한다. 가령 앞에서 본 피치노의 주장처럼 인간은 모든 피조물의 중개자로서 상위자들과 친숙한 하위자들의 왕이라든가 인간은 감각의 예민함이나 이성의 탐구력이나 예지의 빛에 의해 자연을 해석하는 자라든가 하는 주장들은 중요하기는 하지만 최고의 것은 아니라고 피코는 평한다. 즉 그는 피치노 등의 견해에 대해 이의를 제기했다.

이어 피코는 신의 세계창조를 설명하면서 자신의 견해를 밝힌다. 신은 세계를 창조한 뒤에 인간을 창조하려고 보니 인간에게만 줄 것이 아무것도 남아있지 않아 다른 피조물들에게 부여한 성질을 모두 다 인간에게 부여하고 인간을 세계의 한가운데 위치시켰다는 것이다. 이어 피코는 신이 최초의 인간인 아담에게 다음과 같이 말했다고 한다. “오, 아담이여, 나는 너에게 일정한 자리도, 고유한 면모도, 특정한 임무도 부여하지 않았느니! 어느 자리를 차지하고, 어느 면모를 취하고, 어느 임무를 맡을지는 너의 희망대로, 너의 의사대로 취하고 소유하라!”(134쪽) 피코에 따르면 인간 이외의 피조물은 모두 ‘한정된 본성’만을 가진 채 신이 설정한 법칙의 테두리 안으로 규제되게 됐지만, 인간은 어떤 속박도 없어 자신의 자유의지에 따라 자기의 본성을 결정한다. 즉 신이 인간에게 “온갖 모양의 씨앗과 온갖 종류의 종자를 넣어주어”(135쪽) 인간은 “카멜레온같이” 무엇이나 될 수 있다는 것이다.

플라톤의 부활

앞의 4장에서 본 알베르티를 비롯한 시민적 휴머니스트들은 피렌체가 공화국이던 시기에 그곳을 지배하고 있었던 부유한 상인귀족들이 권력을 장악한 것을 정당화했고, 그 뒤로 공화국이 쇠퇴하면서 새로운 보수주의가 등장하게 되자 시민적 휴머니즘도 쇠퇴하게 된다. 1434년에 권력을 잡은 메디치가가 1494년에 추방되기까지 부유한 옛 가문들 가운데 상당수가 관직에서 배제되거나 추방되거나 죽었다. 가령 브루니는 1444년에 죽었다.

어쨌든 시민적 휴머니즘이 쇠퇴하게 되자 그것이 경멸했던 철학에 대한 관심이 다시 일어났다. 물론 그 철학은 중세적인 아리스토텔레스주의가 아닌 플라톤주의였다. 중세에도 플라톤은 무시되지는 않았으나 플라톤 저술의 라틴어 번역은 그의 저술 가운데 일부에 그쳤다. 플라톤 저술의 원전은 14세기부터 비잔틴에서 이탈리아로 들어왔고, 이탈리아에서 그리스어로 그의 저술에 대한 강의가 시작된 것은 페트라르카의 제자인 콜룻치오 살루타티의 노력에 의해서였다. 그 뒤에 특히 브루니(1370~1444)에 의해 플라톤의 저술이 라틴어로 번역됐다. 앞에서 보았듯이 브루니는 피렌체에서 고위직을 지낸 시민적 휴머니스트였고 살루타티도 마찬가지였다. 이런 점은 플라톤에 대한 그들의 관심이 페트라르카의 경우처럼 인문학적인 것에 그치지 않고 정치사회적인 것이었음을 말해준다.

이탈리아에서 고대 그리스의 철학을 부활시킨 또 하나의 계기는 1438년과 그 이듬해에 열린 동서 기독교회의 합동회의였다. 이 회의를 계기로 비잔틴의 학자들이 플라톤의 저술을 비롯해 고대 그리스의 철학과 관련된 많은 책을 들고 이탈리아로 왔다.

플라톤의 모든 저술이 다 번역된 것은 1484년이었고, 그때부터 본격적인 플라톤의 부활이 시작됐다. 플라톤 저술의 번역자이자 가톨릭 사제인 마르실리오 피치노(1433~1499)는 플라톤 철학과 기독교 신학을 통합하고자 했다. 피치노는 기독교 신학을 형성한 히브리의 지혜가 이집트 등 고대의 신학에 흘러들었고, 그것이 플라톤에 의해 집대성됐다고 보았다. 1462년에 그는 메디치가로부터 저택을 얻어 '플라톤 아카데미'라는 이름을 붙이고 그곳에서 강의와 연구를 했다.

피치노는 휴머니스트라기보다는 철학자였다. 인간 영혼의 불멸성을 부정한 아리스토텔레스보다는 플라톤을 따라 그는 영혼불멸 같은 기독교 교리를 설명했다. 그가 당대의 대학을 지배한 아리스토텔레스 철학에 반대하고 플라톤 철학을 선택한 것은 플라톤이 물질세계를 거부하고 영원한 영적인 것을 찬양했기 때문이다. '플라토닉 러브'라는 말도 그가 지어낸 것이고, 이 말은 그 뒤로 유럽의 모든 시인들에게 영향을 끼쳤다. 그는 시민적 휴머니스트들과 달리 우아한 문체를 추구하지 않았고 사회적, 정치적 참여도 멀리했다.

그렇지만 피치노가 휴머니스트들과 아무런 관계도 없다고 볼 수는 없다. 그의 철학도 휴머니즘과 관련이 있었다. 그에 앞서 지안노초 마네티(1369~1459)는 앞에서 본 교황 이노센트 3세(1198~1216년 재위)의 《인간의 비참에 대해》에 매료되어 인간육체의 조화와 아름다움을 강조했다. 마네티는 《인간의 존엄과 탁월성에 대해》에서 고대 그리스인들처럼 인간의 신체를 우주(마크로코스모스)와 유사하게 형성된 소우주(미크로코스모스)로 보았고, 그런 만큼 인간은 탁월한 능력을 갖고 있다고 찬양했다. 또 니콜라우스 쿠자누스(1401~1464)는 《추측에 대해》에서 인간은 감각, 이성, 지성 등을 자신의 인간성 속에 갖고 있으므로 '인간적인 방식으로' 어떤 것으로도 될 수 있는 소우주, 즉 인간적인 우주라고 했다.

이러한 소우주로서의 인간성론에 더해 피치노는 우주 속에서 인간이 차지하는 지위를 논의하고 그것을 인간성이 탁월하다는 주장의 증거로 제시했다. 그는 우주를 신에서부터 사물까지 연속하는 여러 존재들의 계층구조로 보고 영혼이 그 중간에 있다고 주장했다. 이는 우주가 통일체를 이루는 데 필수적인 그 중간단계를 인간의 영혼으로 본 것이었다. 그리고 인간의 영혼은 상위의 신과 천사적 정신으로 상승하는 동시에 하위의 물질과 물체로 하강하는 것을 통해 우주 내 피조물들을 하나로 결합시킨다고 주장했다. 그 외에 피에트로 폼포나치(1462~1525)도 인간의 영혼이 물질적 존재와 비물질적 존재를 모두 포함한다고 주장했다.

피코는 이러한 소우주론을 주장하는 데 그치지 않고 인간의 자유의지도 강조했다. 피코는 인간이라는 우주의 중간자에게 고정된 위치를 부여한 피치노와 달리 어떤 고정된 위치도 부여하지 않고 자기의 지위를 자유롭게 선택할 수 있는 존재로 인간을 보았다. 피코는 피치노와 유사한 견해를 피력하기도 해서 혼란을 주기도 하지만 그가 인간의 자유의지를 긍정했다는 점은 부정할 수 없다.

보빌스(1478~1553)가 전 우주를 '현실적으로 만물', 인간을 '가능적으로 만물'이라고 보고, 인간은 천사로 상승할 수도 있고 짐승으로 타락할 수도 있다고 한 것도 피코의 사상을 발전시킨 것이었다.

'철학적 평화'를 추구한 '조화의 왕'

피치노는 마술 또는 마법에도 관심을 가졌고 이는 피코에게도 이어졌다. 마술에 대한 관심은 르네상스 시대에는 보편적인 것이었다. 피치노는 특히 영혼의 힘을 증대시키기 위한 고행이나 음악 또는 점성술과 같은 정신적 마법에 관심을 가졌다. 그는 고대 이집트와 이스라엘의 사상에서도 그러한 정신적 마법의 요소를 가져왔다. 그는 영혼이 상하위로 움직일 수 있는 것이 마법의 기초라고 보았고, 그러한 영혼의 운동을 이해하고 실행하는 사람이 바로 마법사나 예술가라고 했다. 특히 예술가는 신에 대한 비전을 갖고, 자신을 창조로 이끄는 영감을 받는 사람이라고 그는 보았다. 이러한 견해는 당시의 예술가들에게 중요한 의미를 부여해주는 것이었고, 이에 따라 상당수의 예술가들이 그를 따랐다.

피코는 피치노의 마술적 철학을 더욱 폭넓게 수용했다. 피치노처럼 성직자가 되기 위해 교회법을 공부한 피코는 그렇게 하도록 권유한 어머니가 죽은 뒤에는 인문학 연구와 철학으로 돌아섰다. 그는 플라톤과 아리스토텔레스를 통합하고자 했고, 히브리의 비교(秘敎)적 전통인 카발라(중세 유대교의 신비사상)를 포함한 '철학적 평화'를 추구했다.

피코는 《인간의 존엄성에 관한 연설》에서 당시에 존재하고 있었던 "갖가지 불화"와 "내란보다 더"한 "심각한 내부적 갈등"이 아닌 평화를 갈구한다면 신학과 더불어 "오로지 철학만이 우리에게서 그것들을 무마시키고 진정시킬 것"이라고 주장한다(147~8쪽). 그러나 여기서 그가 말하는 신학과 철학은 당시의 기독교적인 신학과 철학만을 가리킨 것이 아니라 세상의 모든 다양한 신학과 철학을 통합한 것을 가리킨 것이다. 이와 관련해 그는 "온갖 지혜가 이방인들로부터 그리스인에게로, 그리스인에게서 우리한테로 전수"된 상태라는 점과 로마의 철학자들은 "철학을 하는 방법론에 있어서 외국인이 발견한 것을 늘 참작했고, 다른 사람들의 것을 연마해서 자기의 것으로 삼는 일로 충분하다고 여겼다"(170~171쪽. 일부 수정)는 점을 지적했다.

피코가 《인간의 존엄성에 관한 연설》에 이어 발표하려고 한 《900개 논제》 가운데 앞의 402개 논제 부분은 기존의 여러 인종과 학파(로마인, 아라비아인, 그리스의 소요학파, 플라톤주의자, 카르데아(현재의 프랑스 북부)인, 이집트인, 히브리인)의 견해를 요약한 것이고, 뒤의 498개 논제 부분은 자신의 견해를 밝힌 것이다. 피코는 기존의 학파 중에서 특히 플라톤주의자들을 찬양했고, 자신은 플라톤주의자들과 아리스토텔레스주의자들을 비롯한 여러 학파를 통합하고자 한다고 했다. 이처럼 피코는 생전에 모든 사상을 통합하려고 했다는 점에서 '철학적 평화'를 추구한 '조화의 왕'이라고 불렸다. 이런 점에서 우리는 피코를 문화다원주의의 선구자로 볼 수 있다. 특히 피코는 카발라를 예찬했다는 점에서 종교적 관용의 선구자로도 평가된다.

그러나 교황청은 《900개 논제》 가운데 7개의 논제를 단죄하고 6개 논제를 삭제하라고 결정했다. 피코는 이에 대응해 《변명》을 썼다. 그러자 교황청은 《900개 논제》 모두를 단죄하고 토론회를 취소했다. 신변의 위험을 느낀 피코는 프랑스로

도피했으나 체포돼 유폐됐다. 그 뒤에 그는 프랑스 왕의 호의로 석방돼 피렌체로 돌아왔고 교황청으로부터도 면죄를 받았으나 얼마 지나지 않아 죽었다. 31세의 요절이었다.

피코는 우리가 앞의 1장에서 본 페트라르카나 4장에서 본 알베르티처럼 은둔적인 학자였지 시민적 휴머니스트처럼 현실정치에 참여하지는 않았다. 물론 그가 요절하지 않고 더 오래 살았더라면 어떻게 됐을지는 모르겠다. 어쨌든 그는 실용주의적 학문관이나 학문으로 돈을 버는 것에 대해서도 분노했다.

피치노와 피코의 플라톤주의는 철학적이고 예술적이어서 소수 엘리트에게는 지지를 받았지만 일반 중산층에게는 무의미했다. 그와 같은 반사회적인 고상하고 우아한 플라톤주의는 카스틸리오네의 《궁정인》에서 절정에 달했다. 당시의 플라톤 철학은 시민들을 공화주의에서 멀어지게 하는 반동적인 것이었다.

피코의 영향

1491년에 이탈리아에서 피코를 만난 프랑스인 자크 르페브르 데타플(1450~1536)은 《아리스토텔레스 형이상학 입문》(1494)에서 그리스 철학과 기독교를 통합하고자 했고, 이를 위해 성서연구에 인문주의적 방법을 적용했다. 이는 에라스무스(1469~1536)가 1504년에 낸 《기독교 병사 제요(提要)》에서 교회의 교리나 의례보다 신약성서, 특히 바울의 편지를 중시한 것과 같은 맥락이었다. 에라스무스는 《기독교 병사 제요》에 이어 1511년에 《바보 예찬》, 1516년에 《교정 신약성서》를 냈다. 데타플과 에라스무스의 복음주의는 교회의 권위에 대한 도전으로 여겨져 에라스무스는 죽은 지 23년 뒤에 교회에 의해 제1급 이단자로 몰리고 그의 모든 저술은 금서로 지정됐다. 그리고 교회의 이러한 탄압은 라블레(1494~1553)를 비롯한 다른 많은 사람들에게도 미쳤다.

피코가 의지한 르네상스 초기의 우주론은 니콜라우스 코페르니쿠스(1473~ 1543)의 《천구회전론》(1543)에 의해 도전을 받았고, 그 뒤로 기계론적 자연관이 힘을 얻기 시작했다. 영국에서 대법원장을 지낸 프랜시스 베이컨(1561~1626)은 피타고라스에서부터 플라톤, 아리스토텔레스까지의 고대 철학은 제멋대로 만들어진 우화이며, 그런 고대 철학에 근거한 르네상스 철학 역시 신기한 우화에 불과하다고 비판했다. 그러나 실험에 근거를 두는 자연과학이 시작된 것은 1638년에 갈릴레오가 《신과학논의》를 쓴 뒤였다.

피코의 인간관은 몽테뉴(1533~1592)에 의해 근본적인 비판을 받았다. 피코는 '로디의 평화'(1454년에 북이탈리아의 로디에서 이탈리아의 여러 도시국가들이 강화조약을 체결함으로써 실현된 평화체제) 속에서 피렌체에 군림한 메디치가의 비호를 받으며 인간의 존엄성을 옹호한 사람인 데 비해 몽테뉴는 그로부터 1세기 뒤인 1562년에 시작된 종교전쟁 속에서 신교와 구교를 조정하고자 한 사람이다. 이처럼 두 사람의 상반되는 시대배경이 그들의 상이한 인간관으로 귀결됐다고 볼 수도 있다. 베이컨의 회의주의는 몽테뉴의 영향을 받은 것이었고, 그것은 다시 데카르트(1596~1650)의 방법론적 회의주의와 기계론적 자연관으로 나아갔다. 데카르트는 감각 등 모든 것을 허위라고 보고 배제하는 순간에도 그렇게 생각하는 나는 필연적인 무엇이어야만 한다는 점에서 "나는 생각한다, 고로 존재한다"는 것이 진리라고 주장했다.

그러나 데카르트의 《방법서설》(1637)이 발표된 지 약 70년 뒤에 이탈리아의 비코(1668~1744)는 《우리 시대의 학문방법에 대하여》(1709)에서 데카르트를 비판했다. 비코는 지식이란 만들어진 것이라는 관점에서 데카르트의 "나는 생각한다, 고로 존재한다"는 명제는 단지 의식의 사실을 말한 것에 불과하지 그 자체가

잠바티스타 비코의 초상

지식은 아니라고 비판했다. 진리보다는 '참된 것으로 보이는 것'에 관한 수사학을 중시한 비코는 피코를 포함한 르네상스 휴머니즘의 비판정신을 계승하면서 현대학문의 근거가 된 '방법'을 공격한 것이었다.

르네상스의 인간관

지금까지 우리는 페트라르카, 쿠자누스, 알베르티, 피코를 통해 이탈리아 르네상스 사상을 정리해볼 수 있었다. 흔히 중세는 인간의 비참만을 강조하고 인간세상을 멸시한 시대라고들 한다. 그러나 중세에도 인간은 신이 창조한 것이므로 최종적으로는 신에 의해 구원을 받는 고귀한 존재라는 관점이 있었다. 그럼에도 불구하고 중세에 인간의 비참이 강조된 것은 인간이 죄를 짓지 못하게 하기 위한 것이었고, 세속을 멸시해야 그렇게 하는 것이 가능하다고 여겨졌기 때문이다. 그러나

그러한 의도가 단순히 인간관에 반영되는 데 그치지 않고 정치경제적인 계급지배
를 정당화하는 데까지 이르렀다는 점에 문제가 있었다.

중세의 인간관은 중세에 숭배된 성서 속 인물, 기독교 성인, 세속적 영웅을
통해 알 수 있다. 세속적 영웅 중에서는 특히 그리스도의 신성을 수호한다는 이유
로 이슬람과 싸운 십자군이 가장 중요했다. 십자군을 중시하는 것은 유럽문학의
출발이라고 하는 중세의 《롤랑의 노래》,《아이반호》,《원탁의 기사》에서부터 최근
미국의 대통령 부시가 새로운 십자군전쟁이라고 부른 아랍국가 침략에 이르기까
지 서구의 중요한 전통이다. 그리고 이 전통은 아랍인에 대한 적대뿐만 아니라 유
대인에 대한 탄압과도 연결됐고, 심지어는 같은 기독교인을 이단으로 몰아 잔인
하게 탄압하는 야만적 행동으로도 이어졌다. 중세 후기에 이르면 단순한 용맹 외
에 기사도 정신이 세속적 영웅의 특징으로 보태어졌지만, 그렇더라도 이교도나
이단에 대한 잔인한 탄압이 정당화되기는 마찬가지였다.

중세에는 경건하고 가난한 생활을 하는 수도사도 숭배의 대상이었다. 그러
므로 적어도 이론상으로는 중세에 물질적 성공은 훌륭한 인간의 조건이 아니었
다. 그러나 중세의 말기에 이르면 경제, 정치, 사회 전반이 확대됨에 따라 세속주
의가 대두했고, 그 세속주의는 금욕, 은둔, 명상, 청빈, 겸손, 허무 등을 강조하던
중세의 인간관과 대립됐다. 그러나 르네상스인들은 돈독한 신앙심을 갖고 있었으
므로 그러한 세속주의와 신앙심을 조화시키고자 했다는 점에 우리는 유의해야 한
다. 그러한 노력의 핵심이 바로 '인간의 존엄성'이라는 관념이었다.

페트라르카는 인간의 존엄성을 다음 두 가지로 설명했다. 먼저 신앙적으로 보
면 인간은 신의 모습으로 창조된 존재이고 타락한 뒤에는 그리스도의 죽음에 의해
다시 원래의 모습을 회복하며, 따라서 인간은 신을 향한 상승의 자유와 능력을 갖
고 있으므로 바로 그러한 능력 속에 인간의 존엄성이 존재한다. 다음으로 역사적

으로 보면 인간은 자연계에서 가장 탁월한 존재로서 고도의 문화를 창조하는 능력을 갖고 있으며, 따라서 인간의 존엄성은 인간의 행위와 창조활동 속에 존재한다.

그러나 그러한 인간관에서 비롯된 휴머니즘은 추상적인 관념이 아니라 구체적인 방법이었다는 데 우리는 주의할 필요가 있다. 학문에서는 휴머니즘이 역사적, 문헌학적인 연구로 나타났다. 이에 따라 중세에 주해를 통해 이루어졌던 고전 연구가 원전에 대한 비판적인 연구로 바뀌어갔다. 그러나 중세의 학문이 모두 다 그렇게 바뀐 것은 아니었다. 르네상스 당시에 대학에서 가르쳐진 법학, 의학, 신학, 철학은 중세적인 것으로 유지됐다.

휴머니즘을 실천한 휴머니스트들은 정치적 연설이나 법정의 변론을 전문으로 하는 직업적 웅변가들이었다. 그러나 그들은 본질적으로 중세의 수사학적 전통을 이었고, 중세의 학문에 대한 그들의 공격도 직업적 선전활동에 불과했다. 이런 점은 중세의 이탈리아에서 학문이 크게 발달하지 못한 것과 관련이 있다. 위에서 말한 고전과 철학 연구는 중세 프랑스의 학문적 전통에 의해 자극을 받은 것이었다.

르네상스 시대의 이탈리아에는 이를테면 이제마의 사상의학과 같은 것도 존재했다. 즉 당시에는 인간이 담즙질, 다혈질, 점액질, 우울질로 분류됐고, 이런 인간분류법은 의학은 물론이고 예술과도 연결됐다. 예를 들어 위대한 인물은 대체로 우울질이라는 관념이 있었고, 이런 관념이 예술가에 대한 근대적 신화의 기원이 됐다. 바사리의 미술가론에서도 창조적 인간을 우울질로 분류하는 사고방식을 볼 수 있다.

당시에 지금 우리가 개인주의라고 부르는 것이 존재했는가에 대해서는 의문이 있다. 부르크하르트 이래 흔히들 르네상스를 개인주의의 시대라고 한다. 즉 당시에는 중세 때처럼 인간을 어떤 범주로 인식한 것이 아니라 정신적인 개인으

로 인식했다는 것이다. 그러나 그러한 개인주의는 당시의 모든 사람이 다 정신적
인 개인이었다는 주장이 아니다. 그것은 페트라르카를 비롯한 몇몇 르네상스인
들이 주장한 것이었고, 주로 상류계층을 중심으로 보급된 관념이라는 데 주의해
야 한다.

부르크하르트는 명성에 대한 욕망과 그것을 달성하는 수단의 활용 등을 '개
인의 발전'으로 이해했다. 그러나 그러한 개인중시에 대해 부르크하르트 자신도
만년에 의문을 가졌고, 많은 비판이 쏟아졌다. 사실 르네상스 시대에 사람들은 가
계와 길드에 대한 소속감을 강하게 갖고 있었다. 그러나 그렇다고 하여 개인의 발
전이 있었다는 점을 무시해서는 안 된다. 개인은 누구나 공동체에 속하기 마련이
다. 문제는 그러한 공동체에 속하면서도 그것에 매이지 않고 개인을 주장하는 흐
름이 얼마나 강한가 하는 점이다.

르네상스의 개성 강조

르네상스 문화에서 개성이 강조된 것은 분명한 사실이다. 예컨대 페트라르카는
"나는 내가 아는 어느 누구하고도 다르다"를 자신의 모토로 삼았다. 당시의 사람
들은 미켈란젤로를 '둘도 없는 사람'이라고 불렀다. 또한 당시에 자기주장 내지
명성에 대한 갈구가 있었던 것도 사실이다. 물론 호이징가가 그러한 것이 르네상
스에서 비롯됐다고 본 부르크하르트를 반박하면서 그러한 것은 중세 기사의 명예
욕과 같은 것이라고 주장했듯이 그것이 르네상스 시대에 특별한 것은 아니었다.

그러나 르네상스 당시의 문헌에서 경쟁, 대항, 영광, 갈망, 명예, 굴욕, 가치,
역량, 재능 등의 말이 빈번하게 사용되고 있는 데서 알 수 있듯이 당시의 사람들은
단순한 명예욕이 아니라 성공에 대한 욕구를 강하게 갖고 있었다. 이런 점은 경쟁

상대를 굴복시키는 것이 당시 소설의 중요한 주제였고, 미술가들 사이의 경쟁이 콩쿠르로 제도화됐으며, 미술가 사회에서 신랄한 비판이 오고간 데서도 확인된다. 다 빈치는 화가들을 경쟁시키기 위해 집단으로 그림을 그릴 것을 권유했다. 개인의 자기주장은 특히 피렌체를 비롯한 토스카나 지역에 사는 사람들의 특성이기도 했다.

자기의식의 표현이 강화된 것은 당시에 일기와 자서전이 널리 씌어진 점에서도 알 수 있다. 피렌체만 해도 지금까지 약 100여 점의 일기와 상당수의 자서전이 남아있다. 플랑드르 미술에서는 14세기부터 자화상이 그려지기 시작했다. 이탈리아의 자화상은 그림의 구석에 화가 자신을 그리는 형식을 취하기도 했다. 예를 들어 라파엘로는 〈아테네 학당〉에 자신의 모습을 그려 넣었다. 그러나 16세기에 이르면 티치아노처럼 화가가 자신만을 그린 자화상이 등장한다. 이와 같은 흐름으로 인해 당시에는 자신을 볼 수 있게 해주는 거울이 중요하게 여겨졌다. 또한 당시에 매너 등 예법과 대화술 등에 관한 책이 많이 씌어진 것도 일상생활에서 자신을 우아하게 표현하고자 하는 욕구를 충족시키기 위한 것이었다. 우아함은 당시의 미술에서도 가장 중시된 미의 개념이었다.

당시에 강화된 '인간에 대한 신뢰'는 화가나 군주와 같은 현실의 인간을 '신적'인 모습이나 '영웅적'인 모습으로 표현한 데서도 엿볼 수 있다. 메디치가의 사람들은 흔히 영웅으로 불렸고, 미켈란젤로는 신과 같은 인물로 묘사되기도 했다. 뒤러는 자신의 초상을 예수의 모습으로 그렸다. 그러나 이런 사실들은 특정한 인물을 신성하게 본 것이지 모든 인간의 생래적 존엄성을 인정하는 현대적인 관점을 반영하는 것이 아니었다. 인간의 신성함에 대한 믿음은 미술에서 인체묘사로도 나타났다. 균형을 갖춘 인체가 묘사됐고, 그로부터 균형적인 건축관이 파생됐다.

르네상스의 이성 강조

르네상스 인간관의 또 다른 모습은 이성의 강조였다. 여기서 우리는 이성이라고 하는 추상적인 개념이 당시에는 매우 구체적으로 이해됐다는 점에 주의할 필요가 있다. 당시의 이성관을 보면 다음과 같다. 첫째, 이성이란 개념에는 '말한다'라는 뜻도 포함됐다. 당시에는 말하는 능력, 특히 웅변의 능력이야말로 동물에 대한 인간의 우월성을 보여주는 것이며 이성의 표현이라고 여겨졌다. 둘째, 이성은 '계산'이라는 뜻도 내포했다. 그래서 상인들은 회계장부를 '이성의 책'이라고 불렀다. 셋째, 이성은 '재판'을 뜻하기도 했다. 그래서 법정은 '이성의 집'으로 불렸다. 재판이란 개념에는 계측이라는 뜻이 포함돼있었는데 이는 저울이 사법을 상징한 것과 같은 맥락이다. 넷째, 이성은 비례나 비율을 뜻하기도 했다. 그래서 물체의 원근에 따라 그 크기를 이성적으로 달리 그리는 수법, 즉 원근법이 중시됐다.

르네상스의 도시생활에서는 특히 계산이 중요했다. 당시에 계산술이 널리 알려졌고, 그것이 모든 도시에 세워진 '계산학교'에서 가르쳐졌다. 또한 수출입, 인구, 물가를 비롯한 생활의 모든 통계가 기록됐고, 복식부기가 널리 보급됐다. 1427년에는 토스카나에 사는 주민 25만 명에 대한 가계재산 조사가 실시되고 그 결과가 기록되기도 했다. 그러한 사회에서 시간은 합리적인 계산의 대상이었고, 낭비해서는 안 되는 것이었다.

이성, 검약, 계산 등과 함께 신중, 예견이라는 개념도 널리 사용됐다. 합리라는 말은 유용이나 효용과 같은 뜻이었고, 공리주의적인 사고가 일반화됐다. 모든 행위는 고통과 쾌락의 계산 위에 성립한다고 주장됐다. 유용성에 대한 강조는 알베르티의 《가족론》에서부터 마키아벨리의 《군주론》에 이르기까지 거듭됐다.

마키아벨리는 《군주론》 가운데 '신하의 유용성'을 설명하는 부분에서 관대,

동정, 냉혹을 '현명하게 나누어 사용할' 필요가 있다고 강조했다. 이러한 사고는 사형의 폐지를 주장하는 것으로 이어졌다. 왜냐하면 범죄자라고 해도 그를 죽이는 대신에 엄격한 노동형을 부과하는 것이 사회에 유용하다는 이유에서였다. 이러한 사고는 또한 자신의 욕망을 억제하는 것으로 나아갔다. 따라서 르네상스가 욕망의 분출을 허용한 사회였다고 보는 것은 잘못이다. 노르베르트 엘리아스가 《문명화의 과정》에서 자기억제가 문명이라고 한 관점에서 보면 르네상스인이야 말로 가장 문명화된 사람들이었다.

르네상스의 우주관

중세의 전통적인 우주관은 지구가 우주의 중심이고, 그 주위로 7개의 천국이 있으며, 각 천국의 한가운데를 달, 화성, 수성, 목성, 금성, 토성, 태양이 각각 움직인다는 것이었다. 그리고 그것들을 움직이게 하는 힘은 하느님의 사랑이라고 생각됐다. 지동설은 오랫동안 인정받지 못했다.

그러나 르네상스의 우주관은 시간과 공간을 측정할 수 있다는 새로운 관념에 의해 서서히 변했다. 14세기 말부터 기계시계가 사용되기 시작했고, 15세기 중엽부터는 시청사, 성, 광장 등에 시계가 설치됐으며, 15세기 말에는 휴대시계가 등장했다. 이런 변화는 공간을 원근법으로 다루는 회화의 혁명과 함께 일어났다. 기계시계가 르네상스 시대에야 비로소 사용되기 시작했다는 점에서는 우리가 그들보다 선배다.

새로운 우주관은 점성술로 발전하기도 했다. 그래서 미켈란젤로의 〈다비드〉와 같은 조각상을 설치하는 장소가 점성술에 의해 결정되곤 했다. 점성술은 중세의 교회는 물론이고 르네상스 시대의 교회에 의해서도 용인됐다. 별을 움직이는 것은 신이라는 믿음 때문이었다. 그 결과로 점성술사가 로마에 불려가 신부직을 맡기도 했다.

르네상스 시대의 이탈리아는 가톨릭의 지배를 받는 사회였음을 여기서 다시 강조해야겠다. 왜냐하면 그렇지 않다고 보는 통념이 아직도 강하기 때문이다. 르네상스 시대의 사회생활에서 가톨릭은 중세 때와 마찬가지로 중요했다. 재해가 생기면 신의 분노로 해석됐고, 유행병이 돌면 신의 징벌로 여겨졌다. 신이 인간을 구제한다는 믿음과 신이 우주의 창조자라는 믿음이 공존했다.

르네상스 시대에는 연금술, 마술, 주술도 존재했다. 연금술은 점성술과 연결되어 금은 태양, 은은 달, 수은은 수성, 철은 화성, 납은 토성, 주석은 목성, 구리는 금성 하는 식으로 금속이 행성 등 천체와 연결됐다. 연금술은 의학과도 연결돼 연금술사가 구하는 '현자의 돌'은 병을 치료하는 만능약이라고 믿어졌다. 연금술은 당시에 별로 의미가 없었다고 부르크하르트는 주장했으나 사실은 그렇지 않았다. 예를 들어 1488년에 베네치아에서 연금술 금지령이 내려진 것을 보면 당시에 연금술이 얼마나 성행했는지를 알 수 있다. 당시에 씌어진 연금술 책 가운데 지금까지 전해지는 것도 많은데 그중 하나는 당시에 교황으로부터 포상을 받기도 했다.

마술은 연금술보다 더 일반적이었다. 당시의 가톨릭은 사실상 가장 강력한 마술사 집단이었다. 왜냐하면 그것은 의식이나 그림 또는 기도에 의해 질병을 치료할 수 있다고 믿었기 때문이다. 물론 성직자 중에는 사보나롤라(1452~1498)처럼 마술을 믿지 않은 경우도 있었다. 당시의 문학서는 마술을 부리는 기사나 요술사 이야기로 가득했고, 독자들은 마술의 힘을 믿었다.

주술은 빈민의 마술로 널리 퍼졌다. 그래서 악마와의 계약으로 여겨져 곧잘 재판의 대상이 됐다. 그러나 마술과 마찬가지로 주술도 종교와의 구별이 모호했다. 고문도구를 갖고 있는 성직자가 주술이라고 하면 주술이고, 독실한 신앙이라고 하면 신앙이었다. 르네상스는 아직 신의 그림자 속에 있는 사회였다.

르네상스의 세계관과 역사관

르네상스 시대의 세계관을 가장 잘 보여주는 것이 다 빈치의 동물적 지구관이다. 그는 지구가 영혼을 갖고 있다고 믿었다. 그리고 대지는 그 육체, 산악은 그 골격, 물은 그 혈액, 바다의 밀물과 썰물은 그 호흡과 박동이라고 했다.

이러한 의인화는 우주와 지구에만 적용된 것이 아니라 정치나 건축에도 적용됐다. 뒤에서 다시 보겠지만 정치체계나 건축도 신체와 '같은' 것으로 여겨졌다. 여기서 '같은'이라는 표현은 단지 비유를 위한 것만이 아니었다. 예를 들어 건물은 동물과 같은 것이므로 항상 돌볼 필요가 있고, 그렇게 하지 않으면 병들어 죽는다고 생각됐다. 따라서 건축가는 인간의 신체와 해부학을 잘 알아야 한다고 믿어졌다. 우리는 이러한 사고방식을 '유기적 사고'라고 부를 수 있다.

이러한 사고방식은 세계를 중립적 객관적인 것으로 보는 근대과학과 달리 세계에 존재하는 무엇에나 가치를 부여하는 것이었다. 예를 들어 따뜻함은 그 자체가 활동적이고 생산적이므로 차가움보다 좋은 것으로 여겨졌다. 또한 변화가 없는 천국은 변화무쌍한 지상의 세계보다, 휴식은 운동보다, 나무는 돌보다 좋은 것으로 믿어졌다.

르네상스 시대의 사람들은 지구가 네 개의 원소, 즉 땅, 물, 공기, 불로 구성돼있고, 지상에는 네 개의 존재, 즉 인간, 동물, 식물, 광물이 있다고 믿었다. 여기서 중요한 점은 유기적 사고에 근거한 계층화다. 영혼이 없는 광물이 최하위이고, 그 다음은 아리스토텔레스가 각각 식물적 영혼, 감각적 영혼, 지적 영혼이 있다는 것이었다. 즉 식물, 동물, 인간의 순서로 계층화가 성립됐다. 그리고 그 각각에 속하는 것들 사이에도 순위가 매겨졌다. 예를 들어 광물 중에서는 보석, 동물 중에서는 사자가 최고라는 식이었다.

이러한 계층화는 사회에도 적용됐다. 즉 귀족은 보석, 시민은 준보석, 평민은 돌이라는 식이었다. 예술에서도 계층화가 나타났다. 즉 서사시와 역사화가 최고이고, 희극과 풍경화는 최하였다.

더욱 황당한 것은 당시에 많은 사람들이 요정이나 정령이 존재한다고 믿었다는 점이다. 예를 들어 보티첼리의 〈봄〉에 그려진 초자연적인 인물들은 화가의 상상력에 의한 것만이 아니라 당시의 사람들이 실제로 존재한다고 믿은 것들이었다. 또한 운명은 바람과 여신으로 상징됐다. 그래서 '바다의 운명'이라는 말은 제

보티첼리의 〈봄〉

어할 수 없는 변화인 폭풍우를 뜻했고, 돛은 그러한 상황을 극복하는 인간의 힘을 상징하는 것으로 여겨져 유력한 가문의 문장(紋章)에 사용되기도 했다. 운명의 여신은 앞머리를 흩날리는 모습으로 그려지곤 했다.

르네상스에서는 세계의 모든 부분이 서로 연결된다고 믿어졌다. 그러나 그것은 근대적인 사고에서 말하는 우연에 의한 것이 아니라 서로 상응하는 관계의 것으로 믿어졌다. 그 기본은 대우주인 우주 전체와 소우주인 인간의 상응관계로서 이는 점성술에 근거한 의학으로 나타났다. 즉 오른쪽 눈은 태양, 왼쪽 눈은 달이라는 식이었다. 이러한 상응관계는 7개의 혹성, 7개의 금속, 7개의 요일과 같이 숫자를 통한 상응관계로도 이어졌다.

우리가 르네상스의 미술이나 저술을 대할 때 유의해야 할 점은 거기에 나타나는 이미지나 상징은 모두 우주의 언어에 의한 표현이자 창조자인 신의 표현이라는 것이다. 당시에는 역사에 등장하는 인물이나 사건도 서로 상응관계에 있는 것으로 이해됐다. 따라서 진보가 아니라 주기적인 반복이 역사라고 믿어졌다. 르네상스라는 개념 자체가 반복을 전제한 것이고, '부활'이라는 개념 자체가 유기체적인 용어다.

이러한 유기적 관념은 17세기의 자연철학자들, 즉 데카르트, 갈릴레오, 뉴턴 등에 의한 기계적 관념으로부터 도전을 받게 되지만, 그러한 기계적 관념 자체가 이미 르네상스에도 존재했다는 점에 주목할 필요가 있다. 그 실례로 새를 수학의 법칙에 따라 움직이는 기계로 보고 그것을 본떠 비행기를 처음 만든 다 빈치를 들 수 있다.

종래 르네상스라고 하면 발견과 발명의 시대이자 진보의 관념이 우세해진 시대로서 과학적 사고의 융성과 결합되면서 무한한 진보라는 근대사회의 기본원리를 형성한 시대로 여겨졌다. 그러나 미셸 푸코가 《말과 사물》 등의 저서에서 지적했듯이 무한한 진보로서의 근대는 18세기 말~19세기 초의 공업화에 의해 시작됐다고 보는 것이 옳다. 그 전인 17~18세기의 고전주의 시대에는 균형적 세계관이 지배했고, 자기증식이라는 산업자본의 논리는 관철되지 못했으며, 무한한 진보라는 관념도 없었다.

르네상스 시대에는 '혁신'이 환영되기는커녕 도리어 나쁜 것으로 평가됐다. 당시에 예술은 과거, 즉 고대에의 회귀라는 점에서 인정됐고, 지금 우리가 중세라고 부르는 르네상스 전기는 '근대적' 또는 '현대적'이라는 이유에서 거부됐다. 이는 마치 조선의 실학자들이 요순을 미화하고 당대 문화를 부정한 것과 유사했다. 우리가 지금 르네상스나 실학을 '근대적'인 것으로 보지만, 어쩌면 실제로는 당시에 시대착오적인 고대취미만 유행한 것이었는지도 모른다.

당시에 새로운 것은 바람직하지 않고 변혁은 피렌체의 평판을 떨어뜨린다고 간주됐다. 사회적으로는 물론이고 예술적으로도 바람직한 것은 과거로의 회귀였다. 르네상스인이 비난한 고딕은 그것이 너무나도 '현대적'이었기 때문이다.

르네상스가 고대 문화의 부활이라는 요소를 갖는다는 점은 널리 알려져 있다. 예를 들어 젊은 미켈란젤로는 고대 로마의 고전적 양식으로 작품을 제작했다. 그러나 고전에 대한 연구가 깊어지면서 모방은 점차 어렵게 됐고, 바람직하지 않은 것으로 간주됐다. 당시 이탈리아는 고대 로마와 전혀 상이한 사회임에도 불구하고 로마를 모방한다는 것은 비상식적인 것으로 인식된 것이다.

"내가 만족할 때 끝난다!"

인간과 예술을 삶의 제왕으로 삼아 권력비판에 앞장서고 자유를 추구한 미켈란젤로. 예순이 넘은 나이에 비로소 신에 귀의하기까지 그에게 무슨 일이 있었나. 그는 파격과 모순, 불균형의 균형으로 예술의 한 정점을 이루었다.

장승업이 왕에게 불려갔으나 몇 번이나 궁궐에서 도망쳤다는 이야기는 유명하다. 그 이야기를 중심으로 미켈란젤로(미켈란젤로 디 로도비코 부오나로티 시모니, 1475~1564)처럼 멋진 반권력 예술가 상을 그려볼 수 있겠다고 생각한 적이 있다. 그러나 미켈란젤로에 관한 어빙 스톤의 소설을 원작으로 해서 같은 제목으로 만들어진 영화 〈고뇌와 황홀〉은 〈취화선〉과 전혀 달랐다. 〈고뇌와 황홀〉은 미켈란젤로가 〈천지창조〉를 그린 4년 동안에 그와 교황 사이에 벌어진 대결을 다루고 있다. 영화 〈클레오파트라〉에서 카이사르로 나왔던 렉스 해리슨이 교황, 〈벤허〉의 주인공이었던 찰턴 헤스턴이 미켈란젤로로 나온다. 둘 다 '강한' 남자다.

당시의 교황은 카이사르처럼 전쟁을 지휘하는 대장군이었으므로 지금 우리가 보는 교황과는 매우 달랐다. 그는 미켈란젤로에게 버릇처럼 명령하듯 묻는다. "언제 끝나느냐?" 화가는 언제나 "내가 만족할 때 끝난다!"라고만 대답한다. 그런 이야기가 우리에게는 불가능한 걸까? 장승업의 행적도 "꼴려야 그리지"라고 한 것이나 다름없지 않을까? 그가 왕에게 그렇게 대답했다는 식의 이야기를 꾸며볼 수 있지 않을까? 실제로 그가 그랬다면 죽음을 면치 못했을까? 화가를 아끼는 왕이어서 천민인 그를 부른 것인데 그런 왕이 설마 그를 죽이기야 했을까?

〈고뇌와 황홀〉이 남자만 나오는 영화는 아니다. 과로로 쓰러진 화가를 극진히 간병하는 여인이 나온다. 르네상스 시대의 최대 권력자인 로렌초 데 메디치의 딸 티치나. 당시에 유부녀였던 그녀가 미켈란젤로의 애인이었다는 증거는 없으니 픽션인 셈이다. 둘은 미켈란젤로가 어린 시절에 공부한 메디치가의 조각학교에서 만나 사랑에 빠지지만 병약한 티치나가 명문가로 시집을 가고, 그래서 미켈란젤로가 귀족에 대한 증오심을 품게 된다고 설정돼있다. 〈취화선〉에도 그런 여인이

장승업의 첫사랑으로 나오나 그녀와의 실연이 양반에 대한 장승업의 증오심으로
연결되지는 않는다.

〈취화선〉도 괜한 기생들 이야기나 하기보다 그런 사랑 이야기로 꾸밀 수는
없었을까? 아니, 기생 이야기를 할라치면 차라리 영화에 자주 등장하는 춘화를 장
승업이 그들과의 사랑을 통해 완성한 작품이었다고 하면 어땠을까? 낮에는 돈벌
이를 위해 완벽한 형식미를 갖춘 중국화를 그리고, 밤에는 기생과의 정사를 소재
로 삼아 춘화를 그렸다고 했다면 춘화에 대한 새로운 해석도 가능하지 않았을까?
그러나 영화에서는 춘화가 철저히 매도되고 있다.

영화잡지들은 〈취화선〉에 대해 크게 떠들어댔고, 특히 장승업 역을 맡은 영
화배우 최민식의 연기를 칭찬했다. 그러나 그 영화를 본 나의 기억에 남아있는 최
민식의 모습은 화가보다는 조폭 같다. 물론 키가 크고 근육질인 미남배우 헤스턴
이 키가 평균 이하이고 비뚤어진 입과 코를 갖고 있었던 추남 미켈란젤로를 연기
한 것 역시 한마디로 코미디였다.

〈고뇌와 황홀〉에서 미켈란젤로는 몇몇 여자들과 사랑 혹은 불륜에 빠지고,
심지어 창녀와의 관계로 성병에 걸리는 것으로 묘사돼있다. 그러나 최근에는 그
가 동성애자였다는 견해가 힘을 얻고 있다. 미켈란젤로와 관계가 있었다고 볼 근
거가 남아있는 유일한 여성은 그가 60세 때부터 10년간 친구로 지낸 비토리아 콜
로나 뿐이다.

그러나 독일에서 나온 로로로판(독일 로볼트 출판사의 포켓판 문고) 평전 등
을 보면 그가 동성애자였다는 주장이 근거 없는 비방으로 부정된다. 그런데 그 근
거로 제시되는 것이 쾌락을 형상화한 〈레다〉와 조각 〈밤〉과 〈낮〉, 그리고 사랑을
노래한 소네트 한 편뿐이라는 점은 문제다. 솔직히 그가 동성애자였다면 또 어떤
가? 로버트 알트만 감독이 만든 영화에서 반 고흐로 분한 팀 로스가 그와 비슷한

얼굴과 체구의 미켈란젤로 역을 맡았다면 확실한 동성애자로 그려져도 그럴듯했을 것 같다.

속물, 그러나 위대한

우리는 르네상스 정신의 하나인 개별성을 보여준 가장 선구적인 화가로 앞의 3장에서 반 에이크를 살펴보았다. 1부에서 그와 함께 미켈란젤로를 다루는 것에 대해 이상하게 생각할 사람이 많을 듯하다. 두 사람은 어울리지 않을 뿐 아니라 앞의 3장에서 말했듯이 미켈란젤로는 반 에이크를 포함한 플랑드르 화가들의 그림을 싫어했다. 사실주의적인 플랑드르 회화와 관념주의적인 이탈리아 회화의 차이는 분명하다. 이런 맥락에서 여기서 관념주의적 회화를 대표하는 미켈란젤로와 그의 작품을 살펴보기로 한다. 다만 사실주의는 진보적이고 관념주의는 보수주의라는 통념은 경계하자. 반 에이크는 적어도 당대에는 정치적으로 보수주의자였고, 미켈란젤로와 다 빈치는 진보주의자였다.

미켈란젤로의 진보성은 인간의 벗은 몸을 그만큼 아름답게 창조한 르네상스인은 없다는 점에서부터 찾아야 할 것 같다. 그는 특히 남성의 벗은 몸을 아름답게 창조했다. 그래서 미켈란젤로를 동성애자로 보는 견해가 끊이지 않고 있다. 뒤에서 보듯이 다 빈치도 그렇다. 그러나 이 점은 그리 중요한 것이 아니다.

르네상스인은 신이 자신과 꼭 닮은 모습으로 인간을 만들었다고 믿었음을 미켈란젤로는 보여준다. 그렇기에 미켈란젤로가 창조한 인간육체의 아름다움은 신성한 것이었다. 그러나 종교적 편견에 의해 성기 부분은 가려졌다. 그 뒤 500년이 지난 1994년의 복구 때에야 미켈란젤로의 그림에 덧칠된 '쓰레기'가 사라졌다. 그래서 다시 드러난 인간육체의 아름다움이란! 그리고 그 사이를 지배한 5세기의 어둠이란! 그러나 여전히 예수와 마리아는 옷을 벗지 못하고 있다. 5세기가 지났어도! "예수와 마리아도 인간이기는 마찬가지인데." 하늘에서 미켈란젤로가 이렇게 말하는 듯하다.

최근에는 다 빈치도 꽤 소개되고 있으나 내가 아는 한 지난 30여 년 동안 우리에게 가장 널리 소개된 르네상스인은 미켈란젤로다. 나도 어린 시절부터 그의 전기를 읽었고, 나이가 들어서는 로맹 롤랑이 쓴 전기(1905)와 어빙 스톤이 쓴 소설 스타일의 전기(1961)도 찾아 읽었다. 우리말로 번역된 것 외에 외국어본 전기나 연구물도 많이 읽었지만, 역시 압권은 위의 두 책이다. 롤랑의 저작은 그가 쓴 베토벤, 밀레, 톨스토이, 간디 등의 전기와 마찬가지로 대단히 낭만적이다. 미켈란젤로를 비극적 영웅으로 묘사하고 있다. 어빙 스톤의 소설을 근거로 제작된 영화도 미켈란젤로를 그렇게 그리고 있다.

그러나 내가 아는 그의 참모습은 평범하고 속물적인 인간이다. 미켈란젤로뿐만 아니라 르네상스인이라고 부를 수 있는 당대의 사람들은 대부분이 다 그랬다. 나는 졸저 《내 친구 빈센트》에서도 반 고흐의 종래 이미지, 즉 비극적 천재로서의 그를 해체하기 위해 노력한 바 있다. 스톤 등이 쓴 미친 천재로서의 반 고흐의 이미지를 해체하고자 한 것이다. 천재나 영웅을 평범한 인간으로 전환시키는 것은 지극히 비대중적인 일이어서 인기가 없다. 대중은 영웅이나 천재, 그것도 비극적인 영웅이나 천재를 좋아하기 때문이다. 자신들과 같이 평범하고 속물적인 인물이라면 굳이 알아야 할 흥미를 느끼지 못할 테니.

알베르티나 다 빈치처럼 미켈란젤로도 겹눈의 인간이었다. 그는 조각, 회화, 건축은 물론 시작에도 탁월했다. 그러나 미켈란젤로는 알베르티나 다 빈치와 달리 민주주의자이자 공화주의자로서 정치에도 참여했다. 귀족이나 대지주가 아닌 시민의 아들로 태어나 공화국의 요직을 맡았고, 공화국을 상징하는 〈다비드〉 상도 만들었다. 어쩔 수 없는 시대상황에 따라 교황의 명령으로 수많은 작품을 제작했으나, 지엄한 가톨릭 교회의 벽과 천장을 온통 누드로 채워 비판을 받기도 했다. 그는 여인도 사랑했지만 남자도 사랑했다.

이처럼 미켈란젤로는 예술과 삶 사이의 모든 경계를 무너뜨렸다. 그는 긴장과 역긴장, 그리고 그 종합의 변증법으로 살았다. 속물과 해탈 사이를 왔다 갔다 했다. 그는 재물을 탐하고 명성을 구하기도 했으나 그런 자신의 모습에 대해 끝없이 번뇌했고, 마침내는 그 모든 것을 포기했다. 알베르티나 다 빈치와 달리 미켈란젤로는 특히 종교적인 인간이었다. 그러나 그에게 신이란 곧 인간이었고, 인간의 몸이었다. 그래서 그가 만든 베드로교회까지 인간의 몸을 고스란히 닮았다. 추상적인 비례가 아닌 인간 자체가 교회로 서있는 것이다.

미켈란젤로는 말했다. 인간의 몸을 모르면 건축에 대해서도 알 수 없다고. 그의 이 말은 건축에만이 아니라 예술 전반에 해당된다. 베드로교회는 그 이름 자체가 인간의 이름으로 돼있다. 예수의 수제자인 베드로가 순교한 곳에 4세기에 세워진 교회다. 베드로라는 이름에는 돌이라는 뜻도 들어있어(따라서 우리 식으로는 '돌쇠'가 될까?) 베드로교회는 교회의 초석으로 여겨졌고, 베드로 자신은 '최초의 교황'으로 추앙돼왔다.

베드로교회 옆에 있는 바티칸 미술관 1층 구석의 시스티나 예배당에는 미켈란젤로의 〈최후의 심판〉과 천장화 〈천지창조〉가 그려져 있다. 2층에는 라파엘로의 〈아테네 학당〉과 〈성체의 논의〉, 이어 안젤리코의 예배당 벽화가 이어진다. 그중 압권은 역시 〈최후의 심판〉과 〈천지창조〉다.

다 빈치의 〈모나리자〉 같은 '작은 세계'를 보다가 〈최후의 심판〉이나 〈천지창조〉를 보면 그 규모도 놀랍지만, 미켈란젤로가 그린, 장대한 몸집의 인간들이 그득한 세상에 더욱 놀라게 된다. 그러나 자세히 보면 미켈란젤로의 거인은 미스터 유니버스류의 근육질이 아니다. 그의 그림에는 마른 사람이 없고, 모두 보기 좋을 정도로 살이 붙어있다. 선인이든 악인이든, 성자든 속인이든 모두 비슷한 몸 집의 살아있는 인간들로 표현돼있는 것이다.

라파엘로에서 미켈란젤로로

인간의 몸을 한 교회 속에 있는 인간들의 세계. 그리고 그가 만든 무수한 인간의 조각상들. 미켈란젤로는 바로 인간의 예술가다. 그에게는 오직 인간만이 문제였다. 당연히 그들의 정신과 삶, 그러니까 종교와 사회가 문제시된다. 이 점에서 그는 비교적 비종교적, 비사회적이었던 알베르티나 다 빈치와 다르다.

이는 미켈란젤로가 산 시대가 알베르티나 다 빈치가 산 시대와 달리 위기의 시대였음을 의미하는 것이기도 하다. 그때는 바로 마키아벨리의 시대였다. 마키아벨리가 당시의 시대적 위기를 정치적으로 극복하려 한 데 비해 미켈란젤로는 종교를 통해 그것을 극복하고자 했다. 그의 이러한 고뇌는 에라스무스, 그리고 모어의 유토피아로 이어진다.

어빙 스톤의 미켈란젤로 전기를 우리말로 번역한 역자는 예술창조에 철저했던 미켈란젤로의 생애가 "물질만능의, 갈 바 모르는 현대인들에게 예나 지금이나 변함없는 삶의 가치를 다시 일깨워주며, 인간이 추구해야 할 윤리관과 직업관을 새롭게 제시한다"고 말한다. 현대인이 자기 직업에만 충실하면 만사가 해결되고 갈 길을 찾을 수 있다는 뜻인가? 이렇게 스톤의 책마저 시오노 나나미류의 처세술 책으로 오해되는 우리의 천박한 지적 풍토는 처량하기 짝이 없다. 스톤이 그런 내용의 책을 쓰지 않았음은 두말할 필요도 없다.

로맹 롤랑은 미켈란젤로를 햄릿처럼 묘사했다. 이에 대해 로로로판 평전은 롤랑이 미켈란젤로가 남긴 편지 한 통을 잘못 읽은 탓이라며 일고의 가치도 없는 묘사라고 폄하하고 있다. 미켈란젤로가 남긴 편지가 약 500통에 이르니 한 통 정도를 잘못 읽을 수도 있겠으나, 그것 하나 잘못 읽어서 미켈란젤로의 인간성을 전면적으로 오해했다는 설명은 이해하기 어렵다. 사실 미켈란젤로는 많은 작품을 미완으로 남겼는데, 이는 그의 우유부단함을 보여주는 증거라고 나는 생각한다.

이런 시비가 프랑스인과 독일인 사이의 의식차이에서 비롯된 것이라고 볼 수는 없겠으나, 프랑스인이 낭만주의 시대 이래로 자기의 작품에 만족하지 못하는 멜랑콜리한 예술가를 이상으로 삼으면서 그 전형으로 미켈란젤로를 자주 언급한 것은 사실이다. 예를 들어 들라크루아는 미켈란젤로를 직접 작품의 소재로 삼기도 했다. 특히 낭만주의자들이 새로운 예술가상으로 미켈란젤로를 숭상한 것은 기본적으로 그의 예술에 대한 공감에서 비롯된 것이다. 스탕달은 미켈란젤로의 시대가 다시 올 것이라고 예언했고, 제리코는 〈최후의 심판〉을 모방해 〈메두사의 뗏목〉(1819)을 그렸다. 그러나 프랑스에 이러한 경향이 등장한 것은 19세기 중반 무렵이다. 낭만주의의 '주적'인 아카데미즘을 뒤집은 선구자로 미켈란젤로를 재평가하려는 움직임은 프랑스보다 영국에서 먼저 18세기 말엽에 나타났다. 블레이크나 레이놀즈 같은 사람들이 그들이다.

그러나 바로크, 로코코 아카데미즘의 시대였던 17~18세기의 대부분의 기간에는 미켈란젤로가 잊혀졌거나 무시됐다. 그 대신 라파엘로가 '쾌적한 아름다움'을 창조한 미술가의 전형으로 추앙됐다. 반면에 미켈란젤로는 균형과 조화가 결여되고 단조로우며 지나치게 해부학적인 그림을 그린 사람으로 매도됐다. 고전주의 미학자인 빙켈만은 미켈란젤로가 취향의 퇴화를 초래했다고 주장했다. 이 시기에는 괴테가 《이탈리아 여행》에서 미켈란젤로를 예찬한 것 정도가 미켈란젤로에 대한 유일한 '변호'였다. 괴테도 만년에는 라파엘로를 더 좋아했다.

그렇지만 미켈란젤로는 살아 있을 때부터 이미 '신화'였다. 바사리도《이탈리아 르네상스 미술가전》(1550)에서 당대의 미술가들 가운데서는 유일하게 미켈란젤로를 다루었을 정도였다. 그 뒤에도 카라바조, 카라치, 루벤스, 벨라스케스, 렘브란트, 그리고 푸생에 이르기까지 뛰어난 예술가들에게 미켈란젤로는 언제나 영감의 원천이 됐다.

19세기에는 미켈란젤로가 부활했으나 그에 대한 도덕적 비난이 여전히 계속됐다. 러스킨은 고대 그리스인이나 베네치아의 르네상스 화가들은 '성실하고 겸허하며 자연스럽게' 인간의 몸을 그렸지만 미켈란젤로는 '추잡하고 불손하며 인위적으로' 인간의 몸을 그렸다고 평했다. 나는 러스킨을 좋아하지만, 이런 유의 빅토리아조 근엄주의는 질색이다.

미켈란젤로의 소년시절

스톤의 책은 어디까지나 소설이다. 그는 13세의 미켈란젤로가 그림을 배우러 가는 것으로 소설을 시작한다. 스승에게 그를 소개한 친구가 미켈란젤로는 이미 벽화를 그렸다고 말하지만 이는 전설에 불과하다. 미켈란젤로는 스승에게 돈을 내기는커녕 오히려 돈을 달라고 한다. 이는 미켈란젤로가 그림을 배우는 것에 대해 아버지가 반대해 돈을 주지 않았기 때문이다. 당시에 화가는 천한 직업이었다. 아버지는 그를 법학도로 만들기 위해 7세 때 라틴어 학교에 보낸다. 그런데도 그림에 대한 관심을 버리지 않는 아들을 아버지가 매질한다. 소설에는 13세의 미켈란젤로가 예술의 길을 가겠다며 아버지와 언쟁을 벌여 이기는 장면이 길게 서술돼 있다. 스톤은 어린 미켈란젤로가 여성의 나체화도 그렸다고 이야기하나 실제로 어린 미켈란젤로가 그린 것 가운데 남아있는 것은 몇 장의 모사 펜화뿐이다.

이듬해에 미켈란젤로는 메디치가가 세운 아카데미에서 조각을 배운다. 소설에서는 그곳을 '정원'이라고 표현하고 있으나 이는 터무니없는 것이다. 그곳은 매우 자유로운 학문과 예술의 전당이었고, 아테네에서 비롯된 오늘날의 아카데미와는 전혀 다른 곳이었다. 미켈란젤로는 그곳에서 많은 것을 배웠고, 자기만의 역동적인 조각기법을 연마했다. 그러나 당시에 그가 만든 조각은 지금 거의 남아있지 않다.

1494년에 프랑스군이 이탈리아에 침입하자 피렌체에서 민중봉기가 일어난다. 로렌초 데 메디치가 죽고 그의 뒤를 이은 무능한 아들이 추방되면서 신부 사보나롤라가 지도하는 근엄한 공화정이 시작된다. 사보나롤라는 물질적 쾌락과 호화생활에 젖은 당시의 교황과 로마교황청을 비난하고, 그러한 타락에 대한 신의 형벌로 인해 이탈리아가 멸망할 것이라고 예언했다. 그는 프랑스 군대를 노아의 홍수에 비유하면서 그들이 이탈리아를 무너뜨릴 것이니 피렌체 시민은 이제라도 빨리 새로운 교회를 세워야 한다고 주장했다. 그러나 사보나롤라는 1498년에 교황에 의해 화형당하고 만다.

당시의 다른 많은 사람들처럼 미켈란젤로도 사보나롤라의 사상에 심취해 피렌체에서 그가 이끄는 교회개혁 운동에 참여했다. 그러나 사보나롤라에 의해 고향마을이 불타는 순간에 미켈란젤로는 그로부터 도망치고 만다. 왜? 그 이유에 대해서는 여러 가지 해석이 있다. 우선 사보나롤라는 예술마저 부정한 인물이었기 때문이라는 해석, 또는 미켈란젤로가 겁쟁이였다는 주장, 한편으로는 미켈란젤로가 기독교와 아카데미에서 배운 이교적 지식 사이에서 번민했다는 설 등이다. 나는 그 모두를 수긍한다. 그런데 더욱 중요한 점은 그때 그가 아직 10대 소년이었다는 사실이다.

자유의 〈다비드〉

19세의 미켈란젤로는 베네치아와 볼로냐를 거쳐 로마로 간다. 로마에 있는 성 베드로 교회에서 제작한 〈피에타〉가 그에게 최초의 명성을 안겨주었다. 〈피에타〉는 그가 불과 24세의 나이에 만든 작품이지만 지금도 걸작 중의 걸작으로 평가되고 있다. 어쩌면 돌을 흙처럼 주무른 듯 그렇게 자유자재로 석상을 빚어낼 수 있었단 말인가?

　그러나 언뜻 보기에도 〈피에타〉에는 이상한 점이 많다. 특히 어린 소녀의 모

〈피에타〉

습을 한 성모가 죽은 청년 예수를 안고 있다는 점이 그렇다. 성모의 실제 나이는 50세가 넘었으련만 그 석상의 얼굴은 10대로 봐도 무방할 만큼 앳되기 그지없다. 이는 사보나롤라를 비롯한 당시의 기독교인들이 성모는 원죄가 없는 영원한 순결 처녀라고 말한 것과 부합한다.

어린 모습임에도 성모의 얼굴은 지엄하기 짝이 없다. 십자가에 못 박혀 죽은 아들을 안고 있으면서도 눈물은커녕 한 치의 흐트러짐도 없다. 어찌 저럴 수 있을까? 〈피에타〉를 가리켜 '자애로운' 성모상이라고 예찬하는 말을 흔히 듣게 되는데, 나로서는 도저히 그런 견해에 동의할 수 없다.

1501년에 다시 피렌체로 돌아온 미켈란젤로는 4년간 〈다비드〉를 비롯한 수많은 걸작을 만들어낸다. 당시에 이미 공화주의적 자유를 상징하는 작품으로 숭상된 〈다비드〉에 대해 최근에는 권력의 과시를 표현한 것 아니냐는 의문도 제기되고 있으나, 적어도 당시의 피렌체인들에게는 이 작품이 위기를 맞은 공화국이 지향하는 자유를 상징하는 것이었다.

그런데 〈다비드〉 또한 이상하다고 보면 이상한 구석이 적지 않다. 언뜻 보기에도 신체가 불균형하다. 손은 너무 크고 발은 너무 작아 발보다 손이 더 커 보인다. 팔뚝을 보면 소년인데 가슴은 청년처럼 떡 벌어져 있다. 눈은 적을 응시하고 있으나 양팔은 완전히 긴장을 푼 것처럼 매우 부드럽다. 코도 너무 크다. 당시 피렌체의 지배자가 다비드 상의 코가 너무 크다고 지적하자 미켈란젤로가 사다리를 타고 올라가 그 코에 손을 대는 척하며 돌가루를 아래로 뿌리고 이제 됐느냐고 반문했다는 이야기는 유명하다.

미켈란젤로는 다비드 상을 왜 그렇게 만들었을까? 조각가인 그가 그런 신체적 불균형을 몰랐을 리 없다. 여기서 우리는 그 전에 만들어진 도나텔로의 다비드 상이 유약한 소년의 모습인 것과 달리 미켈란젤로의 다비드 상은 건장한 청년의 모습임에 유의해야 한다. 구약성서를 보면 15세가량의 어린 소년이 거인 골리앗을 물리치는 기적을 일으킨 것으로 나오니 그 이야기를 액면 그대로 받아들인다면 도나텔로가 옳다. 그러나 미켈란젤로는 다비드가 건장한 근육질 청년이어야 골리앗을 물리칠 수 있다고 생각했다. 미켈란젤로의 다비드 상은 다비드가 골리앗을 이긴 것이 기적이라기보다는 충분히 있을 수 있는 일이라는 느낌을 갖게 한다.

그렇다. 미켈란젤로는 기적을 부정했다. 그에게 기적은 아무런 의미가 없었다. 설사 신에 의한 기적이 있다고 해도 그것은 정신적인 것에 불과했다. 오히려 초인적인 의지와 지혜, 그리고 체력을 갖춘 '인간 다비드'야말로 그에게는 진실이었다. 그러므로 다비드는 강인한 체력을 가진 청년으로 표현돼야 했다. 그리고 그러한 '강인함'

〈다비드〉

은 '불균형의 균형'으로 표현될 수밖에 없었을 것이다.

〈다비드〉가 광장에 세워지자 밤마다 사람들이 몰려들어 그것에 돌을 던졌다. 그 석상의 신체적 불균형 때문이 아니라 그 석상에 성인남자의 성기가 표현돼 있기 때문이었다. 당시만 해도 여성상에는 성기를 표현하지 않고 남성상의 성기 부분은 소년의 것으로 표현하는 게 관례였다. 당시 대중이나 교회의 수준이란 고작 그런 정도였다. 그 뒤에 교회는 〈최후의 심판〉에 표현된 성기를 모두 가리도록 명령함으로써 그 수준을 다시 한 번 '과시'했다.

〈천지창조〉에 숨어있는 휴머니즘

1508년에 미켈란젤로는 〈천지창조〉를 그린다. 건축가인 브라만테가 미켈란젤로에게 실패를 안겨주려고 교황을 부추겨 조각가인 그에게 화가의 일을 맡겼다는 이야기도 있다. 그러나 이는 전혀 근거 없는 이야기다. 소설가 스톤은 미켈란젤로가 그 이유를 다 빈치의 질투 탓으로 여기는 장면을 묘사하고 있으나 이 역시 근거가 없다. 미켈란젤로가 천장화 작업을 하기를 원하지 않았던 것은 사실이다. 그래서 그는 자기 대신 그 그림을 그릴 화가로 라파엘로를 추천했다. 그러나 스톤의 책에는 이런 사실에 대한 언급이 전혀 없다. 그러나 지금 우리에게는 무엇이 사실이든 상관없으니 그림이나 보자.

사진으로만 이 작품을 감상할 대부분의 독자들에게 이 말만은 해야겠다. 〈최후의 심판〉은 바닥에서 17미터 높이의 천장에 그려진 그림이어서 올려다보아야 하기 때문에 현장에서 직접 감상하기가 쉽지 않다. 그러나 이건 약과다. 〈천지창조〉는 목을 뒤로 완전히 젖혀야만 겨우 눈에 들어온다. 바라보기가 고통스러울 정도다. 그렇다고 해서 신성한 교회에서 벌렁 누워서 볼 수도 없다. 하지만 몇 년간 허리를 완전히 뒤로 젖힌 상태로 그 그림을 그렸을 미켈란젤로를 생각하면 몇 분의 고생쯤이야 견딜 수 있지 않을까?

〈천지창조〉는 신약성서가 아닌 구약성서를 소재로 삼고 있다. 예수의 일생을 그린 신약이 아닌 구약을 선택한 이유가 무엇일까? 많은 학자들은 구약의 내용이 '더 인간적'이라는 점을 그 이유로 꼽는다. 미켈란젤로의 인간다운 성격, 모순을 내포한 그의 성격을 감안하면 그와 같은 학자들의 설명이 이해가 된다. 물론 사보나롤라의 영향도 적지 않았을 것이다. 특히 인간의 조상인 아담이 지식을 얻게 되자 낙원에서 추방된다는 비극적 설정이 미켈란젤로의 마음을 움직였는지도 모른다. 인간이 인간이고자 하는 노력에 대한 신의 준엄한 심판에서 그가 신의 잔혹함을 느낀 것일까? 그런 비극을 바라보는 성도들이 모두 침울하게 슬픔에 잠겨 있거나 격앙된 모습으로 그려진 것도 신의 잔혹함에 대한 예술가인 그의 반응이 표현된 것으로 봐야 하리라.

기독교에서 말하는 천지창조 이야기를 우리는 대부분 알고 있다. 하느님이 아담과 이브를 창조하지만 이브가 뱀의 유혹에 넘어가는 탓에 낙원에서 추방당하고 그 자손들이 잇따라 죄를 지어 대홍수의 심판을 받는다는 이야기다. 아담과 이브는 미켈란젤로 이전에는 물론이고 이후에도 성기가 가려진 모습으로 그려지는 것이 보통이었으나 미켈란젤로는 성기를 노출시켜 그렸다. 이는 특기할 만한 점이 아닐 수 없다.

〈천지창조〉의 다른 여러 그림들보다 먼저 〈노아의 홍수〉에 관심이 간다. 그림의 중앙 위쪽에 상자처럼 생긴 노아의 배가 있다. 그 오른쪽에는 텐트가 쳐진 좁은 바위가 있다. 그림 왼쪽 밑으로는 많은 사람들이 도망가고 있는 거대한 대륙이 펼쳐져 있다. 그리고 그 셋의 중간에 폭도들이 탄 보트 한 척이 그려져 있다.

종래 노아의 배는 가톨릭 교회, 텐트는 유대 교회, 대륙은 이교를 뜻하는 것으로 해석됐다. 즉 가톨릭 교회를 빼고는 모두 멸망한다는 것이다. 그리고 그 교회를 공격하는 자들은 당시에 교황을 공격한 프랑스와 오스트리아의 군대로 해석됐다. 그러나 텐트 속의 사람들은 물론이고 대륙의 사람들이나 보트의 사람들도 모두 사악한 모습이라기보다는 인간적인 사랑과 물질을 갈구하는 처연한 모습으로 그려져 있다. 이런 점은 육체와 영혼 사이에 존재하는 인간의 자유의지가 인간의 운명을 결정한다고 보는 르네상스 시대의 신플라톤주의적 인간관을 보여주는 것으로 해석할 수 있다.

미켈란젤로는 《인간의 존엄성에 관한 연설》이라는 글을 쓴 신플라톤주의 철학자인 피코 델라 미란돌라의 제자였다. 피코는 "인간은 세계의 중간에 있다"고, 즉 인간은 신과 물질 사이의 중간자라 선언하고 물질, 다시 말해 육체에 대한 집념을 버리는 것을 통해 신에 이를 수 있다고 보았다. 그의 제자인 미켈란젤로가 그린 고뇌의 인간은 바로 그런 집념의 르네상스적 인간을 표현한 것이었다.

한편으로 텐트가 유대교를 상징한다는 해석에 대해서는 몇 가지 의문이 남는다. 왜냐하면 텐트에는 가톨릭 미사의 상징인 포도주잔, 고귀한 황색 옷을 입은 신부, 가톨릭 교회의 승리를 상징하는 올리브 나무가 그려져 있기 때문이다. 여기서 신부를 교황이라고 보면 그 텐트야말로 로마 교황청을 상징하는 것으로 볼 수 있다.

사실 미켈란젤로는 로마 교황청을 부정했다. 그는 1496~98년을 로마에서 보내면서도 몇 차례나 피렌체로 돌아와 사보나롤라의 새 교회 운동에 참가했다. 그리고 그로부터 20년 뒤에 루터(1483~1546)의 교회개혁 운동이 시작됐다. 이런 전후사정으로 미루어 미켈란젤로의 〈노아의 홍수〉에 그려진 노아의 배는 교황청이 아니라 '새로운 교회'라고 보는 것이 맞을 것이다. 물론 미켈란젤로가 루터식 종교개혁에 찬성했으리라고 생각되지는 않지만.

근육질의 〈모세〉에 담긴 뜻

〈천지창조〉를 그리는 동안 미켈란젤로는 심신이 완전히 녹초가 됐다. 목은 뒤로 젖혀져 편지 한 장을 읽으려고 해도 머리 위에 놓고 봐야 할 정도였다. 앞을 볼 수 없어 항상 어딘가에 부딪히기도 했다. 한 가지 다행스러운 점은 그림을 완성한 직후에 교황이 사망해서 미켈란젤로는 그야말로 조용한 나날을 보낼 수 있게 됐다는 것이었다.

174

미켈란젤로는 죽은 교황에게 약속한 묘의 조각을 시작한다. 그중 〈모세〉는 완벽한 조각 작품으로 평가된다. 〈다비드〉를 그릴 때와 마찬가지로 〈모세〉를 조각할 때에도 모세가 홍해를 가른 기적 따위는 미켈란젤로의 관심 밖이었다. 그래서 모세는 그저 초인적인 의지력과 지혜, 그리고 체력의 소유자로 묘사된다. 또한 모세는 다비드 이상으로 민족해방의 실현자다. 바사리는 이 〈모세〉 상을 보고 많은 유태인들이 가톨릭에 귀의했다고 전했다.

그러나 〈모세〉 상에는 어딘가 어두운 면이 존재한다. 그것은 모세 앞에 놓인 어려움 때문일 수도 있고, 모세의 이스라엘이 상징하는 피렌체의 운명에 대한 묘사로 볼 수도 있다. 이런 관점은 〈노예〉 상을 포로가 된 유대인이나 외세에 의해 침략당한 이탈리아인 또는 메디치가의 독재 아래 있었던 피렌체의 민중을 표현한 것으로 보는 견해와 연결된다. 아무려나, 인간의 절대성을 믿은 미켈란젤로 자신의 원

<모세>

초적 불안과 의혹이 표현된 것으로 〈모세〉 상을 보는 것은 어떨까?

미켈란젤로가 가난하고 불행한 민중을 동정한 것은 분명하다. 그러나 말 그대로 민중을 '동정'하는 데 그쳤고, 그러면서 그들이 폭도로 변할까봐 두려워했다. 그렇다고 해서 그가 군주주의나 귀족주의에 빠진 것도 아니었다. 그는 도리어 군주나 귀족을 경멸했다. 그는 피렌체를 사랑했으나 후반생에는 그곳에 돌아갈 수 없었다.

1529년에 미켈란젤로는 공화국의 축성 책임자로 일했다. 그러나 그 이듬해에 공화국은 멸망한다. 대예술가라는 이유로 침략자로부터 사면을 받은 미켈란젤로는 메디치가의 묘소를 위한 조각에 매달렸다. 각각 남녀 상인 〈저녁〉과 〈아침〉, 그리고 〈낮〉과 〈밤〉이 그것이다. 〈아침〉은 젊은 여인의 나신상이다. 미켈란젤로는 여성상보다 남성상을 조각하는 데 더 뛰어났던 것으로 평가되나, 적어도 〈아침〉만은 예외다. 그 모습은 환희가 아닌 고통의 시작을 표현하고 있다. 이어 노력과 인내를 상징한다는 두 남자 〈낮〉과 〈저녁〉, 그리고 마침내 시든 몸으로 잠든 노녀(老女)가 〈밤〉으로 조각된다. 잠자는 그녀의 얼굴 또한 아픔과 고뇌로부터 자유롭지 못하다.

〈아침〉과 〈저녁〉 사이에 있는 로렌초 데 메디치의 동상은 로댕의 작품 〈생

〈저녁〉〈로렌초 데 메디치 상〉〈아침〉

〈밤〉〈줄리아노 데 메디치 상〉〈낮〉

각하는 사람〉의 원형이라고 볼 수 있을 정도로 고뇌에 차있다. 메디치가의 사람들이 로렌초의 실제 모습과 전혀 닮지 않았다고 불평하자 미켈란젤로는 "10년만 지나면 누가 알아보겠느냐"고 대답하곤 절망의 피렌체를 떠나 로마로 간다. 그리고 거기서 〈최후의 심판〉을 그린다.

〈최후의 심판〉

〈최후의 심판〉은 예배당 제단의 정면을 가득 채운 대형 벽화다. 높이 17미터, 폭 13.3미터다. 그 그림 앞에 처음 서면 먼저 엄청난 공포가 엄습한다. 푸른 배경에 색이 바래면서 거무스레한 빛깔로 변한 채 고통에 찬 모습을 한 수많은 인체들이 처절하게 뒤엉켜 있다.

지금으로부터 약 500년 전에 그려진 이 그림은 세상이 혼란에 빠져있음을 보여준다. 예수가 출현한다는 약속의 실현을 고대하는 자들의 고통이 생생히 묘사돼있다. 사실 종교의 유무를 떠나 언제 어느 나라 사람이건 자신이 사는 세상이 어지럽고 바르게 살기가 어려운 곳이라는 생각으로부터 자유롭기가 힘들 것이다.

그러나 시간이 흐르면서 공포는 서서히 사라진다. 처음에 충격을 받고 나서 조금 뒤에 다시 그림을 들여다보면 거기에 그려진 인체들의 지극히 조화로운 배열에서 묘한 편안함을 느끼게 된다. 마치 내 자신이 그 인체들 가운데 하나라도 된 듯한 느낌이다. 그렇게 두세 번 다시 들여다보다 보면 어느새 차분한 마음으로 그림의 구석구석을 충분히 감상할 수 있게 된다.

그림은 전체적으로 상, 중, 하 3단으로 나뉘어져 있다. 상단의 중심은 예수와 마리아, 중단의 중심은 천사이고, 하단에는 지상의 인간들이 그려져 있다. 전체 구도는 예수를 중심으로 한 원형이다. 그림의 왼쪽은 지상에서의 승천, 오른쪽은 지상으로의 낙하라는 움직임이 있다. 이는 세상이 멸망할 때 예수가 부활해 인류를 구원한다는 기독교적 믿음의 핵심을 웅변하고 있다.

같은 소재라도 시대에 따라 표현방식은 많은 차이를 보인다. 예컨대 12세기까지의 서유럽이나 9~15세기의 비잔틴제국처럼 안정된 시대의 그림에는 예수가 재판관으로 중앙에 근엄한 얼굴로 앉아있고, 그 좌우로 축복받은 영혼(선인)과 처벌된 영혼(악인)이 이분법적인 구도로 그려져 있다. 성모와 성 요한이 양쪽의 변호인 역으로 그려지는 것 또한 일종의 공식이다. 그러나 그 그림들은 결코 무섭다는 느낌을 주지 않는다.

13~14세기 서유럽에서는 화가들이 천국으로 가는 선인에 비해 지옥으로 떨어지는 악인의 모습을 과장되게 그렸다. 특히 지옥은 잔인한 고문과 학살이 난무하는 곳으로 그려져 무섭기 짝이 없다. 1305년경에 조토가 파도바의 스크로베니 예배당에 그린 지옥은 그 전의 그림에 비해 매우 잔인하고 예수의 모습도 엄격하다.

12세기까지는 예수가 양팔을 같은 높이로 들고 있는 모습으로 그려져 구원과 처벌, 자비와 정의에 동등한 가치가 두어졌다는 암시를 준다. 그러나 13~14세기에 이르면 선인을 축복하는 오른팔은 높이 쳐들려 있고 악인을 처벌하는 왼팔은 낮추어져 축복과 형벌을 명확하게 구분하는 태도를 보여준다. 또한 조토의 그림에서처럼 손이 손바닥 또는 손등으로 그려졌다. 이는 악인은 손등으로 누르고 선인은 손바닥을 펴 축복하는 모습이다.

그런데 미켈란젤로의 〈최후의 심판〉에서는 선악의 구별이 분명하지 않다. 선인과 악인, 성자와 사도, 상류인과 하류인, 천사와 악마 등이 전혀 구별 없이 그려져, 최후의 심판을 하는 법정다운 질서가 보이지 않는다. 게다가 그려진 인물들은 모두 나체다. 예수도 마리아도 본래는 나체였다.

예수는 오른손은 쳐들고 왼손은 내린 모습이다. 이는 그림 전체의 구도와 연

결된다. 즉 그림의 왼쪽은 승천의 축복, 오른쪽은 추락의 처벌을 뜻한다. 한편으로 축복을 변호해야 할 성모 마리아는 그저 승천을 바라보며 몸을 웅크리고 있다. 구원의 성모라기보다는 심판에 떨면서도 그에 항의하는 여염집 아낙처럼 보인다. 그 성모는 〈피에타〉의 무표정한 성모가 아니다.

이러한 표현들은 예수의 심판의지를 더욱 강조하는 효과를 낸다. 그렇다고 해서 예수의 얼굴이 무서운 느낌을 주게 그려진 것은 아니다. 예수는 그저 타락하는 인간들을 바라보며 왼손을 내리고 있을 뿐이다.

교회를 상징하는 베드로의 모습도 공포에 젖어있다. 이는 〈천지창조〉에서처럼 미켈란젤로가 당시의 교회를 비판한 것이다.

참회하는 자에게 축복 있으라

미켈란젤로가 〈천지창조〉를 완성할 즈음에 가톨릭과 프로테스탄트 사이의 싸움이 극에 달했다. 그러나 그는 이제 더 이상 사보나롤라의 사도가 아니었다. 미켈란젤로는 종교전쟁에 저항하면서 교회의 분절이 아닌 통합과 화해를 모색하는 모임에 참여한다. 그 모임은 가톨릭의 내부 개혁을 도모하는 모임이었고, 젊어서부터 교황청에 반발해온 미켈란젤로는 이런 활동을 통해 '새로운 교회', 나아

〈최후의 심판〉

가 '새로운 세계'를 추구한다. 이는 미켈란젤로가 사보나롤라를 극복했음을 암시한다.

〈천지창조〉는 미켈란젤로가 1536년에 그리기 시작해 5년 뒤인 1541년에 완성한다. 화가의 나이 61세에서 66세까지의 작품이다. 당시에 그는 어떤 생각을 품고 있었을까? 그가 한 말이다.

"나는 이제 예술을 나의 우상, 나의 왕으로 만들었던 상상이 얼마나 잘못된 것인지를 깨달았다." "전에는 덧없지만 달콤했던 사랑의 사념은 내가 하나는 확실하게 느끼고 다른 하나는 내게 두려움을 주는 이중의 죽음으로 다가가는 이때 무슨 의미가 있는가?"

이 대목에서 나는 톨스토이의 참회록을 떠올린다. 톨스토이가 자신의 작품을 모두 부정하고 신에 귀의하듯이 미켈란젤로 역시 예술에 바친 삶을 부정하고 신에 귀의한다. 여기서 신이란 특정 종교의 신이 아니다. 미켈란젤로의 그림이 지닌 종교적 지향에 대해 흔히 절대적 신앙의 프로테스탄티즘인가, 본래적 가치 추구의 가톨릭인가를 두고 논의를 하기도 하지만, 우리는 그의 그림 속에서 그런 종교 이야기는 찾을 수 없다.

그러니까 무엇이든 상관이 없는 거다. 불교 신자든, 이슬람 신자든, 무신론자든, 착한 사람이든, 나쁜 사람이든 아무 상관없다. 인간은 누구나 참회하며 살게 마련 아닌가? 어떻게 완벽한 선인으로만 살 수 있겠는가? 극악한 자라도 참회는 한다. 그게 인간이다. 르네상스인 미켈란젤로, 그는 마침내 화해와 관용의 마음으로 삶을 마감했다.

2부

르네상스의 사회, "우리는 자치한다"

" 나는 나만을 대표한다 "

휴머니스트들의 왕 에라스무스. 신부의 근친상간으로 태어난 그는 평생 집도 고향도 없는 방랑생활을 자청했다. 편협함과 이데올로기를 증오하고 다양성으로 충만한 세계와 영혼의 자유를 사랑한 에라스무스의 높은 지성을 만난다.

*

피코가 주장한 인간의 자유의지는 데시데리우스 에라스무스(1469?~1536)를 비롯한 많은 휴머니스트들의 기본사상이 됐지만, 루터와 같은 종교개혁가들은 그것에 반발했다. 에라스무스와 같은 휴머니스트도 당대 가톨릭의 부패를 비판하고 그 개혁을 주장하여 루터 등의 선구자가 됐지만 루터와 같은 근본주의적인 사상과 과격한 방식에는 찬성하지 않았다. 그러나 현실의 권력이 신교 및 구교와 각각 결탁되어 전쟁을 벌이는 가운데 휴머니스트들은 그 중간에서 고뇌하게 됐다. 그들의 그런 모습은 좌우갈등을 비롯한 수많은 갈등과 대립 속에서 고뇌할 수밖에 없었던 현대 지식인들의 선구적 표현이었다.

20세기 전반에 독재와 폭력을 부정하고 평화와 자유를 추구한 츠바이크가 히틀러가 집권한 지 1년 뒤에 쓴 《에라스무스》의 첫머리가 흥미롭다. 거기에는 에라스무스가 어느 편이냐는 질문에 "그는 늘 자신만을 대표한다"고 했다는 당대인의 대답이 인용돼있다. 그렇게 에라스무스는 평생을 그 누구의 편도 들지 않은 채 홀로 살았다. 이런 점에서 그는 앞에서 본 사람들(마키아벨리를 빼고)과 같은 휴머니스트였다. 또 평생을 독신 성직자로 지내며 금욕적으로 살았다는 점에서도 그랬다.

에라스무스는 독창적인 사상가나 혁명가가 아니었다. 교회의 면죄부 판매를 비판하고 '종교개혁'을 달성한 루터나 "인간은 생각하는 갈대"라는 말로 유명한 파스칼, 또는 '자연상태'니 '사회계약'이니 하는 개념으로 유명한 《에밀》의 저자 루소가 각각 특징적인 이미지를 갖고 있는 데 비해 에라스무스는 그다지 특징적인 이미지를 갖고 있지 않은 사상가다. 한마디로 말해 그에게는 혁명적 열정이나 사상적 심오함이 없었다. 그럼에도 그는 당대의 지식인들에게 깊은 영향을 끼쳤다. 이러한 영향력이라는 측면에서는 18세기 프랑스의 볼테르나 20세기 영국의 버나드 쇼도 16세기의 에라스무스를 능가하지 못한다.

홀바인이 여섯 번, 뒤러가 두 번이나 그린 그의 초상화는 그저 신중한 지식인의 느낌만을 전해준다. 그림에서 그는 언제나 글을 쓰고 있다. 연약한 우울증 환자였던 그는 그러나 일을 할 때만은 거인이었다. 하루에 무려 20시간씩 일을 했다고도 하나 이는 믿기 어렵다. 그만큼 열심히 일했다는 뜻이리라. 여하튼 그런 노력의 결과로 그는 11권에 이르는 대형 저작을 비롯해 성서 연구와 신학, 문법, 수사학, 교육론, 역설과 웃음의 문학, 문명비판 등 지극히 넓은 분야의 업적을 남길 수 있었다. 말하자면 요사이 우리가 인문학이라고 부르는 모든 분야에서 대단한 업적을 남긴 것이다. 휴머니스트를 인문주의자 또는 인문학자라고도 하는데 에라스무스는 그야말로 '휴머니스트들의 왕'이다. 그는 글로 생활을 한 최초의 문인

뒤러가 그린 에라스무스의 초상(왼쪽)과 홀바인이 그린 에라스무스의 초상(오른쪽)

이자 학자였다. 그러나 이는 단순히 그의 관심분야가 넓었기 때문만은 아니다.

에라스무스는 독립적이고 용기 있는 지식인이었으며 불의에 대해 격렬하게 분노했다. 특히 그는 기독교인들이 무지몽매한 노예가 됐다고 비판했다. 그는 대석학이면서도 풍자와 해학을 이해하고 표현한 문인이었다. 이런 점에서도 그는 휴머니스트였다. 그러나 더욱 중요한 점은, 특정 이데올로기에 사로잡혀 투쟁이나 전쟁을 일삼는 것을 그는 가장 혐오했다는 것이다. 그에 의하면 모든 이데올로기는 본질적으로 헤게모니와 권력을 잡고자 하고 그 과정에서 파벌다툼을 벌이는데, 휴머니스트라면 어떤 권력, 파벌, 투쟁에도 가담해서는 안 된다. 보고 느끼고 생각하고 행동함에 있어서 편파적인 것이 권력투쟁의 속성이기 때문이다.

그에 의하면 휴머니스트는 어떤 유혹에도 굴하지 않고 사고와 행동의 자유를 스스로 지켜야 한다. 인류의 가장 높은 이상인 공정성은 자유 없이는 확보될 수 없기 때문이다. 그러므로 휴머니즘이란 어디에도 얽매이지 않으면서 사고하고 이해하고 타협하고 결합하는 활동방식을 뜻한다. 편협함 속에서 옹졸하게 사는 자나 증오 속에서 적의를 품고 사는 자는 휴머니스트일 수가 없다.

또한 휴머니스트는 자신을 둘러싼 세상의 모든 것에 관심을 갖고 그 세상을 사랑해야 한다. 당연히 이데올로기에 매일 이유가 없다. 세상은 다양하기 때문이다. 그 다양성을 무시하고 억지로 공통점을 찾아내 모든 가치를 획일화하고 통일시키려는 태도에 휴머니스트는 맞서 싸워야 한다.

하지만 이런 면에서 휴머니스트는 때로 반민중적인 사람일 수 있다. 휴머니스트다운 낙관주의는 보통 지배하는 집단의 것이지 지배받는 민중의 것이 아니기 때문이다. 그래서 인문교육을 받은 자들에 의한 과두정치나 귀족정치를 선호하는 휴머니스트들도 많았다. 그러나 그러한 정치는 결국 '허위의 정신적 제국'일 뿐이다.

마키아벨리와 에라스무스

에라스무스와 마키아벨리는 둘 다 1469년생이니(에라스무스의 탄생연도가 1466년이라는 설도 있다) 지금으로부터 500년도 더 전의 사람들이다. 에라스무스는 알베르티보다 65년 늦게, 다 빈치보다는 17년 늦게 태어났다. 에라스무스는 알베르티가 죽을 무렵에 태어났고, 다 빈치와는 한 세대 차이가 난다. 마키아벨리는 페트라르카, 알베르티, 피코, 보티첼리, 다 빈치, 미켈란젤로와 마찬가지로 이탈리아에서 태어났으나 에라스무스는 네덜란드에서 태어났다.

에라스무스와 마키아벨리는 각각 60대 후반과 50대 후반이었던 1536년과 1527년에 죽었다. 둘 다 사상가답게 왜소한 체격이었으나 얼굴이 주는 느낌은 전혀 다르다. 에라스무스의 굳게 다문 입술에는 숭고한 이상이 깃들어있으나, 조소를 머금은 마키아벨리의 얇은 입술에는 현실의 냉혹함이 덕지덕지 묻어있다. 에라스무스는 국경을 저주하는 세계인으로 살았으나, 마키아벨리는 이탈리아의 통일을 위해 평생을 바쳤다.

인류공동체 사상의 상징이랄 수 있는 에라스무스는 개인적 요구는 물론 국가적 요구도 인류공동체의 평화라는 이상 밑에 두어야 한다고 권력자들에게 요구한 반면에 국민국가 사상의 상징이랄 수 있는 마키아벨리는 권력자의 권력의지를 최고의 기준으로 삼고 국시의 가차 없는 관철을 최고의 과제로 설정한다. 국시의 관철, 어디서 많이 듣던 소리 아닌가? 물론 에라스무스의 인류공동체 사상도 우리에게 아주 뜬금없는 소리는 아니다.

슈테판 츠바이크는 《에라스무스》에서 에라스무스가 죽은 뒤로 마키아벨리즘이 득세해 정치가 윤리에서 벗어났다고 말한다. 에라스무스는 정치를 도덕 밑에 두었으나 마키아벨리즘은 정치를 도덕에서 떼어냈고, 이로 인해 정치는 이상과 실리, 윤리와 외교, 인류와 국가, 협력과 대립, 통합과 분열, 타협과 갈등이라는 대립적인 내용을 갖게 됐다는 것이다.

그러나 이는 에라스무스를 좋아하고 마키아벨리를 싫어한 츠바이크가 지어 낸 소리에 불과하다. 에라스무스가 살아있을 때에도 정치는 윤리와 무관했다. 아 니 인류사의 처음부터 정치는 그랬다. 예로부터 군주는 마키아벨리의 군주였지 에라스무스의 군주가 아니었다. 민주주의니 뭐니 하지만 현실에서는 여전히 마키 아벨리식의 군주가 우세하다. 절대권력의 대통령, 그것이 군주와 다를 게 뭐가 있 는가?

그러나 인류사는 또한 에라스무스의 역사이기도 하다. 적어도 예수로부터 몽테뉴, 볼테르, 스피노자, 칸트, 톨스토이, 간디, 그리고 킹에 이르기까지 인류애 는 끊임없이 주장돼온 가치다. 약삭빠르고 냉혹한 마키아벨리가 어리석고 몽상에 젖은 에라스무스를 끝없이 조소해도, 게다가 현실이 늘 마키아벨리즘의 정확성을 입증해주어도 정당성은 언제나 에라스무스의 몫이다.

하지만 그게 다일까? 아니다. 마키아벨리도 에라스무스도 오해받고 있다. 두 사람은 같은 시대의 아들이었다. 마키아벨리는 썩어빠진 현실을 개혁할 수 있는 힘 있는 민중적 군주를 대망했고, 에라스무스는 분열된 국가와 썩은 종교를 대체 할 인류적 이상을 추구했다. 따라서 츠바이크식의 대립적 사고방식을 통해서만 두 인물을 비교할 수는 없는 일이다.

중요한 것은 두 사람 다 현실을 개혁하려고 했으며, 낡아빠진 전통을 부정하 고 현실을 직시하는 것으로써 실마리를 삼았다는 점이다. 여기서 말하는 현실주 의란 현실에 영합하는 기회주의나 보수주의 또는 처세주의를 뜻하는 것이 아니라 비판, 부정, 변혁을 내용으로 가진 현실주의다.

에라스무스는 평생 독신으로 살면서 신학을 연구했다. 그러나 신학자로서의 에라스무스는 그다지 우리의 흥미를 끌지 못한다. 이는 곧 가톨릭과 프로테스탄트 사이의 '대화'를 위해 그를 주목할 필요는 없다는 뜻이다. 또한 번역의 수준이 의심되는 《우신예찬》류의 중역(重譯)에 만족해서는 안 될 것이다.

기독교 휴머니즘

앞에서 보았듯이 페트라르카에서부터 피코에 이르기까지 휴머니스트들은 독실한 기독교 신자로서 살면서 휴머니즘을 기독교와 결합시키려고 했다. 그렇다고 그들을 기독교적 휴머니스트라고 부를 수는 없다. 휴머니즘의 이념과 방법을 기독교에 적용한 기독교적 휴머니스트라는 호칭은 에라스무스에게 비로소 붙여질 수 있다. 이는 무엇보다도 그가 《교정 신약성서》를 발간했기 때문이다. 그러나 기독교적 휴머니스트 또는 기독교 휴머니즘이라는 말에는 문제가 있다. 왜냐하면 휴머니즘은 기독교의 성서를 대상으로 하는 '성스러운 학문'에 대항해 '세속적 인문학'을 고대 그리스로마 고전을 대상으로 삼아 추구했기 때문이다. 그러나 이는 이탈리아의 이야기다. 그 휴머니즘이 알프스 산맥을 넘어서자 성서 자체가 휴머니즘적 연구의 대상이자 교정의 대상이 됐다. 그 최초의 학자가 바로 에라스무스다. 여기서 우리는 유럽 기독교의 역사를 살펴볼 필요가 있다.

기원후 4세기에 기독교는 로마의 국교가 됐으나, 이와 동시에 로마는 동서 두 나라로 나뉘어졌다. 이에 따라 기독교는 가톨릭과 그리스정교로 갈렸고, 이 두 문명은 20세기의 냉전으로까지 이어졌다. 동로마는 15세기에 터키에 무릎을 꿇었다. 서로마는 북방민족의 침략에 의해 5세기 무렵에 망했다. 그러나 북방민족은 로마식 통치를 이어갔으며, 특히 교회를 통해 이념적 지배를 계속했다. 그 흔적으로 지금 가톨릭 신부가 입는 미사복은 로마의 관리가 입던 옷이라는 점을 들 수 있다. 9세기에 들어 서유럽은 오늘날 프랑스와 독일의 모태가 된 두 지역으로 분할됐다. 그러나 독일이라는 말이 쓰이기 시작한 것은 16세기에 이르러서였다. 이 때문에 최근 독일에서는 독일사를 15세기부터로 잡는다. 뒤이어 나타난 16세기 독일의 영웅이 바로 루터다.

16세기에 독일의 인구는 약 1천만 명이었다. 당시의 사람들은 늘 "주여, 저희들을 페스트와 굶주림, 전쟁으로부터 구원해주소서"라고 기도했다. 전쟁이 기아를 부르고 기아로 약해진 사람들이 전염병으로 죽어가는 일이 거듭됐다. 그런 위기 속에서 지배자인 교회와 세속권력은 반목했고, 마침내 독일이라는 민족이념이 발생했다.

민족이념이 발생한 곳은 독일뿐만이 아니었다. 그것은 유럽 전역에서 나타났다. 독일의 경우에는 휴머니스트나 정치가가 아닌 종교개혁가인 루터에 의해 민족이념이 확립됐다. 이런 민족이념에 제동을 건 사람이 에라스무스다.

부패한 교회를 개혁하려는 움직임은 13세기부터(가령 알비파) 나타났다. 그 뒤 14세기 영국의 위클리프에서부터 15세기 체코의 얀 후스에 이르기까지 많은 개혁가들이 오로지 성서에만 의존하고 신자들이 스스로 지도자를 뽑았던 초대 교회로 돌아가자고 주장했다. 16세기 초에는 루터가 95개 조의 격문을 발표(1517년)하기 8년 전에 에라스무스가 《우신예찬》을 썼다.

루터는 오직 성서와 신앙을 통해 신의 은총을 받을 수 있다고 주장했고, 면죄부 판매와 영혼의 부정한 거래, 성직자의 권력남용 등을 비판했으며, 신과 인간 사이를 교회가 독점적으로 매개한다는 주장을 반박했다. 그리고 기독교인은 누구에게도 예속되지 않은 자유로운 주체라고 선언했다. 그러나 이러한 자유선언에 뒤따를 수 있는 무질서를 우려한 루터는 기독교인이라면 지배자인 제후에게 복종해야 한다고 덧붙였다. 그 결과 다른 종교개혁가들과 달리 루터는 권력의 지지를 받아 개혁에 성공할 수 있었고, 개혁을 통한 권력의 강화에 기여했다.

에라스무스의 삶

에라스무스는 사생아, 그것도 신부의 근친상간으로 태어난 사생아였다. 게다가 부모가 일찍 죽는 바람에 그는 교회에 맡겨졌다. 언제(1466년에서 1469년 사이) 어디서(네덜란드인 것은 분명하나 그곳의 로테르담인지는 불분명하다) 태어났는지조차 확실하지 않다. 다만 20세 무렵인 1488년에 보호자의 강요에 의해 신부가 된 것으로 알려져 있다. 그러나 그는 법을 공부한 루터나 칼뱅처럼 성직자로 출세할 생각은 추호도 하지 않았고, 단지 페트라르카나 알베르티처럼 인문학을 공부할 여유를 갖기 위해 신부가 됐다. 그리스어에 능통한 인문학자라는 이유로 영국의 헨리 8세를 비롯한 군주들이나 교황청, 대학 등의 부름을 자주 받았으나 그는 모두 거절했다. 그의 관심사는 종교가 아닌 학문과 예술이었다.

그는 평생을 신부로 살았으나 평생 수도원 밖에서 사는 것을 허락받았다. 그래서 그는 신부복을 입지 않았고, 수도원에 가지 않았으며, 예배도 거부했다. 사실 그에게 가톨릭은 감옥이었다. 마찬가지로 그는 어떤 제후, 영주, 대학에도 구속당하기를 원치 않았고, 자기 위에 그 누구도 두지 않았다. 그는 평생 자유인이자 독립된 신자로 살았지만, 의외로 권력에는 저항하기보다 타협했다. 이런 점에서 그는 신부의 신분으로 교회에 저항한 혁명가 루터와는 전혀 달랐다.

50세경에 유명해지기까지 그는 구걸해 얻은 빵으로 연명할지언정 자유와 독립을 지향하는 삶을 멈추지 않았다. 그는 특정한 개인이나 대학에 묶이는 대신 인쇄소 교정원, 가정교사 등 '자유직'을 전전했다. 그것도 자신이 원하는 만큼이었을 뿐 어느 한 곳에 오래 머물지는 않았다. 그는 유목민처럼 이곳저곳, 이 나라 저

나라를 쏘다녔다. 모든 권력과 출세욕의 유혹을 거부하고 기피했다. 그에게는 집도 고향도 없었다. 오직 방랑과 방황뿐이었다. 항상 공허 속에 살았다. 삶은 오직 책 읽기와 글 쓰기에 바쳐졌다.

공허 속에서 살았기에 그는 투명했다. 그는 위대한 사상가나 창조가는 아니었다. 그보다는 넓은 정신을 지닌 '올바른' 사상가였다. 그는 몽테뉴에게까지 이어지는 16세기 르네상스 휴머니즘의 열린 마음과 회의적 관용을 전형적으로 보여주었다. 당시의 휴머니스트들은 명료하되 경직되지 않은 시각으로 인간사를 관찰했고, 모든 학문의 이론적 가치를 실천의 관점에서 회의했다.

에라스무스의 활동무대는 대학이 아니라 인쇄소였고, 그의 학문수단은 오로지 책이었다. 이 점에서 그는 현대 저술가의 선구다. 그에게 최초의 명성을 안겨준 저서는 1500년에 발표된 《격언집》(부분적이기는 하지만 2009년에 최초의 한국어 번역서가 나왔다)이다. 이것은 라틴어 문헌에서 뽑아낸 격언들에 풍자적이고 유머러스한 논평을 덧붙인 책으로, 1500년이라는 새로운 세기의 시작연도를 상징하는 책으로 꼽힌다. 당시에 후텐(1488~1523)은 "오, 새로운 세기여, 살아있어 행복하도다"라고 새로운 세기의 출발을 축하했다.

에라스무스는 30세 무렵에 상대적으로 자유로운 영국에서 살게 되면서 그리스 고전 연구에 더욱 매진했다. 이어 그가 낸 《격언집》 2판은 초판에 비해 4배 가까이 되는 수의 격언(초판은 818개, 2판은 3260개)을 다룬 방대한 책으로 그 뒤로 휴머니스트들의 교과서가 됐다.

그러나 영국방문 이후 그의 관심은 종교로 기울었다. 그 첫 번째 결실인 《편람》(원래는 《어느 기독교 기사의 편람》이지만 보통 《편람》으로 지칭된다)에서 그는 종교란 세속성과 지속적으로 투쟁하는 생활로 표현돼야 하는 정신적 경험이라면서 신자들에게 스콜라 신학보다 성서와 교부들을 연구하라고 권했다. 그는 후대의 신교도들과 달리 종교적 관행마저 적대시하지는 않았으나, 적절한 정신적 태도를 수반하고 도덕적 진지성과 기독교적 봉사의 생활로 표현되지 않는다면 종교적 관행은 무익할 뿐더러 오히려 유해하다고 보았다.

이어 그는 이탈리아 휴머니스트인 발라의《신약성서 주석》을 발견하고 이를 편집해 발간했다. 그리고 그는 진리와 정의가 아닌 돈과 권력을 탐하는 세속사회와 성직자들 모두를 비판하는《우신예찬》(1511)을 썼다. 그는 복잡한 신학에 얽매이기보다 그리스도를 구세주로 믿고 그러한 믿음을 삶에 진실하게 반영하면서 살아가라고 가르쳤다. 그리고 순례나 단식, 기부나 수도생활 같은 외면적인 행동보다는 경건하고 내면적인 참된 신앙을 주장했다. 그는 지지도 받았지만 비난도 많이 받았다.

1516년에 에라스무스는 그리스어 성서 원전을 토대로 해서 라틴어로《교정 신약성서》를 발간했다. 이 책은 즉각 교황청의 환영을 받았고 교황이 그에게 로마에서 일하라며 초청했으나, 그는 그러한 초청을 받아들이는 것은 타락이라고 생각하고 거부했다.《교정 신약성서》는 19세기에 현대적인 성서가 만들어지기 전까지 신약에 대한 모든 연구의 토대가 됐다.

1517년에는 독일의 루터가《95개 조의 논제》를 쓴 뒤에 에라스무스에게 지원을 요청했다. 루터는 기독교인은 성서를 통해 신과 직접 만나야 하고, 선행이 아닌 신앙을 통해 올바른 길로 나아가야 하지만, 구원은 신의 의도에 따른다고 주장했다. 에라스무스는 루터의 신앙관이 구원에 관한 부분만 빼면 자신의 신앙관과 다르지 않다고 판단하고 그의 지원요청에 응해 그의 신앙관을 찬양했지만, 그에게 적대자에게는 단언보다는 설득을 하고 절규보다는 자중을 하라고 권했다. 에라스무스는 또한 루터는 본질적으로 선량한 사람이며, 그를 비난하는 것은 휴머니즘적 종교개혁을 위태롭게 할 것이라고 경고했다. 그는 루터의 면죄부 비판에 동의했고, 루터가 대중소요에 의지한 것도 권력과 재화에 눈이 먼 성직자들이 그에 대해 조잡하고 무원칙하게 대응한 탓에 불가피한 것이었다고 옹호했다.

그러나 1521년에 파문당한 루터가 자기의 견해를 철회하기를 거부한 뒤로 종교개혁 운동이 첨예화됐고, 그러한 상황에서 그동안 신교와 구교를 조정하고자 한 에라스무스는 양쪽으로부터 비판을 받을 수밖에 없었다. 에라스무스에 대해 루터는 자신을 지지하지 않으면 관객에 불과하다고 비판했고, 가톨릭은 이단에 대항해 싸우지 않으면 이단이라고 비난했다. 특히 그는 루터적 이단의 원천이라는 비판을 받았다.

에라스무스가 1524년에 《자유의지론》을 발표하자 루터가 이듬해에 《노예의지론》으로 반박했고, 이에 에라스무스가 다시 《노예의지론》을 반박하는 글을 발표했다. 그러나 에라스무스의 반박은 구원에 대한 루터의 주장에 집중됐고, 이 문제에 대해서도 에라스무스는 어디까지나 신교와 구교를 조화시키고자 하는 태도를 유지했다.

그가 비판한 것은 기

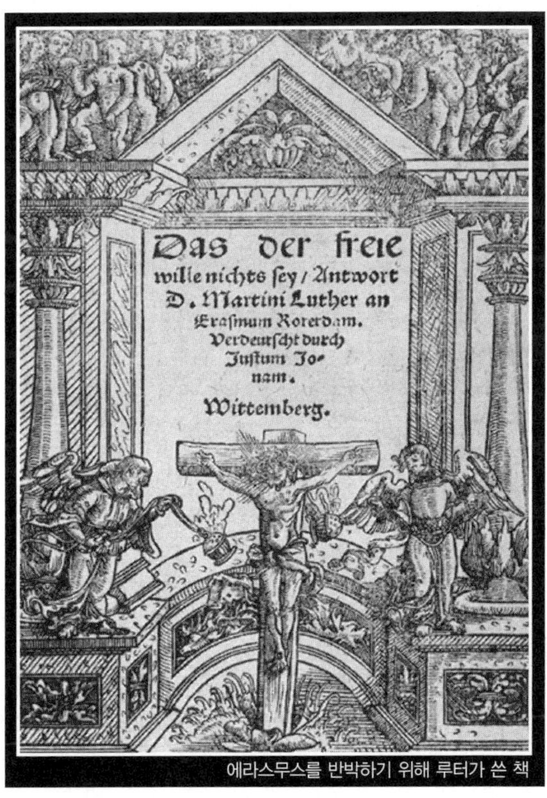

에라스무스를 반박하기 위해 루터가 쓴 책

도문이나 교리에 대한 논쟁을 정치적 논쟁 또는 죽기살기식의 싸움으로 이어가는 지적 독단론이었다. 그는 지적 독단론을 무력화시키기 위해 그것에 강한 비판을 가했다. 이런 그의 비판은 개혁적인 가톨릭교도에게는 물론이고 신교도에게도 큰 영향을 미쳤으나, 가톨릭 교회는 그것을 거부했다. 에라스무스는 1524년에 루터와 공식으로 결별했지만 그 뒤로도 수세기 동안 가톨릭은 계속해서 그를 거부했다.

1510년대까지는 에라스무스를 지지하는 세력이 광범하게 존재한 반면에 루터는 고립됐으나 1520년대에는 상황이 역전되어 평화로운 종교개혁에 대한 에라스무스의 꿈은 물거품이 됐다.

바보의 말을 들어라

에라스무스와 관련해 우리가 세계사 시간에 암기하도록 강요당한 것 가운데 하나는 그가 《우신예찬》을 쓴 휴머니스트라는 점이다. 그런데 그 책은 '바보'라는 이름의 여자가 뻐기는 이야기다. 말하자면 바보여자가 바보답게 제 자랑을 하는 수다가 그 내용이다. 따라서 책의 제목도 '바보자찬' 정도로 번역하는 것이 맞다. '바보'를 왜 '우신(愚神)'이라는 이상한 말로 번역했는지, 또 '자찬'을 왜 '예찬'이라고 했는지 나는 도무지 알 수가 없다. 어쨌든, 이런 책이 왜 세계사 시간에까지 등장하는 것일까?

《우신예찬》은 40세의 에라스무스가 이탈리아를 돌아보고 와서 쓴 책이다. 그가 이탈리아에서 본 것은 르네상스의 찬란함이 아니라 낭비와 사치에 젖은 온갖 타락이었다. 이로 인한 실망감을 장난스럽게 표현한 소품이 바로 이 책이다.

에라스무스는 학문적으로 심각한 내용의 두터운 저서도 많이 남겼다. 그러나 그것들은 모두 잊혀졌고, 사람들의 기억에 남은 것은 이 작고 무례한 풍자집이자 치기 어린 방종과 경망스러움이 가득한, 순간의 바람기로 인해 생겨난 사생아와도 같은, 바보를 예찬한 이 책 한 권뿐이다. 이는 볼테르가 180여 권의 저서를 썼지만 사람들의 기억에 남아있는 것은 짧은 풍자소설인 《캉디드》뿐인 것과 마찬가지다.

그렇다고 《우신예찬》에 무슨 특별한 내용이 담겨있는 것도 아니다. 거기에 등장하는 바보는 바보 같은 소리만 하는 게 당연하다. 그러나 또한 바보이기에 정상인이라면 할 수 없는 소리도 곧잘 한다. "나 없이는 세상의 어떤 집단도, 어떤 사회도 편안하게 유지될 수 없다. 내가 없이는 민중이 군주를, 주인이 하녀를, 선생이 학생을, 아내가 남편을 … 즉 인간이 인간을 견뎌내지 못한다. 상인은 그저 돈을 부풀리는 일을 하고, 작가는 우쭐한 명예 때문에 글을 쓰고, 군인은 과대망상 때문에 싸운다. 따라서 나를 필요로 한다." 그래서 바보는 자신을 예찬한다. "삶 속에서 우둔함에 사로잡혀 있는 자만이 진실로 인간이라고 불릴 수 있다."

이 책에서 에라스무스는 언제나 이중적인 자기 자신의 모습을 적나라하게 드러냈다. 그 모습은

에라스무스의 초상화를 그렸던 화가 한스 홀바인은 에라스무스가 소장하고 있던 《우신예찬》 초판의 여백에 익살스러운 그림을 그려넣었다.

대담하면서도 종종 불안해하고, 대단한 추진력으로 밀고 나가다가 마지막 결단에 서는 우유부단해지며, 정신은 투쟁적이지만 가슴은 평화를 추구하고, 저술가로서 자만하나 인간으로서는 비굴해보일 만큼 겸손하고, 이상주의자이면서도 회의적이다. 그 모습은 인간의 다양한 모습 그대로이지만, 여기서도 역시 중요한 것은 그러면서도 그는 언제나 보편을 지향한다는 점이다.

《우신예찬》은 가톨릭에 대한 설명에서 별안간 비수를 던짐으로써 종교개혁의 불씨가 된다. 이에 따라 이 책은 '역사적인 저작'이 된다. 에라스무스 자신은 가톨릭에 대한 반란을 꿈에도 생각하지 않았다. 그는 그저 평화와 합일의 종교를 꿈꾸었을 뿐이다. 그러나 그가 바보를 통해 던진 말들이 세상을 바꾸는 계기가 됐다. 이 점이 바로 세계사 시간에 '바보자찬'이 '우신예찬'이라는 이름으로 등장하는 이유다.

유럽통합의 상징이 되다

에라스무스는 적대적 현실 속에서 유한성을 가르쳐주는 중용을 강조했다. 중용이라는 낱말을 쓰는 데 대해 오해 없길 바란다. 여기서 중용이란 이도 저도 아닌 회색을 말하는 것이 아니다. 중용이란 확고한 진리나 무조건적인 확실성에 도달하기란 불가능하다는 확신이다. 따라서 중용은 기본적으로 회의의 정신이다.

그런 회의에 따라 에라스무스는 괴테의 사상과 같은 모호한 형이상학을 거부했다. 그에게는 파스칼의 '심연'도 없었다. 루터나 도스토예프스키와 같은 영혼의 흔들림도 없었다. 대신 그는 장난꾸러기처럼 권력과 종교를 조소하며 살았다. 그리고 스위프트, 레싱, 볼테르, 하이네, 니체, 쇼가 그의 뒤를 이었다.

에라스무스는 권력의 더러움을 잘 알고 있었다. 그러나 한 칼에 모든 악을 다

베어버릴 수 있다는 생각은 아예 하지 않았다. 그렇게 하는 것은 불가능하다고 생각했기 때문이다. 그렇다고 해서 세상을 버릴 필요까지는 없는 일이었다. 그래서 그는 오로지 날카로운 눈과 경멸의 눈초리로 더러운 세상을 바라보았을 뿐이다. 단테가 "보아라, 그리고 알았으면 가던 길을 계속 가라"라고 한 말 그대로 그는 묵묵히 자기의 길을 갔다.

그의 조국은 세계였다. 여기서 세계란 유럽지역을 말한다. 당시는 아직 국가 간 대립이 격심하지 않았던 때다. 그는 유럽 전체를 조국으로 삼은 최초의 유럽인이자 최초의 비판적 평화론자였다. 그러나 종교개혁 투쟁에서는 루터에게 패했다.

츠바이크는 《에라스무스》의 마지막 부분에서 "다른 것들이 흥분해 소란을 피울 때 이성은 입을 다물고 침묵해야 한다. 그러나 이성의 시대는 온다. 언젠가 다시 그 시대는 온다"라고 썼다. 그것은 히틀러에 대한 항변이었다. 그는 《에라스무스》를 쓴 지 1년 뒤에 나치를 피해 망명했고, 결국은 남미에서 자살했다. 그러나 그가 되살려낸 에라스무스는 지금 유럽통합의 상징으로 부활하고 있다.

에라스무스는 《평화의 탄핵》에서 '전 세계는 공동의 조국'임을 선언한다. 그리스도라는 이름이 우리를 하나로 만들고 있는데 도대체 무엇 때문에 영국이니 독일이니 프랑스니 하는 그 바보같은 이름들로 갈라져 있어야 한단 말인가? 에라스무스는 보편인, 공평한 사람, 자유롭게 미래를 바라본 사람으로서 인문주의의 표상이다. 이제 그는 야만에 대한 반대자, 모든 후진성과 전통주의를 퇴치하고자 한 투사, 더 자유롭고 더 인도적이고 더 고양된 인간성의 예고자, 앞으로 올 세계시민의 안내자로 내세워지고 있다.

그에게는 보편인의 또 다른 유형인 다 빈치나 파라셀수스에게서 볼 수 있는 대담한 가치추구나 투쟁 등의 파우스트적 면모가 없다. 반대로 이성, 명료성, 인식할 수 있는 것에 만족하는 성향, 도시적 본질, 온건한 개혁성, 온화함, 반폭력성, 통일성, 독선적인 독재에 대한 반대, 모든 전쟁에 대한 반대, 평화주의로 그는 이 시대의 총아가 된다.

그는 "가장 정당한 전쟁보다도 부당한 평화가 훨씬 낫다"라는 키케로의 말을 지지하며 다음과 같이 말한다. "대부분의 사람들은 전쟁과 아무런 관련이 없다. 전쟁 중에 최고의 행운을 잡는 경우가 있다면 그것은 일부의 행운일 뿐 대부분의 사람들에겐 파멸의 근원이다."

에라스무스가 죽은 뒤에도 휴머니즘은 적어도 19세기 말까지는 살아남았다. 신교와 구교, 여러 학교와 대학, 학문과 예술, 심지어 공직사회에서까지 살아남았다. 에라스무스를 기독교적 신념이 없다고 공개적으로 비난한 루터와 달리 루터와 함께 종교개혁에 헌신한 멜란히톤은 에라스무스를 옹호하고 신교와 구교의 통합을 위해 노력했다. 휴머니즘은 종교개혁 이후의 고전과 문학 연구에도 계속 영향을 끼쳤다.

20세기에 인류가 양차대전을 겪는 가운데 휴머니즘이 사라지는 듯했으나 1991년의 마스트리히트조약을 시작으로 유럽은 꾸준히 통합을 진전시켜왔다. 과정이 순탄치만은 않았지만 이제 유럽은 경제적 통합에 이어 정치적 통합에서도 비약적인 발전을 거두고 있다. 동양의 모습은 이와 사뭇 대조적이다. 대표적인 동양3국이라고 할 수 있는 한국, 일본, 중국은 역사가 시작된 이래 지금까지 계속해서 갈등을 빚고 있다. 요사이 3국이 주로 신경전을 벌이는 부분 중 하나는 바로 역사 문제다. 동북공정이니 역사교과서 왜곡이니 하며 통합은커녕 갈등의 골만 더 깊어지는 형국이다.

반면에 유럽은 통합 이전에도 역사서술 문제와 관련해 갈등을 빚은 적이 거의 없다. 더구나 몇 해 전에는 15개국 역사가들이 공동집필한 《유럽사》까지 발간됐다. 이 책의 첫머리를 장식한 것은 로렌체티의 벽화다. '조화를 이룬 하나의 유럽'이라는 주제 아래 이 벽화를 소개하면서 도시와 농촌 사이의 균형, 공간을 조직하는 능력이 유럽의 특징임을 설명하고 있다. 지금은 그 특징이 거대도시에 의해 위협당하고 있으나, 다른 많은 도전들을 극복했듯 이 또한 이겨낼 수 있다는 것이 이 책의 주장이다. 여기서도 알 수 있듯이 도시는 유럽의 물질적 토대로서 큰 중요성을 갖는다.

《유럽사》는 '유럽정신'은 시민의 적극적 참여를 토대로 한 그리스 민주주의에서 출발하여 로마의 법치주의와 입헌주의를 거치고 르네상스와 계몽주의에서 발전한 개인의 자유로 완성됐다고 서술하고 있다. 그리스로마 시대 이후에 부(富)가 편중되는 문제가 발생했으나 중세의 수도원이 이 문제를 극복했고, 그 성공을 바탕으로 삼아 19세기에 세속수도원 창설을 통해 유토피아를 건설하려는 시도가 일어났다. 이 새로운 시도는 실패로 끝났으나 그 대신 노동조합 운동이 일어나 1945년 이후에 사회보장제도에 의한 복지국가 건설로 귀결됐다는 것이다. 이 책은 국민복지의 실현이야말로 전 세계에 발산하는 유럽의 매력이라는 결론을 내리고 있다. 이 책은 보수주의자는 물론 진보주의자에게도 그다지 설득력이 없는 중간적 사회민주주의의 입장에서 서술됐다고 볼 수도 있겠으나, 그 기본이 휴머니즘의 계승임은 분명해 보인다.

" 새로운 무언가를 만들어내야 한다 "

가장 위대한 독일의 화가로 칭송받아온 뒤러. 그는 종교개혁의 시대를 살면서 루터를 지지하기도 하는 등 당대의 현실에 깊은 관심을 가졌다. 특히 그는 민중적 미술형식인 판화의 걸작을 다수 남겼다. 판화를 통해 그가 전달하고자 한 메시지는 무엇일까?

*

"새로운 무언가를 만들어내야 한다." 뒤러의 이 말은 현대 예술가에게는 당연한 모토가 되겠지만 알브레히트 뒤러(1471~1528)가 살았던 15세기 이전의 중세에는 위험한 말이었다. 중세 이전에는 새로운 것의 창조가 아니라 낡은 것의 답습이 중요했기 때문이다. 그러한 당시에 뒤러는 새로운 선언을 한 것이다. 그는 화가의 천분이란 "인간존재와 기타의 피조물에 관하여 지금까지 누구도 상상하지 못한 새로운 형식을 언제나 생각하고 그것을 작품화하는 것"이라고 선언했다.

뒤러는 우리가 앞의 3장에서 반 에이크에게서 본 화가로서의 자의식을 극대화한 화가였다. 그는 자신의 생애를 최초로 기록한 독일의 화가였고, 자화상을 최초로 독자적인 장르로 확립한 화가였으며, 미술이론을 확립한 화가였다. 또 그는 실물 누드를 최초로 그린 화가였고, 수채화와 판화를 완성했으며, 당시의 화가로서는 보기 드물게 1100점이 넘는 소묘, 34점의 수채화, 108점의 동판화와 에칭, 246점의 목판화, 188점의 유화 등 많은 작품을 남겼다. 특히 그는 민중미술인 판화를 완성한 화가였다. 반 에이크의 유화도 르네상스 시대에는 부유하고 사치스러운 계층 전용의 미술에 불과했다.

뒤러는 앞에서 본 미켈란젤로(1475~1564)보다 4년 일찍 태어났으나 그보다 36년 앞서 죽었고, 뒤에서 보는 다 빈치(1452~1519)보다는 한 세대 정도 늦게 태어나 그보다 9년 뒤에 죽었다. 따라서 시대 순으로 보면 다 빈치를 가장 먼저 다루어야 하겠지만, 그는 예술을 과학과 함께 추구한 유토피아의 선구자로 보고 3부에서 다루기로 한다. 다 빈치는 특히 미켈란젤로보다도 앞서서 인간을 발견하고 그러한 발견을 작품에 반영한 화가였는데, 이 점은 앞에서 미켈란젤로를 살펴볼 때 언급했다.

뒤러는 미켈란젤로나 다 빈치와 달리 이탈리아인이 아니었고, 앞에서 본 반 에이크와 달리 플랑드르 사람도 아니었다. 그는 독일인이었다. 그는 같은 독일인 인 루터(1483~1546)보다는 12년 일찍 태어나 18년 먼저 죽었으나, 1519년 이후에 루터와 그의 종교개혁 운동에 깊이 공감했다. 뒤러를 종교개혁의 지도자라고 말 할 수는 없지만, 그는 루터보다 더 일찍 중세로부터의 탈출을 시도했다.

그러나 루터와 달리 뒤러는 에라스무스와 같은 북유럽 휴머니스트 또는 예술 가들과 같이 젊어서 이탈리아에 유학했다. 1494년경, 그러니까 23세경에 뒤러가 베네치아에 유학했다고 알려진 점은 의문시되기도 하지만 그것이 사실이라면 그 때의 유학은 독일 화가로서는 최초의 이탈리아 여행이었고, 그 뒤에 이어지는 이 탈리아 여행의 원형이 됐다고 볼 수 있다. 그러나 그것을 "북유럽 르네상스의 시 작"이라고 하는 미국의 미술사학자 파노프스키의 주장에는 찬성할 수 없다. 우리 는 이미 반 에이크를 보았기 때문이다.

여하튼 이탈리아에서 뒤러는 "나는 여기서는 신사이지만 고국에서는 기생 충이다"라고 썼다. 그만큼 독일은 이탈리아에 비해 후진적이었다. 뒤러는 일찍이 에라스무스에 공감했다. 그는 일기에 이렇게 썼다. "로테르담의 에라스무스여, 왜 앞으로 나아가지 않는가? 보라, 현세 권력의 부정과 압정과 암흑의 힘에 의해 무엇이 가능할까? 들어라, 기독교의 기사여."

이탈리아에서 돌아온 뒤러는 1498년 당시에 유럽에서 유행하던 종말론에 따 라 《요한 계시록》을 묘사한 대형 목판화 연작을 그렸다. 그중 〈네 기사〉를 보면 지상의 왕이 용 같이 생긴 개로 상징된 지옥의 목구멍에 반쯤 삼켜져 있어 정치권 력 타도라는 의미가 암시돼있다. 세상이 망하면 신분과 계급의 구별도 없어진다 는 이 목판화의 메시지는 당시의 인민들에게는 강력한 것이었다. 이 판화집은 뒤 러 자신에게 가장 중요한 작품집이고, 서양미술사에서는 가장 도전적인 판화들로

평가된다.

뒤러는 자부심이 강했음을 우리는 1500년에 그려진 그의 자화상에서 볼 수 있다. 에라스무스의 《격언집》이 나온 해인 1500년에 그려진 이 기념비적인 그림에서 화가는 자신을 동방박사, 현인, 다 빈치, 그리스도로 묘사했다. 〈모나리자〉를 연상시키는 구도 속에서 정면을 향하고 있는 인물의 자세는 신을 묘사할 때에만 사용되던 것이었다. 이 그림은 기독교의 본질이 의식이나 예배에 있는 것이 아니라 신과의 직접적인 관계에 있음을 주장하고 있다.

에라스무스와 마찬가지로 뒤러도 인쇄술의 대가였다. 이는 뒤러가 반 에이크의 후예이면서도 그와 다른 다른 점이기도 했다. 교황청이나 귀족을 위해 일한 이탈리아의 화가들과 달리 뒤러는 다양한 계층의 대중에게 관심을 갖고 그들을

위한 판화를 인쇄술을 이용해 제작했다. 이것은 화가가 민중에게 다가갈 수 있는
새로운 길이었다.

뒤러는 1505년부터 1507년까지 두 번째로 이탈리아 여행을 하고 고향인 뉘른
베르크로 돌아와 지금 '뒤러 하우스'로 불리는 집을 구입했다. 당시에 뉘른베르
크는 자유도시로서, 독일의 도시 가운데 신성로마제국의 황제선거가 실시된 프랑
크푸르트와 대관식이 행해진 아헨과 함께 황제에게만 복종하는 도시였다. 인구는
5만 명 전후로서 6만 명 정도의 쾰른에 이어 제국에서는 두 번째로 큰 도시였고,
유럽 전역으로 통하는 교역망을 가진 상업의 중심지였다.

뒤러는 1512년에 막스밀리안 1세의 궁정화가가 됐고, 1518년부터 루터와 친
교를 맺었던 것으로 짐작된다. 그는 1521년에 루터가 죽었다는 헛소문을 듣고 그
를 애도하는 글을 쓰기도 했다.

네 편의 판화 명작

뒤러는 1513년과 1514년에 걸쳐 일련의 판화 명작을 그렸다. 〈기사, 죽음, 그리고
악마〉, 〈서재의 성(聖) 히에로니무스〉, 〈멜랑콜리아 1〉 등이다. A4 용지 한 장에
불과한 크기의 이 판화들은 뒤러의 대표작으로 지금까지 여러 학자들에 의해 분
석됐다. 이 세 작품과 1504년에 제작된 〈아담과 이브〉는 인간의 네 가지 주요 기
질을 표현한 것으로 여겨져 왔다. 즉 다혈질인 아담과 이브, 담즙질인 기사, 우울
질인 여성, 그리고 점액질인 성인을 표현한 작품이라는 것이다.

앞에서 우리는 고대부터 사람들은 인간이 사는 지구가 네 개의 원소, 즉 땅,
물, 공기, 불로 구성돼있고 지상에는 네 개의 존재, 즉 인간, 동물, 식물, 광물이 있
다고 믿었고, 인간을 우울질, 점액질, 다혈질, 담즙질로 분류했음을 보았다. 그리

고 우울질은 땅(흙), 점
액질은 물, 다혈질은 공
기, 담즙질은 불이 각각
지배한다고 사람들은 생
각했다. 이는 또한 사람
이 태어난 시기의 별의
위치와도 관련된다고 생
각됐다. 가령 우울질 인
간은 토성(사토우르누
스)의 지배를 받는다는
식이었다.

그러나 별의 영향에
의해 인간의 운명, 기질,
행동이 좌우된다는 사상
은 신의 의사에 의해 인

〈아담과 이브〉

간의 운명이 결정된다고 보는 기독교 신앙과 모순되는 것이어서 교회는 그러한
점성술을 금지했다. 또한 원소를 조작해 물질을 변화시키거나 새로운 물질을 창
조할 수 있다고 주장한 연금술도 교회는 마술이라고 보고 금지했다. 그럼에도 중
세의 농민들은 해, 달, 별의 운행에서 우주의 움직임을 보고 계절의 변화를 실감했
으므로 점성술은 민간신앙으로 뿌리 깊게 유지됐다.

그래서 중세나 르네상스 시대의 달력에는 별자리를 기준으로 인간의 운명이
나 직업의 표가 그려졌다. 가령 토성의 사람이면 고리대금업자, 농민, 도둑, 범죄
자, 사형집행인 등이 된다는 식이었다. 이런 관념이 사회적 차별로 이어졌음은 물

론이다.

그러나 앞에서 본 피치노는《삼중의 삶》이라는 책에서 특정한 별자리에 의한 기질은 다른 별자리의 힘을 빌려 고쳐질 수 있다고 주장했다. 가령 우울질의 사람은 목성이나 금성의 힘을 빌리면 창조적인 천재가 되거나 철학적인 능력 또는 예언적인 능력을 발휘할 수 있는 사람이 될 수 있다고 주장했다. 피치노가 이런 주장을 한 것은 그 자신이 우울질의 기질을 갖고 있었기 때문이라고 보는 사람도 있지만, 여하튼 그와 같은 주장은 많이 제기됐다.

한편 파노프스키는 뒤러가 살았던 시대에 독일의 철학자이자 의사였던 아그리파 폰 네테스하임(1486~1535)의 저서 《오컬트 철학》에 따라 뒤러의 판화들을 해석했다. 네테스하임은 피치노와 피코의 후계자로 루터와도 친했다. 그는 인간영

〈서재의 성 히에로니무스〉

혼의 움직임을 상상력, 이성, 지성이라는 3단계로 설명했다. 상상력은 기계적인 일의 결과인 건축과 회화를 만들고, 이성은 과학, 정치, 법을 만들며, 지성은 신학을 만든다고 보았다. 그리고 상상력이 예언할 수 있는 것은 홍수와 기근 등의 자연현상이고, 이성이 예언할 수 있는 것은 정권의 교체와 왕조의 흥망이며, 지성이 예언할 수 있는 것은 종교적 예언이라고 했다.

네테스하임에 의하면 〈멜랑콜리아 1〉의 배경에 나오는 홍수, 혜성, 무지개와 같은 자연현상은 상상력의 예언이 된다. 〈기사, 죽음, 그리고 악마〉는 〈멜랑콜리아 2〉로, 〈서재의 성 히에로니무스〉는 〈멜랑콜리아 3〉으로 볼 수 있고, 그러면 이 셋이 연작이 된다. 이는 파노프스키 등도 동의하는 견해다.

〈멜랑콜리아 1〉

뒤러의 〈멜랑콜리아 1〉에 표현된 여성은 로댕의 〈생각하는 사람〉과 같은 포즈를 취하고 있으며 활기찬 모습은 아니다. 파노프스키는 《토성과 우울》이라는 책에서 〈멜랑콜리아 1〉의 여성의 자세를 태아의 자폐적인 모습이라고 보았지만, 우리는 그것을 성찰적인 사색의 모습이라고도 볼 수 있다. 파노프스키는 그것을 날개가 있음에도 날지 못하는 무력한 천재를 그린 것이라고도 보았다. 즉 전통적인 우울의 포즈에 날개가 있음은 인간사고의 잠재적 능력을 보여주는 것이라고 볼 수도 있다. 파노프스키는 〈멜랑콜리아 1〉을 이성과 반이성의 대립으로 보았다.

그러나 뒤러 자신이 어떤 생각을 했는지는 알 수 없다. 적어도 뒤러가 살았던 15세기까지는 우울질이 부정적으로 여겨졌다. 〈멜랑콜리아 1〉에 지갑이 있는 것을 보면 고리대금업자를 표현한 것이라고 볼 수도 있다. 그러나 오른손에 들고 있는 컴퍼스와 발밑에 흩어져 있는 여러 가지 기계적 도구, 둥근 구와 다면체, 머리에 쓰고 있는 관, 그리고 날개가 있는 점은 비전통적이다. 게다가 배경에는 무지개와 혜성이 그려져 있다. 무엇보다도 그 인물은 여성이다.

여성의 머리 위에 그려진 숫자판은 가로 세로 어느 방향으로 그 수들을 더해도 합이 34다. 이를 두고 파노프스키는 제우스의 힘을 불러내는 마술이라고 보았으나, 맨 윗줄의 숫자는 뒤러의 어머니가 죽은 날짜이고 맨 아랫줄의 15와 14는 뒤러가 이 판화를 제작한 날짜라고 보는 학자도 있다. 또한 사냥개, 기계적 도구, 기하학적 물체 등은 창조적 가능성과 행동력이 마비될 때 나타날 수 있는 위험의 상징이고, 제목의 휘장 부분의 박쥐같은 생물이나 무지개와 혜성은 묵시록적인 상징이라고 보는 견해도 있다.

파노프스키는 이 판화에 그려진 기계류를 기하학을 상징한다고 본다. 기하학은 고대 그리

〈멜랑콜리아 1〉

스에서 7개 자유학예 가운데 하나였다. 그러나 파노프스키는 이 그림이 기하학의 의인화는 아니라고 본다. 왜냐하면 판화 속의 여성은 도구를 바라보지 않고 손에 들고 있는 컴퍼스로도 아무것도 그리지 않고 다만 허공을 바라보고 있기 때문이다. 그래서 파노프스키는 이 판화가 노동에 대한 지성의 우위를 보여준다고 한다. 고대 그리스에서는 회화, 건축, 조각 등을 지성의 일이 아니라 손으로 하는 기계적인 일로 보아 천대했다. 그러나 르네상스 시대에 와서 다 빈치나 미켈란젤로는 건축과 회화를 지성적인 작업으로 보았다.

〈기사, 죽음, 그리고 악마〉

1936년에 독일의 어느 미술사가는 니체와 히틀러 같은 영웅적 영혼의 승리를 그린 것이기 때문에 이 판화를 좋아한다고 말했다. 그런데 갑옷을 입은 기사의 창끝에 달린 여우털은 그 기사가 뻔뻔한 위선자이지 영웅적인 승자가 아님을 말해준다는 주장이 대두됐다. 그러나 여우털은 르네상스 당시에 기병대 기사들의 상징물에 불과했다. 이 판화에서 그려진 기사는 오히려 우리가 앞에서 본 에라스무스가 쓴 《어느 기독교 기사의 편람》에 나오는 기사와 같다고 할 수 있다. 기사의 옆에 모래시계와 악마가 있으나 기사는 그것들을 보지 않고 굳은 표정으로 앞으로 나아가고 있다.

　파노프스키를 비롯한 학자들은 성 바울이 에페소스 사람들에게 보낸 편지에서 말한 기사, 즉 그리스도를 위해 싸우는 기사를 표현한 것으로 이 판화를 해석했다. 그리고 기사의 발밑에 그려진 개와 도마뱀은 불에 타죽은 순교자를 상징하고, 해골 밑에 S라고 표시해놓은 것은 1498년에 죽은 사보나롤라를 가리킨다는 것이다. 그렇게 생각하고 보면 기사의 얼굴이 사보나롤라를 닮기도 했다.

　　뒤러의 시대는 종
교개혁의 시대였다. 그
러나 그가 초기에 그린
종교화를 보면 당대에
판매되던 면죄부를 사
는 것과 같은 맥락에서
많은 돈을 들여 제단화
나 예술작품을 제작하
면 신의 총애를 받을 수
있다는 사고방식에 그
가 젖었던 점을 알 수
있다. 뒤러가 살았던 뉘
른베르크는 1525년부터
루터의 종교개혁을 공
식적으로 받아들여 루
터교로 개종했다. 루터
는 기적과 성인과 성물
에 대한 대중적 신앙을
비난하고 종교예술 작

〈기사, 죽음, 그리고 악마〉

품들을 의혹의 눈으로 보았으나 성상이나 종교화를 파괴하는 것에는 동의하지 않
았다.

　　뒤러는 1521년부터 1524년까지는 루터를 지지했다. 그러나 1525년에 농민전
쟁이 끝난 뒤에 그는 루터와 거리를 두었다. 1525년에 공산주의자이며 무정부주

의자라는 이유로 뉘른베르크에서 처형된 '신이 없는 화가들' 중에는 뒤러의 동료들이 포함됐다. 이런 상황에서 1526년에 뒤러가 완성한 작품이 〈네 사도〉다. 요한, 베드로, 마가(마르코, 마가는 12사도는 아니었다), 바울을 둘씩 짝지어 그린 이 작품은 루터가 독일어로 번역한 성서의 서문에서 요한복음, 사도행전, 요한과 베드로의 서간이 성서의 핵심이라고 한 것과 일치한다. 그림의 바닥에는 '거짓 예언자'를 주의하라는 말이 씌어있다. '거짓 예언자'란 농민전쟁을 주도한 뮌처 등 재침례파를 뜻한다. 이런 점에서 뒤러는 보수주의자였다고 할 수 있다.

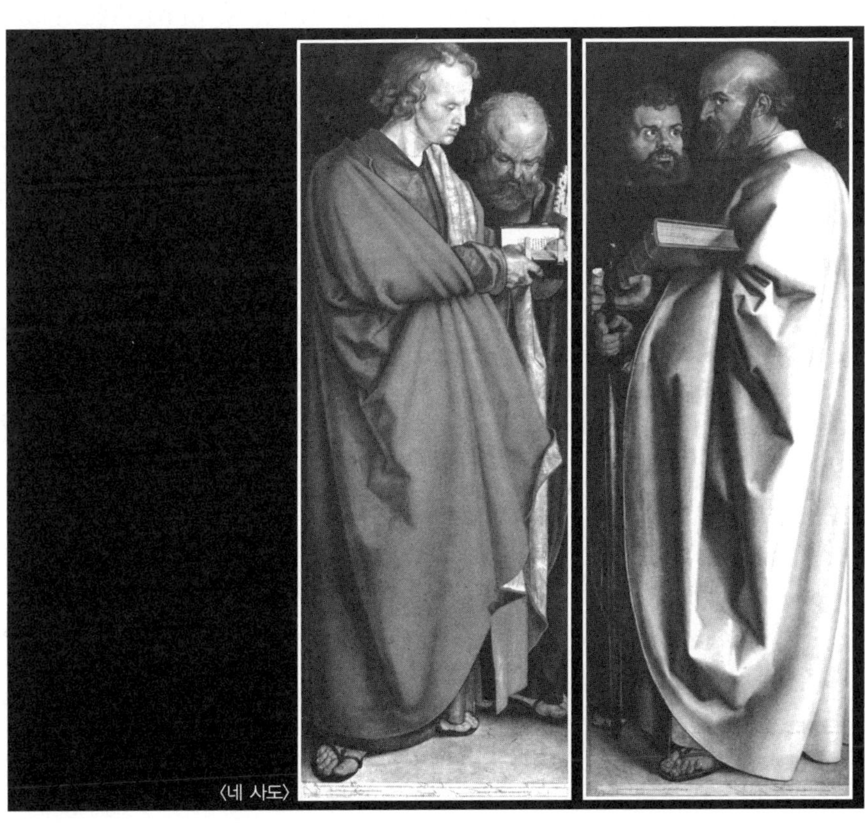

〈네 사도〉

뒤러 연구의 문제점

뒤러가 죽고 난 뒤에 트리엔트 종교회의(1545~1563)는 치마부에(1240?~1302)와 함께 뒤러를 진정으로 '고결한' 그림을 그린 화가의 본보기라고 선언했다. 1870~71년의 프랑스-프로이센 전쟁이 터지자 뒤러는 '궁극적 독일인'의 한 사람으로 추앙됐다. 학문적으로 부르크하르트의 제자이자 20세기 미술사학의 태두인 하인리히 뵐플린(1864~1945)이 《알브레히트 뒤러의 미술》(1905. 우리말 번역은 《뒤러의 예술》, 이기숙 옮김, 한명, 2002)을 저술해 펴내는 등 뒤러에 대한 연구도 새로이 이루어졌다.

이어 히틀러가 '가장 독일적인 도시'라고 부른 뉘른베르크에서 1933년 이래 나치 전당대회가 열리게 된 것을 계기로 뒤러는 나치가 가장 존경하는 화가가 됐다. 그럼에도 나치에게 쫓겨난 유태인 미술사가인 파노프스키에 의해 20세기 후반에도 뒤러는 가장 위대한 독일의 르네상스 화가라는 평가가 유지됐다. 파노프스키는 《알브레히트 뒤러의 생애와 예술》(우리말 번역은 《인문주의 예술가 뒤러》, 임산 옮김, 한길아트, 2006), 《르네상스 미술의 휴머니즘적 주제》(우리말 번역은 《도상해석학 연구》, 이한순 옮김, 시공사, 2002), 《이데아》(우리말 번역은 《파노프스키의 이데아》, 마순자 옮김, 예경, 2005) 등의 저서를 통해 뒤러를 재평가했다.

르네상스 미술에 관한 문헌이 빈약한 우리나라에도 뒤러에 관한 문헌은 비교적 많은 편이다. 위에서 언급한 것들 외에도 노르베르트 볼프의 《알브레히트 뒤러》(김병화 옮김, 마로니에북스, 2008), 디터 잘츠게버의 《알브레히트 뒤러》(노성두 옮김, 랜덤하우스, 2006), 박래경의 《뒤러》(지소림, 1987), 한중기의 편저인 《알브레히트 뒤러》(이종, 2002) 등이 있다. 그러나 가장 주목할 만한 책은 신준형의

《파노프스키와 뒤러―르네상스미술과 유럽중심주의》(시공아트, 2004)다.

신준형도 지적했듯이 서양인들이 완벽한 미의 구현으로 칭송해온 르네상스 미술에 대한 연구는 유럽중심주의에 강력한 이데올로기적 근거를 제공했다. "수학적으로 계산된 인체비례와 원근법은 서구문명의 합리성과 과학성을 입증하는 증거로 제시되었고, 비유럽권 미술에 나타나는 표현주의적, 추상적 요소는 이에 반하는 비이성과 문명적 퇴행의 징후로 생각된 것이다."(신준형, 위 책, 14쪽)

" 전인미답의 길을 개척한다 "

마키아벨리는 분열된 이탈리아를 통일하기 위해서는 냉혹한 지도자가 필요하다고 주장했다. 그러나 오늘날 마키아벨리는 권모술수의 대가, 파시즘의 악령으로 오해받고 있다. 그가 열망한 공화국의 꿈은 르네상스 시기의 도시국가에서 왜 좌절당할 수밖에 없었을까?

$$*$$

앞의 8개 장의 머리에서 각각 인용한 모토 같은 것이 니콜로 마키아벨리(1469~1527)의 경우에는 무엇일까? "여우가 되고 사자가 되라"는 말이 이른바 마키아벨리즘의 모토 같은 것으로 여겨지고 있지만, 뒤에서 설명하듯이 마키아벨리가 그런 마키아벨리즘을 주장했다고 생각하는 것은 오해다. 대신에 나는 마키아벨리가 《로마사 논고》(강정인 안선재 옮김, 한길사, 2003, 67쪽)의 서문에서 강조한 "전인미답의 길을 개척한다"는 말을 그의 모토로 제시한다. 《군주론》(강정인 문지영 옮김, 까치, 2003, 9쪽)에서는 그것이 '독창성'으로 표현된다.

그리고 그 말의 실질적인 내용은 "정치는 통일을 위한 실천의 기술"임의 자각이라는 점을 여기서 강조하고자 한다. 마키아벨리는 정치를 중세적인 신앙이나 도덕과 연결된 것이 아니라 당시의 분열된 이탈리아와 유럽을 통일하기 위한 실천적인 기술이나 방법으로 인식한 최초의 현대인이자 르네상스인이었다. 이탈리아의 통일은 페트라르카 이래 모든 휴머니스트들의 꿈이었다. 이는 《군주론》의 마지막 부분에 인용된 페트라르카의 다음 시에서도 알 수 있다.

> 용맹은 광포한 공격에 대항하여
> 무기를 들 것이다.
> 전쟁은 짧은 것이니.
> 이탈리아인의 가슴에 옛날의 용기는
> 아직 살아있거늘. (《군주론》, 183쪽)

여기서 '옛날의 용기'란 고대 로마인의 용기를 말한다. 앞의 1장에서 보았듯이 페트라르카는 고대 로마인, 그리스인과의 대화를 통해 자신의 사상과 예술을 구축했다. 마키아벨리도 마찬가지였다. 그는 자신의 그런 대화에 대해 다음과 같은 기록을 남겼다.

> 저녁에는 집에 돌아가서 서재에 들어갑니다. 들어가기 전에 나는 하루 종일 입었던, 진흙과 먼지가 묻은 옷을 벗고 궁정에서 입는 옷으로 정장을 합니다. 그렇게 적절히 단장을 한 후 옛 선조들의 궁정에 들어가면 그들이 나를 반깁니다. 그리고 거기에서 나만의 음식, 그것 때문에 내가 태어난 음식을 먹습니다. 나는 그들과 이야기하는 것을 주저하지 않으며, 그들의 행적에 대해서 궁금한 것이 있으면 그 이유를 캐묻습니다. 그들은 친절하게 답변을 하지요. 네 시간 동안 거의 지루함을 느끼지 않으며, 모든 근심과 가난의 두려움을 잊습니다.(《군주론》, 188쪽)

그러나 마키아벨리의 대화상대는 페트라르카의 경우처럼 아우구스티누스와 같은 기독교인이나 세네카와 키케로와 같이 자비와 관용을 주장한 철학자가 아니라 리비우스와 같은 로마의 역사가나 아가토클레스와 같은 냉혹한 군주였다. 이런 대화가 그의 《군주론》을 탄생시켰다.

우리가 앞의 4장에서 본 알베르티가 《가족론》에서 제시한 르네상스적 '전인'은 도시국가가 융성하던 시절의 이념이었다. 그 뒤로 공화정이 무너지고 군주정이 들어서자 군주를 정점으로 하는 궁정사회에 적응할 수 있는 '궁정인'이 카스틸리오네(1478~1529)의 《궁정인》에 의해 제시됐다. 카스틸리오네는 군인도 평화시에는 예술과 학문을 연마하고 호전적인 태도를 버려야 한다고 주장했다. 그러나 마키아벨리에게는 그런 태도가 바람직한 것이 아니었다.

마키아벨리의 시대와 삶

마키아벨리가 살았던 시대에 피렌체는 변혁의 도시였다. 베네치아로 추방됐던 코지모 데 메디치(1389~1464)가 1434년에 피렌체로 돌아와 이 도시를 장악했고, 1458년에는 70인 평의회가 이 도시를 장악했다. 1469년에 코지모 데 메디치의 손자인 로렌초 데 메디치(1449~1492)가 지배자가 돼 피렌체의 경제가 가장 활발해진 무렵인 1469년에 마키아벨리가 태어났다. 그가 태어난 집안은 유서 깊은 귀족 가문이지만 아버지 대에 중류계층으로 몰락한 상태였다. 그래도 집안 분위기가 교양이 있었기에 그는 어려서부터 교양을 풍부하게 쌓을 수 있었다.

그러나 그가 25세가 된 1494년에 프랑스군이 이탈리아에 침략하고 메디치가가 다시 추방됐고, 1498년에는 피렌체에 베네치아를 본뜬 일종의 의회인 80인위원회가 설립됐다. 마키아벨리는 그 서기관으로 임명돼 공직생활을 시작했고, 1501년에는 결혼도 했다. 그리고 이듬해에 체사레 보르자(1475~1507)를 만났다. 1500년에 교황군 총사령관이 된 보르자는 중부 이탈리아를 공격해 토스카나를 점령했다. 피렌체 측에서는 보르자가 피렌체를 어떻게 생각하는지를 알기 위해 마키아벨리를 그의 궁정으로 파견했다.

1502년에 피렌체에서는 통령의 일종인 국가주석의 종신제가 실시됐다. 1512년에는 메디치가가 외국군대를 이끌고 복귀하면서 14년간 이어진 마키아벨리의 공직생활이 끝났다. 이어 그는 메디치가에 반대하는 음모에 휘말려 엄청난 고문을 받았다. 마키아벨리는 그 뒤에 사면됐으나 44세부터는 실의에 빠진 채 산장생활을 해야 했고, 그 첫해인 1513년에 《군주론》을 썼다. 그는 메디치가로부터 공직을 얻고자 애를 썼으나, 이런 그의 희망은 실현되지 않았다. 1527년에 메디치가가 다시 추방되고 피렌체에 공화정이 수립됐을 때 마키아벨리는 병으로 죽었다.

로렌초 데 메디치(왼쪽)와 체사레 보르자(오른쪽)의 초상

마키아벨리를 권모술수와 독재를 주장한 사람으로 폄훼하는 시각도 많지만, 이는 잘못된 편견에 불과하다. 그는 정치와 윤리를 구별한 점에서 정치학의 선구자였고, 반인민적인 귀족정에 반대하기 위해 시민적 군주정과 공화정을 번갈아 옹호했다. 이렇게 겹눈으로 마키아벨리를 바라보는 태도야말로 르네상스, 특히 르네상스의 정치관을 가장 잘 보여준 마키아벨리의 사상을 잇는 태도라고 나는 생각한다.

〈모나리자〉의 미소와 달리 마키아벨리의 미소에는 조소가 서려 있다. 날카롭게 빛나는 눈, 앙다문 얇은 입술, 입 끝에 살짝 걸린 비웃는 듯한 미소. 권모술수라는 의미의 마키아벨리즘의 관점에서 보면 그 얼굴이 대단히 교활하게 보이지만, 그가 귀족에 대항한 민중사상가였다고 생각하고 보면 그 얼굴에서 영민함을 읽을 수 있고 그의 조소도 저항의 뜻을 담고 있는 것으로 보이기도 한다.

나는 마키아벨리를 처세주의자로 보는 나나미식의 관점에 동의하지 않는다. 그를 공화주의자나 통치기술자로 보는 한국 정치학자들의 관점에도 동의하지 않는다. 그를 풍류객으로 묘사하거나 정치학이라는 학문의 시조로 모시는 듯한 태도에도 반대한다. 마키아벨리는 권위의식 없는 민중지식인으로서 노동자, 창녀, 과부 등과 함께하면서 한편으로는 역사를 통해 정치를 연구하고 이탈리아의 통일을 위해 시민도덕의 각성을 주장한 르네상스인이라는 게 내 견해다.

그는 정치학자이기 이전에 역사학자였고, 무엇보다 휴머니스트라는 점에서 진정한 르네상스인이었다. 그는 자신을 '정치학자'라고 생각하지 않았다. 만약 그가 지금 살아 있다면 자신이 '현대 정치학의 아버지'라고 불리는 것에 대해 이의를 제기할 것이다. 특히 오늘날의 행태주의 정치학은 그의 실천적 정치학과 전혀 다르기 때문이다. 마키아벨리는 전인으로서 극작가이자 시인이기도 했다. 그가 쓴 《만드라골라》는 이탈리아 연극사에서 가장 위대한 희극 가운데 하나로 평가된다. 유부녀를 유혹하는 줄거리에는 아마 마키아벨리 자신의 경험이

《만드라골라》의 표지

그대로 녹아있으리라.

1991년부터 본격화된 유럽통합의 아버지로 에라스무스를 비롯한 많은 르네상스인들이 거론됐다. 그러나 마키아벨리는 그러한 이들과 적대관계에 있었던 인물로 평가됐다. 이러한 평가는 슈테판 츠바이크 같은 사람들의 견해에 바탕을 둔 것이었다. 그러나 실상은 그렇지 않았다. 마키아벨리는 이탈리아의 통일을 갈망했고, 그 실현을 위해 현실감각이 뛰어난 정치인이 되기를 희망한 인물이었지 유럽통합을 반대한 인물이 절대 아니었다. 오늘날 그가 살아있다면 세계 인류의 정치적 통합을 희망했으리라. 그리고 그는 그런 통합을 위해 정치의 기술을 연구했으리라.

《군주론》에 투영된 분단극복의 꿈

학문과 예술의 모든 것을 말한 듯한 페트라르카나 알베르티, 또는 뒤에서 보게 될 브루노나 다 빈치도 정치에 대해서는 그다지 관심을 갖지 않았다. 그들은 부상하는 시대의 새로운 인간상과 세계상의 창조자였고, 자신의 운명을 스스로 만들어가는 전인적 인간의 사회참가와 문화형성에 관심을 기울였다.

그러나 마키아벨리는 정치적 위기의 시대를 살았다. 외국의 침입으로 이탈리아의 정치조직이 허약함이 폭로됐고, 인간의 가능성에 대한 종래의 신뢰 또한 서서히 무너졌다. 인문학은 천박한 관념의 유희로 전락해 궁정인이 되는 출세의 요건 정도로 대접받기에 이르렀다. 마키아벨리가 산 16세기의 르네상스는 그렇게 저물어갔다. 마키아벨리는 그 시대를 다음과 같이 묘사했다. "이스라엘인들보다 더 예속돼있고, 페르시아인들보다 더 억압받고 있으며, 아테네인들보다 더 지리멸렬해 있는데다가 인정받는 지도자도 없고, 질서나 안정도 없으며, 짓밟히고 약

탈당하고 갈기갈기 찢기고 유린당한, 한 마디로 완전히 황폐한 상황에 처해 있다.”(《군주론》 177쪽)

이는 그가 1513년에 집필한 《군주론》의 26장에 나오는 구절이다. 그는 현실에 대한 그러한 극단적인 분석을 토대로 새로운 군주를 열망하는 《군주론》을 쓴 것이다. 분단극복은 침략자에 대항하는 투쟁을 통해서만 가능한데 민중의 투쟁력은 충분하지만 그것을 뭉쳐낼 지도자가 없다는 것이 그의 현실인식이었다.

《군주론》의 헌정사에서부터 그는 실증과학이나 정치과학의 토대라고 여겨진 모든 것에 대한 ‘참된 이해’를 펼치기 시작한다. 그는 사물을 현실적 진리 그대로 표상하는 것이 가상적으로 표상하는 것보다 낫다는 주장을 편다. 정치적 실천을 이데올로기보다 중시한 것이다.

여기서 문제가 되는 이데올로기에는 당시 휴머니스트들의 정치적, 도덕적, 미학적 훈고풍 담론, 사보나롤라의 혁명적 설교, 기독교의 신학, 고대의 정치이론 등이 모두 포함된다. 르네상스가 문예부흥으로 이해되기도 하는 데서 알 수 있듯 이 고전의 부활이 각광을 받던 시대에 마키아벨리는 그러한 고전의 권위에 철저히 저항한다. 이런 점에서 마키아벨리는 결코 훈고적 학자가 아니다. 그는 ‘실제로 사용할 수 있는 진리’만을 진리로 인정했다. 그는 이렇게 말했다. “누구에게나 유용한 것을 글로 쓰고자 하기 때문에 이론이나 사변보다는 사물의 실제적인 진실에 관심을 경주하는 것이 낫다고 생각한다.”(《군주론》 107쪽) 이런 점에서 보면 그는 알베르티의 후예다.

특히 우리가 앞의 5장에서 본 피코의 경우와 같이 당시의 휴머니스트들 사이에 뿌리 내린 플라톤의 초월적 이데아론으로부터 그는 벗어났다. 마키아벨리에게 세상은 저 세상이 아니라 이 세상이었다. 이 세상은 영원한 이상국가로 비상하기에는 너무나도 부패한 상태였고, 거기서 벗어나는 길은 오로지 지금 이 세상에서 살아가는 현실의 인간들에게서 찾을 수밖에 없었다. 그러나 그에게 현실의 인간은 신화에 반인반수의 괴물로 나오는 켄타우로스처럼 모순을 지닌 이중적 존재였다.

글을 쓰는 형식에서도 그는 다른 전형적인 르네상스인들과 다른 길을 갔다. 고상한 어조나 멋진 구절 등의 수사와 기교는 일절 배제했다. 이렇게 한 것은 자기가 쓴 책이 오직 독창성과 주제의 중요성에서만 판단되기를 바랐기 때문이기도 하다.

마키아벨리는 《군주론》의 헌정사에서 "인민의 성격을 적절히 이해하기 위해서는 군주가 될 필요가 있고, 군주의 성격을 적절히 이해하기 위해서는 인민의 한 사람이 될 필요가 있다"(《군주론》 10쪽)고 말한다. 그러나 이 구절을 이유로 《군주론》이 군주의 관점이 아닌 인민의 관점에서 서술된 책이라고 생각해서는 안 된다. 마키아벨리는 "인간들이란 다정하게 안아주거나 아니면 아무렇게나 짓밟아 뭉개버려야 한다"고 말한다. "왜냐하면 인간이란 사소한 피해에 대해서는 보복하려고 들지만 엄청난 피해에 대해서는 감히 복수할 엄두도 못 내기 때문"이며, 따라서 "사람들에게 피해를 입히려면 복수를 두려워할 필요가 없게 될 정도로 아예 크게 입혀야 한다"(《군주론》 19쪽)는 것이다. 또 "인간이란 은혜를 모르고 변덕스러우며 위선자인데다가 기만에 능하며, 위험을 피하고 이득에 눈이 어둡다"거나 "인간은 두려움을 불러일으키는 자보다 사랑을 주는 자에게 해를 끼치는 것을 덜 주저한다"고 말하기도 한다(《군주론》 117쪽).

게다가 그가 말하는 인민에는 이탈리아 사람들만이 아니라 피정복 국가나 식민지 사람들도 포함된다. 이와 관련해 특히 《군주론》에 식민지 정복론이 들어있으나 이것이 그동안 주목되지 않았다는 점을 지적하고자 한다. 마키아벨리는 지배 확대의 방법으로 침략과 함께 식민지 정복을 권유하고, 그런 타국의 재산은 자국의 재산과 다르게 넉넉하게 써서 자국의 병사들로 하여금 복종하게 해야 한다고 주장한다.(《군주론》 113쪽)

《군주론》

마키아벨리는 《군주론》의 1장부터 11장까지에서 전제정이나 세습정을 비롯한 군주국의 여러 현실 유형을 설명하고 있다. 그러나 마키아벨리의 목표는 그런 낡고 시대에 뒤떨어진 유형이 아닌 새로운 군주국의 필요성을 역설하는 것이다. 물론 그것은 이탈리아를 분열시키고 통일을 방해해온 교회국가나 도시공화국을 가리키는 것이 아니라 무력을 갖춘 강력한 나라다. "무기를 든 예언자는 모두 성공한 반면 말뿐인 예언자는 실패했다." 그 이유로 마키아벨리는 인민의 변덕을 들고, "그들이 당신과 당신의 계획을 더 이상 믿지 않을 경우, 힘으로라도 그들로 하여금 믿게끔 강제할 수 있어야 한다"고 주장한다(《군주론》 42쪽).

새로운 군주국에 대한 설명은 12장부터 23장까지에 수록돼있다. 군주가 이끄는 국가는 인민 속에 뿌리내린 인민국가여야 하고 군대로 대표되는 강제장치, 종교나 명성을 통한 동의장치, 계급투쟁의 결과이자 제도인 정치사법장치로 구성된다. 그중 가장 중요한 것은 법과 군대다. 여기서 군대란 외국군이나 용병이 아닌 순수 자국군, 즉 민중군대여야 한다고 주장된다.

마키아벨리가 말하는 군주란 사적 개인이 아니라 정치적 개인이다. 따라서 종교나 도덕과는 전혀 다른 차원의 목표, 즉 역사적 목표인 국가의 창건과 그 공고화를 추구해야 한다. 즉 마키아벨리가 주장한 것은 개인적 비도덕이 아니라 정치적 비도덕이다. 군주는 법에 의거하되 법이 무력하면 강제력을 사용할 줄 알아야 한다는 주장이다.

'강제'는 사자와 여우의 비유로 설명된다(《군주론》18장). 덫을 알아차리기 위해서는 교활한 여우가 돼야 하고, 늑대를 쫓아버리기 위해서는 사나운 사자가 돼야 한다. 여우는 기만, 즉 간계와 속임수를 뜻한다. 기만은 강제와 법을 사용하는 방법이다. 이것을 군대에 대입하면 전략이 되고, 법에 대입하면 정치술이 된다. 그러나 이것은 무법이나 불법과는 다르다. 법을 갖고 술책을 부리기 위해서는 무엇보다 법이 존재하고 승인돼야 하며 무시될 수 없는 것이어야 하기 때문이다. 여기서 군주는 다시금 인민적 기반에 주목해야 한다. 이는 당대의 현실에서 볼 때 군주란 인민의 편에 서서 귀족에 저항해야 한다는 뜻이기도 했다.

따라서 마키아벨리는 귀족과 인민의 '계급대립'을 직시했다고 볼 수 있다. 귀족은 인민을 지배하려 하나 인민은 그 지배를 원하지 않아서 대립이 생기므로 군주는 힘의 균형을 실현하기 위한 법을 만들어 인민의 편을 들어야 한다고 마키아벨리는 주장한다.

이런 점에서 알튀세르는 마키아벨리를 사회주의자로 보지만 나는 그렇게 보지 않는다. 마키아벨리는 국가가 한 사람의 군주에 의해 창건된다고 본 점에서 분명히 군주론자이

《군주론》 1550년도 판의 표지

226

기 때문이다. 이런 측면에서 마키아벨리는 시대에 타협한 궁정인이었다고 말할 수 있다. 그가 비록 카스틸리오네처럼 궁정인으로 출세하기 위한 천박한 가이드라인을 만든 것은 아니지만 권모술수의 군주를 절대시한 것만큼은 부정할 수 없는 사실이다.

또 《군주론》에서 마키아벨리는 의지를 긍정하는 동시에 운명도 긍정한다. "운명의 신은 여신인데 만약 당신이 그 여자를 손아귀에 넣고자 한다면 그녀를 거칠게 다루는 것이 필요"(《군주론》 175쪽)하다고 한다. 이는 마키아벨리가 1506년에 쓴 편지에서 운명이 인간의 행위를 지배한다고 한 것에 비하면 기독교에서 말하는 신의 섭리나 예정조화설을 부정하는 쪽으로 나아간 것이지만, 그렇다고 해서 그가 운명을 완전히 부정한 것은 아니다.

마키아벨리는 가난하나 덕이 높은 중세식의 금욕적 유토피아 국가를 거부한다. 에라스무스의 관용에 근거한 이상주의적 정치사상 같은 것은 마키아벨리에겐 휴짓조각보다 못한 것이다. 그리하여 마키아벨리의 책은 출간되자마자 교황, 신부, 도덕주의자들의 저주를 받은 것은 물론이고 군주들의 저주까지 받았고, 1559년에 가톨릭 금서목록에 포함됐다. 종교나 도덕을 정치의 도구로 타락시켰고, 잔인하고 간교하며 배신을 일삼는 악마를 군주로 추앙했다는 것이 그 이유였다. 그래서 마키아벨리즘이라는 말은 권모술수의 대명사로 역사에 남게 됐다. 마키아벨리즘이라는 말을 처음으로 이렇게 정의하고 사용한 사람은 18세기 프랑스의 계몽주의 철학자인 디드로(1713~1784)다.

그러나 당시의 사회지도층이 마키아벨리를 증오한 진짜 이유는 다른 데 있었다. 이탈리아반도의 정치는 르네상스 시기뿐만 아니라 고대 로마제국이 붕괴할 무렵부터 19세기까지도 분열과 불안의 연속이었다. 그 요인 중 하나가 통일을 방해하는 가톨릭의 존재였다. 이탈리아반도가 통일되면 교황청은 그 산하에 들어가야 하기 때문이었다. 이는 자주독립을 추구한 각 도시국가의 이해관계와 일치했다. 따라서 교황청이나 도시국가나 마키아벨리를 환영할 리 없었다. 이런 점에서 그는 분명히 이단아였다.

《로마사 논고》과 《전술론》 등

흔히 《군주론》은 군주정, 《로마사 논고》는 공화정을 주장한 책이라고 하지만 《로마사 논고》에도 군주정이나 왕정이 드물지 않게 언급되고 두 책 모두 강제력이 필요하다고 주장한다는 점에서 크게 다르지 않다. 또 고대 로마의 정치에 대한 《로마사 논고》의 해석과 《군주론》의 해석이 크게 다르지 않다. 물론 논의의 중점은 다르다. 즉 《군주론》에서는 고대 로마인의 정치적 지혜인 '시민성, 즉 자유에 대한 사랑'이 강조된다. 그리고 마키아벨리가 그러한 시민성을 중심으로 한 공화정을 군주정보다도 좋아한 것도 사실이다.

마키아벨리는 고대의 미풍양속과 정치적 역량이 현대 이탈리아에서 사라진 이유를 《로마사 논고》 1권 12장에서는 종교 즉 기독교의 타락에서 찾지만(121쪽), 같은 책 2권 2장에서는 고대 로마에 비해 기독교가 현세적 영예를 덜 추구한 점에서 찾는다(275쪽). 따라서 로마 공화정을 숭상하는 그로서는 로마와 같은 현세적 영예를 추구하는 쪽으로 나아가는 것이 필요하다고 주장해야 했다.

그러나 2권 5장에서 그는 종파와 언어의 변화가 역사기록들을 파괴했다고 하고서 현대에 필요한 지식을 고대에서 얻으려는 자신의 노력을 포기한다. 이러한 태도는 마키아벨리가 만년에 쓴 《전술론》이나 《피렌체사》 등이 그 제목에도 불구하고 실천적인 측면보다는 사변적인 내용을 갖는 것과도 연관된다. 이는 현실정치에 실망한 그가 택할 수밖에 없는 길이었는지도 모른다.

시오노 나나미의 책에 지성은 없다

마키아벨리가 그렇게도 열망한 강력한 군주를 통한 이탈리아 통일은 《군주론》이 출판되고 나서 약 350년이 지난 1861년에야 가능했다. 여기서 우리는 르네상스 당시의 정치를 경제사회적 관점에서 살펴볼 필요가 있다. 그래야만 마키아벨리의 정치론을 제대로 이해할 수 있다.

이탈리아의 경제적 르네상스는 12세기 무렵에 시작됐다. 그러나 이는 나나미가 찬양하듯이 이탈리아인의 상재(商才)가 뛰어났기 때문이 아니라 오랫동안 닫혀 있었던 지중해가 사라센 등의 약화로 인해 그때에 비로소 열리기 시작했기 때문이다. 도시국가 가운데 부 축적의 대표주자는 베네치아였다.

우리는 시오노 나나미의 저서 《바다의 도시 이야기》를 통해 베네치아에 대해 조금 더 알게 됐다. 이 책의 번역자는 '자원이라고는 없는 손바닥만한 나라'가 무역입국으로 번영하는 과정이 '세계화를 부르짖으며 몸부림치는' 우리에게 교훈을 준다고 한다. 사실 그런 교훈이라면 한국보다 일본에서 더 일찍, 더 강하게 의식되어 베네치아에 관한 책이 일본에서 많이 나왔다.

그러나 정작 시오노 나나미의 입장은 다르다. 그는 베네치아를 르네상스의 '알맹이'라고 보았기 때문에 그 책을 썼다고 한다. 그런데 그 알맹이가 무엇인지는 1000페이지를 다 읽어도 알 수가 없다. 베네치아에서는 예술이나 학문이 그다지 융성하지 않았다. 그렇다면 뛰어난 장사나 외교술을 '알맹이'라고 하는 것일까?

그렇다. 시오노 나나미의 책을 읽어보면 그가 르네상스만이 아니라 로마를 비롯한 모든 문명, 모든 역사의 알맹이는 장사나 외교라고 보고 있음을 알 수 있다. 시오노의 세계에는 예술과 학문이 등장하지 않는다. 유일한 예외인 마키아벨리마저 학자로서가 아니라 정치가, 외교가로 다루어진다. 메이지유신 이래 마키아벨리만큼 일본인들에게 큰 영향을 끼친 스승은 없다. 지금도 일본의 정치가 가운데 상당수는 마키아벨리의 제자다. 그것도 오직 권모술수의 대가라는 의미에서.

그런 일본적 풍토에서 씌어진 시오노의 책을 대단한 지적 작업의 성과로 평가하는 경향이 우리에게 있다. 그러나 나에게는 그의 책이 최인호의 《상도》 같은 소설 이상의 흥미를 불러일으키지 않는다. 시오노나 최인호가 역사를 '재미있게' 엮은 것은 사실이다. 그러나 시오노의 책에서 재미 이상의 것은 기대할 수 없다. 그나마 거기에 담긴 교훈이라는 것도 곁가지 정도일 뿐이다.

일본에서는 베네치아나 로마에 관한 이야기가 100년 이상 씌어지고 읽혀졌다. 무역입국, 장사제국의 모델로서. 시오노의 책은 그런 풍조의 산물 가운데 하나에 지나지 않는다. 따라서 교훈이라고 할 것까지도 없고 그저 재미있다는 것으로 충분하다. 그런 책이 처음 소개된 까닭에 한국에서는 아직도 100년 전 일본에서처럼 교훈 운운하는 이야기가 먹히는 것일까.

일본을 따라 한국도 무역입국, 장사제국으로 치닫고 있다. 이것이 시오노의 책이 우리의 기업인들이나 기업인이 되려고 꿈꾸는 젊은이들에게 인기가 있는 이유 중 하나다. 시오노의 책이 그들에게 흥미는 물론 '교훈'까지 준다면 다행이겠다. 그러나 그의 책을 두고 '지성' 운운하는 말들은 솔직히 역겹다.

마키아벨리에 대한 평가

마키아벨리는 군주나 귀족에 의한 정치에 반대하고 새로운 정치를 열망했다. 그것은 군대에 의한 강제장치, 종교에 의한 동의장치, 그리고 법에 의한 권력장치가 갖춰진 정치였다. 이런 점에서 그의 사상은 근대국가의 운동원리를 분석한 '최초의 정치학'이었다. 그러나 그의 사상이 조국 이탈리아에서 현실화한 것은 19세기에 이르러서였다. 20세기에 들어서도 이탈리아는 파시즘을 경험하는 등 시행착오를 거듭했다. 베버가 경고한 대로 이데올로기병에 걸린 19세기의 독일이 그랬던 것과 마찬가지로.

마키아벨리는 19세기의 민족주의 지식인들에 의해 민족주의 사상의 선구자로 평가됐고, 특히 헤겔과 같은 국가주의자들의 환영을 받았다. 그리고 그런 분위기는 나치즘 및 파시즘을 낳았다. 이런 점에 대한 가장 날카로운 비판자는 에른스트 블로흐일 것이다. 《군주론》 속에 인간성에 대한 무시와 교활한 군주의 통치술에 대한 서술이 있는 것을 보면 마키아벨리의 《군주론》에 대한 블로흐의 그러한 비판은 충분한 근거가 있다고 말할 수 있다.

반면 파시즘에 대항한 이탈리아 공산당의 창시자인 그람시는 〈현대의 군주〉라는 글에서 《군주론》을 압박받는 인민들의 집단의지를 폭발시키고자 한 책으로 이해하고, 그런 폭발을 통해 사회주의 혁명을 완수하려는 이탈리아 공산당을 마키아벨리의 군주와 동일시했다(이상훈 옮김, 《그람시의 옥중수고》, 1권, 거름, 1986, 115쪽 이하). 이러한 견해는 존 산본마쓰의 《탈근대 군주론》(신기섭 옮김, 갈무리, 2004)으로 이어졌다. 이 책에서 산본마쓰는 푸코류의 포스트모더니즘을 대안이 없는 사고방식이라고 비판하고 그것을 극복하게 해줄 대안으로 《군주론》을 원용한다.

그람시가 파시즘이 본격화하기 전인 1937년에 죽었기 때문에 블로흐가 지적한 파시즘과 마키아벨리즘의 연관성을 생전에 보지 못해서 《군주론》에 대해 그러한 새로운 해석을 한 것은 아닐 것이다. 그람시는 그저 자기 나라인 이탈리아의 고전을 나름대로 재해석해 공산당의 혁명의지를 뒷받침하고 고조시키려고 한 것

이라는 정도로 이해할 수 있다고 나는 본다. 특히 주의할 것은 그람시가 《군주론》
에 대한 전반적인 평가를 했다기보다는 그 책에서 마키아벨리가 운명에 비해 의
지를 상당히 강조한 부분만을 원용하고 있다는 점이다. 이 점은 산본마쓰의 경우
도 마찬가지다.

그러나 포스트모더니즘을 극복하게 해줄 대안이 반드시 《군주론》일 필요는
없다. 도리어 《군주론》은 현실을 냉정하게 바라보고 이데올로기를 극복하고자 한
르네상스적 실용주의의 지혜가 담긴 책으로 보는 것이 타당하지 않을까? 이런 점
에서 나는 마키아벨리의 진정한 후배는 막스 베버라고 생각한다.

우리나라에서 막스 베버는 한때 반공학자로 내세워지더니 이제는 프로테스
탄티즘이 아닌 유교를 토대로 한 자본주의의 발전을 설명하는 이론의 토대를 놓
은 사람으로 인용되고 있다. "동아시아는 유교로 인해 자본주의가 발전하지 못했
다"고 한 그의 주장은 간과된 채.

사실 베버는 마르크스주의를 부정한 것이 아니라 물질만으로는 문화를 설명
할 수 없다는 시각에서 정신의 측면을 보충했을 뿐이다. 이런 점에서 베버는 겹눈
을 가진 르네상스적 학자였다. 그는 19세기 말에 독일에 만연한 이데올로기병을
치유하고자 노력했다. 정치를 하나의 관념으로 보고 그것을 긍정하면 무조건 미
화하고 부정하면 무조건 부정하는 태도를 극복하고자 한 것이다. 그 방법으로 베
버는 긍정에 대해서는 부정, 부정에 대해서는 긍정이라는 균형적 태도를 취했다.
이는 국수주의가 판을 치면 평화주의를 옹호하고 평화주의가 판을 치면 국수주의
를 변호하는 행동으로 표현됐다.

베버의 이런 행동을 두고 일관성이 없다고 매도할 수도 있겠으나, 베버에게
정치는 윤리와는 아무 상관이 없는 실용의 대상에 불과했다. 그래서 그는 하나의
가치를 선험적인 것으로 고정해두지 않고, 강인한 주체성을 바탕으로 삼아 구체

적 상황에 따라 끊임없이 바뀌고 상대화하는 유연한 사고를 구사했다. 이러한 사고는 당시 독일에서 철저히 매도됐지만, 유연한 사고의 부재야말로 나치와 분단의 '씨앗'이었다. 이런 측면에서는 지금 우리의 사정도 마찬가지 아닐까?

" 회개하라 "

교회의 면죄부 판매를 공개적으로 비판하고 파문과 추방의 처벌을 받은 루터. 그의 행동이 중요한 계기가 되어 전개된 종교개혁 운동은 근대 세계에 어떤 의미를 가진 것이었고, 우리에게는 어떤 의미를 가진 것일까?

✳

종교개혁가 마르틴 루터(1483~1546)의 직업은 대학교수였고, 지금 이 책을 쓰는 나도 직업이 대학교수다. 그러나 나에게 루터는 이 책에서 내가 다루는 그 어떤 비 대학교수 인물보다도 더 멀게 느껴진다. 그래서 이 책의 토대가 된 2002년의 〈신동아〉 연재 때에는 그를 따로 다루지 않고 에라스무스를 다룰 때 그와 비교하면서 간단히, 그것도 대단히 부정적으로 다루고 말았다. 이는 그 연재가 객관적이고 체계적인 역사학의 관점에서가 아니라 매우 주관적이고 비체계적인 비역사학의 관점에서 르네상스를 다룬 것이었다는 점에서 당연한 일이었다. 그러나 루터가 우리 시대에 끼친 영향, 특히 우리나라에 끼친 영향이 지대하므로 이 책에서는 별도의 독립된 장으로 다루기로 했다.

루터가 우리나라에 지대한 영향을 끼쳤다고 한 것은 루터에 의해 시작된 신교는 물론이고 그의 영향 아래서 변모한 구교까지 포함하는 기독교 신앙이 현대 한국의 가장 중요한 종교라는 점과 관련된다. 기독교는 해방 이후 한국에서 대부분의 대통령이 믿은 종교이자 각종 스타를 비롯한 수많은 사람이 믿어온 종교일 뿐 아니라 해방 이전부터도 한국의 정치, 사회, 문화에서 중요한 역할을 해왔다. 그 기독교가 무엇인지를 한마디로 말하기는 힘들지만, 나와 같은 무신론자에게는 어디에서나 만나게 되는 기독교인들이 많이 해온 말, 즉 "회개하라"는 말 한 마디로 요약할 수 있을지도 모른다. 그런데 이 말은 루터의 경우에 그 최초의, 그리고 최대의 울림을 갖고 있었다.

루터가 추구한 종교개혁 운동의 출발로 간주되는 것은 1517년에 그가 쓴 〈면죄 효력을 밝히기 위한 토론〉이라는 글이다. 이 글은 흔히 〈95개조〉라고 불리는데 그 1조는 "우리의 주이자 스승인 예수 그리스도는 '회개하라'라고 말했는데

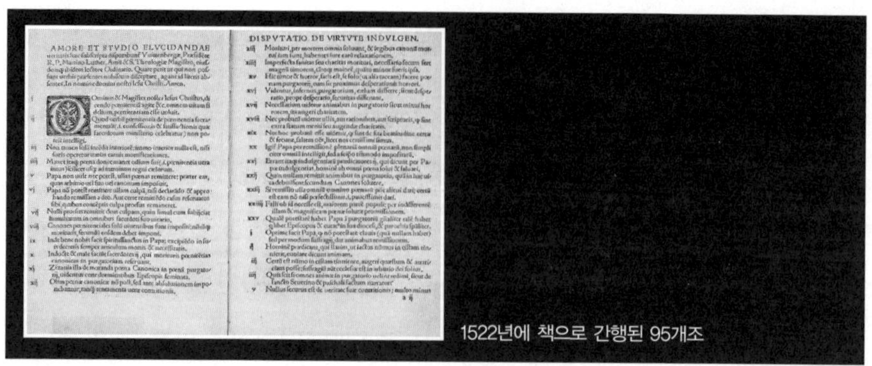

1522년에 책으로 간행된 95개조

이는 신자라면 평생 회개해야 한다는 뜻이었다"이다. 면죄부를 비판한 이 글이 이처럼 '회개하라'라는 말로 시작된 것은 '회개하라'라는 한 마디의 그리스어 낱말이 라틴어 번역으로는 '회개를 행하라'라는 두 마디가 되는데 이런 라틴 번역어가 당시의 교회용어로 '회개의 기적'으로 풀이됐으며, 면죄 또는 면죄부라는 말도 이런 맥락에서 만들어졌기 때문이다. 따라서 루터는 면죄라는 것을 근본적으로 비판하기 위해 그리스어 성서에서 '회개'의 의미를 찾았던 것이다. 이런 점은 루터가 휴머니즘의 영향을 받았음을 보여준다.

당시의 교회는 회개를 후회, 고백, 선행이라는 세 가지 요소로 구성된다고 보았다. 그 가운데 후회는 개인의 내면에서 이루어지는 것이지만, 고백과 선행은 기적에 속하는 것으로서 사제가 직권으로 집행하는 것이었다. 즉 고백은 자기가 범한 죄를 정해진 형식에 따라 사제에게 고백하는 것이고, 선행이란 그 죄를 용서받기 위해 사제가 부과한 행위(공적인 선행)를 하는 것이었다. 그런데 사람은 그런 선행을 살아생전에 충분히 다 할 수 없으므로 사후에 곧바로 천국에 갈 수가 없고, 선행을 다 할 때까지 연옥에 머물게 된다고 교회는 가르쳤다. 그러면서 교회는 그러한 선행을 다른 종류의 선행으로 바꿀 수 있다고 하면서 그것은 바로 면죄부를

236

사는 것이라고 주장했다.

　　면죄부에 대한 이론적 설명은 복잡하지만, 요약하면 돈으로 속죄한다는 것이다. 이런 것은 어느 종교에서나 볼 수 있는 것이라고 말할 수 있다. 가령 불교도가 생전에 또는 죽을 때 절에 엄청난 돈을 내어 대웅전을 짓게 하는 것을 우리는 부정한 면죄부라고 생각하지 않는다. 만일 루터의 면죄부 비판이 옳다고 생각한다면 이런 불교도의 시주행위도 면죄부를 사는 행위와 같은 것으로 보고 부당하다고 생각해야 하는 것이 아닐까? 게다가 이런 일은 루터가 살았던 당시의 기독교에서만 이루어진 것이 아니라 현대의 기독교에서도 이루어지고 있는 것이 아닐까?

　　그러나 루터는 당시 교회가 면죄부 판매의 근거로 제시한 '선행에 의한 자기구원' 론을 부정했다. 대신 그는 자신의 죄를 인식했다면 선행을 통해 행복을 추구하기보다 십자가를 지고 고난을 감수하는 신앙의 실천을 진정한 회개로 제시하고 이를 통해 천국으로 갈 수 있다고 주장했다. 루터의 '회개하라' 는 주장, 즉 '선행'이라는 것을 부정하면서 오직 신앙에 의지하라고 한 주장은 의지는 노예적인 것이라는 주장과 관련된다. 그리고 인간의 의지가 노예적인 것이라는 주장은 인간의 의지란 선을 향하지 않고 악을 향한다는 뜻이다. 루터는 그 근거를 《창세기》(8장 21절)에서 찾았고, 신의 은혜가 없으면 인간이 생각하는 것은 모두 나쁜 것일 수밖에 없기 때문에 '선행에 의한 자기구원' 은 가능하지 않다고 주장했다.

위클리프와 후스

13세기의 위클리프와 14세기의 후스에 대해 앞에서 간단히 언급한 바 있으나, 그들은 루터의 선배라는 점에서 여기서 좀더 상세히 살펴볼 필요가 있다.

　　1장에서 우리는 유럽 중세 말기의 경제적 침체와 특히 페스트로 인한 충격을 살펴보았다. 그러나 영국을 비롯한 북유럽에서는 페스트로 인한 인구감소는 없는 대신에 유례가 없는 대규모 사회적 반란들이 터졌다. 13세기 말에는 영국도 농민의 납세거부로 시작된 반란으로 뒤덮였다. 1381년부터 와트 타일러가 이끈 그 반란에는 농민만 참여한 것이 아니라 수공업자와 존 볼 같은 성직자도 가담했다. 존 볼은 "아담이 밭을 갈고 이브가 물레질을 할 때 누가 귀족이었단 말인가?"라고 설교하면서 모든 것을 공유하고 평민과 귀족의 구별이 없는 사회를 만들고자 했다. 부패와 탐욕에 젖은 당시의 귀족, 즉 존 볼이 말한 귀족에는 세속의 영주만이 아니라 성직자도 포함됐다. 이미 이때 종교개혁이 시작된 셈이었다.

와트 타일러가 이끈 반란은 곧 진압됐으나, 존 위클리프에게서 영감을 얻은 '롤라드파'는 점점 더 세를 확장했다. 옥스퍼드대학교의 교수이자 신학자였던 위클리프는 오로지 성경에 따를 것을 주장했고, 당시의 부패하고 계급적인 교회를 비판했으며, 교회로부터 재산을 몰수해 교회의 순수성을 회복시켜야 한다고 주장했다. 그가 대학에서 추방되고 그의 교리가 단죄됐지만 '가난한 마을 교구의 사제들'인 롤라드파가 그의 뒤를 따랐다. 물론 그들도 이단이라는 낙인이 찍혔고, 그들에 반대하는 주교들이 1401년에 이단자를 사형에 처하는 법을 만들었다. 그러나 소요는 끊이지 않았고, 15세기 중엽에도 잭 케이드의 반란을 비롯한 여러 반란이 이어졌다. 당시의 반란자들은 성과 속의 영주를 모두 타도하고 새로운 왕을 세우려고 했고, 자신들 가운데서 열두 명(예수의 제자와 같은 수)을 뽑아 그들로 하여금 나라를 다스리게 해야 한다고 주장하기도 했다.

위클리프의 개혁사상은 유럽 전역으로 퍼졌다. 체코에서는 얀 후스가 1410년에 교회의 면죄부 판매를 비난하는 설교를 했고, 1415년에 화형을 당했다. 그 뒤로 후스파는 미사에서 성체(빵)는 물론이고 성혈(포도주)도 일반인에게 주는 등 전통 교회에 반항해, 그들이 운영한 교회가 '성배교회'라고 불렸다. 그때까지 미사에서는 성체만이 주어졌고 성혈을 받는 것은 성직자만의 특권이었다. 당시의 개혁파 가운데 온건파는 포교의 자유, 성체와 성혈에 의한 미사, 성직자의 청빈, 도덕에 대한 사회적 통제 등으로 만족했으나, 과격파는 세상의 종말과 그리스도의 재림이 임박했다면서 그때에는 지배도 예속도 없는 공유의 실현이 가능할 것이라고 주장했다. 결국은 온건파가 과격파를 이겼지만, 과격파의 주장은 '형제단'으로 이어졌다. 그 형제단에서 1467년에 최초로 서품을 받은 세 명의 사제는 농민, 방앗간주인, 재단사였고, 그 최후의 주교는 17세기의 코메니우스였다.

14~16세기의 농민반란은 당시의 사회에 가장 큰 위협이었다. 그러나 개혁적인 성직자들은 대부분 사회혁명을 바라지는 않았다. 위클리프도 후스도 민중반란을 선동하기는커녕 도리어 그것에 반대했다. 그러나 1524년에 독일에서 농민전쟁이 터졌다. 농민들은 농노제와 수도원의 철폐, 공유지의 사유화, 과도한 부역의 경감 등을 요구했다. 이때 루터는 농민들을 비난했지만, 뮌처는 신이 칼의 힘과 죄인들을 용서할 수 있는 권한을 기독교 공동체에 부여했다고 주장하며 루터에게 맞섰다.

존 위클리프의 초상(왼쪽).
얀 후스의 초상(오른쪽).

에라스무스도 농민들이 탁발수도원을 습격했다는 첫 소식을 들었을 때에는 농민들을 비난하지 않았지만, 자신이 죽기 직전에 농민들이 암스테르담을 점령하려고 하자 '하층민들'이 사회를 장악할 수 있다는 점을 두려워했다. 에라스무스나 그 제자들에게는 농노와 영주, 지배자와 하층인민의 구분은 기독교의 정당한 가르침이었다. 농민들은 잔혹하게 진압됐지만 농민반란은 계속 이어졌다. 가톨릭은 루터파와 협력해 여자와 아이까지 포함된 재세례파를 학살했다. 그러나 재세례파는 독일을 떠나 모라비아로 가서 그곳에서 공동가옥을 짓고 살며 공동으로 노동하고 소유하는 새로운 생활을 실천했다.

루터의 시대와 그의 삶

1871년에 독일이 통일되기 전에는 독일이 여러 영주(제후라고도 한다)가 지배하는 소국들로 분열돼있었다. 그 전체가 신성로마제국(이탈리아도 포함됨)이라고 불렸지만, 그 제국은 실질적인 나라가 아니었다. 영주 가운데 유력한 7명의 영주가 신성로마제국의 황제를 뽑는 선제후였고, 그들은 계속 합스부르크가에서만 황제를 뽑았다. 신성로마제국은 특히 프랑스와 각축했다. 그리고 경제적으로는 남부 독일의 부호가문인 푸가가의 지원을 받았고, 푸가가는 로마교회의 거래은행 기능을 하기도 했다.

13세기 후반부터 독일은 페스트와 전쟁이 반복되는 등 사회적으로 불안했다. 특히 종교개혁이 일어날 무렵에는 오스만제국이 급속히 서쪽으로 진출해 발칸반도를 제압하고 1526년에 헝가리왕국을 멸망시킨 데 이어 독일을 침략할지도 모른다는 위기감이 있었다. 종교개혁은 루터가 비난한 면죄부를 비롯한 교회의 부패 때문에 일어났다고 하지만, 루터가 젊은 시절에 로마를 방문했을 때에는 그 자신도 여기저기서 면죄부를 팔았다. 또 루터가 성서를 독일어로 번역한 것이 종교개혁의 발단이라고도 하지만, 그 전에 이미 18종의 독일어 성서가 나왔다.

1483년에 독일 중부에서 광산업자의 아들로 태어난 루터는 법을 공부한 뒤 수도원에 들어가 1507년에 사제가 됐고, 1512년에는 신학교수가 됐다. 그가 살았던 당시의 독일 대학에서는 휴머니즘적인 방향으로 교육이 개혁되고 있었고, 루터가 재직한 에르푸르트대학은 그 선봉이었다. 루터는 1518년까지도 교회개혁에 대해 어떤 생각도 갖지 못했으나 대학개혁에서는 명확한 태도를 보였다. 교육개혁의 성공으로 인해 그의 종교개혁은 보다 수월하게 이루어졌다.

루터가 휴머니스트가 아닌 것은 분명하지만, 1516년에 에라스무스의 《신약성서》가 출판되자 그는 바로 자신의 낡은 강의노트를 버리고 이것을 강의의 자료로 사용했다. 그는 휴머니스트가 아니었지만 휴머니즘의 학문을 이용했고, 중세의 스콜라 철학에서 벗어났다.

종교개혁 운동이 휴머니즘의 결과인가, 아니면 휴머니즘에 저항한 보수적 기독교 운동인가에 대해서는 오랫동안 논쟁이 계속됐다. 그러나 휴머니즘이 기독교와 대립한 것이 아니라는 점은 페트라르카, 알베르티, 피코, 더 나아가서는 마키아벨리를 보면 분명하다. 그렇다면 종교개혁은 휴머니즘의 결과라는 견해가 타당하겠지만, 그렇다고 해서 루터라는 개인이 종교개혁에 미친 영향력을 부정할 수는 없다. 특히 주의해야 할 것은 루터의 종교개혁에서 핵심은 부패한 성직자나 미신적인 의례를 타파하는 것이었다기보다는 참다운 교리를 모색하는 것이었다는 점이다.

루터가 1517년에 〈면죄의 효력을 밝히기 위한 토론〉을 쓰고 이어 교회를 비판하는 여러 글을 발표하자 로마교회는 1520년에 그에게 파문을 경고하는 회칙을 전달했다. 그러나 루터는 그 회칙을 공공연히 불태워 결국 1521년에 파문을 당했다. 같은 해에 그는 보름스 제국의회에 소환돼 황제 앞에서 자신의 학설을 철회하도록 요구받았으나 이 역시 거부해 추방의 형을 받았다. 그러나 작센 선제후의 배려로 바르트부르크 성에 머물며 《신약성서》를 그리스어에서 독일어로 번역했다.

오해받아온 세 천재

루터는 성서를 독일어로 번역해 베스트셀러 작가가 됐다. 또한 그는 이미 당시의 사람들로부터 '독일의 헤라클레스' 라고 불렸다. 그러나 여기서 말하는 독일은 하나의 국가가 아닌 분산된 지방권력을 뜻하며, 따라서 루터의 종교개혁은 민족국가의 형성을 촉진하기는커녕 오히려 그 형성을 저해하는 결과를 빚었다. 신구 기독교인들의 싸움은 루터 이래로 지금까지 450년 이상 계속돼왔고, 오늘날에는 근본주의까지 등장하고 있다.

　세계사 수업을 통해 우리는 루터와 에라스무스를 그저 '종교개혁가' 였다고 배우나, 사실 두 사람의 사상은 적대적이었다. 에라스무스는 루터보다 14세 위였으나 루터만큼 종교에 열중하지 않았다. 그는 성서에 공감했지만 그 내용을 그대로 믿지는 않았고, 그 내용의 상당부분을 시적 표현, 비유, 우화라고 보았다. 또한 플라톤의 대화편에 나오는 소크라테스도 그에게는 예수와 같은 성인으로 보였다.

　그러나 경건한 루터에게 에라스무스는 경박한 무신론자로만 보였다. 반면에 휴머니스트로서 인간의 자유의지를 믿는 에라스무스로서는 그것을 부정하는 루터를 인정할 수 없었다. 루터에 의하면 대부분의 인간은 영원한 저주를 받은 존재이고 극소수만이 구제를 받는데 이는 선행에 의해 이루어지는 것이 아니라 신의 은총에 의해서만 가능한 것이었다. 그러나 이성을 믿는 에라스무스로서는 이런 루터의 사상을 도저히 용인할 수 없었다.

교회의 갈등이 더 이상 봉합되기 어려워지면서 전쟁이 일어났고, 이어 토마스 뮌처가 이끄는 농민봉기가 터졌다. 뮌처는 모든 인간은 평등하게 태어났으므로 평등하게 살아야 한다고 주장했다. 루터는 처음에는 농민들의 주장을 지지했으나, 나중에는 제후들에게 농민군을 일망타진하라고 요구했고, 그 결과는 엄청난 비극으로 이어졌다. 이러한 전쟁은 17세기 중반까지 이어졌다.

에라스무스와 루터는 흔히 종교개혁의 두 아버지로 불리지만 평생 한 번도 만난 적이 없다. 츠바이크는 두 사람이 너무 달랐다고 했다. 정신 대 육체, 회의 대 열광, 온건 대 광신, 지성 대 야성, 이성 대 격정, 문화 대 원시, 대화 대 함성, 평화 대 전쟁, 세계시민 대 민족주의, 개혁 대 혁명으로. 루터는 스스로 "보헤미안처럼 처먹고 독일인처럼 마신다"라고 할 정도로 건강하고 활기에 넘쳤다. 에라스무스는 지나치리만큼 유식했다. 폭넓은 시야를 갖췄으며 박학다식했다. 그러나 루터

토마스 뮌처의 초상

는 좁았고, 좁은 만큼 격렬했다. 그렇기에 둘의 싸움에선 루터가 승리하게 마련이었다.

그러나 이는 대중작가 츠바이크의 과장이다. 루터는 그렇게 폭력적이지 않았고, 에라스무스는 그렇게 부드럽지만은 않았다. 루터는 무절제한 언어를 구사했으나, 종교문제와 관련해 무력을 사용하거나 권력에 저항하지 않았다. 그는 "인간은 술과 여자로 인해 타락할 수 있다. 그렇다고 우리가 술을 금하고 여자를 폐하겠는가"라고 말했다. 극단적인 종교전쟁은 루터의 후배들에 의해 수행됐다. 에라스무스는 루터보다 신랄했다. 그러나 두 사람 모두 평화를 사랑했다.

칼뱅은 제네바에 신권적 독재정권을 수립한 전체주의자라는 점에서 앞의 두 사람과 구별된다. 그는 신자들의 생활을 규제하고 자신에게 반대하는 자는 모조리 추방했으며 화형에 처하기도 했다. 그래서 츠바이크는 그를 전체주의 이데올로기의 원조라 했다.

한편 마키아벨리는 국가이성의 창조자라 할 수 있다. 국가이성이란 외국이 위협하는 상황에 놓인 국가 비상시에는 권력자가 국가의 존속을 위해 위법하고 범죄적인 모든 조치를 취해도 정당하다는 주장을 뒷받침하는 개념이다. 16세기 이래 이 개념은 권력엘리트에 의해 이용돼 타국의 위협을 구실로 한 사회의 군사화를 가져왔다. 사회주의체제의 붕괴는 이러한 군사사회의 자멸이었다.

경제는 일류, 정치는 삼류

일본에서 '경제는 일류, 정치는 삼류'라는 말이 유행했다. 우리의 경우는 어떨까? '정치가 삼류'라는 말은 우리에게도 적용될 듯한데, 그렇다면 경제는 일본처럼 일류일까? 경제인들은 그리 생각할지 모르지만 나는 쉽게 동의할 수 없다. 한편

문화는 어떨까?

독일에 대해서는 '역사적으로 문화는 위대하나 정치는 후진'이라는 평가가 일반적이다. 경제는 대단하다고 할 만하다. '영국병'이니 '프랑스병'이니 하는 말은 있지만 '독일병'이라는 말은 없으니 말이다. 그러나 독일에는 문화와 정치와 관련된 '독일병'이 있다.

우리에게 독일은 문화의 나라로 보인다. 독일문화의 대표 격은 역시 음악이다. 음악은 질서와 동시에 혼돈을 내포하는 비이성적, 신비적인 것이다. 현대 독일문학을 대표하는 토마스 만은 1945년에 쓴 〈독일과 독일인〉이라는 글에서 독일인이 자랑하는 내면성이란 곧 음악성이라고 했다.

그 글에 따르면 그런 내면성 존중이란 인간의 힘을 정신적인 것과 정치적인 것으로 나누고 그중 전자를 우위에 두는 것이다. 이로 인해 대담한 사상서나 아름다운 시는 쓸 줄 알지만 정치적으로는 미성년처럼 조잡스러운 상태, 그러니까 정치적으로는 노예이면서 정신적으로는 귀족인 상황이 펼쳐진다. 토마스 만은 이러한 반정치성이야말로 음악성과 내면성의 산물이라고 말한다. 음악을 좋아하는 독자들은 화를 낼지 모르지만, 이건 어디까지나 내 얘기가 아니라 토마스 만의 주장이다.

만은 '정치성보다 우위에 있는 내면성'을 대표적으로 보여준 인물로 음악가가 아닌 루터를 꼽는다. 루터는 종교개혁을 통해 신과 인간 사이에 직접적인 관계를 설정하고 스콜라철학의 속박으로부터 벗어나 연구 및 비판의 자유를 부흥시킨 반면, 정치적 자유에 대해서는 잘 이해하지 못했다는 것이다. 종교개혁 후 터져 나온 농민반란이 성공했다면 독일도 정치적 자유를 확보했을 텐데, 루터가 이를 '정신적 해방사업에 대한 모독'이라고 매도하고 반동적인 제후들에게 굴복하는 바람에 독일인들 사이에 권력에 복종하는 태도가 형성됐다는 것이 만의 분석이다.

즉 문화를 사랑하나 정치적 권리의식이 없는 독일의 시민들은 야만적이고 국수적인 권력에 복종했고, 문화인들도 비문명적이고 낭만적이며 현실과는 무관한 그들만의 세상에서 사는 상황이 전개됐다는 것이다.

또한 만은 세계주의를 지향한 괴테가 나폴레옹 타도를 외치는 독일 민족주의에 냉담했던 것은 그것이 야만적이고 국수적이었기 때문인데, 불행히도 괴테의 사상이 '정치에 관여해서는 안 된다'는 것으로 오해되는 바람에 정신적 자유와 정치적 자유를 구분하는 루터의 이원론이 더욱 굳어졌다고 본다. 즉 독일인은 외국이나 국수적 이기주의를 제한하려는 경향에 늘 반항하며 이를 자유니 해방이니 하고 부른다는 것이다. 그 극단이 히틀러의 나치즘으로, 이는 자유를 향유해보지 못한 독일인이 세계를 정복하려 한 결과였다고 만은 개탄했다.

독일의 '이데올로기 병'

만과 같은 시대를 산 막스 베버는 독일인의 반정치성을 이데올로기에 대한 병적인 집착과 동일시한다. 그가 독일인에 대해 말하는 '이데올로기병'이야말로 '독일병'이라 부를 만하다. 베버는 독일인이 정치를 현실로 보지 못하고 어떤 특정한 이데올로기에 집어넣는다고 했다. 현실을 긍정할 경우에는 무조건 미화하고, 부정할 경우에는 무조건 혐오한다는 것이다. 이 때문에 독일인은 냉소적인 권력 만능주의와 현실성을 결여한 추상적 이념 사이를 극단적으로 왔다 갔다 하느라 안정성을 상실하고 만다.

이런 문제에 대한 해결책으로 베버는 마키아벨리적 정치관을 기본으로 하되 현실정치와 윤리적 이데올로기 사이에 균형적 관계가 수립되도록 구체적 상황에 대한 주체적 겹눈의 사고를 할 것을 제안한다. 즉 정치권력의 성격이나 현실의 상황에 따라 유동적으로 대처할 수 있는 능력을 길러야 한다는 것이다.

그래서 그는 1차 세계대전 이전의 광신적 국수주의 분위기에 대해서는 평화주의를 옹호하고, 전쟁 말기의 평화주의 무드에 대해서는 민족주의를 강조한다. 이데올로기를 선험적인 것으로 고정시키지 않고 구체적인 상황에 따라 끊임없이 유동화, 상대화하는 유연한 사고방식과 주체적이고 강인한 정신을 그는 강조한다.

이를 변절 혹은 기회주의적 태도라고 욕하는 지조 높은 선비들이 있을지도 모른다. 그러나 절대주의자로서 하나의 이데올로기에 사로잡혀, 자신이 인정하는 권력이면 복종하고 그렇지 않은 경우엔 죽음을 무릅쓰고 저항하는 우리 선비의 전형적 태도에 나는 의문을 품는다. 어떤 권력이나 대세에 대해서도 비판적 자세를 견지하며 인간의 자유, 평등, 복지라는 보편성을 추구하는 지식인이라면 현실을 언제나 상대적이고 실용적인 태도로 바라볼 필요가 있다. 현실을 절대적인 기준에 의해 무조건 긍정하거나 무조건 부정하는 것이 아니라 상대적인 기준에 따라 판단하고 실용적 필요에 따라 대처하는 유연한 사고와 행동이야말로 우리 시대에 필요한 미덕이 아닐까?

주체적 정신이란 어떤 특정한 이데올로기에 골수까지 빠지는 것이 아니라 그런 이데올로기에서 벗어나 그것을 자유롭게, 그리고 유용하게 현실개혁에 이용하려는 정신이다. 따라서 베버에게는 극좌도 극우도 언제나 경계해야 할 대상이었다. 왜냐하면 둘 다 정신의 내면에 뿌리박은 반정치성이자 이데올로기라는 이름의 병이기 때문이다.

조금 다른 관점이기는 하나 일찍이 신채호는 유교도, 불교도 한반도에서는 적절하게 변용되지 못하고 '중국의 유교' 또는 '인도의 불교'의 모습 그대로 고

착된다고 말한 적이 있다. 보다 정확하게는 중국 유교의 수많은 학파 가운데 주자학만이, 불교의 수많은 교파 가운데 대승 선불교만이 배타적으로 받아들여졌다고 보는 게 옳을 것이다. 근대 이후의 기독교나 마르크스주의의 경우도 마찬가지라 할 수 있다.

주자학과 대승불교가 각각 유교와 불교에서 가장 ‘교조적’인 분파라고 말할 수는 없으나 기독교의 주류와 마르크스주의의 주류가 ‘교조적’인 것은 사실이다. 이러한 ‘교조성’은 정치권력과 결부될 때 더욱 강화된다. 그러나 이러한 ‘교조성’이 우리나라에 깊이 뿌리내린 배경에는 독일에서와 같은 정신성의 강조라는 측면 외에 어떤 ‘체질’의 문제가 있는 것은 아닐까? 그리고 그 체질의 기저에는 불교가 ‘호국불교’로 권력화된 점과 관련된 좀더 근원적인 측면와 함께 그러한 불교를 대체한 주자학마저도 본질적으로 권력적이었다는 측면이 강하게 존재하는 것이 아닐까?

르네상스의 역사를 최초로 체계화한 부르크하르트는 자신이 살았던 당시의 독일역사를 ‘승리사(勝利史)’라고 비꼰 적이 있으나, 그것은 차라리 ‘영웅사’라고 하는 편이 옳을 것이다(부르크하르트의 《이탈리아 르네상스의 문화》 역시 일종의 영웅사의 관점에서 씌어졌다). 그 영웅사는 기원 직후에 로마와 싸운 게르만민족의 영웅에 관한 이야기에서 시작된 뒤 루터를 거쳐 ‘철혈재상’ 비스마르크, 그리고 히틀러로 이어진다.

메이지유신 이후에 이루어진 일본의 ‘근대화’는 기본적으로 독일을 모델로 한 것이었다. 이 때문에 독일식 영웅사관이 일본을 거쳐 우리에게도 전달돼 뿌리를 내렸다. 신채호의 영웅사관이나 민족사관도 이러한 흐름과 무관하지 않으리라. 2차대전 이후에 독일에서는 영웅사관이 무너진다.

사회주의인가 이상주의인가?

마키아벨리의 국가이성과 루터의 신앙은 19세기에 헤겔의 손에 의해 종합된다. 세계사를 통한 정신의 자기실현을 논한 헤겔 철학은 본질적으로 나폴레옹전쟁의 철학이었고, 그 핵심은 국가이성의 신격화에 있었다. 헤겔은 시민사회가 인권이라는 추상적 관념을 낳았고, 그것에 대한 열광이 프랑스혁명의 공포정치를 초래했다고 주장했다. 이는 스탈린이나 마오쩌둥의 테러를 유토피아론 탓이라고 보는 현대의 학설과 매우 유사하다.

또한 헤겔은 애덤 스미스를 따라 시민사회를 '욕망의 체계'로 설명하고 그것을 '부르주아 사회'로 환원시켰다. 이런 견해는 근대 시민혁명을 단지 부르주아혁명으로만 본 마르크스에 의해 그대로 원용됐다. 마르크스는 헤겔의 국가이성론도 그대로 계승했다. 마키아벨리의 국가이성은 어디까지나 위기상황에 대응하기 위한 것이었고, 인간은 자신들이 지닌 역량으로 어느 정도는 위기상황을 극복할 수 있다는 뜻이었다고 이해할 수 있다. 이처럼 국가와 관련해 마키아벨리에게는 권력자의 술수에 의한 국가통제가 과제였지만, 그 뒤 마르크스의 경우에는 과학기술에 의한 자연통제와 경제발전이 과제가 된다. 이에 따라 마키아벨리의 국가이성은 마르크스에 와서 기술과 경제를 원동력으로 하는 역사적 발전 법칙으로 치환됐다.

그러나 이러한 '유물론적' 변환에도 불구하고 마르크스의 이론이 마키아벨리에게서 비롯되고 헤겔을 거친 국가이성 이론이라는 점에는 변함이 없다. 근대적 기술로 자연을 통제하기 위해서는 마키아벨리의 군주는 상상할 수 없을 만큼 거대한 인간집단을 통제해야만 한다. 마르크스주의가 '국가의 사멸'을 약속하면서도 현실에서는 전체주의 국가를 만들어낸 이유도 바로 여기에 있다.

·레닌의 10월혁명은 독일군 참모부의 군사적 음모에 따른 것이었다는 설이 있다. 레닌을 혼란상황의 러시아로 보내 무력으로 입헌의회를 해산시키려고 했다는 것이다. 그렇다면 레닌은 독일의 '주구'였던 셈이지만, 어쨌든 레닌은 자신의 행동을 '역사적 발전법칙'에 부합하는 것으로 주장했다. 이어 스탈린은 소련이 제국주의에 의해 군사적으로 포위된 상황을 이유로 공산당의 독재를 국가이성이라고 주장하며 역사적 필연으로 정당화했다. 이러한 국가이성과 기술이 초래한 체르노빌 원자력발전소 사고가 옛 소련 붕괴의 도화선이 된 것은 우연이 아니다.

사회주의의 또 다른 흐름으로 모어를 계승하는 유토피아적 시각이 있다. 이는 처음엔 좌익정치와는 무관한 일종의 사회개혁안으로 제기돼 미국의 에머슨 등에게 이어졌고, 일본을 비롯한 아시아에도 전해졌다. 그 사회개혁안은 매우 구체적이어서, 구체성을 결여한 채 역사법칙이라는 신학적 도그마에 빠질 수밖에 없었던 마르크스주의와 대비된다.

19세기의 유토피언 가운데 벨러미는 국영화된 산업과 기계를 예찬했고, 웰스는 훈련된 지배계급이 다스리는 플라톤류의 이상국가를 몽상했다. 그러나 다행히도 모리스가 있어 19세기의 유토피아가 삭막한 전체주의의 악몽만으로 그치지 않게 된다.

물론 오언, 푸리에, 톨스토이 등의 계획처럼 실패한 사례도 많다. 그러나 J. S. 밀처럼 오언의 계획은 완전한 실현이 가능하다고 본 학자도 적지 않았다. 이는 어디까지나 실험에 의한 시행착오를 전제로 하는 것으로, '과학적' 사회주의처럼 절대를 신봉하는 것과는 전혀 다르다. 유토피아적 공동체에 대한 실험은 끝없이 이어질 것이다. 특히 푸리에나 오언이 협동조합운동이나 도시계획, 교육사상의 선구자로 인정받고 있음은 이들이 인간성에 대한 깊은 통찰을 근거로 자신의 이상을 제시했음을 보여준다.

　모든 유토피아가 다 성공하지는 않았다. 그러나 마틴 루터 킹이 "나에게는 꿈이 있다"고 외쳤을 때의 그 '꿈'은 어느 정도 실현됐다. 그런 만큼 유토피아를 말하는 것은 정치적 현실에 비추어본다고 해도 무의미한 시도가 아닌 것이 분명하다. 유토피아는 단순한 꿈이 아닌 실현가능한 비전인 경우가 적지 않기 때문이다.

" 큰 고기가 작은 고기를 먹는다 "

20세기 들어 재발견된 북방 르네상스의 대가 브뤼헐. 그는 자연과 농민에 대한 현실밀착적 묘사, 권력을 향한 거침없는 조롱으로 사실주의 화풍의 선조가 됐다. '농민의 브뤼헐', '자연의 브뤼헐'로 불린 이단적 르네상스인인 브뤼헐의 궤적을 추적한다.

✳

"큰 고기가 작은 고기를 먹는다"는 피터르 브뤼헐(1525?~1569)이 그린 그림의 제목이지 그가 내세운 모토는커녕 그가 한 말도 아니다. 브뤼헐은 우리가 앞에서 본 마키아벨리, 에라스무스, 루터보다는 후대 사람이지만 뒤에 보게 될 브루노(1548~1600)보다는 한 세대 전의 사람이었다. 그래도 그는 그들 모두가 살았던 시대의 인민과 사회의 현실을 가장 잘 보여주는 그림을 그렸다.

요 몇 년 사이에 미술에 관한 제대로 된 책이 많이 출간되어 나로서는 기쁘다. 대부분 번역서이기는 하지만 그동안 거의 알려지지 않았던 화가들을 소개하고 있어 책읽기가 한결 즐거워졌다. 특히 보스, 뒤러, 브뤼헐 등 내가 좋아하는 북방 르네상스 화가들을 소개한 책들이 그렇다. 대체로 서양의 유명한 미술전문 출판사가 시리즈로 낸 책을 번역한 것인데, 그 시리즈가 선택된 이유는 잘 모르겠지만(대체로 상업적인 이유에서였겠지만) 그동안 나온 프랑스 중심의, 그것도 그림 중심의 '잘 팔리는' 미술 관련 책들이나 달력에 흔히 나오는 아름다운 그림 중심의 책들과는 분명 다르다.

한 권을 몽땅 들여 화가를 비롯한 예술가, 학자, 사상가를 한 사람씩 조명한 책이 더 많이 출판돼야 한다. 나아가 번역서가 아닌 저서가 늘어나야 한다. 번역된 책은 당연히 원서가 출판된 나라의 독자를 전제로 씌어진 것이므로 우리나라 독자를 배려했다고 할 수 없다. 우리나라에는 거의 처음 소개되므로 독자가 잘 모르는 작가를 다룬 책의 번역이라면 번역자는 그 작가를 국내에 소개하는 의의를 우리의 현실에 비추어 상세히 설명할 의무가 있다. 번역은 외국의 문화를 우리의 문화에 접목시키는 일이기 때문이다. 그러나 대부분의 번역서는 '번역'이라는 기술의 발휘에 그치고, 저서라고 하는 것도 그런 수준을 거의 벗어나지 못한다. 하다못해 기술적으로 완벽한 번역이라도 많이 나왔으면 한다. 엉터리 번역서를 읽기란 실로 고문에 가깝지 않은가.

그러나 어려운 출판계 형편을 생각할 때 적은 수이지만 그런대로 읽을 만한 번역서가 쉼 없이 출간되고 있다는 사실에 나는 감격한다. 마찬가지로 나 같은 아마추어가 쓰는 책을 내겠다는 소규모 출판사가 여전히 존재한다는 데도 감격한다. 내가 쓰는 책이야 4천만 인구 가운데 1만분의 1도 읽지 않는 책 아닌가. 특히 내 주변 사람들 가운데서도 내가 쓴 책을 일부러 사서 읽는 이는 한두 명밖에 없지 않은가? 나는 얼마 전부터 내가 쓴 책을 주어봐야 읽지 않을 사람에게는 책을 주지 않기로 했다. 특히 교수들에게는.

언젠가 북방 르네상스 화가들에 관한 책을 쓰겠다는 욕심으로 부지런히 미술관을 찾아다니고 책도 사 모았다. 나로서는 그들을 좋아하기도 하지만, 그들은 위대한 화가인데도 그동안 소개가 미미했다는 생각 때문이었다. 미술사 차원에서만이 아니라 지성사 차원에서도 그들은 반드시 국내에 소개돼야 한다. 특히 일본이나 미국을 통해 프랑스 중심의 미술만 소개된 탓으로 생겨난 지적 공백을 메우는 데 그러한 작업이 필요하다.

그런데 요즈음 그런 책들이 많이 나왔으니 이제 나로서는 그런 책을 쓸 필요가 없게 되어 다행이라고 생각했다. 그러나 그동안 출판된 책들의 내용이 아무래도 내 생각과 달라 브뤼헐을 중심으로 여기에 몇 자 적는다.

세계 4대 화가에 꼽히는 브뤼헐

2001년에 우리말로 번역된《브뤼헐》과《히에로니무스 보스》는 둘 다 미국의 미술사가 월터 기브슨의 저작이다. 그는 전문가답게 두 사람의 삶과 그림을 치밀하게 분석했다. 특히 그림에 대해서는 미술 분야에서 도상학(圖像學)이라 불리는 엄밀한 방법론의 적용이나 활기찬 유머로 독자를 매료시킨다. 나는 여기서 기브슨이 이미 훌륭하게 지적한 이야기를 되풀이할 생각은 전혀 없다. 그런 점에 흥미가 있는 독자라면 기브슨의 책을 보면 된다. 그러나 그런 미시적 엄밀성에도 불구하고 기브슨의 책에는 거시적 관점, 특히 사회적 관점이 결여돼있다는 느낌을 받는다. 특히 왜 지금 브뤼헐에 대해 말하느냐 하는 문제의식을 찾아볼 수 없다.

이러한 문제점은 중세의 축제에 처음으로 주목한 바흐친에게서 이미 나타났다. 그는 축제의 패러디적 표현, 즉 '그로테스크한 리얼리즘'이 지배층을 육화하고 속물화시켜 깎아내리려는 것이었다고 지적했다. 그러나 그것은 계급적 사회의 토대인 종교적 의식의 형태를 조롱한 것이자 더 나아가 왕이나 주교도 인민과 똑같은 생리적 기능을 갖고 있음을 보여주어 인간이란 본질적으로 다 동일하다고 주장한 것이었다. 특히 브뤼헐의 〈결혼 연회〉 같은 작품을 보면 이 점을 알 수 있다.

기브슨은 일반적으로 브뤼헐로 불리는 대(大) 피터르 브뤼헐(그의 아들을 소 피터르 브뤼헐이라고 한다)을 미켈란젤로, 렘브란트, 반 고흐와 함께 세계 4대 화가 중 한 사람으로 평가한다. 프랑스인이라면 이런 평가에 찬성하지 않을지 모르지만, 기브슨은 유럽에 대해 비교적 객관적이라고 할 수 있는 미국인이니 그의 평가를 믿도록 하자. 꼭 그런 이유에서만이 아니라 나로서는 그의 평가가 정말로 공정하다고 생각한다. 단 반 에이크를 제외해 유감이기는 하지만.

기브슨은 이런 평가를 시작으로 브뤼헐에 대해 이야기한다. 그런데 우리말 번역서를 보면 표제에 '16세기 플랑드르 최고의 화가'라는 원저에 없는 수식어가 붙어있다. 독자의 시선을 끌기 위한 것인지, 아니면 브뤼헐에 대한 나름의 평가를 그렇게 한 것인지는 알 수 없으나, 그렇게 해서는 브뤼헐의 격이 낮아진다. 어쩌면 브뤼헐을 세계 4대 화가의 하나로 보는 기브슨의 평가가 우리나라에서는 통하지 않을 것 같아 그런 수식어를 붙인 것인지도 모른다. 사실 우리에게 브뤼헐은 그동안 그다지 알려지지 않았다. 제대로 된 그의 화집이 나온 적도 없다.

그러나 보기 나름으로는 기브슨이 말한 세계 4대 화가 중 나머지 세 사람보다 오히려 브뤼헐이 우리에게 훨씬 더 진한 감동을 줄 수도 있다. 왜냐하면 자연이나 농민생활을 주제로 삼아 그가 그린 그림들은 얼마 전까지만 해도 자연과 농민의 나라에서 살았던 우리에게 더욱 절실한 친근성을 보여줄 수 있기 때문이다. 마치 밀레가 그랬듯이. 그러나 그동안 우리에게 소개된 서양미술이라는 것은 이미 그러한 농민사회를 오래전에 벗어난 근대 서양의 미술이었기에 우리는 브뤼헐을 주체적으로 받아들이지 못했다. 물론 그런 경우는 브뤼헐만이 아니다.

밑바닥 인생에 대한 냉정한 시선

미술사만이 아니라 모든 문화사, 아니 역사 자체가 19세기 자본주의 서양의 소산이다. 즉 19세기 자본주의의 시각으로 꾸려진 서양의 역사다. 그것이 일제에 의해 급수입됐고, 일제시대를 거쳐 우리에게 강요 또는 이식됐으며, 그래서 그것이 지금도 우리에게 그대로 먹히고 있다. 물론 최근에는 서양의 것을 서양으로부터 직수입하는 경향이 강화되고 있지만, 그래도 여전히 19세기 이래의 진부한 것을 받아들이는 데 그치고 있다. 이제는 서양문화를 우리의 현실에 맞게 주체적이고도 다양하게 수용해야 한다.

브뤼헐은 왜 세계 4대 화가에 속할 정도로 위대한가? 이에 대해 기브슨은 아무런 설명도 하지 않는다. 그것이 마치 상식이라도 되는 듯이. 그러나 우리나라에서는 그것이 상식이 아닌 만큼 그것에 대해 설명을 해야 할 필요가 있으리라. 미켈란젤로와 렘브란트에 대한 평가는 시대에 따라 달랐지만, 그들이 생전부터 지금까지 위대한 화가로 인정돼왔다는 점은 부정할 수 없다. 이에 비해 반 고흐는 생전에는 전혀 인정을 받지 못하다가 사후에야 세계적인 평가를 받게 됐다.

16세기의 화가인 브뤼헐은 당시에는 상당한 평가를 받았으나 그 뒤로 300년 이상 잊혀졌다가 20세기에 들어서서 세계적 화가로 부활했다는 점에서 반 고흐보다 더 극적이고 역사적이다. 기브슨은 이 점에 대해 언급하지 않고 있으나, 나는 이 점이 매우 중요하다고 생각한다. 브뤼헐은 당대의 영웅, 성인, 지배자에 대한 숭배나 이후의 부르주아 사조, 또는 자연을 낭만적으로 이상화하는 미술과는 전혀 맞지 않았고, 이에 따라 19세기까지 철저히 망각됐다. 그 뒤에 색을 중시하는 인상주의에 의해 그의 특이한 색채가 빛을 보았고, 인간의 모습을 변형시키는 표현주의와 입체주의에 의해 비로소 그가 각광을 받기 시작했다. 그는 20세기 초엽에야 재발견된 것이다.

그러나 19~20세기 미술에서 그런 브뤼헐이 재발견된 것은 사실 피상적인 일이었다. 그보다 더 중요한 것은 인간, 사회, 자연에 대한 브뤼헐의 태도가 재발견된 일이었다. 특히 홉스봄이 '극단의 시대'라고 부른 20세기에 충격을 준 것은 다리가 절단된 거지들을 그린 그림을 비롯한 그의 만년 작품들이다. 그 거지들은 당시의 사회현실을 상징하는 것이었다. 하지만 이런 도상학적 해석 이전에 밑바닥 인생에 대한 화가의 철저하게 냉정한 시선이 20세기에 비로소 주목을 받게 됐다. 16세기에는 물론이고 그 뒤에도 현실을 그토록 철저하게 그린 화가는 다시없었다.

특히 중요한 측면은 브뤼헐이 그런 시선으로 체념이나 연민의 감정을 표현하기보다는 인간의 비참한 현실을 있는 그대로 표현했다는 점에서 비극의 20세기를 살아가는 사람들에게 공감을 불러일으켰다는 점이다. 브뤼헐은 거지들에 대해 어

떤 감상도 표현하지 않았다. 인간은 신처럼 완벽한 존재가 아닌 불완전한 존재라는 생각, 즉 인간은 신이 흙덩이에 숨결을 불어넣어 만든 존재가 아니라 흙덩이 그 자체에 불과하다는 생각, 그래서 인간과 동물 사이에는 그다지 큰 차이가 없다는 생각을 바탕으로 한 자연사상을 그는 표현했다. 그는 농민생활을 묘사하는 데서도 감상적 농민예찬은커녕 철저한 리얼리즘으로, 또 인간과 현실에 대해 회의하는 정신을 드러내는 태도로 관심을 끌었다. 그래서 브뤼헐이 미술사에서 가장 위대한 농민화가이자 노동화가로 재발견된 것이다. 개인을 발견한 반 에이크의 사회판이라고 할 만하다.

브뤼헐의 관점은 인간이란 자연에 뿌리를 내리고 살아가는 존재라는 사상, 즉 인간은 자연으로부터 그 생명력을 얻는다는 사상의 표현이기도 하고, 더 나아가 인간이나 동식물을 존재하게 하는 자연을 중시하는 태도이기도 하다. 오늘날 우리는 심각한 자연파괴의 시대에 살고 있다. 그가 그린 자연은 우리가 상실한 것을 다시 생각하게 만든다. 이런 점에서 브뤼헐은 단지 '농민의 브뤼헐'로서만이 아니라 '자연의 브뤼헐'로서도 강한 호소력을 갖고 있다.

노동미술의 전통

미술의 기원으로서의 노동미술의 역사와 관련해 여기서 내가 강조하고 싶은 것은 브뤼헐이 노동미술의 전통을 이었다는 점이다. 우리는 미술과 노동을 별개로 생각하는 경향이 있으나, 사실 미술은 그 자체가 노동에서 유래한 것이다. 인간의 노동은 그 최초의 도구를 만들어 이용할 때부터 창조적이었다. 노동은 자연을 변화시킴과 동시에 인간과 사회를 변화시킨다. 감각은 인간의 육체에 대한 자연의 작용이기도 하지만 육체 자체의 활동이기도 하다. 사물은 우리가 보려고 하지 않으면 보이지 않고, 우리가 보려고 해야만 보인다. 즉 감각은 행동에 의해 발달하며, 예술은 인간이 그러한 감각을 토대로 창조한 자연의 이미지에서 나온다. 그리고 그런 예술을 통해 인간은 다른 인간과 소통하며, 이로써 예술은 사회적 공유재산이 된다. 예술은 인간의 창조활동인 동시에 사회생활의 일부가 되는 것이다.

　　미술은 원시사회에서 두 가지 형태로 나타났다. 하나는 물리적 유용성을 가진 사물인 도구나 무기이며, 그 대표는 도자기다. 도자기는 종자나 물 같은 것을 저장하는 데 이용됐고, 이는 원시사회의 사회생활이 농업으로 중심으로 이루어졌음을 보여준다. 다른 하나는 마법신앙에 근거한 의례다. 동굴화, 분묘, 사원 등은 수렵사회의 의례가 어떤 것이었는지를 보여준다. 인류 최초의 회화인 동굴화는 수렵의 성공을 기원하기 위해 그려진 그림이므로 노동의 소산임은 두말할 필요가 없다. 원시미술은 개인적인 것이 아닌 집단적인 것, 다시 말해 공동체를 이루는 모든 구성원의 경험과 지혜가 응축된 것이었다.

그러나 실제 생활에서 이 두 가지 예술형태는 분리되지 않았다. 예를 들어 도자기는 죽은 사람을 화장한 뒤에 그 사람의 뼛가루를 보관하는 그릇으로도 사용됐다. 또 동굴화를 보면 음식을 먹는 일과 관련된 부분이 특별히 강조돼 있다. 이처럼 원시미술은 인간생활의 일부였으며, 따라서 그 주제는 어디까지나 인간과 자연이었다. 굳이 원시미술이 아니더라도 일반적으로 미술이 우리에게 감동을 주는 이유 또한 그 주제가 인간과 자연이기 때문이다. 인간은 자연 속에서 살아가는 자연스러운 존재이니만큼 늘 자연을 모방한다.

그렇다고 해서 원시미술이 유용성이나 마법적 신앙과의 관계 속에서만 존재했던 것은 아니다. 현대의 추상미술에서는 기능적 형태라는 것이 중시되어 재료를 물신시하는 경향이 나타나고 있으나, 미술이 과연 어떤 기능을 하는 것인가에 대한 재검토가 필요하다고 나는 생각한다. 내가 보기에 미술의 기능이란 사회를 둘러싼 세계에 대한 의식을 사회에 부여하고, 사회의 진실한 모습과 가능성에 대한 인식을 그 사회에 제공하는 것이다. 원시사회에서 도자기나 동굴화 등이 미술일 수 있었던 이유는 당시에 그런 것들이 인간의 사회활동에서 중심적인 역할을 담당했고, 한편으로는 인간의 자유를 확대하는 방향으로 나아가는 사회의 필연적 발전과 관계가 있었기 때문이다. 이런 점에서 미술은 본래부터 사회적인 것이라고 할 수 있다.

반면에 오늘의 추상미술이나 공예에서 표현되는 기하학적 디자인은 원시미술의 그러한 기능과는 궤를 달리한다. 순수형식이라는 이름 아래 다양한 재료를 사용해 추상작품을 생산하는 미술가는 삶에 대한 사유의 소산으로서의 미술을 포기한 것처럼 보인다. 또한 초현실주의나 상징주의 계열의 현대미술도 원시미술이 노동에서 비롯된 사회적 미술이었던 것과 달리 세계를 단순히 혼돈과 신비로만 본다는 점에서 역시 그런 포기의 태도를 보이고 있다고 할 수 있다.

자연과 농민, 인간의 현실

원시공동사회의 말기에 이르면 노동을 둘러싸고 사회가 재편된다. 이때 부족의 우두머리와 마법사가 등장하고, 노예소유를 포함한 사유재산제도가 발생한다. 이와 동시에 노예미술가들에 의한 거대한 미술이 등장해 지배계급의 생활을 장식하는 기능을 하게 된다. 그러나 그러한 장식을 위해 제작된 왕의 조각상은 형식적인 것으로 그친 반면에 평민의 조각상은 현실 인간의 모습, 특히 집단적 노동을 재현한 것이어서 주목된다. 그 전형은 이집트 미술에서 먼저 나타났지만, 그보다 더욱 인간적인 미술이 그리스에서 나타났다.

이집트나 그리스의 벽화는 노동을 중심적인 주제로 삼고 있다. 하지만 그 노동은 주인의 관점에서 노예의 노동을 완벽하게 그린 것에 불과하다. 이 점은 우리의 고대 벽화도 마찬가지다. 따라서 고대의 벽화는 신분과 계급에 따라 조화를 이루고 있는 사회를 표현한 그림들이다. 이러한 미술의 성격은 중세를 거쳐 근대까지 지속됐다. 근대의 양치기는 플루트를 불고 춤을 추면서도 지배자에게 맛좋은 술과 과일 등을 바치는 모습으로 그려져 있다. 흥겨운 모습의 농민을 그린 우리의 근대 민속화도 마찬가지다. 현실의 농민이 처한 모순된 현실과 그에 대한 저항인 농민반란을 잊게 하는 마취적 수단으로 그림이 그려진 것이다.

중세까지만 해도 이름 없는 노동자에 지나지 않았던 미술가가 공적인 존재로, 또 삶에 대해 사유하는 인간으로 나타나기 시작한 것은 르네상스 시대에 이르러서였다. 르네상스 미술은 사회의 위기와 모순이 가장 명백하게 드러난 시대에 미술가들이 비판자로서의 역할을 하면서 그때까지의 종교미술을 변혁한 점에 그 위대성이 있다. 이탈리아 르네상스를 개막한 조토도, 그것을 마감한 미켈란젤로도 종교를 주제로 삼았으나 각각 자기만의 주제를 설정하고 자기만의 표현법을 사용해 당시 사회의 타락한 도덕을 비판했다.

르네상스 시대에는 이탈리아와 마찬가지로 유럽대륙도 사회적 위기를 맞았다. 유럽대륙의 르네상스 화가들도 그림으로 사회에 비판을 가했으나, 이탈리아의 화가들과는 달리 삶에 대한 사랑, 감각과 자연에 대한 예찬, 아름다움과 인간의 위대함에 대한 가능성 탐구와는 거리가 먼 작업을 했던 것으로 보인다. 예를 들어 네덜란드의 보스(1450~1516)는 빈민의 비참함을 환상적 필치로 보여준다. 화가를 넘어 지식인이기도 했던 그는 회화풍의 왜곡을 통해, 그리고 이교적이고 원시적인 부족적 마술과 의례에서 추출된 그로테스크한 이미지를 악마나 악령의 전설과 연결시켜 집중적으로 조명함으로써 당시의 부, 권력, 사치, 악덕을 비판했다. 보스는 흔히 현대 초현실주의의 원조로 추앙받고 있으나, 그가 창조한 사회적 상징과 초현실주의의 몽환적 환상 사이에는 큰 차이가 있다. 보스가 표현한 것은 그 시대에는 그 어떤 현실적인 방법으로도 해결할 수 없었던 사회적 비참이었으나 초현실주의가 표현하는 것은 단순한 환상일 뿐이다.

독일의 그뤼네발트(1470~1528)도 〈이젠하임의 제단화〉에서 고문을 당하고 고통에 휩싸인 채 십자가에 매달린 예수를 미술사상 가장 비참한 모습으로 표현했다. 이 그림은 보스의 그림과 마찬가지로 이탈리아식 고전보다는 중세적 고딕에 가깝다. 그러나 그의 여러 그림들이 보여주는 주제는 역시 노동을 하는 빈민과 농민의 희생이라는 점에서 이탈리아 르네상스와 비판적 태도를 공유하고 있다. 그의 제자인 뒤러(1471 ~1528)는 당시의 독일화가 가운데 이탈리아적인 경향이 가장 짙지만, 그의 그림에서 보이는 어두운 인물묘사에서는 그 시대의 공포가 여실히 드러난다.

그러나 물론 이 시대의 노동화가로서 가장 주목할 만한 이는 브뤼헐이다. 브뤼헐은 보스와 마찬가지로 중세적인 화풍을 갖고 있었으나, 그의 주제는 노동민

그뤼네발트의 〈이젠하임의 제단화〉 중 십자가에 매달린 예수가 그려진 부분

중의 고뇌였다. 특히 대조적인 두 장면으로 구성된 그의 한 판화는 거지를 내쫓는 부자의 향연과 살찐 집달리에게 쫓겨나는 걸인의 모습을 통해 당시 사회의 모순을 폭로한다. 또한 그의 자연은 과장된 환상이나 멋진 정원이 아니라 그 속에 사는 백성의 눈에 비친 자연 그 자체다. 이처럼 그의 작품은 자연과 인간의 진실과 직결되는 노동민중의 경험과 완전히 일치한다.

브뤼헐의 삶

브뤼헐의 생애에 대해서는 거의 알려진 바가 없다. 라블레처럼 그도 언제 어디에서 태어났는지가 불분명하다. 그러나 대체로 1525년에서 1530년 사이에 태어나 40세 전후가 된 1569년에 죽은 것으로 추정된다. 이 시기는 플랑드르 르네상스의 전성기와 일치한다. 그의 생애에서 특기할 만한 점은 없다. 그는 당시의 여느 화가처럼 20대까지 그림을 배웠고, 1551년에 화가조합에 들어갔으며, 이탈리아를 여행했고, 판화와 유화를 그렸다. 지금 남아있는 브뤼헐의 그림 45점은 모두 1556년부터 1568년까지의 12년 사이에 그려졌다. 생애가 짧았다는 점에서는 반 고흐와 비슷하다.

브뤼헐은 농민화를 많이 그린 까닭에 농민 출신으로 여겨져 왔으나, 최근에는 교우관계로 보아 일찍부터 휴머니즘 교육을 받은 교양인이었을 것으로 보는 견해가 대두되고 있다. 그리고 이런 시각에서 그의 그림을 도덕적, 철학적으로 난해하게 해석하는 경향도 있다. 그러나 반드시 그렇게 해석해야 하는가에 대해서는 이견이 존재한다. 그러한 해석은 휴머니스트를 도덕인이나 철학인으로 보는 획일적인 사고방식에서 비롯된 것이 아닌가 싶다. 르네상스 휴머니즘이나 당시의 휴머니스트를 그렇게 좁은 관점으로 보아서는 안 된다. 도리어 당시의 휴머니스트를 철저한 사회적 리얼리스트로 볼 필요가 있다. 특히 브뤼헐이 그렇다.

브뤼헐이 농민 출신이 아님을 증명할 근거는 없다. 농민 출신이라고 해서 휴머니스트가 되지 말라는 법도 없다. 그가 농민 출신이어서 자연이나 농민생활을 그토록 절묘하게 묘사했다고 단정할 필요도 없다. 하지만 그가 농민 또는 농민 출신이 아니었다면, 아니 최소한 그가 농촌에서 살지 않았다면 그런 그림을 그리지 못했을 것이다. 그가 그린 그림들을 상상력의 소산으로만 볼 수는 없기 때문이다.

브뤼헐이 어디에서 어떻게 살았는지도 불분명하나 그가 그림 공부를 하고 화가조합 생활을 하는 등 상당기간을 보낸 안트베르펜(앤트워프)과 브뤼셀은 당시 유럽에서 가장 발전된 도시였고, 그 두 도시에는 화가들이 매우 많았다. 1569년 당시에 안트베르펜의 인구 약 9만 명 가운데 화가가 360명이었으니 250명 가운데 1명이 화가였던 셈이다. 그런 만큼 화가들은 먹고 살기가 힘들었다. 브뤼헐이 이탈리아로 여행을 떠난 것도 이탈리아 르네상스를 배우고자 그랬다기보다는 경제적 어려움 때문이었을 것이다. 그는 다른 화가들처럼 이탈리아 르네상스의 작품들을 공부해서 북방에 전하려고 한 것이 아니었기에 얼마 지나지 않아 안트베르펜으로 돌아왔다. 이 점이 그를 당대의 르네상스 모방자들과 다르게 만든 요인일지도 모른다. 물론 기브슨 등이 지적했듯이 그에 대한 르네상스의 영향을 과소평가할 수는 없으나, 굳이 그러한 관련성을 강조할 필요는 없다고 나는 생각한다.

도리어 나는 이탈리아 여행이 브뤼헐에게 중요한 경험이 된 것은 그때 그가 알프스의 웅장한 산악풍경을 보았다는 데 있다고 생각한다. 그러한 웅장한 자연의 묘사가 그의 평생 동안 그의 그림에서 끝없이 되풀이됐다. 그가 이탈리아 여행을 하지 않았다면 산악이 없는 플랑드르에서 들판의 그림만 그렸을지도 모른다. 그의 풍경화는 당시 네덜란드의 풍경과 같은 소박하고 안온한 맛을 지니고 있지 않다. 특히 그가 그린 풍경화는 언제나 인간이 그려져 있고, 그것도 언제나 개인이 아닌 민중의 일상적 모습으로 묘사돼 있다는 특징을 갖고 있다.

권력을 한껏 조롱하다

그러나 브뤼헐은 그 어떤 풍경이나 인간도 이상화하지 않았다. 도리어 그는 1563년에 성서에서 저주받은 도시를 상징하는 바벨탑을 세 번이나 그려, 자신이 거주한 당시 유럽의 최대도시 안트베르펜을 절망적으로 묘사했다. 구약성서의 《창세기》에는 노아의 자손들이 하늘에 가 닿는 탑을 세우고자 하지만 신의 노여움을 사

서 서로 이해할 수 없는 언
어를 사용하게 되면서 전 세
계로 흩어져 살게 됐다는 이
야기가 나온다. 당시의 안트
베르펜은 다양한 언어가 사
용되는 국제도시였고, 종교
개혁으로 인해 온갖 교파가
혼재하는 곳이기도 했다. 브
뤼헐은 그런 안트베르펜의
상황을 바벨탑에 비유한 것
이다. 에라스무스나 몽테뉴,
또는 모어와 같이 브뤼헐도
당시의 휴머니즘에 입각해
여러 종파들의 외적인 의식
에 얽매이지 않는 순수한 신
앙을 주장했고, 편협한 종교
간 충돌에 반대해 종교의 자
유를 옹호한 것이었다.

　　이와 동시에 그가 그린
바벨탑은 당시에 융성하기
시작한 자본주의의 악폐를
상징하는 것이기도 하다.
브뤼헐은 세속적이고 상업

〈바벨탑〉

〈큰 고기가 작은 고기를 먹는다〉

266

〈죽음의 승리〉

적인 사회에 내재된 도덕적 위험, 특히 탐욕과 사리사욕의 문제점을 정확하게 인식했다. 약육강식이 지배하던 당시의 현실이 가장 절묘하게 묘사된 작품은 1557년에 그가 그린 〈큰 고기가 작은 고기를 먹는다〉라는 제목의 작은 판화다. 여기서 큰 고기란 황제, 국왕, 대상인 등이며 작은 고기란 그들의 '밥'이 되는 민중이다. 여기서 우리는 당시의 다른 화가들이 권력에 굴종한 것과 달리 브뤼헐은 자신을 민중과 동일시하는 태도를 가지고 있었음을 알 수 있다.

당시의 민중에게 가장 큰 고통을 주는 것은 전쟁이었다. 불타는 탑과 해골괴물의 군대로 상징되는 지옥도인 〈죽음의 승리〉는 당시의 세상을 말세로 본 브뤼헐의 시대비판 정신을 가장 첨예하게 보여준다. 이 그림에서 브뤼헐은 전쟁에 의한 파괴를 인간의 죄와 어리석음에 대한 처벌로 보는 전통적인 관점에서 벗어나

신앙, 사회적 지위, 경제적
부 등과 아무 상관없이 모든
인간에게 닥치는 죽음의 운
명으로 형상화하는 것을 통
해 전쟁을 통렬하게 고발했
다. 이런 점에서 이 그림은
고야의 〈전쟁의 참상〉과 피
카소의 〈게르니카〉의 선구
다.

　이런 그의 태도는 그가
그린 전통적 종교화에서도
분명히 드러난다. 1564년부
터 몇 번이나 그린 〈동방박
사의 경배〉나 〈십자가를 진
예수〉를 비롯한 성화를 보
면, 성서에 나오는 주인공들
이 너무나도 인간적으로 그
려져 있다. 특히 그가 성서
에 나오는 장면을 자신의 작
품에서 부차적인 것으로만
묘사한 점은 당시에 가톨릭
의 요구로 그려진 다른 성화
들과는 크게 다른 것이다.

〈동방박사의 경배〉

〈십자가를 진 예수〉

이런 점은 그가 세속권력 및 그 세속권력과 결탁한 가톨릭에 대해 비판적이었음을 보여준다.

브뤼헐의 마지막 작품인 〈교수대 위의 까치〉는 교수대에서 춤추는 사람들을 보여준다. 이는 당시 지배자이던 가톨릭에 저항한 프로테스탄트 목사가 처형되기 직전에 권력을 조롱하며 춤추는 사람들을 묘사한 것이다. 그렇다고 해서 브뤼헐이 이 그림을 통해 가톨릭에 반대하고 프로테스탄트에 찬성한다는 입장을 표명한 것은 아니다. 그는 단지 종교가 다르다는 이유로 인간을 교수형에 처하는 권력을 조롱한 것이다. 기브슨은 우리가 위에서 살펴본 그의 다른 그림들과 마찬가지로 이 그림도 단순한 서정적 풍경화로 보지만, 나는 그렇게 보지 않는다.

풍경 그 자체와 아이들을 그리다

남아있는 브뤼헐의 작품 45점 가운데 30점 이상이 자연, 시골, 무명의 하층농민을 그린 것이어서 그는 흔히 '농민화가'로 불린다. 이런 점에서도 그는 회화사에서 독특한 존재가 됐다. 그 전에는 농민이 회화의 소재가 되는 경우가 거의 없었고, 어쩌다 그리 되더라도 조롱의 대상인 어리석은 무리로 그려질 뿐이었다. 브뤼헐이 묘사한 농민의 모습에도 그러한 관점이 전혀 없는 것은 아니다. 하지만 그의 그림에서 그러한 부분은 부차적인 것일 뿐이다. 그는 어디까지나 농민을 살아있는 인간 그 자체로 그렸다. 시골생활도 브뤼헐이 그리기 전에는 그 자체로 그려지지 않았다.

게다가 그가 묘사한 농민의 모습은 바로 살아있는 현실의 농민이다. 당시에 그려진 다른 화가들의 그림에는 성인, 귀족, 상류계급이 많이 등장하는데 그들은 식탁에 앉아 있는 경우에도 식사를 하는 모습으로 그려지지 않았다. 인간을 이상화해 신의 경지로 끌어올리고자 하는 예술은 식사를 비롯한 인간의 일상생활을 경원시하기 때문이었다. 그러나 브뤼헐은 식사를 하고 술을 마시며 즐겁게 노는 인간을 즐겨 그렸고, 심지어는 배설을 하는 모습까지 그렸다. 이런 점은 몽테뉴나 라블레를 연상시킨다.

대부분의 르네상스 화가들은 인간과 동식물의 이질성을 강조했다. 그러나 브뤼헐은 그 둘 사이의 동질성, 즉 자연으로서의 동질성을 강조해 인간을 본능적 존재로 부각시켰다. 농민의 춤을 그린 작품에서 브뤼헐은 생명력으로 충만한 농민을 그리면서 특히 남성의 성기 부분을 강조했다. 이 작품은 다산과 자손의 번영을 기원하고 축하하는 그림이자 자연의 법칙에 따라 사는 본능적 인간을 강조한 그림인 것이 틀림없다.

물론 브뤼헐이 본능의 활력만을 그린 것은 아니다. 그러나 그는 대부분의 르네상스 화가들처럼 인간을 고귀한 표정으로만 그린다거나 어떤 정신적 관념에 근거해 인간을 미화하거나 하지는 않았던 것이 분명하다. 그는 문명화되지 않은 자연스러운 인간의 요소도 인간의 본질에 속하며 인간 존재의 토대라는 관점을 갖고 있었던 것이다. '육체 없이는 정신도 없다'는 말로 대변되는 르네상스 시대의 인간의 몸 발견이 이탈리아에서는 나체 찬양으로 나타났지만 브뤼헐에게서는 본능 찬양으로 나타났다는 점은 주목할 만하다.

만년의 브뤼헐은 화면에서 풍경보다 인간을 더 크게 그리고, 특히 그 인간의 행동을 강조하는 쪽으로 전환한다. 그렇게 강조된 행동 가운데는 우스꽝스러운 행동이 많다는 점에서 기브슨처럼 '유쾌한 브뤼헐'을 강조하는 견해를 내놓는 사람도 많다. 특히 기브슨은 이런 점을 유희적인 요소로 보고 강조하지만, 나로서는 그것이 몽테뉴나 라블레의 경우처럼 그냥 유쾌한 것이 아니라 풍자나 비웃음의 유쾌함으로 봐야 한다고 생각한다. 그리고 그런 인물의 경우에도 자연 속에서 자연스러운 모습을 하고 있어 캐리커처로 나아가지는 않는다.

'유쾌한 브뤼헐'은 아이들의 유희를 그린 그의 작품에서도 보인다. 이것 또한 회화사에 길이 남을 만한 작품이다. 그가 그린 것은 아이다운 아이들이나 귀여운 아이들이 아니다. 그가 그린 것은 '어린 어른들'의 세계다. 필립 아리에스는 《아동의 탄생》에서 18세기 이후에 '어린아이'가 탄생한다고 했는데, 브뤼헐의 이 작품에 나오는 것은 그 전의 아이들이다. 그의 아이들은 부모와 같은 복장을 하고, 인형놀이가 아닌 어른들의 놀이를 하고 있다.

아이들의 유희가 그려진 이 그림은 아이들의 세계를 담고 있는 것이 아니라 성인들에 대한 경고, 즉 그림 속에 그려진 아이들처럼 삶을 허송하지 말라는 경고를 담고 있다. 브뤼헐은 학교에서 공부를 하는 아이들을 그리기도 했는데, 이는

당시의 과도한 교육열을 풍
자한 것이다. 그는 백 가지가
넘는 당대의 속담을 그림으
로 표현하는 작업도 했다. 그
그림에서 우리는 당대의 사
회에 대한 화가의 회의정신
을 엿볼 수 있다. 그러한 회
의정신은 그가 그린 친근한
악마의 모습에서도 나타난
다. 사실 르네상스 시대는 악
마와 악령이 사람들에게 친
근한 시대였다.

브뤼헐은 생전에 이미
상당한 명성을 얻었지만 주
문을 받고 초상화를 그리지
는 않았고, 나체화도 그리지
않았다. 그가 유일하게 그린
초상화는 입을 벌리고 있는,
조금은 기형적이고, 또 지극
히 가난해 보이는 농촌여성
의 두상이다. 그런 그녀가 브
뤼헐에게 자신의 초상화를
주문했으리라고는 믿어지지

〈아이들의 놀이〉

〈학교의 당나귀〉

272

않는다.

　브뢰헐은 악마만을 나체로 묘사했고, 인간은 언제나 옷을 입은 모습으로 그렸다. 그것도 몸의 선을 알 수 없는 형태로. 르네상스 화가들이 자주 그린 인간의 균형 잡힌 몸매는 그의 그림에는 전혀 등장하지 않는다. 개인을 중시하는 르네상스 화가들의 관점이 브뢰헐에게서는 철저히 무시됐다. 그의 작품에 등장하는 인물들은 얼굴이 보이지 않는 경우도 많다. 그러나 이런 점을 인간 경시의 표현으로 보아서는 안 된다. 브뢰헐의 익명적 묘사방식은 도리어 당대 민중의 실존을 표현하는 가장 절실한 방식이었던 것으로 보이기 때문이다.

　흔히 ‘농민의 브뢰헐’이라는 말을 하지만, 이보다 중요한 것이 ‘자연의 브뢰헐’이다. 그가 그린 풍경은 장식이 아니라 인간의 삶터로서의 힘찬 자연이다. 그는 미술사에서 풍경화의 시대를 열었다. 그 전에는 풍경이 인물의 배경에 지나지 않았다. 그것도 천국이나 지옥 같은 상상의 세계를 풍경으로 그린 것이었다. 귀족이 읽는 책에 풍경이 삽화로 그려지기도 했으나, 그 풍경은 귀족 소유의 토지나 실용가치가 있는 토지, 예를 들어 수렵용 숲이나 농지에 불과한 것이었다. 이런 전통은 미술사에서 19세기까지 이어졌다.

　그러나 브뢰헐의 풍경화는 그런 장식적 배경으로서의 삽화로 그려진 것이 아니다. 그렇다고 해서 그가 자연을 눈에 보이는 그대로 그린 것도 아니다. 그의 풍경화는 인간과 동식물 모두를 자연의 일부로 보고 자연에 적응해야 하는 존재로 본 스토아 사상을 이은 르네상스 휴머니즘을 표현한 것이다. 그렇기에 그의 풍경화에 등장하는 인간이나 동식물은 모두 같은 색조로 매우 작게 그려져 있다. 특히 인간은 자신의 의지와는 관계없이 미리 예정된 사명을 수행하는 자연 속의 익명적 존재로 표현돼 있다. 그의 그림에서 인간보다 더 중요한 것은 광대한 자연이고, 인간은 너무나도 작게 그려져 있다. 화가가 지극히 높은 장소에서 자연을 내려다보고 있는 구도여서 그 그림은 우주의 축도를 연상하게 한다.

물에 빠져 허우적거리는 이카로스가 그려진 〈이카로스의 추락을 포함한 풍경〉은 브뤼헐의 특이한 관점을 잘 보여준다. 신화의 주인공 가운데 그의 그림에 등장하는 것은 이카로스뿐이다. 이카로스는 흔히 지식의 경계를 넓힌 탐구자로 찬양되지만, 브뤼헐은 물에 빠져 허우적거리는 이카로스를 화면의 한 구석에 작게 그려서 그를 비웃고 있다. 지식에 대한 과도한 숭배를 비판적으로 본 것이다. 대신 그는 화면의 전면에 묵묵히 일하는 농부를 크게 배치해 그를 찬양하고 있다. 이러한 태도 역시 에라스무스를 비롯한 당대의 휴머니스트들

〈이카로스의 추락을 포함한 풍경〉

〈눈 속의 사냥꾼〉

이 자연과 농민을 찬양하던 태도와 궤를 같이한다. 브뤼헐이 그린 농부는 자연의 법칙에 순종하는, 실존하는 농부다.

브뤼헐이 사계절의 변화를 그린 것도 풍경화의 역사에서는 중요한 사건이다. 그 전에 그런 그림이 없었던 것은 아니다. 하지만 그 전의 그런 그림은 그 중심에 인간이 있었지만, 브뤼헐의 사계절 그림은 자연 그 자체의 변화를 주제로 삼고 있다. 인간이나 동식물은 자연에 그저 순종할 뿐이다. 이런 점을 가장 분명하게 보여주는 작품이 〈눈 속의 사냥꾼〉이다. 화면은 눈의 흰빛, 그리고 하늘과 얼음의 옅은 청록색으로 덮여 있고, 인간을 비롯한 생물은 모두 다 어둡게 그려져 있다. 흔히 생물을 그리는 데 쓰이는 찬란한 색조는 찾아볼 수 없다. 사냥꾼은 이 그림의 주인공이 아니다. 계절이 겨울임을 말해주는 요소는 사냥꾼이 아니라 자연, 즉 하늘과 얼음과 눈의 색조다. 인간은 그 속에 존재하는 하나의 점일 뿐이다.

그를 '자연의 브뤼헐'이라고 부르는 데서 더 나아가, 그가 우리 시대의 자연 파괴를 예언했거나 자연에 대한 새로운 태도를 보여주었다는 의미로 '에코 브뤼헐'로까지 부를 수 있는지에 대해서는 의문이 든다. 그러나 인간이 자연을 지배해야 할 대상으로 보고 정복하거나 파괴하는 것을 통해 생산력이 발전한다고 보는 근대적 진보사관을 그는 긍정하지 않을 것이 분명하다. 또한 작품 〈바벨탑〉에서 볼 수 있듯이 그가 권력의 지배, 전쟁, 종교적 독단을 부정하고 관용과 다원성을 중시하는 르네상스 휴머니즘을 토대로 인간이 자연 속에서 자연에 충실하게 살아가는 자연적 유토피아를 그 나름의 관점에서 그린 것은 분명하다.

밀레, 반 고흐, 리베라

브뤼헐의 그림은 인간, 사회, 자연에 대한 철저한 리얼리즘과 유토피아적 비전을 보여준다. 그러나 그 뒤 17세기 바로크 시대의 화가들에게서는 그런 리얼리즘과 유토피아적 비전을 보기 어렵다. 기브슨은 브뤼헐과 마찬가지로 플랑드르의 화가인 루벤스(1577~1640)가 브뤼헐을 충실하게 계승했다고 평가한다. 그러나 나는 두 사람 사이에 조형적 측면의 유사성은 있을지 몰라도 두 사람의 세계관은 크게 다르다고 본다.

브뤼헐의 유산은 오히려 렘브란트, 고야, 도미에, 밀레, 반 고흐로 이어졌다고 나는 생각한다. 농민 출신인 밀레는 1848년 혁명을 지지했고, 자본주의 세계의 농업노동을 노예노동과 같은 가중할 만한 비인간화된 형태로 묘사했다. 브뤼헐이 성장하는 시민계층의 눈으로 본 객관적인 농민의 모습을 그렸다면, 밀레는 농민 자신의 눈으로 본 농민의 음울함, 비참함, 절망감까지 그렸을 뿐 아니라 화가인 자신도 방관자로 머무르지 않고 그 자신을 거기에 투영했다. 밀레가 그린 농부는 누추하고 볼품없는 모습으로 마치 저주받은 인간의 유령처럼 서 있다. 얼굴은 보이지 않으며, 등을 구부리고 머리를 거의 땅에 처박은 자세로 손으로 흙 속을 파헤치는 모습이다. 인간성이 철저히 상실된 타락한 모습이다. 고야의 〈마녀〉나 도미에의 〈3등열차〉에서도 우리는 그러한 농민과 노동자의 모습을 볼 수 있다.

반 고흐는 그보다도 더욱 절망적인 모습으로 농민을 그린다. 졸라의 소설 《제르미날》과 《대지》에 감동한 반 고흐는 밀레보다도 더욱 철저하게 브뤼헐을 잇는 동시에 그를 벗어난다. 반 고흐가 그린 그림 속의 젊은 농부는 노동에 의해 몸이 뒤틀린 채 겨우내 언 땅을 힘겹게 파고 있다. 오직 먹고 살기 위해 버둥거리는 황폐한 모습일 뿐이다. 반 고흐가 그린 자신의 초상도 삶에 지쳐 극도로 피로한 모습이다. 그가 그린 자연은 브뤼헐이 그린 것과 같은 정태적인 옥수수 물결이 아니라 공포와 전율로 뒤흔들리는 삭막한 들판이다. 그가 그린 의자에는 아무도 앉아 있지 않으며, 그가 그린 풍경 속에는 더 이상 사람이 없다. 그가 그린 해바라기나 태양은 위대한 혁명을 바라고 있지만, 그 혁명은 현재의 빛이 아니다.

밀레나 반 고흐가 그린 농민은 나중에 혁명화가 디에고 리베라(1886~1957)를 비롯한 멕시코 민중화가들의 작품에서 혁명의 주체로 등장한다. 리베라는 도미에와 같이 격렬한 증오심을 바탕으로 농민을 착취하는 식민지 지배자를 분명하게 그렸고, 더 나아가 해방된 토지를 서로 분배하는 새로운 사회의 농민을 활기차게 묘사했다. 이제야 화가가 농민과 노동자를 인간의 얼굴을 한 살아있는 존재로 묘사하게 된 것이다. 르네상스 화가로서는 유일하게 브뤼헐만이 그렸던 익명의 농민, 익명의 민중이 이제야 비로소 제 얼굴, 제 이름을 갖게 된 것이다. 이를 위해 400년이라는 인고의 세월이 필요했던 셈이다. 인간의 자유와 존엄이라는 르네상스 시대의 가치가 이제야 비로소 민중의 것으로 표현되게 된 것이다.

" 자연은 모든 사물의 신이다 "

17세기 벽두에 이단자라는 이유로 로마의 '꽃의 광장'에서 처형된 브루노. 우주에 특정한 중심이 있는 것이 아니라고, 신대륙 침략은 그곳 사람들의 평화를 해친다고, 인종별로 독자적인 종교를 가질 수 있다고 한 그의 주장은 그 뒤 수백 년이 지나서야 재평가된다.

*

"자연은 모든 사물의 신이다." 이 말은 조르다노 브루노(1548~1600)의 《교만한 야수의 추방》에 나오는 말이다. 이는 신과 자연을 동일시하는 말이 아니라 신이 모든 사물 속에 자연으로 존재한다는 말이긴 하지만, 여러 사물이 존재하는 현실 세계에서 신이 자연으로 나타나거나 자연 속에 숨어 있다는 뜻으로 받아들여진다는 점에서 자연과 신을 구별하는 기독교의 관점을 부정하는 범신론적인 말이다.

브루노는 신을 동물로 묘사한 고대 이집트인의 종교관을 그 말이 표현한다고 보았다. 즉 고대 이집트인은 신이 어디에나 있다고 보았기 때문에 신을 숭배하기 위해 동물의 모습으로 신을 표현한 것이지 특정한 동물을 신이라고 생각한 게 아니라는 것이다. 신은 어디에나 있다는 생각은 기독교와 같은 특정한 종교의 특권적인 지위도, 로마 교황청과 같은 특권적인 기관도 거부하는 것이다. 이런 생각에서는 종교의 진가가 교의의 우월성이 아니라 그것이 낳은 결과에 의해 평가돼야 한다.

브루노는 기독교가 사람들로 하여금 백을 흑이라고, 인간의 지성을 맹목적인 것이라고 생각하게 하고, 이성의 기준에 따르면 탁월하고 우수하며 최선인 것을 열등하고 파렴치하며 극악한 것이라고 생각하게 하며, 자연은 더러운 창녀이고 자연법은 비도(非道)라고 생각하게 한다고 기독교를 비판했다. 또한 기독교는 모든 영웅적인 행위는 비겁한 것이고, 무지가 세계에서 가장 아름다운 학문이라고 사람들을 설득한다고 그는 비판했다. 다시 말해 기독교는 신과 자연, 신과 인간의 이성 사이에 거대한 틈을 만들어 인간의 영웅적 행위를 폄훼하고 성스러운 무지를 찬양하는 게으른 사상을 조장했다는 것이다. 이런 비판에 이어 브루노는 사람들에게 각자가 신이 되기 위해 노력할 것을 권했다. 이는 나중에 막스 베버가 이야기하는 '프로테스탄티즘의 금욕사상에 근거한 노동 중시'와는 전혀 다른 종류의 인간 완성, 어쩌면 불교의 성불사상과 같은 주장이었다.

이단자

16세기가 끝나고 17세기가 시작되는 1600년 2월에 로마의 '꽃의 광장'에서 이탈리아의 철학자 브루노가 이단자라는 이유로 처형됐다. 1535년에 모어가 처형된 지 65년 뒤였다. 1520년대부터 17세기 초까지 신구교의 대립 속에서 에라스무스와 라블레의 저작이 금서가 되고, 에라스무스와 루터가 쓴 책의 프랑스어 번역본을 출판한 휴머니스트인 루이 드 베르캉(1490~1529)과 박식한 인쇄업자인 에티엔 돌레(1509~1546)도 처형됐다. 1527년 8월에 일어난 생바르텔레미 대학살 때에는 논리학자인 페트루스 라무스(1517~1572)가 처형됐다. 《태양의 도시》를 쓴

종교재판을 받는 브루노

유토피아주의자인 캄파넬라(1568~1639)는 1599년부터 27년간 감옥에 갇혔다. 모두 이단자라는 이름으로 죽거나 감옥에 갇혔다.

브루노는 처형당할 때 십자가로부터 얼굴을 돌렸다. 이단자 브루노는 그 뒤로 약 200년간 역사에서 사라졌다. 그가 다시 등장한 것은 1789년에 그의 책이 스피노자류의 범신론에 모델이 됐다고 하여 독일어로 번역된 뒤였다. 그러나 독일의 관념론이 몰락하면서 그는 다시 잊혀졌다. 그러다가 19세기 후반에 이탈리아가 통일된 뒤에 바티칸에 반대하는 움직임이 일어나자 그가 가톨릭의 탄압에 굴복하지 않은 '코페르니쿠스 학설의 순교자'로 부활하면서 '꽃의 광장'에 그의 동상이 세워졌다.

20세기에 브루노의 코페르니쿠스주의는 자연과학적인 가설이 아니라 그것과는 다른 헤르메스주의나 기억술과 같은 르네상스 마술의 일종이었다는 견해가 나타났다. 즉 브루노는 현대과학의 선구자가 아니라 마술가였다는 것이다. 이런 견해까지 나온 데서도 알 수 있듯이 브루노는 다양한 얼굴을 가진 사상가다. 그는 기독교가 지배하던 시대에 기독교를 부정한 인물이었고, 지배적인 종교에 가장 극단적으로 대항하는 사상가로 평생을 방랑하며 살았다.

꽃의 광장에 세워진 브루노의 동상

브루노는 남부 이탈리아에서 태어나 17세에 도미니코 수도회의 수도사가 됐다. 그는 그 무렵부터 당시에 금서였던 에라스무스의 책을 읽었고, 삼위일체설과 같은 기독교 교리를 비판했다는 이유로 이단의 혐의를 받고 28세에 고향인 나폴리를 도망쳐 이탈리아 각지를 방랑하다가 3년 뒤 제네바에 도착했다. 그는 그곳에서 일시 칼뱅파와 접촉했으나 곧 대립하게 되어 재판에 회부됨에 따라 다시 도망쳐 프랑스의 각지를 방랑했다.

1581년에 그는 기억술의 달인으로서 프랑스 왕의 환영을 받았다. 그의 기억술은 단순히 기억을 돕는 기술이 아니라 자연세계와 인간세계의 여러 원리가 체계적으로 배치된 백과전서식 지식이었다. 파리에서 그는 철학과 희극을 융합한 《칸델라이오》를 썼다. 이어 그는 프랑스의 종교대립을 피해 영국으로 건너가 옥스퍼드대학에서 코페르니쿠스를 둘러싼 논쟁에 참여했다. 그는 다시 독일로 가서 루터파의 환영을 받았으나 칼뱅파가 득세하자 다시 이탈리아로 가 귀족의 기억술 교사로 살았다. 그는 결국 1592년에 이단자로 몰려 감옥에 갇혔고, 그로부터 8년 뒤에 처형됐다. 이렇듯 그는 생애의 초기와 말기를 제외한 16년의 세월을 방랑자로 살았다.

브루노의 기억술에 사용된 도형

반계층적 우주관

'코페르니쿠스적 전환'은 칸트가 자신의 인식론상 입장을 나타내는 데 사용한 말이지만, 코페르니쿠스(1473~1543) 본인이 주장한 지동설(태양중심설)은 16세기 후반의 세계에 엄청난 영향을 끼쳤다. 그 전에 지배적이었던 아리스토텔레스-프톨레마이오스의 지구중심설은 엄밀하게 말하면 별중심설이며, 지구는 우주의 앙금과 같은 곳이라고 본 우주론이었다. 즉 달 아래의 지구 영역은 생성과 소멸의 영역으로서 직선적인 운동에 의해 지배되는 반면에 달 위의 별 영역은 생성과 소멸을 모르는 불멸의 영역으로서 거기서는 별들이 영원히 회전한다는 생각이었다. 이는 지상의 삶을 임시적인 것으로 보는 기독교의 교리와 유사했고, 별의 운동을 관찰하는 천문학자는 지상의 삶이 아닌 천상의 삶을 희구하는 수도사와 같은 존재로 여겨졌다.

그런데 사실 코페르니쿠스도 우주가 유한하고 특정한 중심을 갖는다고 보았고, 이 점에서는 그의 우주관이 아리스토텔레스-프톨레마이오스의 우주관과 같았다. 반면에 브루노는 우주는 무한하고, 따라서 특정한 중심이 없다고 보았다. 이렇게 보면 브루노는 코페르니쿠스의 우주관을 계승한 것이 아니라 파괴했다고 할 수 있다.

이러한 브루노의 사상에는 쿠자누스(1401~1464)라는 선구자가 있었다. 쿠자누스에 의하면 신은 무한한 존재이고, 따라서 신은 유한한 존재와 어떤 비례관계도 갖지 않는다. 즉 우주에 존재하는 모든 것은 신으로부터 무한하게 떨어져 있으므로 그 가운데 어느 것이 신에게 보다 더 가까울 수 없다.

이러한 생각은 계층적 질서로 이루어진 중세의 우주관을 근본적으로 부정하는 것이었다. 중세에는 자연에는 신을 정점으로 하여 천사, 인간, 자연, 질료라는 계층이 존재하고, 사회에는 왕을 정점으로 하여 여러 계층이 존재한다는 사고가 지배적이었다. 아리스토텔레스-프톨레마이오스의 우주론도 이러한 계층적 사고에 따른 것이었다. 단테가 《신곡》에서 천국, 연옥, 지옥으로 계층화된 구조를 그려 보인 것도 그러한 계층적 사고의 단적인 예다.

그런데 쿠자누스의 견해는 그러한 계층구조를 파괴하는 것이었다. 가령 신에게 가까운 천사라는 특권적 지위는 있을 수 없다는 게 그의 주장이었다. 브루노는 이러한 쿠자누스의 견해를 계승했다. 그러나 쿠자누스는 신과 우주를 구별한 반면에 브루노는 우주 자체를 신적인 것으로 보는 범신론의 입장을 취했다. 브루노는 무한한 우주에는 무수한 세계가 존재하고 거기에 무수한 삶이 있다고 보았다. 따라서 그에게 우주는 인간의 실존에 의미를 부여할 수 있는 삶으로 가득한 공간이었다.

이러한 생각에는 플라톤 이후로 그리스 사상을 지배했던 영혼론의 영향도 반영돼 있었다. 고대 그리스의 영혼론이 르네상스 시대에 피치노에 의해 이탈리아에서 부활했다. 개인의 개별적인 영혼을 넘어 우주 전체에 침투해 있는 보편적인 영혼의 존재는 인간을 죽음의 공포로부터 해방시키고, 인간이 우주에 대해 느끼는 연대감을 증폭시키는 것이었다.

다양한 종교와 윤리의 인정

방금 살펴본 브루노의 우주론은 종교와 윤리에 대한 그의 생각에서도 나타난다. 앞에서 보았듯이 브루노는 종교개혁과 관련된 활동으로 인해 평생 여러 곳을 방랑했다. 그러나 그는 신교와 구교의 어느 편에도 속하지 않고 거리를 두는 태도로 양자를 비판했다. 마찬가지로 그는 당시에 전개된 신대륙 침략에 대해서도 비판했다. 신대륙 침략은 타자의 평화를 해치고, 그곳의 고유한 종교를 침해하고, 자연이 현명하게 분리시킨 상태를 혼란하게 만들고, 무역을 통해 악덕을 수출하고, 폭력에 의해 새로운 광기를 이식하고, 전제와 암살이라는 새로운 욕망과 그 수단을 보여주는 것이라고 비판했다.

당시에 에스파냐와 포르트갈이 중심이 되어 유럽이 전개한 식민지 침략의 잔혹성에 대해 많은 비판이 있었고, 그러한 식민지 침략과 관련된 가톨릭에 대해 신교 측은 물론이고 구교 측(특히 뒤에서 보는 라스 카사스)도 비판을 했다는 점을 고려하면 이 문제에 대한 브루노의 비판이 크게 놀라운 것은 아니다. 그러나 브루노의 비판은 식민지 침략의 잔혹성에 대한 규탄을 넘어 그 연원인 구세계의 학문(아리스토텔레스주의)과 종교(기독교)에 대한 도전으로 나아갔다는 점에서 독특한 것이었다.

아담을 인류의 시조로 보는 기독교는 인류에 대한 단일기원설을 취했다. 단일기원설은 인류가 아담의 원죄를 공유하고, 그 원죄로부터 인류를 해방시키기 위해 그리스도가 신의 아들로 이 땅에 태어났다가 죽었고, 최후의 심판에 의해 인류에 대한 최종판결이 내려진다는 역사관과 연결된 것이었다. 그래서 콜럼버스는 신약성서 가운데 신대륙 발견을 예언한 것으로 간주되는 부분을 편찬하기도 했고, 신대륙 발견은 종교전쟁과 함께 성서의 《요한묵시록》에 나오는 종말의 징후로 받아들여졌다. 그 결과로 신대륙에 대한 선교는 더욱 광신적인 동시에 폭력적으로 전개됐고, 이러한 선교는 성서에 의해 정당화됐다.

이에 대해 브루노는 복수기원설을 주장했다. 그의 복수기원설은 앞에서 본 그의 우주론에서 당연히 도출되는 것이기도 했지만, 탐험가들이 신대륙에서 만난 인디언의 존재가 인류는 각자 고유한 토지에서 태어나고 따라서 인류에 공통의 기원은 없다는 그의 견해를 결정적으로 뒷받침하는 근거가 됐다. 브루노는 아담을 시조로 보는 기독교의 인간관과 역사관을 부정하고, 여러 인종들이 각각 독자적인 종교와 문화를 발전시킨다는 새로운 견해를 주장했다.

이런 그의 견해는 종교적 관용에 관한 중세 사상이나 르네상스 사상과도 다른 것이었다. 가령 라이문두스 룰루스(1232~1315)나 쿠자누스는 기독교적 진리

를 유일한 진리로 전제하고 그것을 다른 종교에서도 발견하고자 하는 입장에서
기독교의 선교를 긍정했다. 앞에서 본 피코나 에라스무스나 모어의 입장도 마찬
가지였다. 그런가 하면 프랑스의 장 보댕 같은 정치사상가는 복수기원설은 국제
무역을 부정하기 때문에 위험한 것이라고 비판했다. 이런 비판은 부시 전 미국 대
통령의 대외정책을 비롯한 최근의 세계화주의나 신자유주의와도 통하는 요소를
갖고 있는 것으로 볼 수도 있다.

　　우주관, 종교, 윤리, 학문 등에서 당파적이고 폐쇄적인 사고방식을 비판하고,
개별적인 다양성을 중시하면서 다양한 것들의 공존과 그 상호간의 관용을 주장한
브루노의 사상은 1600년에 그가 처형된 것과 그 뒤로 오랫동안 그가 무시된 것이
상징적으로 보여주듯이 유럽에서는 철저하게 탄압됐다. 그러나 다양성과 보편성
이 다시 중시되고 있는 21세기에는 그의 사상이 가장 귀중한 르네상스의 유산 가
운데 하나로 떠오르고 있다.

지동설에 대한 과학적 옹호

갈릴레오 갈릴레이(1564~1642)는 브루노가 죽은 지 10년 뒤인 1610년에 망원경
으로 달에 요철이 있고, 그것이 지구의 지면과 같은 산과 계곡이며, 목성의 주위를
4개의 위성이 돌고 있다는 사실을 발견했다. 그는 이런 자신의 발견을 토대로 태
양의 주위를 혹성이 회전하고 있을 가능성을 시사하고, 천동설이 오류임을 주장
했다. 그 뒤에 그가 금성을 관찰한 결과도 천동설에 의문을 던지게 하는 것이었
다. 또한 그가 1613년에 《태양 흑점과 그 속성에 관한 서술과 증명》에서 설명한
것, 즉 태양 표면에 흑점이 존재하고 그 흑점이 27일 주기로 1회전 한다는 사실 역
시 천상계의 완전성에 관한 기존의 지배적인 견해를 의문시하게 만들었다. 그러

나 그 어느 것도 결정적인 증거가 되지는 못했다. 그래서 그는 1632년에 쓴 《대화》에서는 바다의 간만을 증거로 삼아 지동설이 옳다고 증명했다.

갈릴레이는 뉴턴(1642~1717)과 함께 현대과학의 창시자이자, 자신이 죽은 해에 태어난 뉴턴보다 시대적으로 1세기쯤 앞선 최초의 과학자다. 갈릴레이 이전에는 과학도, 과학자도 없었다. 갈릴레이의 공식 직업은 '토스카나 대공이 임명한 수학자 겸 철학자'(1610~1642)였다. 다 빈치를 비롯한 그 전의 여러 예술가들과 비슷하게 그는 생애의 절반을 궁정에서 수학과 철학의 전문가로 살았다.

그러나 바로 그 공식 직업을 갖기 직전인 1609년에 망원경에 의한 천문관측을 계기로 그의 인생이 급변했다. 그의 나이 45세 때였다. 그때까지 전통적인 수학자와 그리 다르지 않았던 그가 망원경으로 달의 요철과 목성의 위성 등을 발견함으로써 우주관의 변화를 초래하게 된 것이다. 이와 동시에 그는 권력의 비호를 받기 위한 유력한 도구로 망원경을 사용하기도 했다. 그는 자신이 발견한 위성을 당시 권력자의 출신집안 이름인 '메디치'로 명명하고(나중에 천문학자들이 그 위성의 이름을 '갈릴레이 위성'이라고 바꾸었다), 그 위성을 발견한 사실을 발표한 글을 권력자에게 헌정한 결과로 권력자로부터 공식 직업을 부여받은 것이다. 그에게 부여된 '수학자 겸 철학자'라는 직함은 그가 그냥 수학자가 아니라 우주를 아는 철학자이기도 한 수학자라는 뜻이었다.

갈릴레이는 죽을 때까지 토스카나 대공 밑에 있었다. 그는 망원경으로 천문관측을 한 결과 코페르니쿠스의 지동설이 옳다고 확신해서 1611년과 1615년에 로마 교황청의 유력자들에게 지동설을 옹호하는 주장을 했다. 그러나 당시에 지배력을 발휘하고 있었던 아리스토텔레스주의자들의 반발을 사게 되어 1616년에 교황으로부터 경고를 받았고, 이때부터는 지동설을 주장하지도 못하게 됐다. 그는 피렌체 출신의 교황이 선출된 뒤인 1632년에 펴낸 《대화》(본래의 정식 제목은 《프톨레마이오스와 코페르니쿠스의 양대 세계체계에 대한 대화》다)를 통해 지동설을 다시 주장했다. 그러나 이 책이 이유가 되어 그는 종교재판에서 유죄를 선고받았고, 그 뒤로는 계속 피렌체 교외의 집에 갇혀 살았다. 종교재판이 끝나고 재판정을 나서면서 갈릴레이가 "그래도 지구는 돈다"라고 말했다는 일화가 과학적 진리 탐구에 대한 그의 열정을 보여주는 이야기로 사람들에게 널리 알려져 있지만, 그가 정말로 그렇게 말했음을 증명해주는 신빙성 있는 근거는 없다.

갈릴레이가 태어난 해에 미켈란젤로가 죽었다. 이는 곧 이탈리아 르네상스가 끝나고 반종교개혁이 한창 진행되는 시점에 갈릴레이가 태어났음을 의미한다. 이런 점에서 그는 평생 불우했다고 볼 수 있지만, 그중에서도 가장 불우했던 만년에 그는 《신과학론》을 통해 낙하법칙과 투사체궤도이론을 발표함으로써 현대 역학의 기초를 놓았다.

지동설 주장과 함께 그의 이름을 불후의 것으로 만든 것은 낙하법칙 발견이다. 그는 높은 곳에서 무게가 각각 다른 물체를 떨어뜨리는 실험을 통해 낙체의 속도가 무게에 비례한다는 아리스토텔레스의 이론이 잘못된 것임을 증명했다고 알려지기도 했다. 이것이 바로 저 유명한 '피사의 사탑에서의 낙체실험'이지만 이는 나중에 사실이 아닌 것으로 밝혀졌다. 그러나 그가 낙하법칙을 고찰하는 것을 통해 자연현상의 수학적 법칙을 탐구하고 그것을 실험적으로 확증한다는 과학의 모델을 제시한 것은 분명한 사실이다.

이러한 그의 방법, 다시 말해 자연현상을 수량적으로 파악해 수학적 법칙을 세우고 특별한 장치를 이용한 실험을 통해 그 수학적 법칙을 확증하는 방법은 현대 과학의 자연연구에 모델이 됐다. 이런 방법은 종래의 방법과는 전혀 다른 것이었고, 과학혁명이라고 불릴 수 있을 정도로 새로운 것이었다. 이런 점에서 그는 최초의 과학자라고 불리기에 충분하다.

갈릴레이는 실험적인 검증에 의한 사물의 이치 탐구를 추구했기 때문에 근대적인 의미의 물리학이 그로부터 시작됐다고 흔히 본다. 또한 그는 진리를 추구하기 위해 종교에 맞선 상징적인 과학자로 대중에게 인식되고 있다. 하지만 그는 종교계와의 대립과는 상관없이 독실한 기독교 신자였으며, 그런 대립도 자신의 의도와는 거리가 먼 것이었다. 1992년에 교황 요한 바오로 2세는 갈릴레이 재판이 잘못된 것이었음을 인정하고 갈릴레이에게 사죄했다. 갈릴레이가 죽은 지 350년 후의 일이었다.

브루노의 변태인 이단자 캄파넬라

앞에서 보았듯이 르네상스 말기에는 브루노와 같은 이단자가 많이 등장했다. 그 가운데 브루노와 유사하면서도 그 변태라고 볼 수 있는 캄파넬라에 대해 간단히 살펴보자. 캄파넬라는 브루노보다 20세 연하였다. 그는 브루노처럼 남부 이탈리아에서 태어나 도미니코 수도회의 수도사가 됐으나 이단적인 사상으로 수도회의 반감을 샀고, 20대에 몇 차례나 종교재판을 받고 원고를 몰수당하거나 감옥살이를 했다. 이런 사실은 캄파넬라의 시대가 브루노의 시대보다 더 타락한 상태였음을 뜻한다.

그런 만큼 캄파넬라의 저항도 거셌다. 그래서 그는 30세에 에스파냐와 가톨릭의 이중 지배체제를 타도하고 새로운 기독교 국가를 세워 사유재산제와 계급을 철폐하고 만인평등의 공산사회를 건설하기 위한 음모에 가담했다가 구속됐다. 브루노는 상상도 하지 못한 정치참여를 캄파넬라는 감행한 것이었다. 또한 캄파넬라는 브루노와 달리 사형을 피하기 위해 광인으로 처신하면서 27년간을 감옥에서 지내다가 60세에 석방됐지만, 갈릴레이를 옹호했다는 이유로 탄압을 받아 망명생활을 하다가 71세에 죽었다.

그는 25세부터 60세까지 절반 이상의 인생을 감옥에서 보냈으면서도 당대의 누구보다도 다양한 분야에서 수많은 저술을 남겼다는 점에서 가장 정력적인 백과전서적 르네상스인이었다고 할 수 있다. 이러한 그의 태도는 그가 34세에 쓴 《태양의 도시》(1602, 우리나라에서는 흔히 《태양의 나라》로 번역된다)에서도 나타난다. '태양의 도시'의 시민은 3세부터 모든 공부를 시작하고, 특히 그 지배자인 '태양'은 백과전서적 지식인이다. 이렇게 지식이 중시된다는 점

캄파넬라

에서는 《태양의 도시》가 플라톤의 《국가》와 유사하다.

캄파넬라의 사상도 브루노의 사상과 같이 범신론에 입각했다. 그러나 캄파넬라의 사상은 모든 사물이 생명과 감각을 갖는다고 보는 범감각론이라는 점에서는 브루노의 사상과 달랐다. 캄파넬라에 따르면 세계 자체가 생명체이고, 모든 사물은 생명과 감각을 갖는다는 점에서 똑같다. 그러므로 무기물, 동식물, 인간 사이에 본질적인 차이가 없다. 세계도, 세계 내의 모든 사물도 신에 의해 창조된 것이고, 신의 자기표현이기 때문이다. 그는 갈릴레이의 새로운 과학과 경험주의가 감각에 의한 경험과 직접적 인식을 중시한다는 점에서 갈릴레이에 공감했고, 재판에서 그를 변호했다.

그러나 캄파넬라의 사상은 브루노와 달리 기독교를 그 핵심에 갖고 있었다. 또한 그는 브루노와 달리 이교나 이단을 기독교와 같은 종교로 인정하기보다는 단지 탄압하지 않으면서 이성적으로 극복하기를 지향하는 보편적 기독교 신학을 추구했다. 정치적으로도 그는 하나의 기독교 왕국의 수립에 의한 세계평화를 추구했다. 이런 그의 태도는 그 자체가 비현실적인 것이었고, 자신의 이단성을 가톨릭적 개혁주의로 전환시켜 스스로 르네상스 사상가에서 반종교개혁의 사상가로 변모한 자기변절의 표현인 동시에 다양성의 인정을 주장한 브루노의 태도와 비교해 후퇴라고 보지 않을 수 없다. 그러나 이런 그의 태도는 가혹한 시대가 강요한 굴절의 결과이기도 했다. 이런 점에서 그는 르네상스 말기의 타락한 시대를 살면서 모순을 드러낸 인간이었다.

3부

르네상스의 꿈, "유토피아"

" 권태보다는 죽음을! "

사생아이자 동성애자였던 다 빈치. 그는 기독교의 세기에 무신론자의 길을 간 이단아였다. 다원성과 구체성의 삶을 치열하게 살다 간 그는 예술과 과학을 함께 추구한 최초의 만능인이었다.

✳

"권태보다는 죽음을"이라는 말은 레오나르도 다 빈치(1452~1519)가 노트에 남긴 말이다. 이 말처럼 그는 평생 권태를 알지 못하고 쉬지 않고 탐구하며 살다 죽었다. 최후까지 권태를 알지 못한 그의 삶은 치열한 삶이었다. 그의 탐구에는 끝도 없고 한계도 없었다. 그야말로 전인으로서 자신이 흥미를 갖게 된 모든 것을 탐구했다.

그러나 그 모든 것은 미완성이었다. 바사리는 다 빈치가 과도하게 완전무결을 추구한 탓에 그의 창작은 대부분 미완성으로 끝났고, 그의 업적은 실제의 창작보다 말에 의한 것이 많았다고 지적하면서, 그가 임종 때 "해야 함에도 불구하고 하지 못한 예술창작으로 인해 신과 세인들을 업신여긴 것을 후회한다"고 말했다는 사실을 부각시켰다.

그러나 꼭 그렇게 볼 것만은 아니다. 다 빈치는 언어에 의한 표현의 한계를 강조했고, 이런 한계는 그림을 통해 극복할 수 있다고 보았다. 가령 해부학의 경우에 그는 언어에 의한 서술은 상세하면 상세할수록 더욱더 불분명해지는 반면에 그림에 의한 표현은 너무나도 분명하다고 하면서 과학의 방법으로서의 그림의 효용을 강조했다. 그림을 과학의 방법으로 이용한 것은 분명 다 빈치의 중요한 기여였지만, 그가 과학의 보조수단이라는 편의의 차원에서만 그림을 그린 것은 아니었다. 도리어 그는 다른 어떤 것으로도 표현할 수 없는 것을 그림으로만은 표현할 수 있을 때 그림을 그렸다. 이 때문에 그는 소수의 작품만을 남겼다.

그의 작품이 소수인 이유에는 그가 평생에 걸쳐 주로 학문을 연구했고, 그림은 그리는 사이사이에 그렸다는 점도 있다. 그가 30세였던 1482년에 밀라노의 지배자에게 보낸 자기소개서의 10항목 가운데 9항목이 군사적, 민수적 기술의 자격이었고 미술가로서의 자격은 단지 한 항목에 불과했다. 이런 자기소개서는 취업을 위한 과장이 아니라 그 자신에 대한 정직한 묘사였다. 그는 평생을 그렇게 살았다. 즉 생애의 10분의 9를 과학탐구에 바쳤다. 그가 남긴 5천 매가 넘는 노트는 그가 실제로 쓴 노트의 일부에 불과하다. 그 가운데 그림에 관한 부분은 매우 적다. 강력한 지배자가 그림을 그려달라고 해도 그는 응하지 않았다.

그러나 그의 과학은 그림과 무관하지 않았다. 그에게 과학과 예술은 똑같이 창조행위였고, 그 결과는 모두 작품이었다. 이런 점에서 그의 그림만이 아니라 그의 방대한 학문연구 노트도 그의 작품이다. 가령 그는 운하의 건설이나 수로의 변경에 필요한 수류(水流) 연구를 할 때 강변의 풍경을 소묘했다. 그 결과물이 지금 남아있는 그의 작품 가운데 최초의 작품이다. 그 뒤로 그가 그린 〈모나리자〉를 비롯한 그림의 대부분에 수류가 표현돼 있다. 만년의 작품 가운데는 대홍수에 관한

다 빈치가 그린 고향마을 빈치 인근의 아르노 강 계곡 풍경

연작도 있다. 그는 예술적 상상력으로 흐르는 물과 대지의 상극을 자연생성의 원리로 인식했고, 이를 통해 자연연구를 통일시켰으며, 대홍수에 의한 세계의 몰락을 그러한 원리의 귀결로 보았다. 대홍수는 구약성서에서부터 시작된 전통적인 신화였으나 다 빈치는 이것을 과학적으로 탈신화화하고 그림으로 표현했다.

이처럼 그에게 그림은 단순한 기술이나 예술이 아니라 탐구였다. 그는 그림을 그리면서 사유했다. 따라서 그의 그림은 성찰과 실험의 결과였다. 이런 태도를 갖고 있었기에 그는 몇 개의 작품에 평생 매달렸다. 이것이 그의 그림이 대부분 미완성에 그치게 된 이유다. 그러나 미완성이라고 해서 그의 그림이 지닌 예술적 위대성을 저해하는 것은 아니다. 그 자신이 결과보다 과정을 중시했다.

그는 색채화보다 소묘를 좋아했고, 소묘로 만족하는 경우가 많았다. 그에게 소묘는 단순한 밑그림이 아니라 화가의 자유로운 정신을 가장 잘 드러내주고 그 자체가 독립적이고 완결된 작품이었다. 조각에서 토르소가 그러하듯이 그림에서 소묘는 자연모방이라는 전통에서 벗어나 작품 그 자체의 창조성을 강조하는 것이었다. 따라서 그의 작품에 '미완성'이라는 개념을 들이대는 것 자체를 재검토할 필요가 있다. 3장에서 본 반 에이크, 4장에서 본 알베르티를 비롯한 르네상스인들은 '미완성'이라는 말을 자주 사용했고, 6장에서 본 미켈란젤로는 미완성 작품을 많이 남겼다. 이런 점에서 르네상스 시대에는 완성과 미완성의 구별이 모호했다.

다 빈치의 삶

르네상스의 천재들 가운데 대중에게 가장 잘 알려진 인물은 아마도 레오나르도 다 빈치일 것이다. 그는 4장에서 본 알베르티에 못지않은 만능인이자 전인이었다. 화가, 건축가, 음악가, 과학자, 정치가 등 그의 이름 앞에 놓이는 수식어는 매우 다양하다. 그러나 전인이라는 것은 사실 르네상스 시대의 이상적인 인간상이자 현실적인 인간상이지 다 빈치에게만 특유한 것은 아니었다. 미켈란젤로도 화가, 조각가, 건축가, 시인이었다. 그들을 가리켜 전인이라고 하는 더 중요한 의미는 그들이 예술가로서 위대하기 이전에 인간으로서 더 위대했다는 것이다. 아니 자유인으로서 위대했다는 의미다.

그러나 다 빈치는 그 모든 것이기 이전에 자연인이었음을 나는 강조하고 싶다. 그는 어린 시절을 시골에서 보내면서 자연을 관찰하고 자연에 대한 사랑을 키웠다. 도시는 그에게 거대한 자연 속에 존재하는 작은 인간사회일 뿐이었다. 그는 도시에 운하를 파거나 건물을 지을 때면 언제나 자연 전체로부터 조감하는 자세, 즉 멀리서부터 바라보는 자세를 취했다. 도시에서 그는 언제나 이방인이었다. 이런 그의 자세는 웅대한 자연을 배경으로 한 초상화 〈모나리자〉가 상징적으로 보여준다.

다 빈치는 1452년 4월 15일에 피렌체 부근에 있는 시골마을인 빈치에서 태어났다. 그가 태어난 오두막집은 지금도 그대로 남아 있다. 1993년에 그곳에 다 빈치 기념관이 들어서면서 그 마을이 세상에 알려지기 시작했다. 다 빈치 기념관의 정식 이름은 '유토피아 예술과 지구문명에 관한 레오나르도 다 빈치'다. 이 이름은 다 빈치의 예술이 '유토피아적'이고 다 빈치의 학문이 '지구문명적'이라는 의미를 담고 있다. 다 빈치의 '전인성'과 함께 그의 사상이 지닌 '유토피아성'을 강조하는 이름인 셈이다. 유토피아는 전인성에서 나온다. 전인만이 유토피아를 꿈꿀 수 있다. 전인이 아닌 전문가는 유토피아를 꿈꿀 수 없다.

전문가는 어느 하나에 구속되지만 전인은 어느 하나에 구속되지 않는다. 따라서 전인의 지적 세계는 자유롭다. 그래서 전인은 자유인이다. 생활이 엉망이고 비사회적이라는 의미의 자유인을 말하는 것이 아니다. 다 빈치는 완벽한 인격을 지니고 있었다. 젊어서는 미청년의 전형이자 강인한 체력의 소유자였고, 늙어서는 라파엘로가 그를 플라톤의 모델로 삼았을 정도로 철학자적인 풍모의 소유자였다. 그를 만난 사람들은 그를 만나자마자 자신의 모든 걱정이 사라졌다고 말했다. 그는 어떤 완고한 사람도 설득할 수 있는 능력을 갖고 있었고, 누구든 관용으로 대했다. 그는 자연을 사랑했고, 특히 동물을 좋아했다.

다 빈치의 고향인 빈치의 아름다운 풍경과는 달리 그 자신은 사생아라는 암울한 운명을 타고 났다. 그러나 이 점은 오히려 그로 하여금 권력이나 부에 종속되지 않고 자유인으로 살아가게 하는 결정적 요인이 됐다. 그의 숙부는 평생 직장도 없이 아이들처럼 장난감이나 만들고 들판을 누비며 순진하고 자유로운 삶을 살았다고 하는데, 그 숙부가 다 빈치의 일생에 결정적인 영향을 끼쳤다. 프로이트는 다 빈치를 동성애자로 보고 〈모나리자〉를 비롯한 그의 작품에 등장하는 인물의 양성애적 요소를 강조하면서 이 숙부로 인해 다 빈치가 동성애자가 됐다고 분석했다. 그러나 다 빈치가 정말로 동성애자였는지는 분명하지 않다.

다 빈치가 살았던 시대에 사생아로 태어난 사람은 우리나라 조선시대에 서자로 태어난 사람처럼 계급적인 차별을 받았다. 유산상속의 권리를 갖지 못하는 것은 물론이고 아버지의 가정에 들어가지 못하고 어머니의 슬하에서 자라야 했다. 다 빈치는 제대로 교육을 받지 못해 당시 지식인들의 언어였던 라틴어조차 익히지 못한 탓에 지식인들로부터 경원당하기도 했다. 이런 점에서 그는 휴머니즘 교육을 충분히 받은 미켈란젤로나 라파엘로와 달랐다. 이들 세 사람은 다 피렌체 출신이었지만 다 빈치만은 지식인들이 집중된 피렌체가 아닌 밀라노에서 사회생활을 시작했고, 미켈란젤로와 라파엘로가 주로 피렌체와 로마에서 예술창작에 전념할 때 다 빈치는 이리저리 방랑했다. 다 빈치는 30세에 고향인 피렌체를 떠나 밀라노에서 17년을 살았고, 다시 피렌체에서 6년, 다시 밀라노에서 7년, 로마에서 3

년, 그리고 프랑스에서 2년을 살고 죽었다. 《다 빈치 코드》라는 소설과 같은 제목의 영화에서는 다 빈치가 만년인 1510년부터 1519년까지 시온수도회의 회장을 지낸 것으로 나오지만, 이는 사실과 다르다.

그러나 자신이 산 시대와 결코 친해지지 못하는 것으로 《다 빈치 코드》에 나오는 다 빈치의 모습은 사실이다. 그는 시대와 친해지기는커녕 시대에 반역한 이단아였다. 만약 그가 정말로 동성애자였다면 그것도 시대에 반역한 그의 모습 가운데 하나이리라. 게다가 그는 무신론자였다. 정치, 경제, 과학, 도덕, 전쟁 등과 관련된 인간의 모든 행위가 신의 이름 아래 이루어진 그 시대에 신을 믿지 않는 것은 무엇보다 큰 반역이었다. 물론 그가 자신이 무신론자임을 공개적으로 밝힌 것은 아니다. 자신의 작품이나 과학탐구 활동을 통해 간접적으로 그런 사실을 내비쳤을 뿐이다. 교회에 반항하기만 하면 처형을 당하는 분위기 속에서 어느 누가 감히 자신이 무신론자임을 밝히겠는가.

다 빈치는 미술과 건축뿐만 아니라 자연과학, 의학, 물리학(광학), 항공학에 이르기까지 여러 예술 및 과학 분야에 능통해 근대 예술과 근대 과학의 막을 열었다. 그것도 과학이라는 학문영역이 분화되고 새로운 기술자 계층이 생겨난 19세기보다 4세나 앞선 시대에. 우리는 예술과 과학을 서로 전혀 다른 별개의 영역이라고 생각하는 경향이 있다. 그러나 르네상스 시대에는 예술과 과학은 물론이고 그 어떠한 문화영역도 따로 구별되지 않았다. 모든 문화영역이 하나였다.

다 빈치를 더욱 뚜렷한 개성의 소유자로 만든 또 하나의 요인은 청소년기에 아틀리에에서 한 그림 공부였다. 그뿐만 아니라 르네상스 예술가는 모두 아틀리에에서 그림 공부를 했다. 이런 사실은 르네상스 예술가가 많이 탄생하게 된 비밀이 아틀리에 교육에 있었음을 말해준다. 당시의 아틀리에에는 단순한 개인작업실이 아니라 거대한 공동작업실이자 미술연구소였고, 유일한 미술교육소이기도 했다.

말하자면 당시에 아틀리에는 미술 그 자체, 미술의 전부였던 셈이다.

르네상스 시대가 지난 뒤에는 아카데미가 생겨 미술교육의 중심이 됐다. 서양에서는 아틀리에든 아카데미든 입학시험부터 졸업까지 미술교육의 전 과정이 그야말로 '미술'을 중심으로 이루어져왔다. 그러나 우리나라의 미대는 획일적인 입시제도를 통해 학생을 선발한다. 물론 실기시험이 있으나 그 비중은 크지 않다. 또한 미대에 입학한 학생들은 틀에 박힌 미술교육을 받는다. 이런 방식을 통해 '천재' 예술가가 탄생할 수 있을지 의문이다.

르네상스 시대의 아틀리에에서는 초보 예술가들이 스승과 함께 생활하면서 스승의 작업을 도왔다. 그러면서 인간적인 교류를 통해 예술기법을 익혔다. 그래서 르네상스 예술의 발전과 그 보편성의 근본토대를 아틀리에 교육에서 찾는 학자가 적지 않다. 당시의 아틀리에에서는 삶, 노동, 지성의 함양, 사회적 교류와 함께하는 예술교육이 이루어졌기 때문이다.

〈최후의 만찬〉의 리얼리티

〈최후의 만찬〉은 르네상스 고전양식을 가장 완벽하게 표현한 작품으로 평가된다. 고전양식의 특징은 간결함(최소한의 요소로 가장 단순하게 완벽을 추구함), 자연스러움과 진실함, 전체의 균형과 비례, 적절한 형식에 의한 주제의 정확한 전달(한눈에 주제가 명백하게 보이게 하는 것) 등이다. 복잡함, 부자연스러움, 일부가 너무 강조되거나 전체가 부분을 압도하는 불균형, 난해한 주제 등은 고전주의에 반하는 것이다.

즉 고전양식의 가장 큰 특징은 균형이다. 알베르티나 다 빈치의 회화론에 따르면 그 균형은 '부분과 전체의 비례, 부분과 부분의 비례'를 말한다. 이는 전체

(국가)와 개인, 개인과 개인의 민주적 비례가 강조되던 당시의 사회적 분위기를 반영한 것이다. 당시에 균형 또는 비례가 강조된 것은 절대주의 시대에 과잉과 복잡함을 특징으로 하는 바로크 양식이 풍미한 것과 대조된다.

그러나 알베르티의 관점과 다 빈치의 관점은 조금 다르다는 데 주의해야 한다. 예를 들어 인체의 비례와 관련해 알베르티는 모든 인물에 두루 적용되는 하나의 비례기준을 찾았으나, 다 빈치는 어떤 인체에도 그 나름의 비례가 있다고 보았다. 그는 이렇게 말했다. "다양성을 관찰하지 못하는 사람은 항상 인물을 단일한 본보기에 맞추어 그리기 때문에 그 인물상이 모두 닮은꼴로 보이는데 그것은 안 될 일이다." 더 나아가 다 빈치는 미의 고정성을 부정하고 미의 다양성을 추구했다.

〈최후의 만찬〉은 마치 큰 상자의 속을 들여다보는 듯한 안정감을 준다. 매우 단순한 구도의 원근법이 사용됐기 때문이다. 초점도 명확하다. 모든 선이 중앙의 그리스도를 향해 집중된다. 좌우에는 각각 6명의 제자가 앉아 있는데 3명씩 한 덩어리로 묶여져 있다. 이렇게 단순하고도 완전한 대칭을 보여주지만 결코 그것이 도식적으로 느껴지지는 않는다. 열두 제자의 표정이 모두 다르기 때문이다. 놀라는 사람, 화내는 사람, 어이없어하는 사람, 슬퍼하는 사람, 방관하는 사람, 침묵하는 사람, 모든 것을 다 이해한다는 듯한 표정을 짓고 있는 사람…. 자신들 중에 배신자가 있으며 그로 인해 그리스도가 곧 죽게 될 것이라는 얘기를 듣게 된 순간에 스친 다양한 감정이 그런 제자들의 얼굴에서 매우 사실적으로 드러난다.

이 그림이 얼마나 리얼한지는 같은 주제를 그린 다른 그림들과 비교해보면 확실하게 알 수 있다. 예를 들어 14세기 초에 조토가 그린 그림은 원근법을 따르지 않아 공간과 인물의 배치가 매우 불분명하고 공간과 양감도 합리적으로 표현돼있지 않다. 15세기에 기를란다요가 그린 그림은 구성은 매우 뛰어나지만 인간

(위) 다 빈치의 〈최후의 만찬〉.
(가운데) 기를란다요의 〈최후의 만찬〉,
(아래) 조토의 〈최후의 만찬〉,

의 심리는 전혀 묘사돼 있지 않다. 기를란다요의 그림에서는 그리스도를 배신한 유다가 다른 제자들과 떨어져 홀로 반대쪽에 앉아 있다. 이는 유다를 다른 제자들과 구별하는 가톨릭의 전통에 따른 표현이다. 그러나 다 빈치는 그러한 전통을 따르지 않았다. 다 빈치의 그림에서 유다가 전혀 구별되지 않는 것은 아니다. 다른 제자들에게는 빛이 비추지만 유다는 빛을 받지 않는 상태로 앉아 있다. 그렇지만 그의 표정은 다른 제자들의 표정과 크게 다르지 않으며, 특별히 사악하다는 느낌을 주지도 않는다.

이처럼 다 빈치의 그림은 눈으로 볼 수 있는 사실에 충실하면서도 주제와 연관된 사상적 또는 정신적인 진실, 즉 본질을 표현해낸다. 객관과 주관이 조화를 이루면서 하나의 그림 속에 녹아있는 것이다. 무엇보다 그의 그림은 육체를 가진 인간의 다양하고 살아 숨 쉬는 모습을 존중한다. 전통적 교리에 따른 표현 대신 다양한 인간들의 특수한 상황을 조명하고 있다.

〈모나리자〉의 미소가 신비하다?

교회의 벽화인 〈최후의 만찬〉에 비해 〈모나리자〉는 너무나 작다. 가로 53센티미터, 세로 77센티미터에 불과하다. 멀리서 보면 손바닥만해서 잘 보이지도 않는다. 작은 포플러 나무판에 그려진 이 눈썹 없는 여성의 초상화 한 장이 지난 500여 년간 수많은 사람들로 하여금 감탄하게 했고, 세상에서 가장 뛰어난 작품으로 추앙받았다. 명화 중의 명화라는 것이다.

〈모나리자〉는 보통 '이상적인 여성의 영원한 모습'으로 여겨진다. 특히 그 미소는 '영원한 수수께끼'로 불린다. 그러나 눈썹을 밀어버리는 묘한 취미를 가진 여성을 좋아하는 것이 아니라면 굳이 그 얼굴을 '최고'의 미인상으로까지 볼 필요는 없을지도 모른다. 사실 모나리자는 결코 미인이라고 할 수 없다. 다 빈치 또한 미인도를 그릴 생각은 없었다. 미인도란 동양화에 하나의 장르로 존재할 뿐 서양화에는 없다. 미인도라는 것 자체가 여성을 사군자처럼 물건으로 취급한 봉건사회의 유물이 아닐까?

〈모나리자〉의 미소를 두고 '영원의 미소', '신비의 미소', '모든 것을 알고 있는 듯한 미소'라고들 한다. 그 얼굴을 자세히 들여다보면 입술에 약간 웃음을 머금고 있는 것 같기도 하지만 눈에는 웃음이 전혀 없는 것으로 보인다. 그래서 보기에 따라서는 아예 웃고 있는 게 아니라고 말할 수도 있다.

사실 그 정도의 미소는 누구나 다 지을 수 있다. 그렇다면 〈모나리자〉의 미소는 별것이 아니라는 말이 된다. 그렇다면 〈모나리자〉의 특별한 의미란 도대체 무엇인가? 일단 〈모나리자〉가 유명한 것은 미술사적으로 가치가 있기 때문이다. 또 이 그림을 1911년에 도둑을 맞았다가 1913년에 되찾은 사건도 유명세를 키우는 데 한몫했다. '영원의 미소' 운운하는 것은 대중적 차원의 신화 만들기 과정에서 나온 얘기에 불과하다.

〈모나리자〉

다 빈치의 이 그림에 대해 〈모나리자〉라고 부르면서 특별한 평가를 해준 최초의 사람은 조르조 바사리(1511~1574)다. 그는 〈모나리자〉를 보지도 않고 마치 본 것처럼 평가했다. 그래서 두 눈에 물기가 배었다느니, 얼굴에 솜털과 눈썹이 있다느니 하는 터무니없는 말을 한 것이다. 그런 말은 한마디로 거짓말이다. 이에 대해 어느 독일 학자는 바사리가 나이든 모나리자를 찾아갔다가 그녀의 얼굴에 눈썹이 생긴 것을 보았으리라고 상상에 입각한 글을 쓰기도 했으나, 나로서는 그게 도대체 무슨 소리인지 알 수가 없다. 그 독일 학자는 모나리자가 다 빈치의 모델이 될 줄 알았더라면 그녀의 아버지가 무리를 해서라도 모나리자에게 미술교습을 받게 했을 것이라는 말까지 했다. 이 역시 무슨 소리인지 알 수 없기는 마찬가지다. 이런 내용의 책이 번역되어 우리나라 독자에게 읽히고 있는 것이 유감스러울 뿐이다.

〈모나리자〉의 모델이 누구냐, 누가 의뢰해 그려진 그림이냐 하는 것은 중요하지 않다. 다 빈치는 죽는 날까지 이 그림을 직접 보관했다. 만일 누군가의 의뢰로 그린 작품이었다면 당연히 의뢰인에게 보냈을 것이다. 당시의 다른 화가들은 주로 의뢰를 받고 그림을 그렸지만, 다 빈치는 대부분의 그림을 자발적으로 그렸다. 그래서 〈모나리자〉는 다 빈치가 의뢰를 받고 그린 것이 아니라 그냥 자기가 그리고 싶어서, 그것도 모델도 없이 그린 것이라는 이야기도 나온다. 이런 이야기가 사실이라면 '나'를 중시한 르네상스인이라는 다 빈치의 특징과도 잘 맞아떨어진다.

〈모나리자〉는 임신한 여성노동자다

다 빈치는 여성을 주제로 한 그림을 많이 그렸다. 화가가 여성을 주로 그리는 것은 결코 이상한 일이 아니다. 그러나 다 빈치의 경우에는 이러쿵저러쿵 말이 많다. 예컨대 프로이트는 다 빈치가 사생아인데다가 태어나자마자 어머니로부터 떨어져 계모를 비롯한 대가족 속에서 자라면서 심리적인 상처를 많이 받았기 때문일 것이라고 추측했다. 정신분석학의 시조가 한 말이긴 하나, 다 빈치가 그런 성장기를 거쳤다면 도리어 여성을 경멸하게 되지 않았을까 하는 의문도 든다. 사실 다 빈치는 자신이 사생아임을 부끄러워하지 않았다. 따라서 '학대하는 계모' 이야기와 같은 프로이트의 설명은 그다지 설득력이 없다. 여성을 그림의 소재로 삼았다고 해서 꼭 그런 이유까지 갖다 붙일 필요는 없을 것 같다.

다 빈치가 여성을 경멸했는지 아닌지는 정확히 알 수 없다. 다만 그가 남녀가 성교를 하는 장면을 그려놓고 그 옆에 '동물적이고 굴욕적인 행위'라고 쓴 일은 있다. 그런데 그 그림의 자세가 실제 성교의 자세와 너무 달라, 그에게 여성과의 성경험이 전혀 없었던 것 아니냐는 추측을 낳기도 했다. 이런 추측이 사실이라면 인류의 역사상 가장 호기심이 많았던 인간이라는 평을 듣는 그가 유독 성교에는 무관심했던 모양이다.

다 빈치는 성교는 경멸했으나 출산에 대해서는 큰 관심을 갖고 있었다. 그는 여성의 사체를 여러 번 해부해보고 태아와 태반의 모습을 상세하게 그렸다. 또한 그는 성모를 주제로 한 그림을 많이 그렸는데, 이는 종교적 관심 때문이 아니라 여성과 모성, 그리고 생명의 연속성에 대한 과학적 탐구심 때문이었다.

〈모나리자〉에는 모델의 지위, 신분, 특징, 성격 등을 구체적으로 나타내는 요소가 전혀 없다. 이런 점은 당시의 다른 그림은 물론이고 다른 어느 시대의 그림에 비추어도 지극히 예외적인 것이다. 시대와 상관없이 초상화(초상사진도 포함해)란 스스로 뭔가를 기념하기 위해 제작하는 것이며, 따라서 모델이 자신의 모습을 잘 꾸미고 자신이 자랑하고 싶은 것을 드러나게 하는 게 보통이다. 그래서 모델은 특이한 머리, 화려한 장신구, 비싼 옷 등으로 치장한 뒤에 자신의 소유지 등을 배경으로 해서 포즈를 취하기 마련이다. 그러나 〈모나리자〉에는 장신구가 없다. 머리의 모양도 전혀 특징적이지 않다. 옷도 흑색이어서 상복일 가능성이 높다.

이렇게 보면 이 그림의 모델은 가난한 집의 여성이었을 수도 있다. 만약 이런 추측이 사실이라면 〈모나리자〉는 서민여성 또는 노동여성을 그린 최초의 그림이 된다. 또 배가 부풀어 있어 임신 중으로 보이기도 한다. 사실 산아제한도 이루어 지지 않았고 피임술도 없었던 당시의 여성들은 끊임없이 출산을 해야 했다.

임신 중임을 증명해주는 듯한 또 하나의 증거는 눈과 눈 사이에 있는 지방덩어리다. 이와 관련해서는 다 빈치가 그린 〈자화상〉도 그렇게 돼 있다는 이유로 〈모나리자〉의 모델은 다 빈치 자신이라고 주장하는 이도 있었다. 모나리자의 얼굴 근육 중 절반 정도가 마비된 상태라고 보는 견해도 있는데, 이런 견해는 그 모델이 임신부가 아닌 매독환자였다는 이야기로 비약되기도 했다.

그런데 왜 하필이면 임신 중의 여성인가? 당시의 여성, 특히 서민 노동계층의 여성은 거의 늘 임신한 상태에 있었다. 그렇다면 〈모나리자〉는 여성의 가장 보편적인 모습을 그린 것이다. 그리고 여성의 가장 보편적인 모습을 그리는 것이 당시로서는 보편적인 그림 그리기가 아니었다는 것은 분명한 사실이다. 특별히 임신을 축하할 이유가 있는 경우라면 몰라도 임신부를 그린 그림은 대단히 드물며, 임신부가 모델을 선다는 것도 쉬운 일이 아니다. 모나리자가 임신부인데 그녀가 입은 옷은 상복이라고 본다면 이 그림은 밖으로는 죽음, 안으로는 잉태를 그린 것이므로 생명의 순환을 상징적으로 표현한 것으로 해석할 수도 있을지 모르겠다.

'물의 우주관'이 투영된 배경

〈모나리자〉에서 또 하나 주목할 점은 배경이다. 그곳이 알프스의 어느 곳이라고 하는 학자도 있다. 물론 다 빈치가 알프스의 풍경에서 힌트를 얻었을 수도 있겠지만, 그림의 배경 자체가 알프스의 실경을 그린 것이라고 보기는 어렵다.

다 빈치가 이 그림의 배경을 그린 방법을 가리켜 공중원근법이라고 한다. 그가 이 그림을 그릴 때 아르노 강의 물줄기를 돌리는 사업에도 몰두하고 있었고, 그래서 이 그림의 배경이 아르노 강을 스케치한 것과 흡사하게 됐다는 주장도 있다. 또한 그러한 공중원근법이 모나리자를 하늘에 떠있는 것처럼 보이게 해서 신비감을 더해준다는 주장도 있지만, 이 그림을 반드시 그렇게 볼 필요는 없다.

가장 먼 원경은 오른쪽 위에 그려진 험준한 산맥과 거대한 호수다. 그 밑으로 바위들이 이어져 있고, 그곳으로 물이 흘러 맨 아래에 있는 다리 밑까지 이어진다. 이렇게 오른쪽 부분만을 보면 그런대로 있을 법한 풍경이라는 느낌이 든다.

하지만 오른편과 왼편은 어떻게 연결되는 것인지 불분명하다. 우선 왼쪽 풍경을 보자. 맨 위의 좀 더 가까운 산맥과 아래의 바위 사이로 뱀처럼 굽이쳐 흐르는 넓은 강이 그려져 있으나, 그 물줄기는 아래로 갈수록 가늘어지다가 결국은 사라져버린다. 이러한 강이 실제로 존재할 수 있을까?

그 강은 오른쪽 호수에서 비롯된 것이 분명해 보인다. 그러나 모나리자의 목 부분 뒤에서 호수와 강이 연결된다고는 도저히 상상할 수 없다. 한 가지 가능한 설정은 호수에서 흘러내린 물이 왼쪽 강을 이루고, 그 물이 다시 오른쪽으로 흘러 다리 밑으로 간다고 보는 것이다. 그러나 다리 아래로 강물이 흐르는데 다리보다 더 근경인 왼쪽 밑에는 물이 말라 있다.

〈최후의 만찬〉에는 다 빈치가 원근법을 적용했다. 그렇다면 그가 원근법을 잘 알고 있었을 텐데 왜 〈모나리자〉에는 원근법을 적용하지 않고, 오히려 원근법과 배치되는 상상의 풍경을 그렸을까? 무신론자인 다 빈치는 신의 창조나 신의 심판에 의한 세계의 멸망 따위를 주장하는 기독교의 교리나 봉건적 사고를 믿지 않았고, 만물은 언제나 물처럼 변화한다고 생각했다. 물을 만물의 운동원리로 본 그는 인체의 운동원리는 피라고 보았다. 그는 혈액의 순환을 최초로 그림으로 그리면서 인간의 심장은 바다(호수), 혈관은 강, 뼈는 산맥(바위), 호흡은 바람이라고 생각했다.

케네스 클라크는 다 빈치가 남긴 글을 분석한 끝에, 그가 물의 성질을 연속성으로 보았다는 결론을 내렸다. 이런 결론이 맞는다면 다 빈치의 그러한 생각은 아

마도 비가 많이 내리는 이탈리
아의 자연환경에서 비롯된 것이
었을 게다. 물은 생명과 생존에
필수요건인 동시에 대홍수를 일
으켜 사람들을 죽음에 몰아넣을
수도 있다. 따라서 물은 생명의
근원인 동시에 사망의 원인이기
도 하다. 다 빈치는 바로 이런
식으로 물을 이해한 것이 아닐
까? 〈모나리자〉의 배경은 다 빈
치의 그러한 우주관을 반영한
것으로 보인다.

　　이와 같은 의인화는 우주
와 지구에 대한 사고에만이 아
니라 정치, 건축, 심지어 도시계
획에도 그대로 적용됐다. 다 빈
치는 정치체계나 건축도 신체와
'같은' 것으로 생각했다. 여기
서 '같은'이라는 말은 그렇게
비유했다는 뜻이 아니라 실제로
'동일한 것'으로 생각했다는
뜻이다. 예를 들어 건물은 동물
과 같은 것이니 항상 돌볼 필요

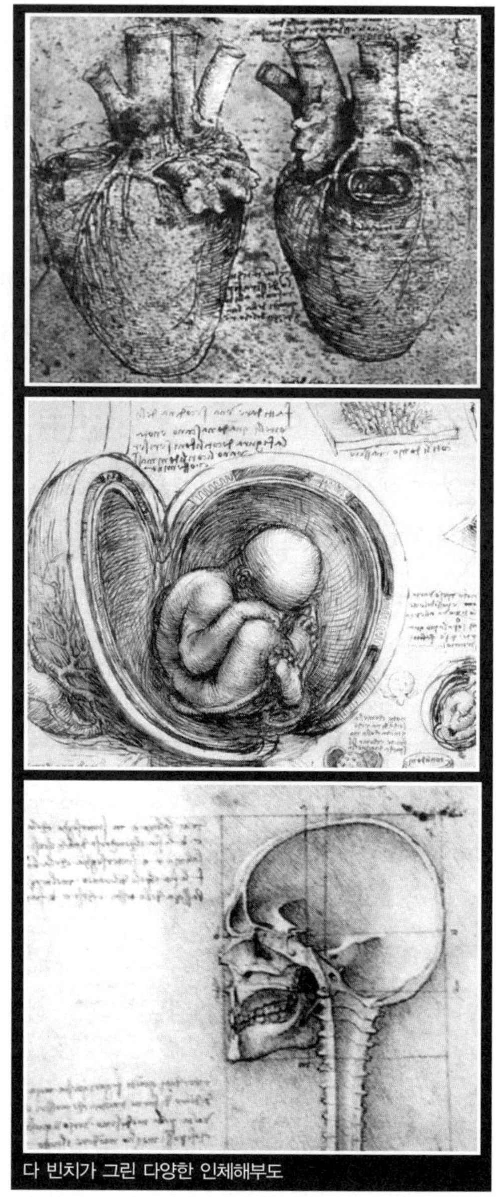
다 빈치가 그린 다양한 인체해부도

가 있고, 그렇게 하지 않으면 병들어 죽는다고 그는 생각했다. 따라서 건축가는 인체와 해부학에 정통해야 한다고 그는 믿었다. 우리는 이러한 사고방식을 '유기적 사고'라고 부를 수 있다. 그리고 다 빈치의 경우에 그러한 생각은 예술작품에는 물론이고 자연탐구나 과학연구에도 그대로 적용됐다.

다 빈치를 되살리는 길: 유기적 사고의 부활

유기적 사고는 세계를 중립적인 것으로 본 베이컨 이후의 근대과학과 전혀 달리 모든 것에 가치를 부여하는 태도로 이어진다. 예컨대 따뜻함은 그 자체가 활동적이고 생산적이므로 차가움보다 좋은 것이라고 생각하는 것이다. 또한 천국과 같은 무변(無變)은 지상의 변화보다, 휴식은 운동보다, 나무는 돌보다 좋은 것이라고 믿는 것이다.

　　르네상스 시대의 사람들은 세계의 모든 부분이 서로 연결돼 있다고 믿었다. 물론 여기서 연결이란 근대적 사고에서 나타나는 우연적 계기에 의한 연결이 아니라 상응하는 필연적 관계에 의한 연결을 말한다. 이러한 믿음의 기본은 대우주인 우주 전체와 소우주인 인간 사이의 상응관계에 있었고, 그 상응관계에 대한 인식은 점성술에 근거한 의학을 낳았다. 오른쪽 눈은 태양, 왼쪽 눈은 달이라고 보는 식이었다. 이러한 사고방식은 7개의 혹성, 7개의 금속, 7개의 요일을 서로 연결시키는 것과 같은 숫자를 통한 상응관계의 체계로도 발전했다.

　　우리가 다 빈치를 비롯한 르네상스 시대 사람들의 미술작품이나 저작을 보거나 읽을 때 유의할 점은 거기에 나오는 이미지나 상징은 모두 우주에 대한 회화적, 언어적 표현이라는 것이다. 당시에는 역사에 등장하는 인물이나 사건도 우주와 상응관계를 가진 것으로 이해됐다. 따라서 르네상스 시대의 사람들은 근대적인 진보사관은 물론 갖고 있지 않았고, 역사를 주기적인 반복으로 보았다. 르네상스라는 개념도 반복을 전제한 것이고, 이 개념의 한 가지 뜻을 표현하는 '부활'도 유기체적인 관념을 내포한 단어다.

이러한 유기적 관념은 17세기의 자연철학자들, 즉 데카르트, 갈릴레이, 뉴턴 등의 기계적 관념으로부터 도전을 받게 된다. 새는 수학법칙에 따라 움직이며 하늘을 난다고 생각한 다 빈치는 비행기 제작의 선구자이기도 하나, 이런 그의 생각은 근대과학의 기본인 기계적 사고와는 전혀 다른 유기적 사고의 결과였다.

《레오나르도 다 빈치를 되살린다》를 쓴 서울대 김문환 교수는 〈최후의 만찬〉과 〈모나리자〉 등 다 빈치의 걸작은 "예술적 천재와 과학정신의 가장 조화로운 통일상태"를 보여주는데 "그 재탄생이 가능하려면 반기계적 태도가 약화되어야 한다"고 주장한다. 20세기 후반의 전신예술, 전자예술의 주창자들은 다 빈치가 20세기에 태어났다면 그들처럼 필름이나 비디오테이프를 기본적인 표현도구로 사용했을 것이라고 주장한다. 김문환은 이를 설득력 있는 주장으로 받아들이면서 전자예술 등을 소개한다.

그러나 나는 17세기 이후 본격화한 과학, 특히 기계적 과학과 다 빈치를 비롯한 르네상스 시대 사람들의 유기적 과학정신은 구별할 필요가 있으며, 도리어 반기계적 태도인 다 빈치로 되돌아가는 것이야말로 그를 되살리는 계기가 되리라고 본다. 루이스 멈퍼드(1895~1985)가 주장하는 '새로운 유기적 예술'이 그것이다. 멈퍼드는 집요하게 기술에 대한 인간적 통제를 주장했다. 그러나 김문환은 기술과 예술의 통합을 주장하면서 멈퍼드를 원용했다. 이러한 시도는 멈퍼드에 대한 오해에서 비롯된 것일 뿐이다.

그런 식의 기계적 예술로써 표현하고자 하는 것은 대체 무엇인가? 그것이 과학정신에 입각해 다 빈치의 생명력 넘치는 감정의 재현인가? 현대의 전자예술은 데카르트나 베이컨을 잇는 기계화주의의 재현일 뿐이며 오히려 다 빈치를 배반하는 것이다. 이렇게 볼 때 김문환의 '다 빈치 되살리기'는 인정할 수 없다. 그것은 '다 빈치 두 번 죽이기'가 될 뿐이다.

모나리자의 겹눈

다시 〈모나리자〉를 보자. '아는 만큼 보인다'라는 말이 있다. 이 말이 '지식이 있어야 볼 수 있다'라는 뜻이라면, 지식이 없으면 볼 수 없는 것이 있다는 소리가 될 것이다. 하지만 예술품을 볼 때 우리는 지식이 있어야 할 필요성을 거의 느끼지 못한다. 아름다운 예술품은 처음부터 아름답게 느껴지며, 그 느낌이 지식의 차이에 따라 달라지는 것도 아니다. 그래서 나는 "보는 만큼 보인다"라는 르 코르뷔지에의 말에 공감한다.

〈모나리자〉에서 우리가 눈여겨봐야 할 부분은 바로 눈이다. 〈모나리자〉의 두 눈 가운데 우리의 시선에 먼저 들어오는 것은 왼쪽 눈이다. 그림 전체의 중앙에 위치한데다 배경 가운데 무엇보다 먼저 눈에 띄는 수평선이 왼쪽 눈과 연결돼 있기 때문이다.

이제 오른쪽 눈을 보자. 자세히 보면 왼쪽 눈과 달리 오른쪽 눈은 조금은 차가운, 또는 사려 깊은 눈길을 보내고 있음을 알 수 있다. 오른쪽 입끝 또한 미소를 지을 것으로는 결코 생각되지 않는다. 내 말이 의심스럽다면 그림을 반으로 접어 보든가, 한 손으로 그림의 얼굴 부분만 절반을 가리고 보기 바란다.

물론 반드시 이렇게 볼 필요는 없다. 그러나 '모나리자의 신비'라는 말에 관심이 있다면 이런 식으로 그림을 감상해보는 것도 괜찮을 것이다. 앞에서 설명한 것과 같은 모순된 표정에서 그 '신비'를 찾을 수도 있을 테니.

흔히들 대화를 강조하지만, 평행선을 긋는 일방적 주장들이 대립하는 것은 대화가 아니다. 대화는 그 누구도 절대적인 진리를 말할 수 없다는 다원성의 전제 없이는 불가능하다. 기존의 가치관이 해체된 현대사회는 자기형성에 불가결한 내면적 대화의 상대와 내발적 합의의 형성에 근거한 사회규범 성립의 매개체를 상실한 상태다. 이로 인해 자신의 진실한 의사를 솔직하게 표현하는 것과 우려할 만한 사회적 동향을 저지하는 것을 어렵게 만드는 권위주의적 정신구조가 유지되고 있다. 다원적 상호교류를 확대하는 것은 이러한 우리의 권위주의적 정신구조를 해체하고 좀더 자유로운 문화를 창조하는 데 필수적인 전제다.

우리는 기존 권위가 해체되는 시대에 살고 있다. 아니, 그러한 기존 권위의 해체는 사실 언제나 일어나기 마련이다. 이에 저항하는 '보수'가 반드시 나쁜 것은 아니다. 그러나 '보수'가 정당하게 존속하려면 이의를 제기하는 '진보'와 시민들의 관심이 필요하다. 그래야 보수도 '건강하고 참된 보수'일 수 있으며, 우리의 문화와 나라도 제대로 성장할 수 있다.

우리 사회는 이제 진보와 대중이 겨우 기성의 보수적 권위와 균형을 잡는 단계에 들어섰을 뿐이다. 문화적 개방성과 균형감각이 중시되기 시작한 것도 최근의 일일 뿐이다. 르네상스와 〈모나리자〉의 겹눈, 그리고 그 다원성을 우리가 배워야 하는 이유가 바로 여기에 있다.

다 빈치는 다원성이 중시되던 시대를 뜨겁게 살았다. 그는 사생아, 동성애자, 무신론자, 과학자, 무학의 인문학자이면서 시대의 이단아였다. 그리고 그는 '진보'였다. 그래서 임신한 여성노동자인 모나리자를 그려서 인간의 자유와 평등, 그리고 자연과의 조화를 표현했고, '최후의 만찬'을 주제로 한 그림을 그려서 삶의 조화를 표현했다. 그는 민주적 인간상의 요체인 개성, 다원성에 대한 긍정, 자유와 평등, 전인성, 유기적 과학정신을 누구보다 분명하게 보여준 르네상스인이다.

멈퍼드의 문화 유토피아론

《유토피아 이야기》의 마지막 장인 12장에서 저자인 멈퍼드는 자기 나름의 유토피아론을 전개한다. 그는 유토피아의 본질은 공동체가 가진 잠재적 능력의 발휘이지 과학이나 경제, 또는 윤리의 문제가 아니라고 주장한다. 예를 들어 베이컨의 주장처럼 과학과 산업을 잘 이용하면 행복이 달성될 수 있다면 인간은 내일이라도 당장 그렇게 해서 천국에서 살 수 있다. 또한 모어의 주장처럼 종교적 윤리가 확립되면 유토피아가 실현된다면 지난 2천 년 동안에 기독교, 불교, 이슬람교에 의해 수없이 천국이 건설돼야 했다는 것이다. 멈퍼드는 이런 관점에서 과학과 윤리의 융합을 주장한다.

멈퍼드는 서양에서 과학은 아리스토텔레스에서 시작됐다고 본다. 아리스토텔레스는 오전에는 수준이 높은 과학(마크로마티카)을 강의하고 오후에는 일반인에게 교양(엑소테리카)을 강의했다. 이를 계기로 과학과 교양(문학, 예술)이 점점 더 분리됐다. 과학은 18세기 이후에 비약적으로 발전해 산업혁명을 낳았으나, 과학의 역할은 그것으로 끝났다. 즉 과학을 어떻게 사용하느냐 하는 것은 과학 자체의 문제가 아니다. 인간과 그 제도에도 과학의 응용이 시도됐으나 잘 되지 않았다. 예를 들어 인문사회과학은 과학이라는 말이 붙어있으나 사실은 문학에 불과하며, 과학자들은 그것을 신용하지 않는다.

그러나 과학은 현실에 입각하지 않는 한 무의미하다. 또한 과학이 각 분야로부터 격리되어 관련성을 상실하면 과학의 전문가는 사회로부터 이탈해 개인적인 세계 속에 매몰되어 위험하게 된다. 그렇게 되면 과학의 전문가가 수도원에 갇힌 종교인처럼 되어 미신에 빠질 수도 있다. 오늘날 지식은 공동체와의 관계를 상실한 탓에 무질서한 상태가 됐고, 지식이 공동체에 주는 이익보다 지식이 공동체에 끼치는 손실이 더 크다.

과학은 공동체와 관련돼야 한다. 본래 과학은 그렇게 시작됐다. 예를 들어 이집트에서 기하학이 발달한 것은 나일 강의 연안선을 조사할 필요성이 있어서 였고, 바빌로니아에서 점성술이 발달한 것은 곡물을 키우기 위해 계절의 변화를 알 필요가 있어서였다. 과학이 얼마나 중요한가는 그것이 공동체의 발전에 얼마나 기여하는가에 달려있다.

17세기 후반에 이르러 과학과 예술이 명확하게 구분되기 전에는 그 둘이 인간의 지적 활동으로 함께 진행됐다. 예컨대 르네상스 시대의 다 빈치와 미켈란젤로는 예술가이자 기술자이자 과학자였다. 르네상스인들의 탁월성은 어떤 분야에서도 에너지를 완전히 불태우는 인간을 이상으로 삼고, 생각을 그대로 삶에 체현하는 것을 목표로 삼았다는 데서 가장 분명하게 드러난다.

멈퍼드는 과학과 예술의 단절을 합리화하는 논리를 부정하고, 그런 구분은 편의상의 구분에 지나지 않는다고 주장한다. 왜냐하면 과학과 예술은 혼돈상태에 놓인 인간이 질서를 추구하는 활동이라는 공통점을 갖고 있기 때문이라는 것이다. 그러한 활동이 바로 휴머니스트들의 활동이었다. 그런데 그 둘이 분리되면서 인간성이 상실되기 시작했다.

고대 그리스에서는 물론이고 중세에도 예술작품은 살아있는 통일체였다. 시민들이 음악을 듣기 위해 연주회에 가고, 기도를 하기 위해 교회에 가고, 연극을 보기 위해 극장에 가고, 그림을 보기 위해 미술관에 가는 것이 아니었다. 하나의 교회 안에 연극, 음악, 건축, 회화, 조각이 통합돼 있었다. 교회의 이런 통합성은 인간의 감성을 변화시켜 내세에 대한 신앙상의 비전을 불러일으키기 위한 것이었다.

중세의 교회에서 볼 수 있었던 종합예술은 그 뒤로 개인주의의 발흥과 종교개혁 운동에 의해 분야별, 계층별로 분리됐다. 또한 그 뒤로 예술은 고급의 전문 예술과 저급의 민중예술로 분리됐다. 예술이 사회로부터 분리되는 과정은 과학이 사회로부터 분리되는 과정과 유사했다. '예술은 예술을 위해'라는 구호는 사실 '예술은 예술가의 것'이라는 말의 다른 표현에 지나지 않는다. 그리고 그것은 신경병적인 개인주의에 다름 아니다.

예술은 예술가 개인이 카타르시스를 하는 수단도 아니고, 공동체의 허영심을 달래주는 노예도 아니다. 예술은 다양한 체험을 하는 많은 사람들의 행동을 서로 공유할 수 있는 양식으로 변화시켜 정신적인 에너지의 배출을 가능하게 하는 수단이다. 그러나 지금 과학과 예술이 공동체와의 관련성이라는 측면에서 마비상태에 있으니 혁명이나 개혁이 일어날 수도, 성취될 수도 없다.

“ 내 목은 짧으니
조심해서 자르시오 ”

16세기에 혼란스러운 영국 땅에 태어나 진정한 휴머니스트로서의 삶을 살다 간 모어. 그가 꿈꾼 유토피아는 '어디에도 없는 곳'인가, '어디엔가 있는 곳'인가. 아메리카 대륙이 서양인들에 의해 '발견'된 이후로 인디언 사회는 모어를 비롯한 일부 서양인들에게 새로운 유토피아로 다가왔다.

*

‘유토피아’란 토머스 모어(1478~1535)가 만든 그 자신의 모토다. 플라톤에서 시작해 마르크스까지 이르는 서양사상은 바로 유토피아를 추구한 것이었다. 그러나 1980년대 말에 소련이 해체되고 동유럽이 마르크스주의를 포기한 이래 유토피아는 끝났다고 여겨졌다. 그런데 다른 한편으로는 그 뒤로 세계는 IT혁명을 통해 자유로운 개인이 국경을 넘나들고 모든 차이가 해소된 새로운 인터넷 전자유토피아로 나아가고 있다는 견해가 등장했다.

과연 그런가? IT혁명의 주체가 국적도, 소유관계도, 규모도 알 수 없는 지구 규모의 자본이라는 것은 잘 알려진 사실이다. 인터넷, 이메일, 핸드폰으로 상징되는 IT혁명은 인간관계를 정보교환의 관계로 바꾸고, 정보유통을 가속화, 원격화하는 동시에 정보유통의 범위를 제한한다. 그런가 하면 오늘날의 세계는 가족의 해체, 학교의 붕괴, 사교육의 증대, 공기업과 대학의 민영화, 자본에 대한 규제의 완화, 빈부갈등의 심화, 외국인과 여성을 포함한 노동자에 대한 새로운 차별과 억압 등이 만연하고 있다.

이런 현대의 흐름을 그럴듯하게 신자유주의라고 부르기도 하지만, 미국을 모델로 한 신자유주의라는 것이 결국은 군사력과 국가권력에 의해 유지되는 것임은 누구나 안다. 그리고 그것은 또한 가부장적 이성의 복권, 상징계의 회복, 국가통일 원리의 재구축이라는 낡은 국가주의 유토피아의 복사판에 불과하다는 것도 사실이다.

최근 이런 흐름에 대항하는 새로운 유토피아가 제시되고 있다. 예컨대 데리다는 권력화하지 않은, 그리고 환대, 정의, 책임에 입각한 새로운 세계연대를 향한 꿈을 제시한다. 리피에츠는 생산력 발전의 가치를 부정하고 개방, 연대, 관용을 특징으로 하는 공동체를 지향하는 영원한 미완성 혁명으로서의 유토피아를 꿈꾼다.

나는 이러한 유토피아론이야말로 유토피아란 말을 지은 르네상스인 토머스 모어의 유토피아론과 맥락을 같이하는 것이라고 생각한다. 모어의 유토피아는 상대적이고 관용적이며 다원적인 르네상스 유토피아의 원형이다.

모어의 《유토피아》는 원래 라틴어로 1516년에 처음 출간됐으니 지금으로부터 약 500년 전에 나온 책이다. '유토피아'는 우리도 흔히 사용하는 말이지만, 《유토피아》는 그 표제만 제외하고 보면 그 안에서 우리에게 친숙한 내용은 거의 찾아볼 수 없는 책이다. 이 책은 과거에 사회주의 국가들에서 최초의 사회주의 책으로 받들었다는 사실도 우리는 잘 모른다. 모스크바의 '붉은 광장' 부근에 지금도 남아 있는 '노동자 해방투쟁의 위대한 사상가와 활동가들을 기리는 기념비'에 이름이 새겨진 19명 가운데 연대로 보아 가장 먼저인 사람이 모어다.

《유토피아》는 모어 자신이 밝혔듯이 콜럼버스의 아메리카 대륙 발견 이래 여러 항해활동에 의해 이루어진 이른바 '지리상의 발견' 덕분에 씌어질 수 있었던 책이다. 다시 말해 '지리상의 발견'에 의해 인디언 사회라는 '유토피아'가 발견된 덕분에 《유토피아》가 씌어졌다는 것이다. 그리고 그 뒤로 500년 동안 여러 가지 유토피아 사상이 잇달아 등장했다. 민주주의, 아나키즘, 사회주의, 페미니즘, 민족주의, 노동운동, 시민운동 등의 형태로.

모어의 삶

1478년에 영국의 런던에서 판사의 아들로 태어난 토머스 모어는 10대에 옥스퍼드 대학에서 그리스어와 라틴어를 배우고 신학을 공부했다. 그러나 모어는 사제가 되는 길을 포기했다. 그때 그는 에라스무스에게 "부정한 사제가 되느니 차라리 정숙한 남편이 되겠다"고 말했다고 한다. 에라스무스는 사제가 됐으나, 모어는 그와 다른 길을 걸었다. 그는 아버지의 종용으로 법을 공부해 24세에 변호사가 됐고, 결혼도 했다.

청렴, 정의감, 성실을 다 결여한 그 시대 법률가의 전형적인 모습과 달리 모어는 모든 학문과 예술에 두루 관심을 가진 전인이었고, 전형적인 르네상스 휴머니스트였다. 법학을 공부하라는 아버지의 종용에 처음에는 의절까지 각오하면서 저항했을 정도로 그는 주체성이 강한 사람이었다. 그는 평생 사치나 금전욕과 무관했고, 자기 자신보다 다른 사람들의 이익을 위해 살았다. 어려서부터 성 프란체스코에 열중하던 그가 사제가 되는 길을 포기하기로 결심한 것도 4년간 철저한 수도원 생활을 해보고는 평신도로 남는 것이 신과 인간에게 봉사하는 길이라고 판

토머스 모어와 그의 가족. 한스 홀바인의 스케치.

단했기 때문이다.

모어가 휴머니스트로 성장하는 데 결정적인 기여를 한 사람은 에라스무스다. 두 사람이 만난 1499년에 에라스무스는 30대 초반이었고, 모어는 20세를 갓 넘긴 나이였다. 에라스무스는 많은 고대 그리스의 작품을 라틴어로 번역했다. 에라스무스와 모어는 특히 루키아노스를 좋아해 함께 그의 작품을 그리스어에서 라틴어로 번역했다. 루키아노스의 작품은 1425년경부터 서유럽에 알려지기 시작했으나, 영국에서 루키아노스의 작품을 번역한 것은 모어가 처음이었다. 두 사람이 번역한 루키아노스의 작품은 1506년에 파리에서 출판됐다.

그 책에는 모어가 번역한 〈폭군암살자〉라는 글도 포함됐다. 모어가 이 글을 번역한 것은 폭군의 전제정치에 직접 반대하는 행동은 아니었지만 간접적으로는 그런 입장을 분명히 선언하는 행동이었다. 모어는 에라스무스와 더불어 폭군정치에 대해 반대하는 근거를 중세의 사상가에게서가 아니라 기독교의 전통에서 악평이 높았던 루키아노스에게서 구한 것이었다. 이는 휴머니즘의 정치사상이 고대의 민주주의와 연결되는 한 계기였다. 특히 모어는 루키아노스의 사상이 본래의 기독교 사상에 가장 가깝다고 확신했다.

모어는 생계를 유지하는 동시에 휴머니스트로서 활동하고 싶은 욕구를 충족시키기 위해 적극적으로 사회에 참여해야 할 필요성을 느꼈다. 그래서 그는 1504년에 26세의 나이로 의원이 됐으나 헨리 7세의 과중한 세금부과안에 반대하다가 왕의 노여움을 사 의원직을 사퇴해야 했고, 그의 아버지는 아들을 잘못 가르쳤다는 이유로 엄청난 금액의 벌금을 물어야 했다. 이런 경험 때문인지 아닌지는 몰라도 모어는 《유토피아》에서 왕은 자기 재산만 잘 관리하면 되는 것이지 사람들에게서 세금을 많이 뜯어내어 전쟁에 사용해서는 안 된다고 주장했다.

이러한 그의 태도는 《유토피아》의 곳곳에서 쉽게 발견할 수 있다. 예를 들어

《유토피아》 1권에서 "왕에 대한 충성은 봉사(servias)이지 예속(inservias)이 아니다"라는 주장에 대해 모어는 그 두 말은 음절이 하나 다른 것에 불과할 뿐이라고 반박하고 "나는 '나 좋을 대로' 산다"라고 대답한다. '나 좋을 대로'란 당시 르네상스인들의 모토였다. 이것은 키케로가 말한 자유 개념으로서 자신의 양심에만 따를 뿐 부나 권력에 대해 욕심은 없음을 강조하는 말이었다. 이런 점에서 모어는 현실에 대한 긍정을 전제로 사고한 마키아벨리와 근본적으로 달랐다.

모어는 특히 군주에 대해 명예롭고 평화적인 일이 아니라 전쟁 수행에만 몰두하면서 "모든 수단을 다해 어떻게 죄 없는 나라를 쳐서 먹느냐"에만 광분한다고 비판했고, 왕의 자문관에 대해서는 "왕의 총신들에게 환심을 사려고 아부하며, 그들이 말하는 형편없이 바보 같은 소리를 옳다고 알랑거린다"라고 비판했다. 모어는 안트베르펜에서 《유토피아》 2권을 쓴 뒤 영국에 돌아왔을 때 왕에게서 연금을 지급하겠다는 제안을 받았으나 거부했다.

1515년부터 에라스무스가 성서에 입각한 새로운 신학을 주장하고 그것을 뒷받침하기 위해 그리스 고전에 대한 연구와 성서의 번역을 장려하자 모어는 시와 공개서한을 통해 그러한 운동에 적극적으로 참여했다. 에라스무스는 유럽의 모든 휴머니스트들에게 모어를 유럽 지성의 본보기로 소개했다. 모어는 특히 종교개혁 논쟁에 뛰어들어 헨리 8세를 위해 배타적인 루터에 반대하는 글을 여러 편 썼다.

1523년(45세)에 모어는 하원의장이 되어 의회를 토론의 장으로 만들었고, 옥스퍼드대학과 케임브리지대학의 재판관으로도 일했다. 1529년(51세)에 그는 일반인으로서는 처음으로 총리직을 겸하는 대법원장의 자리에 올랐으나, 국왕 헨리 8세의 이혼 문제를 둘러싸고 헨리 8세와 대립했다. 영화 〈천 일의 앤〉 등으로 우리에게도 친숙한 앤 불린과 재혼하려는 헨리 8세의 뜻에 반대한 탓으로 모어는 반역죄로 감옥에 갇혔고, 1535년에 57세의 나이로 처형당했다. 처형될 즈음의 모어

처형장으로 끌려가는 토머스 모어. 16세기에 그려진 그림.

는 영화 〈사계절의 사나이〉에서 볼 수 있다. '사계절의 사나이'는 전인(全人)인 모어에게 붙여진 별명이었다.

처형 직전의 최후진술에서 모어는 "내 자신의 양심에 충실하기 위해" 교회의 분열을 막고자 왕의 이혼에 반대한다고 말했다. 그러나 그는 죽음을 앞두고도 유머를 잃지 않았다. 그는 "여기가 내 집보다 천국이지 않소?"라며 아내를 위로했고, "만일 내가 하숙생활에 대해 이러쿵저러쿵하거든 나를 쫓아내시구려"라며 감옥의 간수를 달랬다. 또한 사형집행인에게는 이렇게 말했다고 한다. "나는 당신을 위해 기도하겠소. 제발 나를 안전하게 부축해 올라가 주시오. 내려올 때는 나 혼자 잘 내려올 테니." "힘을 내시오. 자신의 일을 하는 데 두려워하지 마시오." "내 목은 매우 짧으니 조심해서 자르시오." "수염은 반역죄를 저지르지 않았으니 자르지 마시오."

그의 처형은 전 유럽을 경악시켰다. 에라스무스는 모어가 '눈보다도 순결한 영혼'을 가진 사람이었다고 회고하며 애도했다. 모어의 파란만장한 생애는 그가 굳은 신념을 가진 사람이었고 왕이나 교회에 무조건의 충성을 바친 사람이 아니었음을 증명해준다.

유토피아 구상의 배경

모어 이전에는 르네상스의 터전인 이탈리아에서도 구체적인 유토피아 구상이 나타나지 않았다. 왜 그랬을까?

첫째, 이탈리아 르네상스인은 현실에 대한 저항이나 부정의 의지를 갖지 못했기 때문이다. 그들은 현실을 긍정하고 현실에 밀착했다는 의미에서 현실적이었다. 마키아벨리나 미켈란젤로처럼 현실에 대한 비판을 한 경우에도 그 비판은 어디까지나 현실에 대한 긍정을 전제로 한 것이었지 현실을 부정하는 것이 아니었다. 그러니 그들이 이상향으로서의 유토피아를 꿈꿀 이유가 없었다. 그들에게는 현실이 근본적으로 개혁돼야 할 정도의 위기에 빠진 것이 아직 아니었다.

둘째, 르네상스 시대의 이탈리아인은 시야가 좁고 폐쇄적이었기 때문이다. 그들의 무역은 지중해 연안을 중심으로 하는 정도였고, 그 밖으로 통상을 확대하려고 하지 않았다. 그래서 바스코 다 가마(1469~1524)가 1498년에 희망봉을 도는 신항로를 개척함으로써 인도와의 무역이 시작되자 이탈리아 상인들은 몰락하기 시작했고, 세계의 중심은 서유럽으로 옮겨졌다. 16세기에 이르면 이탈리아 르네상스는 이미 그 막을 서서히 내리게 된다.

이와 달리 모어가 산 16세기의 잉글랜드는 봉건제가 급격하게 해체되고 자본주의가 모순을 드러내기 시작한 격동의 사회였다. 모어가《유토피아》에서 "양이 사람을 먹는다"라고 표현한 인클로저 운동이 그때 전개됐다. 봉건사회가 붕괴되고 자본주의가 형성되는 가운데 수많은 모순과 해악 및 참상이 벌어지는 상황이었던 것이다.

특히 잉글랜드의 모직물공업이 14세기 이래 급속하게 발전되어 15세기에는 플랑드르의 모직물공업을 압도했다. 양모에 대한 수요가 늘어나고 그 가격이 높아지자 토지는 모두 양을 키우는 목장으로 변해 그야말로 양이 사람을 먹어치웠다. 이로 인해 농토를 잃은 영세 농민들은 정처 없이 유랑하는 실업자 신세가 됐다. 그동안 왕에게 충성하던 봉건영주와 기사 및 그 아래 집단은 몰락했고, 그 가운데 일부는 부랑자나 도적으로 변했다.

이러한 상황에서 도둑이 들끓고 치안이 문란해졌으나, 정부의 대책은 극단적인 처벌뿐이었다. 특히 부랑자를 탄압하기 위해 제정된 노동법은 노인과 병자를 제외한 걸인을 참혹하게 처벌하는 반노동자적인 것이었다. 그러나 그런 법이 집행됐어도 부랑자와 걸인이 줄어들기는커녕 도리어 더 늘어나기만 했다.《유토피아》는 바로 이러한 상황에서 씌어졌다.

《유토피아》의 선구

《유토피아》에 앞서 플라톤의《국가》를 비롯해 많은 선구적 작품들이 있었다. 플라톤의《국가》는 인간성을 불변의 것으로 전제하고 현명한 입법자인 철인왕이 통치를 하면 국가가 영구히 존속할 수 있다고 주장한 저작이다. 이 저작은 플라톤이 살았던 고대 그리스의 정치단위인 폴리스의 정치이념을 서술한 것이다. 따라서 그것은 기본적으로 정치적 보수주의의 전형이다. 이와 달리 모어는 철인왕 따위의 통치자에는 관심이 없었고, 인간성을 완벽하게 통찰한 지도자와 같은 것은 전제하지 않았다. 플라톤에게 인간은 폴리스에 종속된 부품에 불과했으나, 모어와 같은 유토피언에게는 인간이란 그런 부속품이 아니라 교육에 의해 변화될 수 있는 존재였다.

플라톤과 모어의 결정적인 차이는 계급에 대한 관점에서 드러난다. 플라톤의 유토피아는 귀족계급의 이상을 표현한 것인 데 반해 모어의 유토피아는 계급의 존재 자체를 부정한 것이다. 플라톤은 노예제 국가를 모델로 삼은 반면에 모어는 노예를 포함한 사유재산의 폐기를 주장했다. 특히 모어는 사유재산이 평등하고 공평한 분배를 방해하고, 빈부차별을 낳으며, 그로 인해 생겨나는 화폐에 대한 욕망으로부터 모든 악덕, 해악, 알력이 생겨나 건전한 정신과 육체의 쾌락을 향수할 수 없게 한다고 주장했다.

플라톤은 공동체 전체의 입장에서 남녀의 결합을 국가가 규제하고, 우생학적 성교와 자녀양육을 주장한 반면에 모어는 서로를 완전히 이해한 남녀가 각자 자신의 판단으로 결혼을 하는 일부일처제를 주장했다. 또한 모어는 종교의 자유를 옹호하고 전쟁을 거부했다. 이런 모어의 입장은 어린 시절부터 자신의 친구였던 에라스무스와 마찬가지로 관용과 다원성을 중시하는 것이었다.

그러나 《유토피아》의 선구로 볼 수 있는 문헌 가운데 가장 중요한 것은 성경이다. 《유토피아》에서 모어는 사회주의를 비롯한 유토피아 이야기가 '미친 개소리'로 들릴 수 있을 것이라고 분명히 말하면서도 예수의 말도 그렇다고 한다. 즉 예수도 사회주의를 가르쳤다는 것이다.

아우구스티누스의 《신의 나라》를 포함한 기독교 문헌도 《유토피아》에 많은 영향을 끼쳤다. 악덕과 고뇌로 가득한 현실세계와 행복과 정의로 가득한 이상세계를 명백하게 구분했다는 점에서 그랬다. 그러나 《신의 나라》는 《유토피아》와 완전히 대립되는 내용으로 돼있다. 아우구스티누스가 이상으로 추구한 천국은 악마가 창조한 나라를 포함한 '죄 많은' 지상의 나라와 대립되는 것이었다.

기독교 문헌의 영향을 받았다고 해도 《유토피아》의 정치이념은 신권정치가 아니다. 모어는 민주적인 제도를 가진 비교회 국가, 즉 종교적 자유를 누리는 사람들이 다양한 신앙을 갖고 서로를 존중하는 세속국가를 유럽의 봉건적 전제국가와 대비시키고 전자를 찬양했다. 또한 모어는 지상의 생활을 경멸하기는커녕 오히려 지상의 쾌락을 중시했다. 특히 모어는 아우구스티누스가 옹호한 계급적 착취를 거부하고 계급이 없는 사회를 주장했다. 아우구스티누스는 철학과 신학을 구별하지 않고 지상의 모든 것을 '영원한 생명'으로 보았지만, 모어는 지상의 생활에서 박해를 받거나 불행한 처지에 있는 사람들을 돕고자 하는 입장에서 지상의 개혁에 이성적으로 대처해야 한다고 보았다.

현실의 문제에 대응하는 방법에서 플라톤과 아우구스티누스는 주로 윤리적인 방법을 제시했지만, 모어는 윤리적인 방법과 함께 사회경제적 규범을 제시했다. 아우구스티누스의 '신의 도시'는 플라톤의 철인왕국을 금욕적인 중세 봉건국가로 바꾼 것으로 볼 수 있다. 이런 점에서 플라톤은 아우구스티누스의 예고편이었다. 그러나 모어는 이들과 달리 이상적인 사회경제 조직을 가진 나라를 유토피아로 제시했다. 그것은 인간의 필요와 욕구에 상응하는 생활양식과 노동자의 형제애적인 윤리관을 뒷받침할 수 있는 국가였다.

위와 같은 선구적 문헌들 외에 당대의 문헌도 모어의 《유토피아》에 영향을 미쳤다. 특히 에라스무스의 《우신예찬》에 들어있는 성직자에 대한 비판, 허위적인 스콜라철학적 현명함에 대한 조소 등은 모어의 《유토피아》에서도 그대로 되풀이된다. 가톨릭은 성직자의 기생적 삶과 탐욕을 조롱한 부분을 삭제하고 《유토피아》를 출판하도록 조치했다.

그러나 모어의 《유토피아》 저술에 직접적인 계기가 된 작품은 아메리카 탐험에 관한 기록이었다. 1504년에 아메리고 베스푸치는 인디언 사회는 왕도 군주도 없는 곳이고, 거기서는 모두가 자유롭게 살기 때문에 누구의 명령에도 따르지도 않고, 사법제도나 종교도 없이 자연스럽게 살며, 세속의 소유물을 얻기 위해 일하지도 않는다고 썼다. 에라스무스도 《우신예찬》에서 인디언을 "지상에서 가장 행복한 종족"으로 묘사했다.

《유토피아》가 출판되자 모어의 사회주의를 지지하는 견해가 많이 나왔고, 그 가운데는 특히 인디언 사회와 관련시켜 그의 사회주의를 적극적으로 지지하는 견해가 많았다. 가령 에스파냐의 휴머니스트인 후안 말도나도나 바스코 데 키로가는 아메리카의 인디언 사회는 문명에 의해 타락하거나 파괴되지 않았다면서 이로 미루어 '황금의 세기'가 실제로 도래하는 것이 가능하다고 말했다. 심지어 그들은 맨발에 장발을 하고 모자를 쓰지 않은 인디언의 모습이 기독교 사도의 모습과 유사하다고까지 말했다. 그들은 인디언을 노예로 삼고자 하는 자들에 대항해 모어의 《유토피아》를 근거로 반론을 펴기도 했다.

그러나 모어나 에라스무스는 인디언을 주체적인 인간으로 보지 못하고 수동적인 존재로만 보았다. 모어가 《유토피아》에 묘사한 이상사회의 모습은 당대의 인디언 사회와 같지 않았다. 모어가 《유토피아》를 낸 이듬해에 그의 처남인 존 러셀이 그 유토피아를 찾아 여행을 떠나고자 했다. 그러나 그는 실제로 여행을 떠나지는 못하고 아메리카 대륙에 식민을 하는 것을 옹호하는 내용의 책을 썼고, 그의 아들이 1536년에 여행을 떠났다. 모어의 《유토피아》는 당시에 유럽의 여러 나라 말로 번역됐고, 근대 이후에는 범세계적으로 번역, 소개되면서 영향을 미쳤다. 그가 만든 '유토피아'라는 말은 그동안 평등주의의 이상향을 지칭하는 말로 사용돼왔다.

《유토피아》의 내용

《유토피아》는 1권과 2권으로 구성돼 있다. 1권은 현실비판이고, 2권은 유토피아에 대한 이야기다. 1권과 2권 모두 분명히 가상의 이야기이지만 그 가운데 1권은 마치 역사적 사실인 것처럼 씌어졌다. 《유토피아》가 이렇게 현실과 가상의 이중주로 구성돼 있다는 점은 중요하다. 1권에서 모어가 제시하는 현실비판은 다음 네 가지다.

첫째는 정부의 과도한 엄벌주의에 대한 비판이다. 사회문제에 대해 정부가 내리는 엄벌은 처벌로서는 너무 가혹하고 억제책으로는 너무 효과가 없다는 것이다. 모어는 예를 들어 정부가 내리는 극형에도 불구하고 절도가 더욱 더 늘어난다면서 절도에 대한 처벌은 노동형이 적당하다고 주장한다.

둘째는 거지, 부랑자, 도적이 늘어나는 원인에 대한 비판이다. 모어는 그 원인을 농촌에서 봉건영주가 몰락하고 그 시종이나 농민들이 추방되는 데서 찾는다. 봉건영주의 시종들은 전투력의 근간이므로 보호돼야 한다는 플라톤류의 군국주의식 반론에 대해 모어는 아우구스티누스가 주장했듯이 군인은 도둑과 같은 존재여서 무익하다고

《유토피아》 1518년 판에 실린 유토피아의 지도. 한스 홀바인의 목판화.

비판한다. 이어 모어는 "양이 사람을 먹어치운다"라는 저 유명한 말을 한다. 그 대책으로 그는 농장과 농촌을 회복시키는 법을 만들고, 부자의 매점과 독점을 금지해야 한다고 주장한다.

셋째는 과도한 사회적 불평등에 대한 비판이다. 모어는 빈곤한 노동자의 불안한 생활과 지주와 상인, 그리고 절대왕정에 기생하는 자들의 안일하고 사치스런 생활을 가리켜 '사회적 불의'라고 규정한다. 이어 그는 부자는 정의의 이름으로, 다시 말해 법의 이름으로 부정하거나 불법한 행위를 할 수 있도록 허용받는다고 비판한다.

넷째는 사회적 불평등과 부정의의 원인에 대한 비판이다. 모어는 그 원인을 화폐에 대한 욕망, 화폐의 사용, 그리고 사유재산제도에서 찾는다. 결국 모어는 모든 사회문제가 사유재산제에서 비롯된다고 보며, 사유재산제가 폐지되고 그것이 공동소유제로 바뀌지 않는 한 사회문제의 근본적인 해결은 불가능하다고 주장한다.

따라서 《유토피아》 2권에 묘사되는 유토피아가 무엇보다 공동소유제의 사회일 수밖에 없다. 플라톤도 《국가》에서 공동소유제를 주장했으나 그의 공동소유제는 귀족들만의 사회주의를 주장한 것인 반면에 모어의 공동소유제는 사회 전체의 사회주의를 주장한 것이라는 점에서 다르다. 그러나 모어의 유토피아는 돈이 없는 사회이자 금욕적인 무소유를 특징으로 하는 사회라는 점에서 마르크스주의를 비롯한 사회주의의 이론이나 현실 사회주의의 구체적인 모습과 상당히 다르다.

이런 점보다 더 중요한 점은 유토피아가 54개의 자치도시로 구성되고 주민이 뽑은 대표가 정치를 하는 민주주의 체제라는 것이다. 각 자치도시에는 주민이 뽑은 시장이 있지만, 전체 공화국에는 지극히 제한된 기능만을 가진 원로회의만 존재하고 총리나 대통령을 비롯한 그 밖의 다른 행정기관은 존재하지 않는다. 유토피아는 54개 자치도시의 느슨한 연방 같은 것이므로 오늘날 우리가 말하는 국가와는 전혀 다른 것이고, 정치의 중심은 어디까지나 각 자치도시에 있다. 따라서 그것은 플라톤의 《국가》에 나오는 귀족주의 정치나 철인독재 정치, 또는 당시 유럽에서 일반적이었던 국왕의 절대주의 체제와는 전혀 다르고 이른바 프롤레타리아 독재와도 상관이 없는 민주주의 체제다.

유토피아의 경제적 기반은 공동소유제의 농업이다. 하나의 농장이나 세대에 40명 미만이 살고, 농촌에 2년을 산 20명씩이 매년 도시로 돌아가는 대신에 도시에서 매년 20명이 농촌으로 온다. 여러 직업 사이에 귀천이 없다는 점은 노동이 노예의 몫으로 돼 있는 플라톤의 '국가' 보다 훨씬 인간적이다. 모든 사람이 노동을 하므로 노동시간이 짧아져 사람들은 오전과 오후에 각각 3시간씩 하루에 모두 6시간 동안 노동을 하고, 8시간 동안 잠을 자며, 그 나머지 시간에는 자유로이 활동하는데 주로 지적인 추구에 그 시간을 이용한다. 모어가 하루의 시간배분을 이렇게 한 것은 사회적 필요를 충족시키는 데 요구되는 노동시간을 제외하고는 최대한 많은 시간에 모든 시민이 육체노동에서 벗어나 정신세계를 자유롭게

유토피아에서는 사람들이 공동으로 식사를 한다.
1700년대에 그려진 그림.

함양하는 활동을 할 수 있게 해 삶의 행복을 이루기 위해서다.

유토피아는 종교의 자유가 인정되는 관용주의 사회이기는 하지만, 완벽한 자유주의 사회로 보기는 힘들다. 물론 그 속에서의 삶은 자유롭고 다양한 모습으로 묘사된다. 가령 도시의 집은 사유가 아니므로 누구나 드나들 수 있고, 사람들은 10년마다 서로 집을 바꿔가며 산다. 유토피아의 사람들은 정원 가꾸기를 즐기고, 식사를 공동으로 하며, 허식과 사치를 배척한다. 플라톤의 '국가' 처럼 유토피아에도 법원은 없으나 병원은 있다. 법률도 거의 없고, 형벌은 노동형에 국한된다. 유토피아에는 특히 법률가나 변호사는 존재하지 않고, 모든 사람이 재판에 참여한다. 이는 법률가인 모어가 법률에 대해 얼마나 회의적이었는지를 보여주는 점이어서 흥미롭다.

유토피아의 일상생활은 사회주의와 쾌락주의에 근거한다. 사회주의와 더불어 삶의 양대 원리를 이루는 쾌락주의는 개인적인 쾌락을 추구하는 것을 뜻하는 것이 아니라 선과 도덕, 특히 사회적 책임을 수반하는 쾌락을 추구하는 것이라는 데 유의해야 한다. 이것이 바로《유토피아》의 첫대목에 나오는 문구대로 '저 좋을 대로 사는' 르네상스적 생활방식이다.

유토피아의 사상 가운데 또 하나 중요한 것은 반전 평화주의다. 모어는 모든 전쟁에 반대한 것은 아니었지만 기본적으로 전쟁에 반대했다. 특히 그는 당시의 종교전쟁에 반대했고, 전쟁에도 정의가 있어야 한다고 주장했다.

이처럼 모어의 유토피아는 재산공유, 민주주의, 농업중심, 관용주의, 쾌락주의, 반전사상과 같은 이념에 근거하고 있다. 우리는 그 모든 이념이 비현실적이라고는 결코 말할 수 없다. 유토피아라고 하면 흔히 '어디에도 없는 곳'으로 여겨지지만 모어의《유토피아》를 읽어보면 도리어 유토피아가 '어딘가에 있는 곳'이라고 생각하게 될 정도로 그 묘사가 너무나도 현실적이고 그 이념에서 친밀감도 느껴진다. 그만큼《유토피아》에 씌어진 현실비판과 미래제시가 박진감이 있는 것이다. 모어의 친구인 에라스무스는 모어의 이 책이 '국가악의 근원'을 보여준다고 평했다.

사실 모어가 그린 이상사회는 르네상스 사회의 지향이었고, 그가 그린 이상적 인간은 르네상스적 인간과 근대적 인간의 지향이었다. 즉 그는 현세적 행복에 대한 긍정과 미래에 대한 희망, 공정한 '법의 지배'의 확립이라는 정치적 요구, 모든 사회악을 낳는 돈 숭배에 대한 부정, 귀족의 태만과 대조되는 노동의 미덕에 대한 강조, 기독교적 윤리와 인문주의적 교양의 융합을 통한 새로운 인간성의 이념 등을《유토피아》에 담았다.

모어의 시대에 루터는 신앙만을, 마키아벨리는 힘만을 강조했다. 루터의 경우 신앙과 권력을 분리시키면서 군주에 대한 복종을 주장했다는 점에서는 마키아벨리와 다름이 없었다. 그러나 모어는 도덕과 권력은 분리될 수 없다고 생각했고, 기독교를 정치 차원의 도덕적 규범으로 재생시키고자 했으며, 관용과 종교의 자유를 옹호했다. 관용과 자유야말로 그가 그린 유토피아의 정신적 토대다. 유토피아의 최고 도덕은 불행에 빠진 이웃을 돌보는 선행과 이성의 명령에 따르는 자연스러운 삶이다. 모어를 비롯한 르네상스 유토피언들은 이러한 도덕적 규범과 삶의 자세를 살리는 수단으로 교육을 가장 중시했다.

《유토피아》의 문제점

《유토피아》는 500년 전에 씌어진 책이므로 지금의 관점에서 보면 당연히 많은 문제가 있다. 이 책에 그려진 유토피아는 기본적으로 민주주의 사회이긴 하지만 종교나 일상생활의 측면에서 전체주의적 탄압의 위험성을 예상하게 하는 부분이 없

지 않다. 그 사회에서는 물론 종
교의 자유가 인정되지만 종교의
진위를 따지기도 하는데, 이 부분
은 사상검열과 통하는 점이 없지
않다. 또한 사람들에게 여행허가
증을 받게 하는 점이나 결혼 전에
남녀가 서로에게 자신의 나체를
보이게 하는 점 등은 사소하거나
우습게 보이기도 하지만, 어찌 보
면 문제가 될 수도 있다. 대체로
'위로부터', 그리고 '밖으로부
터'의 혁명에 의해 유토피아가 구
축된 것으로 서술된 점에 대해서
도 우리는 수긍하기 어렵다. 아울

결혼 전에 서로 자신의 나체를 보여주는 유토피아의 남녀.
1700년대에 그려진 그림.

러 모어가 식민지 지배를 정당화하고 있는 점에도 우리는 찬성할 수 없다.

이 책은 영어 원서로 100페이지 남짓한 얇은 책인데도 1권과 2권에 서로 모
순된 서술이 나오는 점도 납득하기 어렵다. 가령 죄수를 대우하는 문제에 대해 모
어는 1권에서는 죄수가 경제적인 이유로 죄를 저지른 것뿐이니 인간적으로 대우
해야 한다고 해놓고, 2권에서는 죄수를 사슬에 묶어 노예로 다루는 장면을 묘사한
다. 또한 그는 평화주의를 주장하면서도 식민지 원주민의 저항에 대응하는 전쟁
을 합리화한다.

그 밖에도 많은 비판이 가능하다. 중세와 근대를 잇는 16세기 르네상스 시대
에 한편으로는 근대, 아니 더 나아가 사회주의적 현대를 전망하면서도 다른 한편

으로는 중세에 매달려 있었던 모어의 시대적 한계는 이처럼 분명하다. 그러나 그러한 한계야 우리에게도 당연히 있는 것 아니겠는가?

모어 자신의 개인적 한계에 대한 비판도 있다. 모어는 《유토피아》에서도 이상사회인 유토피아에 대해 찬동하지 않는 사람으로 나오지만, 실제로 그 자신이 《유토피아》를 쓴 지 몇 년 뒤에 독일에서 농민전쟁이 터지자 《유토피아》의 내용과는 달리 농민들을 지지하지 않고 오히려 기존 국가들을 지지했고, 공동소유를 옹호하기는커녕 사유재산제도를 옹호했다. 그가 사형을 당한 것도 사회개혁이나 종교적 관용을 주장해서가 아니라 오로지 로마 가톨릭에 충성을 다했기 때문이었다. 사실 《유토피아》에서 주장된 종교적 관용도 기본적으로 기독교 이념의 범주 안에 있는 것이라는 데 주의할 필요가 있다.

《유토피아》는 16세기부터 지금까지 현실을 비판하고 이상을 지향하는 모든 사회운동의 토대가 돼왔다. 특히 이 책이 모든 사회주의의 원조임은 두말할 나위도 없다. 물론 《유토피아》의 내용과 그 모든 운동의 이상은 같지 않다. 옛 소련을 비롯한 모든 현실 사회주의는 《유토피아》와 근본적으로 다른 점이 많다. 사회주의라는 점에서는 같지 않느냐는 반론도 있을 수 있지만, 모어의 사회주의는 돈이 없어져야 모든 사회문제가 해결된다는 것이어서 그 어떤 현실 사회주의와도 다르다. 그러나 이런 점이 중요한 것은 아니다.

유토피아라는 것을 상정하는 것 자체가 문제라고 보는 사람도 많지만, 언제 어디서나 우리는 현실에 대해 불만을 가질 수밖에 없으므로 유토피아를 상상하지 않을 수 없다. 《유토피아》가 인류의 고전이 되어 지난 500년간 전 세계에서 읽혀 온 것도 바로 이 때문일 것이다. 이 책은 우리도 읽을 만한 가치가 충분히 있다고 나는 생각한다.

유토피아는 없는가?

벨기에의 안트베르펜에는 《플란더스의 개》라는 동화로 우리에게 알려진, 루벤스의 그림이 걸린 노트르담 대교회가 있다. 《플란더스의 개》가 전하는 안트베르펜은 루벤스의 그림 앞에서 함께 죽은 가난한 소년과 개로 상징되는 슬픈 세기말 도시다. 그러나 지금은 안트베르펜이 그런 이미지와 달리 화려한 국제도시로서 거대한 건물들을 자랑한다. 루벤스의 그림은 동화 속의 소년에게 유토피아였다. 그러나 그림을 그리고 싶어도 그릴 수 없는 가난한 소년은 죽어야 했다.

잉글랜드의 토머스 모어가 1516년에 쓴 《유토피아》도 바로 그곳에서 씌어졌다. 《유토피아》는 모어가 양모 수출 금지령을 내린 헨리 8세의 명령으로 1515년에 양모 무역에 관한 협상을 하기 위해 브뤼헤에 가게 됐다는 사연으로 시작된다. 베네치아가 동방무역의 중심지였다면, 브뤼헤는 유럽, 러시아, 스칸디나비아 간 무역의 중심지였다. 이에 따라 브뤼헤는 북부 르네상스의 중심지가 됐다. 지금도 브뤼헤에는 모어와 관련된 유적이 많이 남아 있다.

모어는 무역협상을 하는 동안에 틈을 내어 안트베르펜을 방문했다가 친구의 소개로 루벤스의 그림이 걸린 대교회에서 항해 도중에 유토피아 섬을 보았다면서 그 섬에 대해 이야기하는 사람을 만난다. 그는 유토피아가 브라질에서 인도의 캘커타로 가는 항로상에 있다고 말한다. 그러나 16세기 당시에 그 항로에 그런 도시가 있다고 한 이야기는 상상에 불과한 것이다. 《유토피아》가 당시의 항해로부터 영향을 받아 씌어진 것은 사실이지만, 그 내용은 실제 항해의 기록과 전혀 다르다. 따라서 《유토피아》의 내용은 모어의 상상에 불과하다는 점을 잊어서는 안 된다.

모어는 유토피아를 하나의 거대한 섬으로 묘사했지만, 어쩌면 당시에 꽤 자

루벤스의 〈십자가에 오르심〉

유로웠던 안트베르펜이라는 항구도시를 모델로 유토피아를 구상한 것일지도 모른다는 이야기도 있다. 지금도 안트베르펜에 남아 있는 당시의 길드하우스는 일종의 조합공동체인 길드의 집으로,《유토피아》에 묘사돼 있는 도시생활의 기본구조와 닮은 점이 있다.

당시에 안트베르펜은 유럽 최대의 항구였고, 에스파냐의 신대륙 무역과 포르투갈의 동인도 무역을 연결하는 기능을 했다. 또한 벨기에의 식민지인 콩고로부터 다이아몬드를 비롯한 금속원료를 수입하고 그것을 가공한 공산품을 수출하는 공업 중심지이기도 했다.《유토피아》에도 유토피아가 그런 제국주의적 무역도시

338

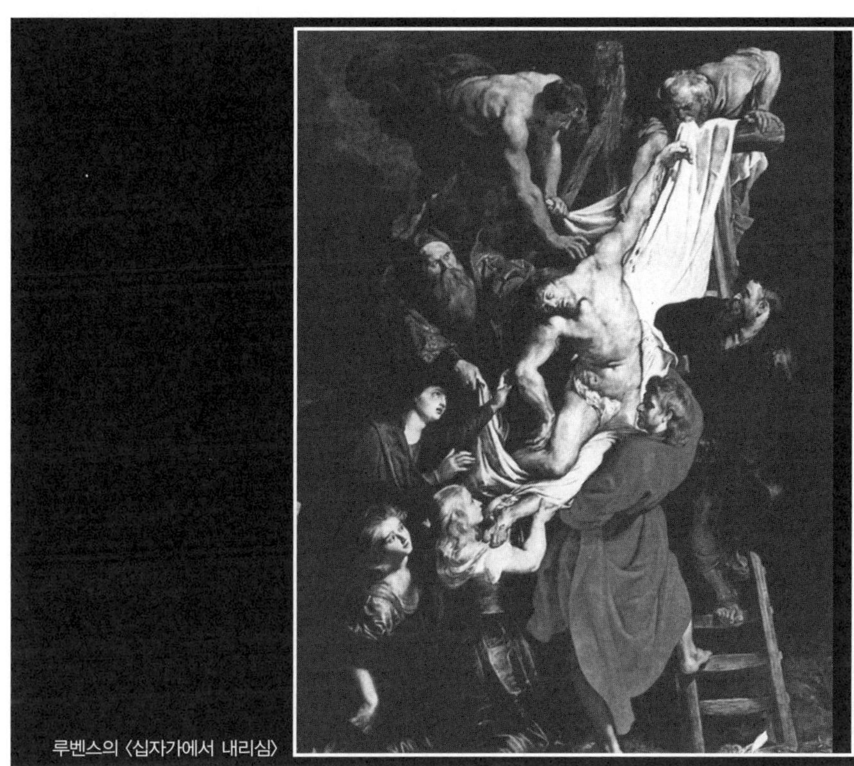

루벤스의 〈십자가에서 내리심〉

로서의 기능도 갖고 있는 것으로 묘사돼 있다.

　유토피아는 잉글랜드를 연상시키기도 한다. 유토피아는 54개 도시로 구성돼 있는데, 이는 모어가 살았던 시대의 잉글랜드에 54개 주가 있었다는 사실과 일치하며, 유토피아에 대한 묘사 가운데는 그 밖에도 당시의 잉글랜드, 런던, 템스 강 등을 연상시키는 부분이 많다. 물론 그런 부분의 유사성은 지리적인 것에 불과하고, 유토피아에는 당시의 잉글랜드와 다른 점도 많다. 그러나 《유토피아》에서 당시 잉글랜드의 현실이 철저히 비판되고 있다는 점을 고려하면 모어가 이 책에서 잉글랜드를 유토피아로 만들고자 한 것이 아닐까 하는 생각도 든다. 이 책을 읽은 사람들은 대체로 모어가 가공의 이야기를 통해 간접적으로 당시의 현실을 비판했다고 느끼지만, 나로서는 모어가 이 책에서 당시의 현실, 다시 말해 당시 잉글랜드와 유럽의 현실을 직접 대놓고 비판했다고 느낀다.

당시의 사람들은 《유토피아》에서 언급된 항로에 유토피아가 실제로 존재한다고 믿고 그 유토피아 섬에 포교자들을 파견해야 한다는 청원을 교황에게 제출했고, 실제로 많은 탐험가들이 그 섬을 찾아 항해를 했다. 그러나 이보다 더 중요한 점은 그 뒤로 많은 사람들이 《유토피아》에 그려진 이상사회를 신대륙에 세우려고 애썼다는 것이다. 《유토피아》 이전에 제시된 이상사회는 이 책에 묘사된 이상사회만큼 구체적이지 않았다. 그런데 《유토피아》에 묘사된 이상사회는 새로운 사회를 만들기 위한 청사진으로 삼아도 좋을 만큼 완벽했고, 그래서 많은 사람들이 신대륙에서 그 내용을 거의 그대로 따르고자 했다. 그러나 그런 노력들은 모두 실패로 끝났다.

나는 모어가 그린 유토피아는 '어디에도 없는 곳'이나 '어딘가에 있는 곳'이 아니라 '지금 여기에 있어야 하는 곳'이라고 본다. 모어의 입장에서는 그 유토피아는 잉글랜드와 유럽의 이상적인 모습이었다. 사실 그가 그린 이상사회는 르네상스의 지향이었고, 그가 그린 이상적인 인간은 르네상스인의 지향이었다. 이런 점에서 모어야말로 가장 르네상스적인 인간이었다고 할 수 있다.

모어를 더더욱 르네상스적인 인간이었다고 생각하게 하는 점이 있다. 그것은 그가 유토피아를 절대시하지 않았다는 점이다. 그는 이렇게 말했다. "당신이 선하게 만들 수 없는 것을 완전히 사악한 것으로 생각하지는 말라. 모든 사람이 선해지지 않는 한 모든 일이 만족스럽게 되기는 불가능하다. 우리의 생각들은 상당한 세월이 지난 뒤에도 실현되지 못한 채 남아있을 것이다." 사실 그래서 유토피아에 대한 노래가 아직도 끊이지 않는 것이 아니겠는가?

유토피아는 죽었다?

지금 우리는 유토피아가 죽었다는 말을 자주 듣는다. 이는 1989년에 사회주의 체제가 끝난 것과 관련이 있다. 그러나 사회주의자들은 사회주의는 유토피아가 아니라고 했다. 마르크스와 엥겔스는 유토피아를 공상이라고 비난했고, 사회주의는 그것과 다른 과학이라고 했다. 그렇다면 1989년에 끝난 것은 유토피아가 아니라 과학을 자처한 사회주의가 아닌가?

그러나 사람들은 그렇게 말하지 않고, 사회주의는 실현될 수 없는 이상사회인 유토피아를 추구했기에 붕괴했다고 말한다. 실제로 사회주의자가 유토피아를 추구한 적이 과연 있는가? 한때 우리나라의 일부 지식인들이 찬양한 중국의 문화대혁명은 유토피아를 추구한 것이었나? 그것은 오히려 미군의 베트남 개입에 따라 위기의식을 느낀 중국공산당이 중국을 게릴라 전쟁의 기지로 만들기 위한 현실적 전술이 아니었을까?

유토피아는 본디 '어디에도 없는 곳(ou-topos)'과 '가장 좋은 곳(eu-topos)'이라는 두 가지 뜻을 가진 말이지만, 보통은 전자의 뜻으로 이해돼 왔다. 즉 유토피아는 지금까지는 어디에도 없었으므로 앞으로 새로 만들어야 하는 것이라는 얘기다. 반면에 유토피아라는 말을 후자의 뜻으로 사용하는 경우라면 그것은 대체로 현재 있는 것을 예찬하는 의미를 갖게 된다.

정말로 유토피아가 있다면 누구나 그곳을 찾고 싶으리라. 중국에서 유토피아로 알려진 선경(仙境) 무릉도원은 실제로 있는 곳이지만 지금은 그곳을 찾는 사람이 거의 없다. 그곳은 일찍이 유네스코에 세계 문화유산의 하나로 등록되긴 했지만, 그저 희귀식물이 많은 비경의 큰 숲일 뿐이다. 오히려 무릉도원과 가까운 곳에 있는 장자지에(장가계)는 이름난 관광지이지만 무릉도원은 그렇지 않다. 사실 도연명이 노래한 무릉도원도 세상과 단절된 곳이라는 점 외에는 여느 농촌마을과 크게 다르지 않았고, 지금의 무릉도원도 그저 중국의 한 농촌마을일 뿐 아무런 특징도 없다. 그래서 관광지가 되지 못하는 것인지도 모른다. 물론 그곳이 관광지가 아니라는 점이 오히려 다행이기는 하지만.

도연명이 노래한 무릉도원도 유토피아라고 볼 수 있는 측면이 있긴 하다. 나중에 왕안석은 무릉도원이 지배자의 권력이 미치지 않고 계급이 없는 자급자족의 농촌으로서 평화롭고 세금이 없는 곳이라고 노래한다. 이는 중국 민중의 최대 문제가 세금이었음을 말해준다. 도연명이 살았던 4세기 전후에는 물론이고 지금까지도 마찬가지다. 그렇다면 다시 무릉도원은 이 세상에 없는 곳이라고 하지 않을 수 없다.

도연명의 시는 그런 유토피아를 추구한 것이라기보다는 유심(遊心) 또는 아예 무심(無心)을 찬양한 것이라고 말하는 분들이 있으니, 내가 방금 세금이 없는 유토피아 운운한 것이 그런 유심 또는 무심의 시인들에게는 우습게 들릴지도 모르겠다. 그러나 그렇다면 그들에게는 무릉도원이 놀이토피아 또는 놀이공원일지도 모른다. 영화 〈넘버 쓰리〉에 나오는 시인 랭보에게 그렇듯이. 지금 우리 주위에는 그런 종류의 토피아가 너무나 많다. 머니토피아, 쇼핑토피아, 섹스토피아, 출세토피아, 권력토피아, 폭력토피아….

중국에는 유교적 이상국가라는 또 하나의 유토피아가 있었다. 요순(堯舜)과 같은 이상적인 왕과 중앙집권의 관료제도에 의해 예와 법이 완비되고 계급이 분화된 인공국가가 그것이다. 유교적 이상국가론은 중국의 전통적 사상으로 오랜 세월 이어져 청말 캉유웨이의 대동(大同)사회론에 이르게 된다. 사실 우리의 실학자들도 바로 그러한 중국식 유토피아를 추구했고, 지금 우리의 대학축제 이름에도 대동이라는 말이 남아있다. 그러나 유교적 이상국가는 지배자와 계급이 없는 무릉도원과는 근본적으로 다른 것으로, 독재자 왕이 다스리는 계급국가일 뿐이다. 그와 같은 종류의 국가를 이상시하는 전통은 서양에도 존재한다.

지금의 세계는 오직 미국만이 호령하는 가운데 신자유주의의 지배를 받고 있고, 그 어떤 유토피아도 시도하기가 불가능해진 것처럼 보인다. 이런 21세기에 모어의 《유토피아》를 다시 읽자고 하는 것은 우습다 못해 차라리 무의미한 짓일까? 20세기까지 이루어진 각종 유토피아 실험의 결과에 실망한 많은 사람들이 유토피아의 가치를 아예 부정하고 있을 뿐만 아니라 유토피아가 도리어 그 반대인 디스토피아의 악몽을 초래했다는 주장까지 나오고 있다.

그러나 500년 전에 모어가 써서 출간한 《유토피아》는 어떤 이상사회에 대한 구체적인 설계로서 중요한 것이 아니다. 《유토피아》는 우리를 끝없이 절망케 하는 현실에 대한 비판이기에, 그와 동시에 우리가 절망 속에서도 끝없이 추구할 수밖에 없는 이상에 대한 염원이기에, 이상사회다운 이상사회의 한 사례를 '유토피아' 라는 이름으로 인류에게 처음으로 보여주었기에, 그리고 21세기를 사는 우리에게 모어처럼 현실을 비판하고 유토피아를 꿈꾸어보라고 권유하기에 고전인 것이 아닐까? 이 책은 이미 지난 500년 동안 인류에게 그런 권유를 해왔고, 또 많은 사람들이 바로 그런 권유에 따라 그렇게 해왔다. 어쨌든 조금이라도 이상사회를 꿈꾸는 사람이라면 모두가 다 유토피언이 아니겠는가? 설령 그런 사람은 모두 다 실패했고 우리 역시 실패하게 된다고 하더라도.

" 혁명적 정신을
깊이 간직한 인물 "

프랑스 르네상스의 최대 걸작인 《가르강튀아》와 《팡타그뤼엘》을 지은 대문호 라블레. 그러나 그는 20세기에 들어서야 마침내 '세계 5대 작가' 중 한 사람이라는 찬사를 받게 된다. 수도사, 의사, 작가, 외교가로 활동하며 진정한 휴머니스트로서 일생을 보낸 그가 구축한 육체의 시학은 무엇이며, 그가 노래한 축제의 본질은 무엇일까?

✳

미하일 바흐친(1895~1975)은 프랑수아 라블레(1494?~1553)를 "혁명적 정신을 깊이 간직한 인물"로 묘사한다. 언어실천의 상대성을 강조한 라블레는 헤게모니를 추구하고 특권을 주장하는 모든 세계관을 상대화시켰다.

라블레? 누구인가? 16세기 르네상스 시대의 프랑스 작가라는 정도나 겨우 떠올리게 하는 인물 아닌가. 더구나 그의 작품들은 21세기에 들어서야 본격적으로 우리말로 번역되기 시작했다. 이 점에서 우리의 프랑스문학계는 참으로 이상하다. 해외의 괴상한 작품까지 현지에서 나오자마자 번역되는 나라에서 거의 500년 동안 세계적인 고전으로 꼽혀온 라블레의 작품들을 이제야 우리말로 읽을 수 있게 하다니.

하기야 라블레뿐일까? 우리에게는 저자의 이름과 제목만이 전설처럼 알려져 있는 세계의 고전은 수없이 많다. 물론 그런 것을 읽을 필요가 없다고 한다면 읽지 못해도 그만이다. 사실 500년 전의 프랑스 사람인 라블레의 기괴한 작품들은 읽을 필요가 없다고 했어도 전혀 이상할 게 없었다. 그러나 읽을 필요가 있다고 하면서도 읽을 수 없게 하는 것은 웃기는 짓이었다.

사실 라블레는 읽을 필요가 '없지 않았다.' 특히 최근에 대화주의 문학이론으로 각광을 받고 있는 바흐친은 민중문화의 관점에서 볼 때 라블레야말로 세계문학에서 가장 뛰어난 작품을 생산한 작가라고 재평가했다. 바흐친은 《프랑수아 라블레와 중세 및 르네상스의 민중문화》라는 저서에서 라블레를 이렇게 재평가했는데 이 책도 최근에야 우리말로 번역됐다. 그런데 그가 말한 5대 대가, 즉 단테, 괴테, 셰익스피어, 도스토예프스키, 라블레 가운데 우리가 오랫동안 접근을 금지당한 사람은 라블레뿐이다.

바흐친의 손끝에서 부활한 라블레

바흐친이 꼽은 세계문학의 5대 대가 명단을 우리가 꼭 수긍할 필요는 없다. 예를 들어 도스토예프스키에 대해 박노자는 그런 '보수반동'이 왜 한국에서 그리도 인기가 있는지 모르겠다고 개탄했다. 세계의 문학이론가들이 도스토예프스키를 꼭 그렇게 보고 있는지는 나로서는 잘 모르겠다. 혁명 후 러시아에서 도스토예프스키가 상당히 폄하된 것은 사실이지만, 그의 문학에 대해 박노자처럼 평가하는 게 타당한지는 의문이다.

물론 나도 도스토예프스키가 대단히 보수적인 작가였다는 사실에 이의를 제기하지는 않는다. 셰익스피어, 단테, 괴테의 경우도 보수적이기는 마찬가지였다. 어쩌면 라블레도 그랬다. 그러나 그렇다고 해서 그들의 작품을 읽으면 안 된다고 생각하지는 않는다. 읽되 제대로 읽으면 되는 것이다.

바흐친은 사람들이 라블레를 제대로 읽지 않는 점을 개탄했다. 세계문학에서 라블레의 작품이 가장 인기가 없고, 이해되지 않고 있으며, 평가도 받지 못하고 있다고 지적하기도 했다. 바흐친은 '러시아에서는'이라는 단서를 붙이면서 자신의 책만이 라블레의 작품을 제대로 설명하고 있다고 주장한다.

바흐친이 말한 대로 러시아에서는 그랬는지 몰라도 프랑스를 비롯한 유럽에서는 라블레가 매우 인기 있는 작가이고, 프랑스 근대문학의 시조라고까지 평가받는 인물이다. 라블레는 볼테르에서부터 위고에 이르기까지 프랑스 문학 전반에 광범위한 영향을 끼쳤고, 최근에 재평가되고 있는 영국의 소설가 로런스 스턴(1713~1768)을 비롯한 많은 작가들에게 스승이었다.

문제는 라블레가 제대로 이해됐는가 하는 점일 텐데, 이 점과 관련해 바흐친의 이의제기는 주목할 만하다. 바흐친은 라블레를 도덕적─공식적, 청교도적─순수주의적으로 파악한 종래의 라블레 해석을 '오독'이라고 비판했다. 그는 라블레의 작품이 비공식적인 민중문화와 공식적인 지배계급문화(중심문화)가 한데 뒤섞여 공존했다는 점에서 독특한 시대인 르네상스의 문화사적 의의를 제대로 보여준다고 평가하면서 이러한 라블레 재해석이 자신의 손에 의해 이루어진다는 점을 자랑스러워했다.

바흐친은 인문학이 사멸하는 시대를 살았다. 그는 옛 소련의 문학이론가였지만 그 중심문화에서는 소외된 입장이었다. 그렇다고 그런 그의 입장을 반드시 옛 소련이라는 전제적인 공산국가를 배경으로 놓고 이해해야 할 필요는 없다. 어느 시대, 어느 나라에나 중심문화는 존재하고, 그로부터 소외된 사람들은 있게 마련이기 때문이다.

중심문화는 체제를 단일화하는 동시에 폐쇄적이고 독백적인 것으로 만들며, 진리에 대한 헤게모니를 독점해서 언어를 강제로 통일하고 표준화한다. 이런 중심문화의 기능은 옛 소련이라는 특정한 시공간의 문제만이 아니며, 지금 우리의 현실에도 그대로 존재한다.

공식적인 중심문화는 비공식적인 민중문화를 지배하고 변질시킨다. 그래서 민속이 문학으로, 민속춤이 무대의 볼거리로, 축제의 웃음이 교회의 합창으로, 질펀한 놀이터였던 시장과 뒷골목이 극장이나 영화관으로 바뀐다. 민중문화가 이렇게 체제화되다 보면 마침내 숭고한 것으로 변질되어 민중적 차원의 신성모독, 음란, 풍자는 천박한 것으로 무시되거나 억압된다.

바흐친이 말하는 라블레에 대한 오독의 역사는 곧 르네상스 때 절정에 달했던 웃음의 문화가 그 뒤로 쇠퇴해 가는 과정의 역사다. 바흐친은 르네상스 시대까지만 해도 민중문화와 고급문화가 융화된 상태였다고 보았다. 그는 라블레에게서만이 아니라 셰익스피어, 보카치오, 세르반테스, 디드로 등에게서도 그러한 요소를 발견했다. 이런 점에서 바흐친은 현실화한 이상향의 하나로 르네상스를 본 것이라고 할 수 있다.

바흐친을 우리나라에 소개한 한국인들 가운데 라블레나 르네상스를 바흐친식으로 해석한 이가 있는지는 나로서는 잘 모르겠다. 그러나 쏟아져 나오는 르네상스론 속에서 그런 해석을 찾아보기 어려운 것은 사실이다. 물론 해외에서도 바흐친처럼 민중문화의 관점에서 라블레나 르네상스에 대해 논의하는 견해는 드물다.

나는 이 책에서 르네상스 시대의 예술가나 사상가들을 통상적인 관점과는 다른 관점에서 다루고자 노력하고 있고, 여러 가지 이설도 소개하고 있다. 그러나 앞에서 알튀세르처럼 마키아벨리를 민중사상가 내지 사회주의 사상가로만 보아서는 안 된다고 얘기했지만, 여기서는 바흐친처럼 라블레나 르네상스를 보아야만 옳다고 생각하지도 않는다고 얘기하고 싶다.

라블레의 작품이 민중문화적 성격을 갖고 있다는 점을 바흐친이 처음 발견한 것은 아니다. 바흐친보다 100년도 더 전인 1855년에 미슐레가 그런 지적을 했고, 위고도 그런 의미에서 라블레를 '육체의 시인'이라고 불렀다. 그러나 그런 점이 중요하다고 해서 르네상스 휴머니스트로서의 라블레를 무시할 수는 없다.

수도사, 의사, 작가, 외교관으로 활동한 유럽인

라블레의 생애는 불분명하다. 언제 태어났고 무엇을 하다가 어떻게 죽었는지가 분명하지 않다. 그는 1483년에 태어났다는 견해가 일반적이지만 1494년에 태어났다는 견해도 있다. 어쨌든 15세기 말에 태어난 것만은 분명하다. 그의 소설 《가르강튀아》에 나오는 주인공인 가르강튀아가 태어난 프랑스 투렌이 라블레의 고향이라고 보는 것이 일반적인 견해이지만, 이에 대해서도 다른 설이 있다.

아버지가 판사 출신 변호사였으니, 라블레는 당시의 지식인들이 대부분 귀족 출신이었던 것과 달리 부르주아(시민) 집안 출신이었다고 볼 수 있다. 그의 작품에 나오는 전원묘사, 사투리, 욕설 같은 것을 보면 그가 시골 출신이었을 것 같지만, 그런 민중적 요소는 고향인 시골에서 몸에 밴 것이었다기보다는 오히려 성장 과정에서 그가 의식적으로 습득한 것이었다고 볼 수도 있다.

변호사의 아들로서 그도 법을 공부했다. 그러다가 수도원에 들어가 폭넓은 인문교육을 받았다. 그는 수도원에서 생활하면서도 문예살롱 같은 데를 드나들었고, 그리스 문화에 심취해 그리스어를 공부하고 그리스어로 책을 쓰기도 했다. 그런데 수도원에서는 1523년경에 그리스어는 이교도의 언어라는 이유로 그에게 그리스어 공부를 금지했다.

1530년경에 라블레는 수도원에서 나와 의과대학에 등록했다. 그런데 1532년경에 이미 리옹의 사립병원에 의사로 임명된 것으로 보아 그는 의대에 등록하기 전부터 의학을 공부했던 것 같다. 의사로서 그는 몇 권의 의학서적을 저술해 출판했고, 고대 그리스 의사들의 저서에 대해 강의하기도 했다. 그 무렵에 그는 한 과부와의 사이에서 아이를 둘 낳았지만 자신의 자식으로 인정하지 않았다. 그러나 그 아이들은 1540년에 교황으로부터 라블레의 친자임을 확인받았다.

그가 리옹에서 산 것은 그곳이 당시 유럽의 상업 중심지이자 이탈리아인이 많이 거주하는 지적인 도시였기 때문이다. 리옹은 그가 르네상스인으로 성장하는 데 중요한 터전이 됐다. 1532년에 그는 작자미상의 소설인 《가르강튀아 연대기》에서 소재를 가져와 《팡타그뤼엘》을 썼다. 이 소설로 그는 상업적인 성공을 거두었다. 하지만 이 소설은 발표된 지 1년 만에 소르본 신학교로부터 이단으로 고발당했다. 이어 1534년에 그는 《가르강튀아》를 발표했다. 같은 해에 가톨릭 미사의 우상숭배를 비판하는 벽보가 프랑스 전역에 나붙은 이른바 벽보사건이 터져 종교개혁 운동을 탄압하는 분위기가 일어나자 그는 1535년에 이탈리아로 떠나 한동안 새로운 작품을 발표하지 않고 잠잠하게 지냈다. 그러다가 1546년에 《제3의 책》, 1548~1552년에 《제4의 책》을 집필했다. 이 두 책도 소르본 신학교로부터 이단으로 고발당했으며, 《제4의 책》은 끝내 판매금지 처분을 받았다.

라블레가 죽은 연도 역시 불분명하다. 1553년에 죽었다는 설이 있는데, 그렇다면 그의 마지막 저서로 알려진 《제5의 책》은 그가 죽은 지 11년 만에 출간된 셈이다. 그래서 이 책은 그의 작품이 아니라는 이야기도 있다. 여하튼 그가 16세기 중반에 죽었고, 생전에 적어도 네 권의 책을 낸 것은 확실하다.

라블레는 의과대학에 등록한 해에 성직자의 신분을 버리고 환속했다가 몇 년 뒤에 성직자로 복귀해 그 뒤로는 죽을 때까지 성직자로 살았다. 그의 생애에서 가장 주목할 만한 점은 그가 자신이 존경한 에라스무스처럼 '유럽의 방랑자'로 살았다는 것이다. 그는 자신이 쓴 책의 주인공인 팡타그뤼엘처럼 언제나 보고 듣고 배우고자 한 떠돌이였다. 이런 점에서 우리는 그를 프랑스인으로 볼 게 아니라 유럽인으로 보아야 할 것이다.

라블레는 문학, 의학, 법학에도 능통했고, 파리 주교를 주치의로서 수행하는 동안에 정치도 익히고 외교사절 역할도 했다. 그의 문학작품에는 의학과 법학에 대한 폭넓은 지식이 녹아 있다. 우리는 그의 책 곳곳에서 법률가들의 독선적인 태도에 대한 비난, 복잡한 소송절차에 대한 그들의 맹목적인 존경에 대한 풍자, 법에 대한 그들의 모호한 해석과 인문적 소양이 결여된 이해에 대한 비판을 볼 수 있다. 이런 점에서 그는 토머스 모어와 쌍벽을 이루는 풍자가였다.

자연의 선물을 향유하라

라블레의 대표작인 《팡타그뤼엘》과 《가르강튀아》는 거인의 모험담을 다룬 소설
이다. 거인 팡타그뤼엘은 거인 가르강튀아의 아들이다. 이 두 거인의 이름은 중세
의 성사극(聖史劇)에 나오는 소악마의 이름에서 따온 것이다. 《팡타그뤼엘》은 풍
자의 활기가 가득 담긴 책이고, 《가르강튀아》는 상징주의와 사실주의의 경향을
보이는 책이다.

　　라블레의 또 다른 책인 《제3의 책》에는 팡타그뤼엘이 고대철학과 기독교를
체득한 완전무결한 성인으로 나온다. 이 책은 그의 저서들 가운데 가장 심오하고
박식한 내용을 담고 있다는 평가를 듣는다. 《제4의 책》은 정치풍자의 요소를 강하

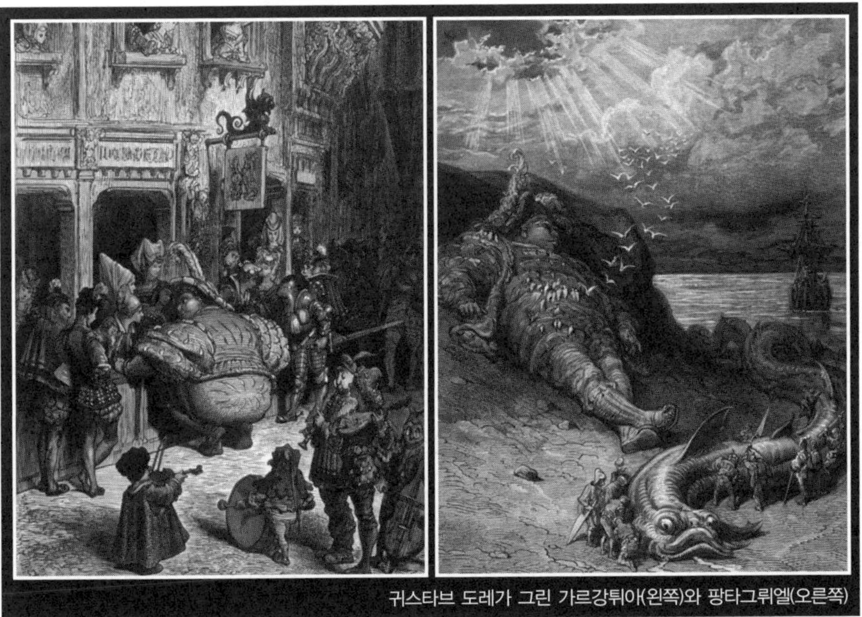

귀스타브 도레가 그린 가르강튀아(왼쪽)와 팡타그뤼엘(오른쪽)

게 갖고 있다.

라블레의 작품에는 매우 다양한 문체와 어휘의 프랑스어가 사용됐다. 언어의 백화점이라고 해도 과언이 아닐 정도다. 학자의 언어, 농민의 언어, 학생의 언어, 법률가의 언어 등 당시 모든 계층의 언어가 속담, 격언, 욕설, 맹세, 험담, 사투리 등 갖가지 형식으로 사용되면서 한데 어우러져 '말 장관'을 이룬다. 이야기의 중심에 해당하는 대화 부분에서는 당시의 민중이 주로 사용한 중세 프랑스어가 사용되고 있고, 편지나 연설 또는 설교 부분에서는 당시의 상류층과 교양인이 주로 사용한 라틴어풍의 프랑스어가 사용됐다. 이런 식의 언어사용 자체가 풍자적 효과를 낸다.

또한 라블레의 작품에는 고전, 민간에서 전승된 이야기, 학문, 현실의 체험, 시대정신 등과 관련된 다양한 주제들이 다루어지고 있고, 그러한 주제들에 대한 서술은 놀라운 활기, 현란한 언어구사, 눈부신 박식함으로 꽉 차있다. 이는 그가 직접적인 체험을 통해 얻은 광범한 지식에 근거해 작품을 썼기에 가능했다. 그는 언제나 현실에 민감했고, 민중에 대해 깊은 관심을 가졌다.

라블레는 에라스무스처럼 인간의 본성에 대해 낙관적인 믿음을 가지고 있었고, 개인이 자유롭고 행복하게 살 수 있는 세계를 꿈꾸었다. 이런 점에서 그는 분명 르네상스 휴머니스트의 범주에 든다. 그러나 그는 대체로 타협적인 태도를 취했던 당시의 다른 휴머니스트들과 달랐다. 그는 자신의 작품을 통해 스콜라 철학, 소르본 신학교의 교리, 칼뱅의 경건주의를 맹렬하게 공격했다. 또한 그는 교육, 결혼, 사회제도, 정치, 법, 전쟁 등에 대해 비판하면서 자연이 인간에게 준 모든 것을 향유하자고 주장했다. 인간을 있는 그대로 받아들이는 관용과 여유, 삶을 전적으로 포용하는 낙관과 환희를 노래한 것이다.

웃음의 재능을 타고난 회의주의자

라블레의 작품에는 중세를 부정하는 르네상스적 주제들이 모두 등장한다. 예를 들어 인간의 존엄성에 대한 강조, 생명에의 애착, 육체의 복권 옹호, 진보에 대한 믿음, 속세의 문학과 예술 및 과학에 대한 찬양 등이 그의 작품에서 나타난다.

특히 라블레는 중세의 금욕주의에 대한 반발로 육체적 이미지, 먹고 마시는 행위, 배설, 성욕을 비롯한 인간의 본능과 본능적 행위를 그 어느 르네상스 예술가보다 더 노골적으로 묘사했다. 그래서 그의 작품은 일찍부터 외설이라는 누명을 썼다. 일례로 볼테르는 라블레가 술에 완전히 취한 상태에서만 글을 썼다고 비난했다.

그러나 라블레가 살아있을 때에는 그의 작품이 외설스러운 요소를 갖고 있다는 점이 그다지 문제가 되지 않았다. 당시만 해도 외설은 금욕의 현실을 부정하는 중요한 창작방식이었고, 이런 맥락에서 외설적인 것이 소재로 널리 이용됐기 때문이다.

바흐친은 특히 라블레가 중세 기독교의 금욕주의를 부정하고 물질생활을 찬양하는 민중적 시각을 문학에 도입한 점을 강조했다. 이는 르네상스 휴머니즘과 관련된 것으로 이해돼야 한다. 또한 라블레가 그러한 민중정신을 그대로 수긍하지는 않고 오히려 그런 민중정신을 토대로 절도 있는 쾌락을 추구한 점은 르네상스인다운 태도로 주목돼야 한다.

라블레가 세계를 개혁하는 것을 인간의 의무로 보고 교육의 중요성을 강조한 점도 눈여겨봐야 할 대목이다. 이 또한 르네상스 휴머니스트다운 생각이었다. "인간은 처음부터 인간으로 태어나는 것이 아니라 태어난 뒤에 인간으로 만들어지는 것이다"라는 에라스무스의 믿음을 라블레도 공유했다.

라블레의 작품에는 여성이 거의 등장하지 않는다. 게다가 아주 드물게나마 여성이 등장하는 경우에는 혐오스러운 모습으로 그려진다. 이 때문에 페미니스트라면 아마도 그의 작품을 내던져버리고 싶은 충동을 느낄지도 모른다. 그러나 당시의 사회가 전반적으로 대단히 반페미니즘적이었다는 사실을 감안해야 할 것이다. 그리고 라블레가 연애결혼을 옹호하고 다산의 부부관계를 찬양한 점은 페미니즘의 시각에서도 긍정적으로 평가할 만한 것이 아닐까 싶다.

토머스 모어는 현실정치에 실망해 유토피아를 추구했다. 라블레는 모어와 달랐다. 그는 군주제를 긍정하되 이상적인 정치를 추구했고, 보수주의자이되 진보를 수용했다. 또한 그는 정치적 현실주의를 추구한 마키아벨리와 달리 인민 속

라블레의 작품에는 먹고 마시는 행위를 비롯한 인간의 본능적 행위가 노골적으로 묘사돼 있다. 팡타그뤼엘의 한 장면. 1885년에 알베르 로비다가 그린 삽화.

의 계몽군주를 요구하고 침략전쟁을 부인했는데, 이 점에서는 에라스무스와 비슷하다.

라블레가 말하는 군주는 플라톤이 말하는 철학자 군주와 유사하다. 그의 관점에서는 군주와 민중이 모두 도덕에 따라야 하고, 군주는 엄격한 법이 아닌 관용으로 민중을 다스려야 하며, 군주가 민중을 처벌해야 할 경우에는 그 방식이 인도적이어야 한다.

철저한 평화주의자인 라블레는 정복전쟁을 해서는 안 되고, 오직 방어를 위한 전쟁만 허용될 수 있다고 말했다. 그렇지만 그는 식민지 개척에는 반대하지 않았다. 다만 개척한 식민지에 대해 인도주의적인 방식으로 통치해야 한다고 그는 주장했다.

평생을 성직자로 살았지만 끊임없이 교회의 개혁과 신앙의 순화를 주장했다는 점에서도 라블레는 에라스무스와 닮았다. 그러나 종교관에서 라블레는 에라스무스보다 더 과격했다. 그래서 아나톨 프랑스는 라블레를 회의론자로 보았다. 그를 종교해방을 추구한 합리주의자이자 무신론자로 보는 사람도 있다. 그러나 라블레의 정체성에 대한 가장 일반적인 견해는 뤼시앵 페브르의 견해다. 페브르는 당시에는 무신론자나 회의론자로 사는 것 자체가 불가능했다면서 그는 복음주의자였다고 주장했다. 바흐친은 페브르의 이런 견해에 대해 부당하다고 비판했지만, 나는 바흐친의 이런 비판에 동의할 수 없다.

축제의 본질은 미완, 생성, 모호함

바흐친은 라블레를 이해하는 데 중요한 몇 가지 관점(그 모두에 동의할 수는 없지만)을 우리에게 제공해준다. 이는 바흐친이 라블레와 마찬가지로 역사의 급격한 변화를 경험했기에 라블레와 통하는 점이 있었기 때문일지도 모른다. 라블레는 중세가 끝난 뒤의 르네상스 초기를 살았고, 바흐친은 러시아혁명 이후의 스탈린 시대를 살았다. 라블레의 작품이 금서가 된 것과 비슷하게 바흐친의 작품도 사회적으로 소외당했다.

바흐친은 축제가 라블레 문학의 본질이라고 분석했는데, 여기서 축제는 종교나 예술과는 무관한 것이다. 축제는 세상의 다양성에 대해 미친 듯 즐거워하고, 열린 세상을 축복하고, 늘 새로운 모습으로 누군가를 놀라게 하는 능력을 축하하고, 지배 이데올로기를 위협한다. 이와 동시에 축제는 과거의 황금시대에는 민중 전체에 속해 있었던 세상에 대한 특별한 마음가짐의 표현이다. 그것은 두려움으로부터 해방된 세계를 지향하고, 세계와 개인, 그리고 개인과 개인을 변화의 기쁨과 흥겨운 상호의존성으로 밀착시키고 모두가 해방된 '친밀의 영역'에서 하나가 되게 한다. 축제는 본질적으로 자유와 관련되고, 웃음으로 표현된다. 반면에 지배 문화는 공포, 억압, 권위와 관련되고, 결코 웃음의 언어를 갖지 못한다.

이처럼 라블레를 통해 축제를 강조한 바흐친의 의도가 무엇이었는지는 분명하다. 그는 스탈린 정권에 대해 반항하고 개별적, 문학적인 목소리의 자유를 강조한 것이다. 일반적으로 축제는 바흐친이 말하는 시민의 자유를 분명하게 보여준다. 따라서 축제를 거부한 중세의 사회는 바흐친에게 이상적인 사회일 수가 없다. 바흐친이 축제적 사회를 대안으로 적극적으로 제시한 것은 아니지만 스탈린주의 사회와 문화에 대한 비판적 비전을 제시한 것은 분명하다.

바흐친은 더 나아가 '즐거운 상대성'이라는 개념을 끌어들여 축제를 설명한다. 그에 따르면 축제는 공식적 의식이 절정에 이른 사회적 분위기를 한숨에 날려보낼 수 있도록 언어나 계급을 격하시키고 민주화시킨다. 축제에서는 모든 사람이 다 똑같고, 보편적 형제애가 나타나고, 모든 규범과 독단이 공격을 당한다. 축제에서는 모든 것이 늘 움직이고 변하기 때문이다. 축제의 본질은 미완, 생성, 모호함에 있다.

극장에 갇힌 축제

그런데 역사적으로 볼 때 축제라는 것이 과연 바흐친이 말한 바와 같은 것이었던가? 중세에는 물론이고 르네상스 시대에도 축제는 민중의 자발적 집회가 아니라 지배당국에 의해 사전에 허가된 행사였고, 지배체제에 반항하는 것이기보다는 지배체제에 대한 반항의 감정이 어느 정도 발산되게 함으로써 결과적으로는 지배체제의 이익에 봉사하는 것이었다.

물론 축제가 민중의 반항행동으로 이어진 경우도 있다. 예를 들어 1580년에 프랑스의 동부에서 일어난 무장봉기와 학살은 축제에서 발단된 것이었다. 그러나 이런 사건은 어디까지나 예외적인 경우에 해당된다.

바흐친은 축제를 낙관적으로 이상화했다. 우리는 바흐친의 그런 관점을 넘어 보다 객관적으로 축제를 바라볼 필요가 있다. 축제가 허가된 행사라고 해도 민중이 그 자체를 즐기면서 공동체의 이상을 추구하는 수단이 되고, 힘이 없는 민중이 힘이 있는 지배자들의 위선이나 허위를 공개적으로 조롱하고 비판하는 장이 된다는 측면을 인정하는 데 인색할 필요는 없다. 그러나 그러한 축제의 이미지는 어디까지나 유토피아, 공상, 허구에 불과하다는 점 또한 분명히 인식해야 한다. 게다가 때로는 축제가 강자가 아닌 약자, 특히 여성, 소수인종, 종교적 또는 사상적 소수자를 악마로 몰거나 공격하는 행위를 수반하기도 했다.

바흐친의 축제는 '바흐친의 것'이다. 웃음, 생명력, 에로스, 권력에 대한 저항정신, 모든 것의 양면성을 인정하는 상대주의, 좌우파에 관계없이 모든 사람에게 호소력을 갖는 민중성 등으로 요약되는 그의 축제는 그 나름의 이상적인 축제다. 그리고 우리도 그런 이상적 축제를 거부하기보다는 오히려 그런 축제를 만들기 위한 노력을 기울여야 한다.

그러나 그와 동시에 우리 주변에서 볼 수 있는 축제와 유사한 것들에 대해서는 경계할 필요가 있다. 축제를 억압된 자들의 저항문화로 본다면, 예를 들어 야외의 불고기 파티나 대학생들의 소비지향적 페스티벌은 축제가 아니다. 미인선발대회, 패키지여행, 집단적인 오락이나 취미활동, 국수주의적이거나 종교적인 합창, 권위주의적인 음악회, 운동회의 응원, 광고회사의 이벤트, 교회 부흥회 등도 축제가 아니다.

축제는 몸의 움직임이고, 서로 몸을 부딪치는 것을 통해 만족감을 얻는 것이다. 겉으로만 축제와 유사한 음란물 공연을 몸의 정치학 운운하며 옹호하는 사람들이 있다. 그러나 축제에서는 몸의 접촉이 자유롭고 친밀한 것인 반면에 음란물 공연에서는 몸이 철저히 상업화된다. 축제에의 참여는 공공적이고 집합적인 반면에 음란물 공연에의 참여 또는 관람은 수동적이고 단세포적이다. 축제는 무료이지만 음란물 공연은 유료다.

진정한 축제의 부활을 위해

라블레 이후로, 아니 르네상스 이후로 축제는 없어지고 공식적이고 고급스러운 중심문화가 형성돼 배타적으로 존재하게 된다. 그래서 축제의 언어, 연극, 음악, 서커스 등이 축제로부터 분리돼 상품이 된다. 이에 따라 문화는 소비의 대상이 된다. 문화는 순수를 주장하면서 자폐적이 되어 사회적 의미를 더 이상 담아내지 못하게 된다.

이러한 문화의 비사회화는 제도적 변화와 함께 이루어진다. 예를 들어 17세기 후반부터 극장은 공식적인 연극이 상연되는 곳, 연주회장은 공식적인 음악이 연주되는 곳으로서 배타적인 장소가 된다. 19세기에 이르면 대중음악도 특정한 공간에 갇히면서 카바레나 카페의 연주로 제한된다. 또한 저작권법이 발전해서 예술의 상업화를 뒷받침한다. 왕이나 귀족에게 예속됐던 예술가는 이제 작품의 제작자나 판매자가 되면서 노골적인 스타생산 시스템에 경쟁적으로 뛰어든다.

그러나 문화는 본래 축제였다. 문화는 광장이나 거리에서 벌어지는 일상생활에서 비롯된 욕망이나 기대에서 유래하는 것이기 때문이다. 문화가 그러한 축제의 형태로 부활하려면 자본주의적 생산과 유통으로부터 독립해야 한다. 이를 위해 예술가들과 민중이 직접 만나야 한다. 서양에서는 이런 시도가 1970년대부터 시작됐다. 물론 문화만으로는 안 된다. 정치, 경제, 사회의 변화도 수반돼야 한다. 문화는 역사 속에서 형성되는 것이며, 모든 분야에 걸치는 광범한 사회적 대화의 일부로 존재할 수밖에 없는 것이기 때문이다.

" 이 얼마나 창조적이고 비범하고 자유롭고 인간적인 작품인가! "

서구 작가들이 극찬한 작품 《돈키호테》의 작가 세르반테스. 그는 《돈키호테》를 통해 자유인이자 정의감, 정신성, 인류애에 충실한 인간의 표본으로서의 유토피언을 창조했다. 그런 돈키호테가 없는 세상은 인간다운 세상이 아닐지도 모른다.

*

T. S. 엘리엇은 《돈키호테》를 모르면 서양사를 이해할 수 없다고 했고, 토마스 만은 《돈키호테》에 대해 "이 얼마나 창조적이고 비범하고 자유롭고 인간적인 작품인가!"라고 경탄했다. 디킨스, 멜빌, 도스토예프스키, 카프카, 포크너, 울프, 보르헤스, 마르케스, 쿤델라 등도 《돈키호테》를 찬양했다.

누구나 돈키호테를 안다. 모두가 어린 시절에 동화책을 통해 돈키호테를 알게 됐으리라. 돈키호테에 관한 대부분의 동화책은 풍차를 거인으로 잘못 알고 공격하는 것을 비롯해 돈키호테의 몇 가지 재미있는 모험을 소개하는 것이 보통이다. 따라서 길어봐야 100~200쪽이고, 거기에 많은 그림이 함께 들어있다. 우리가 어린 시절에 읽은 그런 동화, 만화, 영화는 두 시간 정도면 끝난다.

그러나 미겔 데 세르반테스 사베드라(1547~1616)가 쓴 원작 《돈키호테》는 약 2천 쪽에 이르는 방대한 장편소설이다. 그것을 다 읽으려면 지루하기 짝이 없다. 400년 전의 에스파냐 사람들이야 그것을 읽고 또 읽고 재미있다고 하면서 시간을 보낼 수 있었을지 모르지만, 지금 우리에게는 더 재미있는 일이 너무나도 많으니 아무리 그것이 고전이고 명작이고 걸작이라고 해도 그것을 읽을 시간이 없다. 제 아무리 명작이라도 400년 전에 씌어진 책이니 지금 우리가 보면 당연히 고리타분할 것 같기도 하다.

게다가 주인공인 돈키호테는 아무리 잘 봐주어도 미친 사람인 게 분명하다. 미친 사람이라면 풍차를 거인으로 알고 공격했다고 해서 이상할 것이 없는데, 그런 이야기가 뭐 그리 재미가 있을까. 순진하던 아잇적에야 그런 이야기에도 호기심을 느끼고 깔깔거릴 수 있었지만, 어른이 된 뒤에도 그런 이야기를 재미있어 할 바보가 있을까? 도대체 미친 사람이 온갖 미친 짓을 하는 이야기를, 그것도 수천 쪽이나 되는 분량을 지루하더라도 참고 또 참으면서 굳이 읽어야 할 필요가 어디에 있을까.

지금 누군가가 갑옷을 입고 창을 들고 칼을 찬 조선시대 무인의 모습으로 말을 타고 나타나 고층빌딩을 성이라고 부르고 전신주를 거인이라고 부르면서 그런 것들을 공격한다면, 우리는 그 장면을 보고 깔깔거리기는커녕 경찰서에 신고할 것이고, 경찰은 그 사람을 붙잡아 당장 정신병원으로 끌고 갈 것이다. 이런 식의 미친 사람 이야기를 우리가 왜 읽는가? 그것도 세계적인 고전이니 읽어야 한다면서.

《돈키호테》는 무협지 같은 것에 미쳐 무사도를 신주 받들 듯이 하는 바보 같은 한 남자를 풍자한 이야기라고도 볼 수 있다. 정말로 그렇다면 《돈키호테》를 신주 받들 듯이 하며 그것을 읽으라고 하는 학자라는 바보들의 이야기에 귀를 기울일 필요가 없다. 고전이니 명작이니 걸작이니 하는 소리에 기죽을 필요도 없다. 우리 자신이 돈키호테 같이 바보가 되거나 미칠 필요가 없으니.

그런데 돈키호테가 미친 것이 맞는가? 그를 미쳤다고 보고 그런 미친 사람에게는 흥미가 없다면 《돈키호테》를 읽을 필요가 없다. 그러나 스스로 미칠 것 같은 느낌이 들거나 가끔은 스스로 미친 것 같은 느낌마저 든다면 《돈키호테》를 읽어볼 필요가 있을지도 모른다. 나도 그래서 《돈키호테》를 읽는다.

돈키호테는 거인이 악의 상징으로 나오는 기사소설을 미치도록 읽었기에 풍차를 거인으로 착각하고 공격했다. 그러니 그에게는 자신의 그런 행동이 그리 이상한 일도 아니겠으나, 그가 읽은 기사소설이 어떤 것인지 잘 모르는 우리로서는 그의 그런 행동이 황당하게 여겨질 수밖에 없다. 거인이 등장하는 기사소설에 익숙한 에스파냐 사람들에게는 그러한 거인이라는 것 자체가 풍차로 혼동될 수 있을 정도로 황당한 것이라는 세르반테스의 비꼬는 이야기를 포복절도할 정도로 재미있어 했을 것이 틀림없지만, 그런 기사소설을 모르는 우리에게는 그런 이야기가 그 정도로 재미있지는 않다고 해도 그만이다.

그러나 그런 기사소설을 전혀 읽지 않은 우리로서도 돈키호테의 행동이 황당무계하고 어리석게 보이기는 하지만 그가 결코 악인이 아니라 도리어 선인이며, 거인으로 상징되는 악을 없애 세상에 선이 가득차게 하려고 노력하는 사람이라는 점을 알기 어렵지는 않다. 또한 돈키호테가 비록 무모하기는 하지만 사이비는 아니며, 나름대로 정의감을 갖고 인류의 평화와 행복을 위해 끝없이 편력하는 고귀한 기사와 같은 사람이라는 것도 우리는 알 수 있다. 요컨대 돈키호테는 자기의 신념에 근거해 부정한 권력과 물질탐닉에 저항하고 인류애를 추구하는 인간의 전형이다. 즉 그는 자유인으로서 정의감과 인류애에 충실한 인간의 표본이다. 그는 무엇보다도 유토피아를 꿈꾸는 사람이다.

돈키호테가 기사소설을 읽고 망상에 젖었어도 그 망상이 세계지배나 쿠데타 같은 것을 추구하는 게 아니라 이 세상의 악을 평정하고 불쌍한 약자를 돕겠다는 것이고, 물질주의에 탐닉하려는 게 아니라 고귀한 정신주의를 구현하려는 것이며, 세상을 망치기는커녕 도리어 세상을 아름답게 만들자는 것이다. 그러한 이타적이고 정신적인 삶이 무시되고 누구나 다 이기적이고 물질적인 삶만 추구하는 세상은 얼마나 삭막할 것인가!

그런데 "부자 되세요"라는 어떤 광고구절과 같은 사고방식이 400년 전 에스파냐에서나 지금 이 땅에서나 가장 지배적인 철학이 아닐까? 빈민은 부자가 되려고 애쓰고, 빈민의 아내는 자녀를 부자의 자녀와 결혼시키려고 애쓰고, 조금 부유해지면 더 큰 부자가 되려고 애쓰고, 본래 부자도 더더욱 큰 부자가 되기 위해 애쓴다. 그래서 모두가 부자가 되기 위해 모든 수단을 다 쓰려고 한다. 대부분의 사람들은 영악한 부자주의자, 이기주의자, 현실주의자, 물질주의자, 편의주의자, 편법주의자, 편승주의자, 경쟁주의자, 출세주의자, 순응주의자, 다수주의자, 집단주의자, 물질주의자, 가정주의자, 집안주의자, 권위주의자, 국가주의자, 체제주의자이지 않은가? 모두가 다 그런 인간형을 찬양하고, 어려서부터 죽을 때까지 그렇게 살도록 요구된다. 그 표상이 바로 돈키호테의 시종인 산초 판사다.

그와 반대로 돈키호테는 정의감, 정신성, 인류애에 입각해 자유롭고 자율적이며 스스로 책임을 지는 개인의 표상이다. 그는 다수나 강자에 영합하거나 굴복하지 않는 소수와 약자를 상징하는 동시에, 소수자라는 이유로 자신을 정신착란자 등으로 매도하는 다수와 강자에 당당히 맞서 싸우며 소수자 보호정신을 실천하는, 나름대로 정신적인 귀족이자 영웅이다. 그는 "부자 되세요"라는 물질주의를 거부하고, 이기주의를 부정하며, 특히 권력주의와 현실주의를 저주한다. 돈키호테의 정의감, 정신성, 인류애는 바로 이런 정신에서 나온 것이리라. 천박한 전체주의, 다수결주의, 획일주의, 독재주의에 젖은 사람들 중에는 정의감도 정신성도 인류애도 전혀 모르는 양아치나 노예만 있지 인간이 있을 수 없다. 그러니 돈키호테가 없는 세상은 인간다운 세상이 아닐지도 모른다.

유토피아 소설 《돈키호테》

돈키호테가 태어난 후 400년 동안 그는 이 세상의 문학에 등장하는 주인공들 가운데 가장 많은 사람들의 사랑을 받은 캐릭터였다. 그러나 그의 고국인 에스파냐에서조차 그 세월의 대부분이 돈키호테처럼 자유인으로서 정의감, 정신성, 인류애에 충실한 인간은 존중받지 못하는 전체주의 사회로 점철됐다. 그 400년 동안에 여러 차례의 몸부림이 있었으나 민주화는 언제나 순간에 그쳤고, 그런 뒤에는 언제나 전제와 독재가 마치 영원한 그림자인 양 이어졌다. 전제와 독재 아래서 흔히 횡포를 자행하는 다수는 민주화로 인해 소수의 도전을 받게 되자 그 소수를 정신 착란자들이니, 사이비들이니, 망상에 빠진 자들이니 하고 공격하곤 했다. 우리의 돈키호테는 아직 살아 있을까? 죽었다면 그를 다시 무덤 속에서 건져내야 할까?

이처럼 나는 《돈키호테》를 무엇보다 자유인의 정의감, 정신성, 인류애를 보여주는 유토피아 소설로 읽는다. 정의감이란 강력한 권력이나 권위에 대항해 노동자를 비롯한 약자나 소수자를 보호하려는 것이고, 정신성이란 물질주의나 편의주의에 맞서 인간의 자유를 지키고 인류애를 구현하려는 것이며, 인류애란 다 함께 자유롭고 평등하게 살아가자는 것이다. 《돈키호테》에 등장하는 풍차공격 소동과 같은 모험우화는 위와 같은 정의감, 정신성, 인류애가 가끔은 비현실적인 망상이나 과도한 행위로 나타날 수 있다는 점을 경계하기 위한 것이겠지만 그것이 이 소설의 본질적인 부분은 아니라는 것이 이 소설에 대한 나의 이해다.

돈키호테는 유토피아를 건설하겠다는 명백한 목표를 갖고 있고, 어떤 경우에도 실망하지 않으며, 뜨거운 양심의 열정을 지니고 있다. 에른스트 블로흐는 이렇게 말했다. "그는 무조건적인 갈망을 꿈꾼 인물들 가운데 가장 완강하고 단호한 자다. 비록 사람들이 그를 향해 웃음을 터뜨리지만, 그의 경고와 독촉은 너무나 위대한 것이다. 돈키호테는 이 세상에는 전혀 낯설고 시대에 뒤떨어졌지만 유토피아를 꿈꾸는 인간이다."(박설호 옮김, 《희망의 원리》, 4권, 열린책들, 2004, 2172쪽, 번역은 약간 수정함) 토머스 모어의 《유토피아》에 감명을 받은 세르반테스는 종교의 자유, 남녀간 사랑의 자유, 세습제도의 폐지, 정의로운 재판 등을 꿈꾸었고, 그의 분신인 돈키호테는 그러한 것들을 달성하기 위해 끊임없이 모험을 감행했다.

세르반테스는 당시의 가톨릭에 대해 대단히 비판적이었다. 세르반테스가 반종교개혁의 분위기가 지배하던 당시의 에스파냐에서 가톨릭을 전면적으로 부정할 수는 없었겠지만, 적어도 에라스무스와 같은 가톨릭 개혁주의자였던 것은 틀림없다. 에라스무스가 1536년에 죽고 난 뒤에도 세르반테스의 생애 중 전반에 해당하는 시기에는 그의 사상이 에스파냐에 큰 영향을 끼쳤으나 그 후반에 해당하는 시기에는 그의 저서가 가톨릭에 의해 금서목록에 묶여 있었다. 그러나 생애의 전반기에 형성된 자유정신을 갖고 생애의 후반기를 산 세르반테스는 계속해서 에라스무스주의자로 남았고, 이러한 그의 면모가 《돈키호테》의 여기저기에 반영됐다. 또한 《돈키호테》에는 에라스무스의 친구이자 《유토피아》를 쓴 토머스 모어의 사상도 반영돼 있음은 앞에서 본 대로이고, 프랑스의 라블레와 몽테뉴의 영향도 반영됐다.

돈키호테는 이상주의자인가?

《돈키호테》에 대한 기존의 설명 가운데 돈키호테의 광기를 이상주의자의 그것이라고 하는 설명에 대해 나는 의문을 갖고 있다. 이상주의라는 말은 여러 가지 뜻으로 사용될 수 있겠지만, 흔히 현실주의에 대립하는 의미에서 "현실을 무시하거나 돌아보지 않고 이상만을 추구하는 입장"을 가리키는 데 사용된다. 그런데 광기에 사로잡힌 돈키호테를 이상주의자라고 한다면 과연 어떤 의미에서 이상주의자라고 하는 것인가? 우리는 광인을 이상주의자라고 부르지 않는다. 정신병원을 '이상주의자의 집'이라고 부르면 정신병원을 아름답게 보이게 할지는 모르지만 정신병을 부추긴다는 비난이 일어날 지도 모른다. 광인이라고 해서 모두 이상주의자인 것은 아니다. 이상주의자가 모두 다 광인인 것도 아니다. 물론 이상주의자를 미친 사람으로 평가할 수는 있다. 그러나 그 경우에 미쳤다는 말은 정신병자처럼 미쳤다는 뜻은 아닐 것이다.

나는 광기나 광증에 대해 잘 모르기 때문에 돈키호테가 정말로 의학적인 의미에서 광인인지, 광인이라면 왜 그렇게 됐는지에 대해서는 말하기 어렵다. 내가 말할 수 있는 것은 돈키호테가 기사소설을 탐독한 탓에 미쳤다는 점뿐이다. 우리 주변에도 꼭 독서 탓은 아니지만 여러 가지 이유로 어떤 하나의 고정관념에 빠져 헤어나지 못하고 미쳐있는 사람들을 볼 수 있다. 가령 어린 시절이나 젊은 시절에 박정희 숭배나 마르크스 숭배에 빠진 뒤에 거기서 헤어나지 못하고 모든 문제를 그런 숭배의 관점에서 바라보는 사람들이 있다. 각각 우익과 좌익의 극단을 형성하는 자들이다.

고정관념이란 사람의 머릿속에 자리 잡은 뒤에 떠나지 않을 뿐 아니라 외계의 동향이나 상황의 변화에 의해서도 좀체 지워지거나 변경되지 않는 생각을 말한다. 심리학에서는 고정관념을 병적인 강박관념보다는 가벼운 증상으로 보는 듯하지만, 둘 중 어느 것이 더 가볍고 어느 것이 더 무거운지를 판단하기란 쉬운 일이 아닐 것 같다. 어떤 측면에서는 고정관념보다 강박관념이 더 가볍고 일상적인 게 아닌가 하는 생각도 든다. 가령 자기 주위를 항상 청결하게 유지해야 직성이 풀리는 청결강박증 같은 것이 그렇지 않을까? 대체로 성격이 내성적이고 소극적이며 매사에 꼼꼼하고 소심한 사람들이 강박관념에 빠지기 쉽고, 그런 사람들은 생활에 자신이 없으면서도 공연히 자부심이나 명예욕은 강하다고 한다.

고정관념에 빠진 사람들은 이와 비슷한 성격의 소유자일 수도 있고, 그 반대인 경우도 있을 수 있다. 예를 들어 외향적이고 정치적이며 사회적인 성격의 소유자이지만 사고방식이 너무나 단순하고 경직돼있으므로 좋게 말하면 신념에 충실하고, 나쁘게 말하면 편견덩어리인 인간형이 그렇다. 우리에게 왜 이런 인간형이 많이 생기는지는 나로서는 정확히 알지 못한다. 다만 우리나라의 전통적인 유교문화와 과거 군사독재가 낳은 획일주의, 그리고 특히 유일 교과서 절대주의와 같은 것들이 어우러져 빚어낸 국민적 정신병이 그렇게 나타나는 것이 아닌가 하고 추측할 뿐이다.

여하튼 나는 고정관념에 사로잡힌 자들을 이상주의자라고 생각하지 않는다. 그들은 아무리 좋게 보아도 편견이나 신화에 사로잡힌 자들이고, 철저한 이기주의자들, 절대주의자들, 관념주의자들, 몽상주의자들이다. 어떤 사람을 가리켜 이상주의자라고 말하려고 한다면 그가 인간적이고 사회적인 가치를 중시하는 태도를 매우 강하게 갖고 있어야 한다. 가령 민주주의 중에서도 가장 이상적인 형태인 직접민주주의를 중시하거나 환경주의 중에서도 가장 이상적인 생태주의를 중시하는 사람이라면 우리는 그런 직접민주주의자나 생태주의자를 이상주의자라고 부를 수 있을지 모르겠다. 물론 그런 사람이라도 보기 나름으로는 고정관념에 사로잡힌 사람일 수 있겠지만, 방금 한 말은 그의 그런 이상이 고정된 이상이 아님을 전제로 해서 한 것이다.

돈키호테에게 그런 이상이 있는가? 그의 머릿속에 들어있는 것은 낡은 기사도 소설의 황당무계한 이야기가 대부분 아닌가? 그는 그런 고정관념에 사로잡혀 사람들이 이해하지 못하는 황당무계한 짓을 일삼는 것일 뿐이지 자신의 이상에 따라 현실을 개혁할 의지도 없고, 개혁을 위한 실천적인 행동에 나서지도 않는 것으로 보이지 않는가? 그는 오로지 현실을 소설 속의 장면으로 착각하고 있을 뿐이지 않은가? 그래서 그가 하는 일은 모두 무의미하고 현실과 양립할 수 없으며, 그야말로 황당무계하기 짝이 없는 희극적인 혼란만 야기하는 것으로 보이지 않는가? 그에게는 이상의 실현을 위한 청사진은 물론이고 현실을 비판하거나 부정할 생각도 없는 것 같지 않은가? 그는 현실비판의 기준으로 삼을 어떤 사상도 갖고 있지 않은 것 같지 않은가?

그러나 반드시 그렇지는 않다고 나는 생각한다. 돈키호테를 사로잡은 고정관념은 기사도, 다시 말해 강자에 의해 괴롭힘을 당하는 약자를 도와 정의를 세우겠다는 것이므로 명백히 이상주의적이다. 또한 그는 물질주의를 부정하고 정신주의를 주장하며, 이기주의를 부정하고 이타주의적 인류애를 주장한다. 그러나 이런 그의 정신이 현실과는 무관하거나 현실을 무시하는 식으로 행동으로 옮겨지기에 황당무계한 결과를 빚어낸다. 그러한 이상주의에는 분명히 문제가 있다. 그러나 그렇다고 하여 그러한 이상주의 자체를 부정적으로 평가할 수는 없다.

세르반테스는 돈키호테가 기사소설을 탐독한 결과로 풍차를 거인으로 오해하고 공격하게 되는 것으로, 다시 말해 오해로 인해 소동을 일으키는 것으로 서술하지만, 그런 경우 외에는 돈키호테를 지극히 정상적인 인간, 아니 도리어 고귀한 생각을 갖고 있고 고귀한 행동을 하는, 그야말로 기사도를 실천하는 사람으로 묘

기사에 관한 책을 읽는 돈키호테.
귀스타브 도레의 삽화.

사하고 있다. 기사소설로 인한 오해로 빚어지는 소동과 돈키호테 자신의 기사도 정신이 명백하게 구별되어 있는 것이다. 세르반테스가 이처럼 한편으로는 광기가 든 돈키호테가 일으키는 소동을 통해 기사소설의 황당무계함을 비판하고, 다른 한편으로는 평소 돈키호테의 정상적인 행동을 통해 기사도를 실천하는 이상주의자의 모습을 제시한 점을 놓치지 않는 것이 이 작품에 대한 올바른 이해가 될 것이다.

이상주의가 아니라 당시의 사고패턴에 불과했다?

마르크스의 사위인 폴 라파르그(1842~1911)의 회상에 의하면 마르크스는 세르반테스를 높이 평가했고, 《돈키호테》를 부르주아 세계의 출현으로 인해 조롱과 비웃음의 대상이 된, 사라져 가는 기사도에 대한 서사시로 보았다. 즉 《돈키호테》는 중세 사회에서 자본주의 사회로 넘어가는 과도기의 작품이라는 것이다. 이는 대체로 타당한 견해로 보인다.

그런데 돈키호테가 풍차를 거인으로, 여관을 성으로, 창녀를 공주로 착각한 것은 기사도적 이상주의 때문이기보다는 르네상스 시대의 사고패턴에 '유사성'이 하나의 틀이었다는 점에서 비롯된 것이라는 견해도 있다. 이는 프랑스의 철학자인 미셸 푸코(1926~1984)가 《말과 사물》에서 한 말이니 믿어야 할지도 모르겠다. 가령 르네상스 시대의 사람들은 머리를 치료하는 데 호두를 사용했는데, 이는 호두의 껍데기가 머리처럼 딱딱하고 그 속도 머리의 속과 비슷하다는 이유에서였다는 것이다. 그렇다면 돈키호테가 풍차를 거인으로 착각한 것은 적어도 르네상스 시대의 사고패턴에서는 크게 이상한 짓이 아니었다는 이야기가 된다.

사실 르네상스 시대나 그 전에는 그런 내용의 기사소설이 인기를 끌었고, 돈키호테 역시 그런 내용의 기사소설에 탐닉한 나머지 광기의 행동을 벌이게 된다. 돈키호테의 그런 행동이 광기의 행동으로 여겨지는 것은 이미 르네상스 시대가 아니기 때문이라고 볼 수 있다. 지금은 그런 광기의 행동을 하는 자라면 당장 경찰에 붙잡혀 정신병원에 수용되겠지만, 르네상스 시대에는 그렇게 되지 않았다는 것이다. 《광기의 역사》라는 책도 낸 푸코에 의하면 18세기 말까지는 광인이란 오직 차이를 인식하지 못한다는 점에서만 보통 사람들과 구별되는 정도여서 그다지 위험하게 여겨지지 않았다고 한다.

《돈키호테》 1편 서문의 둘째 문장은 "나는 자연 속의 모든 것이 자신을 닮은 것을 생산한다는 자연의 법칙을 거스를 수는 없었다"로 돼있다. 이 문장이 보여주는 '유사성'이라는 사고패턴의 틀은 종교적 운명결정론이 지배한 중세의 계급사회에서 르네상스 시대로 전해진 것일 수 있다. 그런데 정작 돈키호테 자신은 그런 종교적 운명결정론의 기사소설에 젖어있으면서도 그것을 벗어나 현실에 대응해 갖가지 모험을 행하는 근대적 인간으로 등장한다.

그러나 세르반테스는 기사도라는 전통적 도덕을 포기하지는 않는다. 그러므로 '유사성'이라는 낡은 사고패턴의 틀 때문에 사물의 인식에서 혼란에 빠지는 불쌍한 돈키호테의 모험(풍차를 거인으로 착각하고 공격하는 것)과 그런 모험의 계기인 기사도(정의를 위해 나쁜 거인을 죽여야 한다는 것)를 구별하는 것이 좋겠다고 앞에서 말했지만, 사실 이 두 가지는 하나로 융합돼 있어서 구별하기가 쉬운 일은 아니겠다.

돈키호테의 시종으로 그를 따르는 산초 판사는 돈키호테가 미쳤다는 것을 알고 있다. 그래서 돈키호테가 풍차를 거인으로 오인하는 것을 두고 "유추에 근거한 바보 같은 생각"이라고 비판한다. 즉 그는 풍차란 풍력에 의해 움직이는 식료품 생산기계라는 정체성을 가진 것으로 정해져 있다고 본다. 그것이 이성 중심의

풍차 공격에 실패한 돈키호테와 산초 판사.
귀스타브 도레의 삽화.

근대적 과학주의 사고방식이리라. 그러나 그런 이성적인 산초 판사도 돈키호테와 오랫동안 여행하면서 서서히 그에게 동화돼 간다. 근대인의 특성을 가진 산초 판사는 돈키호테를 광인으로 여기지만 그 역시 완벽한 근대인으로 살지는 못하는 것이다.

어쩌면 돈키호테의 시대는 중세, 르네상스, 근대가 혼합된 혼란기였는지도 모른다. 우리도 지금 그와 유사한 혼란기에 살고 있는 것은 아닐까? 우리는 조선의 유교적 전통이라는 고정관념, 일제시대 이후에 들어온 여러 근대적인 것과 그 왜곡된 모습, 그리고 최근의 탈근대적인 것이 혼합된 사회를 살아가고 있다. 아니, 어쩌면 모든 시대가 각각 나름대로 그러한 혼란의 시대였으리라. 바로 이런 보편성을 표현하고 있기에 《돈키호테》가 고전으로서의 영원한 생명력을 갖는 것이리라.

여하튼 400년 전에 씌어진 에스파냐 소설을 오늘날 우리가 정확하게 읽어내기란 반드시 쉬운 일은 아니라는 점만은 분명하다. 《돈키호테》는 세르반테스가 지어낸 황당무계한 이야기가 아니라 당대의 시대적 변화, 특히 사고패턴의 변화를 정확하게 반영한 작품이라는 점을 염두에 두고 읽을 필요가 있다. 여기서 분명하게 다시 확인해두고 싶은 것은 이 작품에 나오는 황당무계한 장면들 하나하나까지 이상주의의 표현이니 뭐니 하며 이상화하거나 미화할 필요는 없다는 점이다.

중요한 점은 세르반테스 자신이 이 책을 그렇게 읽어주기를 전혀 기대하지 않으며, 오히려 우리에게 철저히 자유롭게 이 책을 읽어주기를 요구하고 있다는 것이다. 특히 이 책은 독자들이 황당무계한 이야기 그 자체에 빠지지 않게 하기 위한 여러 가지 각성장치를 설치해두고 있다. 조금 황당무계한 이야기를 하다가도 독자에게 "정신 차려!"라고 외치며 주의를 주는 식이다. 그래서 이 책은 할리우드식으로 청중이나 독자의 정신을 쏙 빼는 영화나 소설에 젖은 독자에게는 대단히 싱거울지도 모른다. 그러나 400년 전에 에스파냐에서 씌어진 이 책이 할리우드식이었다면 지금의 우리에게까지 전해지지는 않았을 것이다.

돈키호테는 방랑자? 반체제 인물? 아나키스트?

나는 돈키호테를 새롭게 해석해 반체제 아나키스트로 보고자 한다. 전 세계에서 돈키호테를 이런 식으로 말한 사람은 그동안 아무도 없었으니 나로서는 "돈키호테 같다"는 소리를 들을 각오로 이런 소리를 하는 것이다. 이 책의 독자는 어차피 지금 돈키호테에 관한 글을 읽는 중이니 조금만 더 인내하고 내 말을 들어주시길 빈다.

아나키스트는 결코 이상주의자가 아니라고 말할 수는 없지만, 보통 우리가 말하는 이상주의자와 반체제 저항자 내지 일탈자인 아나키스트는 분명히 다르다. 나는 아나키스트를 자유인, 자치인, 자연인의 삼위일체로 본다. 여기서 특히 자유인이란 인간을 구속하고 평준화하고 획일화하려는 국가주의에 맞서 자신의 개성을 내세우려고 노력하는 개인을 말한다. 따라서 그는 체제로부터의 일탈자이고, 체제에 대한 반항자이며, 체제의 본류나 중심이 아닌 지류나 주변에 존재하기 마련이다.

사실 세르반테스 자신이 그런 주변인이었다. 그는 젊은 시절에는, 아니 어찌 보면 평생토록 체제에 순응하고 체제 속에서 출세하고자 노력한 사람이었으나 죽을 때까지 본류에 들지 못하고 주변에 머물렀다. 그는 귀족 출신이기는 했으나 너무나 가난한 귀머거리 의사의 아들로 태어나 정상적인 교육을 받지 못했고, 출세를 위해 22세에 군대에 들어가 용감하게 싸우지만 5년간의 포로생활 끝에 33세에야 겨우 조국으로 돌아올 수 있었다. 그러나 전쟁영웅인 그를 기다리고 있었던 것은 더욱 어렵고 가난한 생활뿐이었다. 세르반테스는 《돈키호테》를 쓴 58세까지 20여년간이나 그런 세월을 보내야 했다. 그 사이에 그는 두 차례 이상 감옥살이도 했다. 《돈키호테》는 그가 감옥에서 구상한 작품이 아닌가 짐작되기도 한다.

그러한 일탈자로서의 세르반테스는 일탈자인 도둑, 집시, 광인 등에 대해 호감을 가졌던 것이 틀림없다. 이런 점은 《돈키호테》를 비롯한 그의 여러 작품에서 엿볼 수 있다. 도둑, 집시, 광인은 당시에 발흥한 자본주의에 저항하는 집단이었다. 세르반테스는 자본주의에 순응하는 지배집단이나 민중집단에 대해서도 반발했을 것이 틀림없다. 따라서 그는 당시에 왕이나 귀족은 물론이고 그들에게 봉사하는 전문가 지식인이나 예술가들도 혐오했을 것이 틀림없다. 그는 도둑이나 집시의 자치적 공동체를 반자본주의적인 유토피아로 보았던 것이 틀림없다. 사실 그 자신이 방랑자였다. 그는 20대에는 전쟁터를 방랑했고, 30~50대에는 먹고살기 위해 이런 저런 일을 하며 방랑했다.

나는 세르반테스와 돈키호테를 이렇게 아나키스트로 이해하고자 한다. 나의 이런 해석은 그야말로 돈키호테적인 것이고, 아나키스트를 자처하는 사람들도 시도해본 적이 없는 것이니 웃기는 짓일지도 모르겠지만, 아무튼 나는 세르반테스와 돈키호테를 이렇게 해석한다. 세르반테스가 돈키호테를 통해 추구한 것은 '자유로운 개인', '자치하는 사회', '자연스러운 세계'다.

4부

르네상스의 악몽, "제국주의와 자연정복"

" 인류는 하나다 "

식민지배를 합리화하는 '국제법'과 유럽중심주의에 맞서 60년 동안 투쟁한 라스 카사스. 에스파냐 신부 라스 카사스는 처음에는 식민주의자였으나 인디오들의 고난을 목도한 뒤 해방의 사도로 변신한다. 그가 살아서 미국의 아프가니스탄 유린을 보았다면 뭐라고 말했을까.

*

바르톨로메 데 라스 카사스(1484~1566)는 에스파냐 출신 신부로 르네상스 시대를 살았으나 어떤 책도 그를 르네상스인으로 다루지 않는다. 그러나 나는 그가 르네상스 시대의 어느 누구보다 중요한 사람이라고 생각한다. 그는 '인류는 하나'라는 신념에 근거해 '신세계'의 주민은 물론이고 흑인이나 학대받는 모든 사람의 인간적 존엄성, 생명, 자유를 지키는 데 평생을 바친 보편인, 세계인, 행동인이었기 때문이다. 그는 또한 유럽중심주의 역사관의 독선을 최초로 지적한 역사가이자 휴머니스트이기도 했다.

특히 9.11 사태 이후 미국의 국제법 위반에 대한 지적이 이어지고 있는 지금의 현실에서 그는 더욱 중요한 인물로 부각돼야 한다고 나는 생각한다. 전쟁에 관한 국제법이 엄연히 존재하거늘 미국은 그 모든 국제법을 무시하고 아프가니스탄을 폭격하면서 "신은 중립이 아니다", "이것은 세계 전체의 전쟁이고 문명의 전쟁이다", "우리는 제2의 십자군전쟁을 벌이고 있다"는 등의 수사로 상황을 합리화했다. 부시 전 미국 대통령이 바로 이런 말을 끝없이 되풀이했다.

《문명의 충돌》을 쓴 헌팅턴을 비롯한 많은 지식인들도 과격한 내용의 전쟁지지 성명으로 그와 같은 미국의 행태를 뒷받침했다. 그들은 아프가니스탄 폭격이 무고한 사람들을 악으로부터 구하기 위한 것이고, 폭격을 위해 유엔 같은 국제기구의 승인을 기다리는 것은 '자살행위'에 불과하므로 불필요하다고 주장했다. 그들이 말한 '악'은 아프가니스탄의 이슬람교도만 가리킨 것이 아니라 아랍 전체, 이슬람교 자체를 가리킨 것이기도 했다. 그들이 '불량국가'라고 말하는 나라들도 물론 그 '악'에 포함되는 것이었다. 2002년 8월 1일에 부시 미국 대통령은 요르단 국왕과 회담을 하기 직전에 이슬람교를 잘못된 종교라고 지칭해 문제를 일으켰다. 그가 말한 '중립이 아닌 신'은 기독교의 신을 의미하는 것이었으리라. 그리고 그가 말한 '잘못된 종교'의 신은 '잘못된 신'이라는 게 그의 생각이었으리라.

그런데 더욱 놀라운 것은 상당수의 국제법 학자들도 그와 거의 같은 주장을 폈다는 점이다. 이로 인해 이제는 국제법이 강대국의 자의적 판단을 합리화해주는 패권주의의 장식물에 불과하게 됐다는 비판까지 나오고 있다. 미국의 저명한 국제법 학자인 라이스만은 9.11 직후에 발표한 자신의 논문 〈세계의 공공질서를 방어하기 위하여〉의 머리말에서 오직 승리냐 패배냐가 문제라면서 민주주의의 적을 괴멸시킬 무기와 새로운 전쟁형태, 그리고 그런 무기의 사용에 관한 국제법을 발전시켜야 한다고 주장했다. 나는 이 논문에서 나치스보다 더한 정치적 결단주의를 읽었다. 그가 말하는 국제법이 과연 '법'이라는 이름을 달 수 있는 것인지 의심스럽다.

국제법의 추악한 이면

물론 이런 식의 전쟁 합리화는 이번이 처음은 아니다. 전쟁을 도발한 국가가 제멋대로 전쟁을 자위권 발동으로 합리화한 사례는 수없이 많았다. 예를 들어 이스라엘에 의한 1968년의 레바논 공격과 1985년의 튀니지 공격, 미국에 의한 1968년의 리비아 공격, 1993년의 이라크 공격, 1998년의 수단과 아프가니스탄 공격 등의 경우에 그랬다. 그러나 그 가운데 어느 것도 유엔에 의해 자위권 행사로 추인받지 못했다. 어디 그뿐인가? 역사상의 전쟁 대부분이 국제법적으로 정당하다는 평가를 받지 못한다.

전시에 인간의 존엄성을 최소한이나마 지키기 위해 만들어진 국제인도법과 관련해서도 국제법 위반이 저질러졌다. 아프가니스탄 측의 민간인과 포로에 대한 대규모 학살이 자행됐다는 보도가 나왔을 때 유엔은 미국 측에 국제인도법의 준수를 요구한 바 있다. 또한 미군이 포로를 인도적으로 대우하지 않는다고 NGO가 지적하자 미군 측이 그 NGO에 약간의 돈을 주었다는 보고도 있다. 그러면서 미국은 아프가니스탄 포로를 포로로 인정하지 않는다고 말하기도 해 국제적인 비난을 산 바 있다. 이제는 전쟁 중의 포로나 민간인에 대한 국제법상 보호조차 사라진 것인가?

아무리 그래도 국제법이라는 것은 엄연히 존재하고 있다. 물론 그 효력에 대해서는 회의적인 시각이 많다. 그러나 국제법은 인류가 지닌 최소한의 양심이라는 차원에서 수립되고 존속해온 것이다. 국제법은 그 자체가 부시가 말한 '신의 법'이라는 식의 사고방식에 근거한 것이라고 볼 여지는 있다. 그와 같은 말은 어제오늘 생긴 것이 아니다. 사실 그러한 말은 우리가 흔히 '국제법의 아버지'니 '자연법의 아버지'니 하고 부르는 그로티우스(1583~1645)의 법사상에서 이미 등장한 것이다.

서양에서는 사람이 제정한 인정법 또는 실정법과 다른 자연법이라는 것이 있다는 사고방식이 오래전부터 있었다. 자연법이란 곧 '신의 법'에서 비롯된 보편법이고, 국제법은 바로 그러한 보편법에 근거한다는 것이다. 그러나 보편법이란 유럽에서 고대로부터 중세 후기에 이르기까지의 국제관계에서 귀납적이고 경험적

반 미레벨트가 그린 그로티우스의 초상

으로 그 존재와 보편성이 논증된 것에 불과하다. 이 경우에 '국제'니 '자연'이니 하는 것은 유럽문명이라는 틀 속의 그것에 불과하고, 그로부터 생겨난 보편성이라는 개념 또한 전 지구적 규모의 보편성을 뜻하지는 않는다. 다시 말해 석가나 마호메트가 아닌 그리스도가 그 전거이며, 공자나 맹자가 아닌 아리스토텔레스나 키케로가 그 전거라는 말이다.

물론 사상의 내용에서의 보편성과 사상 형성의 전거에서의 보편성은 차원이 다른 것이고, 후자의 결여가 반드시 전자의 결여와 같은 것은 아니다. 그러나 그로티우스가 인류 보편의 법이라고 주장한 국제법이나 자연법이 그 내용을 보면 동시대 이슬람교와의 관계에서도 타당한 것은 아니었다. 또한 여러 국민의 법이라는 것도 사실 그리스 도시국가 이래 유럽문명권의 국가적 관행을 전제로 한 것이다. 후대의 국제법 학자들은 보편성을 지닌 자연법학파 국제법이 19세기에 법실증주의파 국제법으로 대체됐다고 주장하기도 했으나, 자연법학파 국제법의 보편성도 정말로 보편적인 것이 아니라 기본적으로 유럽에 한정된 보편성이었음을 우리는 간과하지 말아야 한다.

신의 이름으로 자행된 인권유린

이처럼 보편성을 가진 것으로 주장된 자연법적 국제법은 세계를 식민지화하는 과정에서 서양열강이 국제질서를 좌지우지하는 데 이론적 토대가 됐고, 나아가 그들이 구축한 국제질서를 정당화해주는 이데올로기적 기능도 유감없이 발휘했다. 민법의 선점(先占)이론에 의거해 식민지 침략을 정당화하거나 공해 자유의 원칙을 해양열강이 이데올로기적으로 이용한 것 등을 그 예로 들 수 있다.

이처럼 그로티우스에서 비롯된 근대 국제법 이론은 기본적으로 유럽의 독립

국가들 사이의 관계를 규율하는 이론으로 생성되어 발전한 것이었고, 소외된 객체에 불과한 비유럽 국가들의 입장에서 보면 식민지 침략을 정당화하는 이론일 뿐이었다. 말하자면 근대 국제법은 유럽국가들이 자신들의 고유한 규범을 다른 지역의 나라들에 강제한 것에 지나지 않는다. 이런 점은 중국, 한국, 일본이 이른바 개화기에 적용받은(실제로는 강제된) 국제법에서도 그대로 나타난다. 국제법의 유럽 중심주의는 오늘날까지도 사실상 변함 없이 유지되고 있다. 일본이 우리에게 강요하고 침략을 합리화하는 데 사용한 여러 조약은 그 모방에 불과하다.

흔히 유럽에서 만들어진 국제법 질서는 다른 지역의 국제법 질서와 달리 국가간 평등의 관념을 내포한 보편적인 것으로 여겨지곤 한다. 그러나 유럽의 국제법은 비유럽 세계와 동등한 입장에서 후자의 자유로운 의사에 근거한 합의 위에 적용된 것이 아니라 전자의 군사력 우월을 배경으로 후자에 강제된 것일 뿐이다. 나아가 비유럽의 여러 민족은 먼저 무력에 의해 지배당하게 된 뒤에 국제법상의 주체성을 부정당하는 형태로 국제법 질서에 편입됐다. 힘에 의한 침략이 먼저였고, 국제법은 그 침략을 정당화하고 미화하는 수단에 불과했다.

또한 일단 식민지 침략이 이루어진 뒤에는 식민지의 문제가 식민지 지배권이 귀속되는 국가의 '국내'문제이므로 국제법에 의한 규율의 대상이 아니라는 논리(국제법의 불간섭 영역인 국내의 사항)에 따라 국제법상의 논의대상에서 배제됐다.

'근대 유럽문명에 의한 세계지배 이데올로기'라는 국제법의 기능은 그로티우스의 이론에도 들어있었지만, 그의 절대주의 국제법을 정치적 자유주의 국제법으로 바꾸었다고 평가되는 바텔(1714~1767)의 이론에도 그대로 살아남았다. 바텔은 내정 불간섭 원칙을 강조하면서 국가간 평등의 관념을 근거로 한 국제법을 주창했지만, 그의 이론도 근대 유럽문명이라는 틀을 벗어나지 못했다. 바텔의 이론 역시 강대국이 자국 보호에 치우치는 경우에 기회주의적으로 애용하는 이론 가운데 하나다.

바텔의 이론은 노동력 투하에 따른 소유권을 절대화한 로크의 이론에 근거하고 있다. 로크는 재화의 희소성과 인간의 자기보존이라는 행동원리를 내세워 '만인에 대한 만인의 투쟁'이라는 관념을 부각시킨 홉스의 이론을 극복했다는 평가를 듣고 있지만, 이 역시 유럽 내부에서만 그렇다. 유럽에서 '신대륙'으로 간 식민자(침략자 또는 정복자)와 원주민의 관계에 로크의 이론이 적용되면 그 이론은 전자의 침략을 정당화하는 기능을 하게 된다. 다시 말해 식민자가 식민지의 땅에 원주민은 노동력을 투하하지 않았고, 그 땅에 처음으로 노동력을 투하한 것은 자신이니(이는 그 자신의 노동관에 따른 논리일 뿐이다) 자신이야말로 그 땅의 정당한 소유자라고 주장할 수 있게 한 근거가 바로 로크의 이론이다.

이렇게 볼 때 자연법이니 국제법이니 학문이니 사상이니 하며 유럽인들이 그동안 주장해온 소리들이 모두 사실은 원시적인 폭력에 의거한 침략과 정복을 합리화하는 데 이용된 어용학설에 불과하다. 국제정치나 국제법에 대한 서양의 논의는 거의 다 이런 것이라고 해도 과언이 아니다. 내가 알기로 그러한 서양인들의 논리와 주장에 대해 분명하게 비판을 가한 이는 단 한 사람, 라스 카사스라는 에스파냐 출신 신부뿐이었다.

앞에서도 말했지만, 라스 카사스는 르네상스 시대를 살았으나 어떤 책도 그를 르네상스인으로 다루지 않는다. 그와 마찬가지로 르네상스인으로 불리지는 않으나 르네상스와 근대사를 연 인물로 평가되는 이가 바로 '지리상의 발견의 영웅' 콜럼버스다. 콜럼버스의 1차 항해에 관한 문헌인 《콜럼버스 항해록》(박광순 역, 범우사, 2000)은 라스 카사스가 쓴 책이다. 이 책의 일차적인 목적은 콜럼버스의 항해록을 정리하는 것이었지만, 라스 카사스는 단순히 항해록을 정리하는 데 그치지 않고 그에 대한 자신의 비판도 이 책에 담았다. 예를 들어 콜럼버스가 원주민들에게 노동과 서양식 습관을 강요해야 한다고 쓴 부분에 대해 라스 카사스는 신의 의지를 배반하는 파괴행위를 부추기는 것이라고 엄중하게 비판했다.

이처럼 두 사람의 길은 정반대였고, 두 사람에 대한 평가도 크게 엇갈렸다. 특히 라스 카사스 본인은 콜럼버스를 가리켜 에스파냐의 정복사업을 망치고자 한 '과대망상의 매국노'로 평가했다. 1992년에 콜럼버스의 '신대륙 발견' 500주년을 기념하는 행사가 범세계적으로 열리는 가운데 라스 카사스의 기념비가 처음으로 그의 고향 세비야에 세워졌으나 곧 그 얼굴 부분에 검은 페인트가 칠해졌다. 이런 일화에서 알 수 있듯이 라스 카사스에 대한 평가는 아직도 양면적이다. 일반인의 감정만 그런 것이 아니라 학계의 평가도 여전히 엇갈린다. 그러나 어쨌든 간에 우리나라에서는 라스 카사스가 소개된 적이 거의 없다. 유일한 예외로 박설호의 《라스 카사스의 혀를 빌려 고백하다》(울력, 2008)를 들 수 있을까.

침략자 콜럼버스의 만행

콜럼버스의 아메리카 '발견' 500주년을 맞아 두 편의 전기영화가 제작됐다. 그 가운데 미국, 프랑스, 에스파냐의 합작으로 리들리 스콧이 감독을 맡고 제라르 드 파르디외가 주연으로 나선 작품이 보다 대작이라고 할 수 있다. 이 영화를 비롯해 서양인이 만든 콜럼버스에 관한 영화는 대동소이하게 그의 파란만장한 삶을 영웅적으로 그리고 있다. 그런데 과연 콜럼버스는 인류사에 길이 남을 위인인가? 우리는 그를 어떻게 평가해야 하나?

지구가 둥글다는 생각은 고대 그리스인도 갖고 있었지만 중세에는 금기시됐다. 그러다가 15세기에 다시 지구는 둥글다는 학설이 퍼졌다. 가난한 선원 콜럼버

스는 서쪽으로 항해하면 '황금의 나라(인도)'에 가 닿으리라고 주장했다. 당시에
는 지도에 아메리카가 그려져 있지 않았다. 그런 잘못된 세계지도를 믿고 서쪽으
로 항해한 콜럼버스가 아메리카를 '발견'한 것이다. 그러나 그곳은 옛날부터 이
미 존재하던 땅이었고 사람도 살고 있었으니 '발견'이란 사실 말도 안 되는 소리
다. 처음으로 서양인이 그곳에 '상륙'한 것에 불과하다. 아니, 실상은 서양인이
'침략'한 것이다.

콜럼버스는 결코 순수한 탐험가가 아니었다. 황금을 찾는 것이 그의 유일한
목적이었다. 당시에 이미 인도양 중심의 거대한 무역권이 형성되어 있었는데, 유
럽에서 바다로 그곳으로 가려면 아프리카를 우회해야 했다. 그래서 유럽인들은
아프리카를 탐험하면서 황금과 상아를 가져오고 흑인을 잡아와 팔았다. 당시 아
프리카에는 다수의 왕국이 번영하고 있었다. 아니 그 전부터 아프리카에는 나름
의 문명이 있었다. 그러나 서양인들은 침략을 위해 그들을 미개한 야만인이라고
만 주장했다. 최근에는 아프리카인들이 자신들의 찬란했던 역사를 열심히 되찾고
있다.

아메리카 대륙에 도착한 콜럼버스.
19세기 말에 미국에서 그려진 교육용 그림.

1488년에 바르톨로뮤 디아스가 아프리카 남단을 돌았다. 그곳에 희망봉이라는 이름이 붙여졌다. 그러나 콜럼버스는 대서양을 서쪽으로 항해하면 바로 인도로 갈 수 있으니 그렇게 하는 것이 아프리카를 도는 것보다 더 경제적이라고 주장했다. 죄수들을 이끌고 69일간 항해한 끝에 그는 서인도제도의 한 섬에 닿았다. 지금도 그곳이 '서인도'로 불리는 것은 콜럼버스가 그곳을 인도로 착각했기 때문이다. 인디언이라는 말도 그래서 생겼다. 이어 그는 자신이 일본이라고 착각한 쿠바에 닿았다. 그러나 황금궁전은 어디에도 없었다.

아메리카인들은 서양인들을 따뜻하게 맞았다. 콜럼버스는 에스파냐에 영웅으로 금의환향해 '인도의 제왕'이라는 칭호를 받았다. 그의 두 번째 항해는 성직자, 관리, 기술자, 식민 등이 포함된 1500명을 이끌고 아메리카로 가는 것이었다. 그 목적은 식민과 동시에 아메리카인들을 기독교로 개종시키는 것이었다. 이로써 아메리카 식민사업이 본격적으로 시작된 셈이었다. 식민지 총독이 된 콜럼버스는 원주민들에게서 세금 명목으로 황금을 갈취했다. 이에 반발한 원주민들이 폭동을 일으키는 바람에 그는 총독직을 박탈당하고 감옥에 갇혔다.

신대륙을 놓고 포르투갈과 에스파냐가 싸우자 교황은 아메리카는 에스파냐가 갖도록 하고 아시아와 아프리카는 포르투갈이 갖게 하는 식으로 식민지를 분배했다. 서양인들에 의한 제멋대로의 세계분할은 이렇게 시작됐고, 이어 참혹한 식민지 침략경쟁이 불붙었다. 포르투갈과 에스파냐에 이어 영국, 네덜란드, 프랑스도 식민지 침략에 뛰어들었다.

1498년 콜럼버스에 이어 바스쿠 다 가마가 희망봉을 돌아 인도에 도착했다. 인도 왕은 서양인들이 가져온 선물을 초라하다고 여겨 그들을 경멸했으나, 다 가마는 향신료를 싼값으로 사 항해에 든 비용의 60배나되는 이익이 남는 장사를 했다. 그러나 궁극적인 목적인 황금은 기대한 만큼 많지 않았다. 그러자 서양인들은

무역을 하는 대신에 그곳 주민들을 죽이거나 혹사시키는 식민지 경영을 시작했
다. 그 결과로 멕시코의 아스텍제국과 페루의 잉카제국이 멸망했고, 유럽은 아프
리카, 아메리카, 아시아의 식민지화에 광분하는 시대로 돌입했다. 콜럼버스는 그
러한 식민지화의 선봉이 된 사람이다.

콜럼버스의 경우와 달리 라스 카사스에 대한 전기영화는 만들어진 적이 없
다. 그러나 그의 삶을 편린이나마 엿볼 수 있게 해주는 영화로 〈미션〉이 있다. 이
영화에서 로버트 드니로가 연기한 식민주의자는 제러미 아이언스가 연기한 신부
에게 감동해 원주민들을 위해 봉사하다가 신부와 함께 장렬한 죽음을 맞는다. 바
로 그 신부가 역사상 최초로 원주민을 옹호한 신부 라스 카사스를 연상케 한다. 라
스 카사스도 본래는 흉악한 식민주의자였다. 영화 속의 신부도 본래 그랬는지는
모르지만, 영화에서는 그의 과거가 나오지 않는다. 라스 카사스는 〈미션〉의 두 주

일식현상을 가리키며 인디언을 위협하는 콜럼버스

인공을 합쳐 놓은 듯한 인물이었다.

제국주의자에서 해방의 사도로

라스 카사스는 1484년에 에스파냐의 남부에 있는 세비야에서 태어났다. 콜럼버스가 아메리카대륙을 '발견'했다는 1492년에 그는 어린 소년이었다. 1493년 9월에 콜럼버스가 2차 항해에 나설 때 라스 카사스의 아버지도 참여했다. 1499년에 돌아온 아버지는 콜럼버스에게서 받은 노예를 라스 카사스에게 '선물'로 주었다. 1502년에는 라스 카사스도 노예와 금은을 손에 넣기 위해 아메리카로 갔다. 그러나 이후 4년간 그는 금은을 손에 넣기는커녕 극심한 빈궁에 시달리기만 했고, 인디오를 대상으로 한 무참한 학살전쟁에서 생명의 위협을 느꼈을 뿐이었다.

1506년에 에스파냐로 돌아온 라스 카사스는 신부가 되어 1507년에 다시 아메리카로 갔다. 라스 카사스가 신부가 됐기 때문에 원주민을 옹호하게 된 것은 아니었다. 당시에는 신부들이 대부분 식민주의의 앞잡이였고, 라스 카사스 역시 신부가 된 뒤에 그런 역할을 담당했다. 신부도 다른 식민침략자들과 다를 것이 없었다. 다른 것을 굳이 찾는다면, 잡혀와 노예가 된 원주민을 기독교도로 개종시키는 일을 했다는 점 정도일 것이다.

그러나 끝없이 반복되는 원주민 학살, 광산의 가혹한 강제노동, 인디오 여성에 대한 강간, 인디오 아이들의 아사를 목격하면서 라스 카사스는 양심의 가책을 느끼기 시작한다. 그러한 행위들은 인디오에게 노동을 강요하는 동시에 기독교도가 되기를 강요하는 '엥코미엔다'라는 제도에 의해 이루어졌다. 이것은 식민들에게 원주민의 기독교도화를 조건으로 원주민에 대한 노동착취를 허용하는 제도였고, 따라서 강제노동이 기독교도화에 의해 상계됨을 뜻했다.

나이 서른에 라스 카사스는 식민들 앞에서 자신의 인디오 노예를 해방시키면서 인디오에 대해 에스파냐인들이 저지른 부정과 만행을 고발한다. 아울러 그는 엥코미엔다 제도를 비판하고, 식민들에게 인디오에게서 약탈한 것을 모두 돌려주라는 내용의 설교를 한다. 이것이 그가 나중에 스스로 '첫 회심(回心)'이라고 부른 것이다. 그러나 당시에 어떤 식민도 그의 말을 듣지 않았다. 낙심한 라스 카사스는 직접 에스파냐 국왕에게 식민지정책의 개선을 요구하려고 고국으로 돌아간다.

1516년에 32세가 된 그는 《14개 개선책》을 쓴다. 그 주된 내용은 인디오에 대한 강제노동 부과를 중지하고 자급자족적인 인디오 마을을 건설해야 한다는 것이었다. 그러나 당시의 에스파냐 교회는 그의 제안을 받아들이는 척하면서도 계속해서 기존의 식민지정책을 지원했다. 라스 카사스는 최초의 인디오 보호관으로 임명되어 다시 아메리카로 돌아갔고, 거기서 나름대로 개혁을 실시하고자 했다. 그러나 일이 그의 뜻대로 성사되기는커녕 식민들과 그의 대립만 더욱 심화될 뿐이었다. 결국 그는 본국으로부터 강제소환 명령을 받았다.

1517년에 그는 다시 식민지정책의 개선을 촉구하는 각서를 제출한다. 이것은 광업보다 농업의 식민을 중시하고, 인디오의 해방을 위해 흑인노예제를 도입하라는 주장을 담고 있었다. 그 가운데 농민 이민자를 보내야 한다는 제안은 받아들여져 희망자 모집까지 시작됐으나 그들의 식민지 생활에 대해 보장을 해줄 수 없다는 이유로 결국 이 사업은 중단되고 만다.

인디오를 위한 투쟁

1519년에 라스 카사스는 식민지정책 개혁을 위한 세 번째 각서를 제출했고, 이듬해에 그 각서에 따른 평화적 식민지 개척을 위해 다시 아메리카로 간다. 그러나 그의 계획은 또 다시 좌절됐을 뿐 아니라 오히려 엄청난 학살사건의 빌미가 된다. 그 뒤로 라스 카사스는 '제2의 회심'을 경험하고, 1526년까지 아메리카 현지에서 수도생활을 하면서 신학과 법학을 연구한다. 이를 통해 라스 카사스는 이론으로 무장된 인디오 해방자이자 인디오 사도로 탈바꿈한다.

그가 1523년부터 집필한 〈모든 사람을 참된 가르침으로 이끄는 유일한 방법〉이라는 글은 평화적 개종의 원칙을 신학적으로 논증한 것으로 이후 그의 행동지침이 된다. 이 글에서 그는 언제 어디서건 폭력과 강제로는 이교도를 개종시킬 수 없으며, 신앙에 따른 생활이 이교도를 개종시킬 수 있는 유일한 방법이라는 주장을 편다.

1527년에 그는 인디오의 문화와 그들에 대한 정복의 역사적 과정을 정리한 《역사》를 집필한다. 그는 만년에 이것을 '콜럼버스의 발견' 이후 에스파냐의 인디오 정복사를 다룬 《인디아스 역사》와 인디오의 뛰어난 문화와 관습을 고대 유럽의 여러 민족들과 비교한 《인디아스 문명지》로 나누어 완성한다. 여기서 '인디아스'는 인디오가 사는 땅을 가리키는 에스파냐어 단어다.

1531년에 그는 인디아스 추기경 회의에 편지를 보내 인디언 착취와 정복전쟁의 부당성을 호소한다. 그러나 이로 인해 그는 2년간 설교를 금지 당했고, 그 밖의 다른 활동을 하기도 어려워진다. 그럼에도 그는 식민당국과 끊임없이 대립하며 평화적인 방법에 의한 인디오의 개종을 위해 노력하다가, 아메리카에 온 지 20년만인 1540년에 에스파냐로 돌아간다.

《인디아스 역사》

라스 카사스는 인디오의 평화적 개종을 위해 여러 가지 개선책을 호소하는 가운데 특히 교육을 충분히 받지 못한 성인 인디오와 흑인에 대한 강제적 세례를 금지할 것을 요구했다. 교회 측은 당시 국제법의 최고 권위자였던 비토리아에게 세례 문제를 심사하도록 했다.

비토리아는 라스 카사스의 주장에 동의했다. 그가 라스 카사스에게 깊은 영향을 끼쳤다고 알려져 있지만, 이 점은 재검토할 필요가 있다. 왜냐하면 비토리아는 앞에서 언급한 그로티우스에게도 영향을 끼친 것으로 알려져 있는데, 라스 카사스와 그로티우스는 여러 모로 다르기 때문이다. 비토리아는 인디오도 나름대로 이성을 가지고 있음을 인정했지만, 그러면서도 인디오는 국가를 건설하거나 스스로 통치하는 능력은 갖고 있지 않다는 이유로 인디오에 대한 에스파냐의 지배를 정당화한다. 이런 그의 정당화 논리는 라스 카사스의 주장과 상반되는 것이다. 따라서 나는 그가 라스 카사스에게 영향을 주었다는 종래의 통설에 찬성할 수 없다.

라스 카사스는 그 뒤에도 에스파냐의 인디오 정복 실태에 관한 보고서와 식민지정책 개선책에 관한 여러 문서를 집필했고, 1545년에 다시 아메리카로 돌아가 식민들과 싸우다가 1547년에 귀국해 식민지 지배의 정당성을 둘러싼 논쟁에 말려든다. 마침 그때 세풀베다라는 학자가 아리스토텔레스의 《정치학》에 나오는 자연노예설에 근거해 인디오를 생래적인 비인간적 야만인으로 규정하고, '인도적이고 덕망 있는 에스파냐인'의 인디오 지배는 자연법에 합치하는 정당한 행위이므로 인디오가 그러한 지배를 수용하지 않을 경우에는 자연법에 따라 무력으로 그들을 지배해도 된다는 주장을 폈기 때문이다.

이 밖에도 세풀베다는 성경을 근거로 인디오의 우상숭배나 인신희생 등은 자연에 반하는 범죄라고 하면서 그런 행위를 하는 인디오에게서 생명과 재산을 빼앗는 것은 정당한 행위라고 주장했다. 세풀베다는 그런 인디오 지배층의 '압정'에 희생당하는 대부분의 무고한 사람들을 보호하는 것은 기독교인의 의무이고 그렇게 하기 위한 전쟁은 정당하므로 기독교인은 그렇게 하기 위해 전쟁이 필요하다면 전쟁을 수행할 의무가 있다고 주장했다. 이는 곧 파멸로 나아가는 불쌍한 이교도를 개종시키는 것은 자연법과 신의 법에 일치하고 목적은 수단을 정당화하므로 전쟁을 해서라도 이교도를 무조건 복종시키고 개종시켜야 한다는 주장인 셈이다.

근대유럽 최초의 제국주의론으로 불리는 세풀베다의 이러한 생각은 최근에 부시 전 미국 대통령이 주장한 바와 조금도 다르지 않다. 세월이 500년이나 흘렀건만 제국주의자들의 기본논리는 변하지 않은 것이다. 세풀베다의 주장은 당시에 국가와 식민주의자의 입장을 옹호하는 강력한 이론적 지주로 자리 잡았다. 국왕에 대한 비판과 도전을 서슴지 않을 정도로 에스파냐의 인디오 정책에 위기감을 느낀 라스 카사스는 그러한 세풀베다의 주장을 용납할 수 없었다.

논쟁에 뛰어든 라스 카사스는 인디오의 문화와 역사를 설명하면서 그들은 아리스토텔레스가 말한 '자연노예'가 아니라고 주장했다. 그는 신이 우상숭배를 이유로 이교도에 대해 전쟁을 벌이라고 명령한 적은 없으며, 역대 교황 중에서도 그런 주장을 한 사람은 없다고 주장했다. 그는 신의 가르침을 아예 모르는 우상숭배자인 인디오는 복음의 진리를 무시하고 거부하는 이교도보다 죄가 가볍다면서, 이교도인 유대교도나 이슬람교도를 처벌하지 않으면서 인디오를 처벌할 수는 없다고 주장했다.

또한 그는 교회가 이교도를 처벌할 수 있는 것은 이교도가 전쟁을 일으켜 무력으로 기독교도의 영토를 침입하거나 교회를 박해하는 경우나 기독교도로부터 토지를 빼앗아 점유하는 경우 등에 한정된다고 주장했다. 그는 설령 이교도가 무고한 자들을 부당하게 억압하고 우상에 대한 인신희생을 강요한다고 할지라도 무고한 자들을 구한다는 명분으로 전쟁을 일으키면 무고한 자들 대부분을 죽음으로 몰아넣을 것이 뻔하다면 그런 이교도의 행위를 최소악으로 간주해야지 전쟁을 해서는 안 된다고 주장했다. 아울러 그는 전쟁에서는 죄인과 무고한 자를 구별하는 것이 불가능하고, 설령 이교도에게 죄가 있다고 하더라도 신이 심판해야 할 일이지 인간에게 그 이교도를 처벌할 권리가 있는 것은 아니라고 주장했다. 더 나아가 그는 인신희생은 유럽의 고대사회에서도 일반적으로 허용됐던 것이고, 인디오 사회에서 행해지는 인신희생은 그들 나름의 돈독한 신앙심에 근거한 것이므로 결코 자연의 이성에 반하는 행위로만 볼 수는 없다고 반박했다.

라스 카사스는 1552년에 《인디아스 역사》의 집필을 재개해 10년간 집필을 계속한다. 이 책의 서문에서 그는 역사의 역할과 역사가의 자질을 논한 다음에 실제로 보지 않은 것, 소문으로만 들은 것을 역사라고 왜곡해 기록하는 태도를 비판한다. 또한 그는 사물의 표면에 연연해 사물의 내면으로 천착해 들어가지 못하는 태도를 비판한다. 이와 함께 그는 에스파냐의 종교와 문명을 절대적인 것으로 생각해서 인디오가 구축한 문명이나 그들의 생활습관을 야만으로 보고 인디오를 정복하는 것을 정당화하는 태도를 비판한다. 다시 말해 그는 문명과 역사에 대한 에스파냐 중심, 유럽 중심의 사고방식을 비판하고 그러한 사고방식에 입각한 역사해석에 이의를 제기한 것이다.

라스 카사스는 자신이 《인디아스 역사》를 집필하게 된 동기에 대해 "우리 에스파냐 국민을 그들이 빠져버린, 그리고 지금까지도 계속 빠져 있는 지극히 중대하고 위험한 오류와 기만으로부터 해방시키기 위해"라고 썼다. 여기서 우리는 당시에 거의 절대시되던 유럽중심주의를 유럽에서는 역사상 유일하게 비판한 역사가를 만나게 된다.

특히 흥미로운 것은 라스 카사스가 식민주의자였던 과거의 자신을 엄격하게 비판한 점이다. 그는 1514년 이후에 자신이 흑인노예제의 도입을 주장했던 점에 대해 철저하게 자기비판을 한다. 지금까지도 그는 인디오를 옹호하는 대신에 흑인을 희생시키려고 한 자, 즉 인디오를 대체할 노동력으로 흑인노예를 도입하는 방안을 역사상 최초로 획책한 자로 비판받아왔다. 그러나 그가 그러한 논리를 최초로 수립한 장본인은 아니다. 흑인노예 무역은 이미 1501년에 시작됐고, 라스 카사스가 당시에 요구한 것은 설탕공장의 가혹한 노동을 신체가 약한 인디오 대신에 수행할 신체가 강건한 흑인 몇 명을 데려오자는 것이었다.

1552년에《인디아스 역사》의 집필을 재개할 때까지 라스 카사스는 흑인노예제를 합리화하는 논리에 대해 적극적으로 이의를 제기하지 않는다. 그뿐 아니라 당시 유럽에서 이 문제에 대해 이의를 제기한 사람은 아무도 없었다. 그러나 라스 카사스는 이미 1547년경에 포르투갈인에 의한 흑인 노예화의 참상을 목격했고, 그것은 인디오에 대한 에스파냐인의 불법행위와 다를 바가 없다는 이유에서 그 정당성에 의문을 품게 됐다. 그리하여 그는 흑인노예제의 도입을 주장했던 자신을《인디아스 역사》에서 스스로 비판한 것이다. 이로써 그는 흑인 노예화의 부당성을 호소하고 흑인들을 옹호한 최초의 유럽인이 됐다.

《인디아스 역사》는 당시에 인디오에게 퍼부어진 비방과 중상으로부터 인디오의 존엄성과 명예를 지킨다는 목적에 의해 집필된 책이라고 볼 수 있다. 이것은 라스 카사스가 자신의 경험과 다른 성직자들이 수집한 정보를 토대로 남미의 자연을 유럽의 자연과 비교하고, 인디오의 문화 및 선천적, 후천적 능력 등을 여러 고대 민족의 문화 및 선천적, 후천적 능력과 비교해본 책으로, 세계 최초의 비교민족지라고 할 수 있다. 라스 카사스는 이 책에서 에스파냐인이 들어오기 전에 인디오는 이미 완전한 사회를 구축하고 있었다는 점을 상세하게 입증하고, 특히 에스파냐인이 정복행위를 스스로 정당화하기 위해 거론한 인디오의 우상숭배와 인신희생에 대해 사실에 입각한 착실한 설명을 한다.

라스 카사스는 고대의 그리스인이나 로마인도 야만적인 인신희생의 관습을 갖고 있었음을 상기시키면서 인디오의 인신희생은 나름대로 돈독한 신앙에 토대를 둔 것이라고 설명한다. 그는 신앙에 근거한 인신희생은 자연법이나 인정법에 비추어 허용될 수 있는 종교행위라고 주장했다. 이는 기독교가 숭배하는 유일한 절대신의 존재를 부정하는 것이었다. 그러나 그는 종교적 편협함을 뛰어넘어 '인류는 하나'라는 확신에 근거해 그와 같이 주장했다. 그는 유럽인과 인디오 사이에 인간으로서 그 어떤 차이도 있다고 인정하지 않았다.

라스 카사스는 만년에 국왕 즉 국가와 결별했다. 그리고 그는 에스파냐의 정복자와 식민주의자는 물론이고 아메리카에서 교회나 수도원을 짓기 위해 기부를 받은 성직자도 인디오에 대한 배상의무가 있다고 주장했다. 그는 국왕의 배상의무까지 거론했다. 잉카제국은 전제국가였으므로 에스파냐 국왕이 잉카제국을 정복한 것은 정당했다는 주장에 대해 그는 인디오의 토지를 빼앗은 에스파냐 국왕이야말로 전제자라고 맞서면서 인디오에게 영토를 돌려주어야 한다고 역설했다.

9.11, 정의는 있는가

1979년에 옛 소련의 침공으로 시작된 아프가니스탄 내전이 10년간 이어지는 동안에 미국은 나중에 알카에다와 탈레반이 되는 반체제파를 군사적으로 조직해 전쟁을 부추겼다. 그 뒤로 옛 소련이 붕괴하고 냉전이 종식됐을 때 아프가니스탄에 남은 것은 강대국에 대한 불신과 증오, 그리고 엄청난 빈곤이었다. 이처럼 약소국을 단지 전략적 도구로만 이용하고 용도가 없어지게 되면 그러한 전략적 도구로의 이용이 초래한 정치적, 경제적, 정신적 황폐화에 대한 책임은 철저히 방기하는 강대국의 행위야말로 인간성 유린의 가장 현저한 사례다.

냉전종식 이후 강화된 이른바 경제의 글로벌화에 의해 남북간 격차가 더욱더 벌어지는 가운데 아프가니스탄은 말할 수 없이 비참한 상황에 놓이게 됐다. 수많은 난민이 생겨났고, 그들 가운데 굶주리다 죽는 사람이 점점 더 늘어났다. 9.11 테러와 관련해 미국에서 매우 예외적인 목소리를 낸 노엄 촘스키는 《9.11》이라는 책에서 9.11 테러와 글로벌화의 연관성을 부정했지만, 이슬람 사회의 빈곤이 글로벌화에 의해 더욱 심해졌다는 사실과 9.11 테러의 공격대상이 된 뉴욕의 세계무역센터 빌딩이 글로벌화의 상징이었다는 사실을 부정할 수는 없다.

냉전종식을 계기로 세계는 미소 양극체제에서 미국 일극체제로 변했다. 그래서 소련과 충돌할 걱정이 없어진 미국은 군사적으로 행동하는 데 더욱 자유로워졌다. 군사비가 줄어들면서 미국은 경제적으로 더욱 번영하게 됐다. 그 결과로 미국인들 사이에 미국의 이데올로기가 세계의 유일한 정의라는 믿음이 생겨났다. 그러나 미국이 세계 전체에 대한 확고한 지배체제를 형성한 것은 아니었다. 왜냐하면 냉전이 종식되자 종래 국제사회를 규정하던 전략외교는 사라지고 경제적 상호의존이라는 새로운 국제질서가 형성됐기 때문이다. 그런데도 미국은 종래의 전략외교, 아니 힘의 외교를 고집했다.

이런 상황을 스탠리 호프먼은 '소인국에 붙잡힌 걸리버'에 비유했다. 군사적인 측면에서 소련이라는 공통의 적이 사라지자 미국이 동맹국들에 대해 지배적인 영향력을 행사할 기회가 적어졌고, 이는 곧 군사적 위협에 의한 외교는 유효하지도 바람직하지도 않은 것이 됐다는 뜻이었다. 또한 미국은 경제적으로 다른 강대국들과 상호의존 관계를 유지해야 했고, 이러한 상호의존 관계는 갈수록 심화돼갔다. 그런데도 미국은 국제적인 조직과 끝없이 불화하고 탈퇴까지 불사하는 단독주의를 고집했다.

이런 상황에서 일어난 9.11 테러는 미국에 엄청난 충격을 주었다. 단순히 3천 명이 희생됐다는 점에서만이 아니라 역사상 최초로 미국 본토가 공격을 당했다는 점에서 그랬다. 이런 점에서 9.11 테러는 냉전종식 이후 미국 제일주의의 환상에 젖어 있었던 미국인들의 자존심을 망가뜨렸다. 9.11 테러 이후 부시는 미국 국민에게 "자신감을 갖자"라고 호소했다. 그러나 그 말의 진의는 "환상을 계속 키우자"라는 것이었다. 미국은 다시 환상에 젖어들었다. 9.11 테러는 역설적이게도 미국에 군사적 힘을 과시할 기회를 주었기 때문이다. 러시아, 중국, 이스라엘, 중동국가 등은 자국 내 이슬람 반체제 활동을 분쇄하고자, 그 밖의 선진국들은 초국가적 테러리스트들의 위협을 물리치고자 부시의 '힘의 과시' 전략에 동조했다.

부시는 자신의 정권을 강화하는 데도 9.11 테러를 이용했다. 그는 취임하자마자 중국과 북한에 대해 강경정책을 펼쳤던 것처럼 9.11 테러 이후에는 '강력한 미국'이라는 이미지 조작을 통해 국내에서 자신의 정치적 권력을 공고히 하려고 했다. 따라서 부시에게 9.11은 단순한 테러범죄가 아니라 전쟁의 명분이 될 수밖에 없었다. 그래서 미국은 동조하는 국가들과 함께 아프가니스탄 공습에 나섰다. 그러나 전쟁은 그것만으로 끝나지 않았다. 중국, 러시아, 이스라엘은 테러와의 전쟁이라는 명분 아래 국내 반체제 세력을 탄압했다. 특히 이스라엘은 팔레스타인에 대해 극도로 비인도적인 군사공격을 자행했다.

9.11 테러 직후에 부시는 "이렇게 선량한 나라가 왜 증오의 대상이 되는지 모르겠다"라고 말했다. 그 이유는 간단하다. 미국은 선량한 나라가 아니기 때문이다. 부시가 미국을 선량한 나라라고 한 것은 미국이 자유, 인권, 민주주의를 존중한다는 이유에서이리라. 과연 미국이 '자국 내에서' 그런 가치를 존중하고 있는지에 대해서도 의문이 들지만, 이 문제는 여기서는 논하지 않겠다. 미국은 자국 국민과 동일한 가치를 추구하는 타국 국민에 대해 그들을 존중하기는커녕 그들의 억압적 부패정권을 지지하는 태도를 보여 왔다.

미국에 중요한 것은 자국의 이익일 뿐 자유나 민주주의는 편의주의적 혹은 기회주의적으로 이용되는 수사일 뿐이다. 그러니 미국에 대한 혐오나 반미주의가 생겨나는 것은 지극히 당연한 일이 아니겠는가? 특히 팔레스타인에 대한 미국의 태도를 보고 아랍 민중이 반미감정을 갖는 것은 너무도 자연스러운 결과가 아닌가?

그렇다면 미국은 자국과 타국에 대한 태도에서 왜 그런 이중성을 갖고 있는가? 미국이 지원하는 억압적 정권 아래서 사는 사람들은 미국인과 다르다는, 즉 자유와 민주주의를 향유할 자격이 없는 사람들이라는 시각이 그 바탕에 깔려 있는 것이다. 여기서 우리는 서양의 전통적인 오리엔탈리즘을 본다. '그런 나라 사람들은 어떻게 되어도 좋다'라는 사고방식에서 미국은 제삼세계의 억압적 정권과 결탁해온 것이다.

미국은 세계를 지도한답시고 글로벌화에 앞장서면서 국제협조를 주장한다. 그러나 군축이나 환경 분야에서 세계적으로 이루어진 합의를 무시하는 나라, 자유무역이라는 미명 아래 전 세계의 부를 흡수해 낭비하는 나라가 바로 미국이다. 그러면서 미국은 경제력을 배경으로 영어나 햄버거로 상징되는 미국문화를 전 세계에 파급시키고 있다. 미국은 국제사회의 억압적 구조에서 생겨난 테러리즘을 군사적 폭력으로 뿌리 뽑겠다는 노선을 고수하고 있다. 그러나 이런 노선은 전 세계적으로 사회적 억압을 증폭시킬 뿐이다. 그래 가지고는 테러리즘이 뿌리가 뽑히기는커녕 더욱 깊고 단단하게 자리를 잡으면서 무수한 희생만을 낳을 것이다.

라스 카사스가 지금 살아 있다면 이러한 미국의 모습을 보고 무어라고 말할까?

" 나는 무엇을 아는가? "

몽테뉴 읽기는 못 견디게 재미있다. 자신조차 제물로 삼는 속 시원한 조롱과 야유. 최초로 자신에 대해 쓴 철학자로서 잘난 체할 줄 모르는 회의주의자의 강렬한 진실을 보여준다. 무엇보다 그는 제국주의를 비판한 최초의 환경사상가였다.

$$*$$

미셸 에켐 드 몽테뉴(1533~1592)의 《에세》는 자기와 관련된 모든 것에 대한 탐구다. 그를 상징하는 '크세주(Que sais-je)'라는 말은 '나는 무엇을 아는가'라는 뜻이다. 그러나 그것은 심오한 사색의 결론이 아니라 회의주의적 사색의 이정표에 불과하다. 그 성과는 자유로운 정신이다. 회의주의는 허무주의가 아니다. 그것은 회의의 결과로 어떤 확실성을 추구하려는 노력이다. 몽테뉴가 추구하는 확실성은 자신을 아는 것이다.

그래서 그는 "우리가 그렇게 자연스럽고, 그렇게 필요하고, 그렇게 올바른 생식행위를 부끄러움 없이는 입 밖에 내지 못하고, 진지하고 건전한 얘기에서 배제하는 것은 무엇 때문일까?" 하고 묻는다. 그러고는 이렇게 말한다. "책에서도 인간에게서도 그 가면을 벗겨내지 않으면 안 된다."

"되도록 자세히 나를 살펴보고 끊임없이 나를 지켜보고 있지만 내 안에서 발견되는 허약함은 감히 입 밖에 내어 말하기 힘들다. … 조금만 방향을 바꾸거나 관점을 바꾸면 내 안에서는 온갖 모순이 발견된다. 수줍음이 많으면서 건방지고, 정숙하면서 음탕하고, … 박식하면서 무식하고, 거짓말쟁이면서 정직하고, 관대하면서 인색하고, 구두쇠이면서 낭비가다." 바로 나의 이야기다. 그래서 그를 읽는 것은 나를 읽는 것이다. 그래서 즐겁다.

그는 이렇게 말한다. "참으로 인간은 놀랄 만큼 덧없고 변덕스럽고 불안정한 존재다. 인간에 대해 영원히 변치 않는 판단을 내리기란 어렵다." 그러면서도 그는 그러한 판단을 내리기 위한 진리탐구를 계속한다. 이럴 때 철학은 쓸모없다. "우리들 철학자보다는 오히려 농부들의 행동이나 말이 진정한 철학의 가르침에 들어맞는다." 여기서 그가 말하는 농부는 신의 은총이나 권위 또는 모범 등으로부터 완전히 분리된 순수한 인간의 전형이다.

인간의 지식은 모두 상대적이나 '상대적 진리'는 존재한다. 그것은 어떻게 찾아지는가? 몽테뉴의 답은 명쾌하다. "서로 대화하라." 이는 번잡하고 복잡한 철학적 논의와는 참으로 거리가 먼 답이다. "책을 통한 공부는 활기가 없고 무기력하므로 단번에 우리의 정신에 자극을 주지 못하지만, 대화는 단번에 우리의 정신을 일깨워주고 단련시켜준다." 이렇게 책을 부정하기에 그를 읽는 것이 더욱 즐겁다. 그는 최고의 지적 대화를 나눌 수 있는 상대다.

《에세》 3권 8장에 대화에 대한 설명이 있다. 첫째, 자존심을 내세워 대화 자체를 망쳐서는 안 된다. 둘째, 대화상대의 지위나 겉모습에 현혹되어서는 안 된다. 그러니 몽테뉴가 농부와의 대화를 가장 즐긴 것은 당연한 일이다.

진리탐구를 위해서는 경험을 중시해야 한다. 사물의 본성이나 원인 또는 이유를 찾기보다 사물 자체를 보는 것이 중요하다. 마녀재판이 횡행한 당시의 현실을 비판한 사람은 몽테뉴뿐이었다. "인간을 죽이려면 명백한 증거가 있어야 하고, 우리의 생명은 이런 초자연적이고 터무니없는 사건의 담보로 삼기에는 너무나 실재적이고 실질적이다."

그는 인생과 사회에 존재하는 엄연한 사실을 무시하고, 인위적으로 인간의 본성을 억압하며, 인간성에 대한 선입관을 가지고 인간을 대하는 스토아학파의 태도를 터무니없는 것으로 본다. 특히 그는 육체와 쾌락을 거부하는 스토아학파의 태도를 거부하고, 오히려 육체의 본질에 따라 생명을 열심히 섬긴다. "우리의 병폐 중에서 가장 야만적인 것은 우리의 생명을 멸시하는 일이다"라고 하면서.

몽테뉴는 기독교적 구원의 전제가 되는 죄나 원죄 따위의 관념은 철저히 배척하고, 천당도 지옥도 무시한다. "천사로 변신하려다가 짐승이 된다. 높이 날아

오르는 대신 푹 쓰러진다. 그 초월적 사상은 가까이 갈 수 없는 높다란 낭떠러지처럼 나를 오싹하게 한다." "우리의 학문들 중에서 가장 높이 올라간 학문이 나에게는 가장 저속해 보인다." 이런 내용의《에세》는 1676년에 교황청의 금서목록에 올랐다가 1939년에야 거기서 풀려난다.

또한 몽테뉴는 "개혁만큼 국가를 짓누르는 것은 없다"며 "단순한 변화만으로도 부정과 폭정을 구체화시킨다"라고 말한다. 이런 진술 탓에 그는 보수주의자라는 비난을 받아왔다. 그러나 그것은 왕권을 수호하기 위해 자행된 대학살을 비판한 것이다. 그러니 그를 보수주의자라고 할 수 없다.

비판, 조롱, 야유는 즐거워라

수필의 시조라는 몽테뉴의 작품《에세》는 자기탐구록 또는 고백록이다. 무엇보다 그는 거짓말을 하지 않는다. 자신의 성적 무능력까지 솔직하게 고백한다. 우리에게 이런 수필이 있었던가? 여하튼 정직한 몽테뉴를 읽는 것은 즐겁다. 더구나 500여 년 전 사람이 쓴 고백 아닌가. 그것도 갖가지 자신의 무능에 대한 고백이니.

그러나 그는 판사이자 귀족이었고, 영주이자 시장이었다. 지금의 철학자들은 그를 동료나 선배로 여기지 않는 듯하지만 그는 평생 자신이 철학자라고 생각했다. 그러나 철학사에 그의 이름이 없어도 좋다. 아니, 그는 역사가이자 문명비판가이고 사상가다. 그는 서양의 식민지 침략을 비판했고, 기독교를 조롱했으며, 서양 철학을 우스개로 만들었다. 그의 비판과 조롱, 야유는 지금 봐도 즐겁다. 책읽기가 이렇게 재미있을 수 없다. 이 정도는 돼야 고전이다.

프랑스의 보르도 부근 시골에 있는 좁은 3층탑에 몽테뉴의 서재가 있다. 3층

이 '평화와 안전'이라는 이름이 붙은 서재인데, 거기에 매우 작은 책상 하나와 의자가 있다. 과거에는 수천 권의 책이 네 벽을 빽빽하게 둘러싸고 있었다고 하나 지금은 없다. 천장 들보에는 그가 읽은 책에서 고른 경구가 여럿 씌어 있는데 그중에는 테렌티우스의 "내가 인간이라면 인간과 관련된 것은 어느 것도 나와 무관하지 않다"라는 말도 있다.

몽테뉴는 1571년에 그곳에 은둔하여 《에세》를 썼다. 1580년에 처음으로 2권으로 된 《에세》를 낸 뒤 계속 변경과 추가를 거듭하다가 1588년에 3권을 출판했다. 그 뒤에도 그는 죽을 때까지 계속 이 책을 수정해, 그가 죽고 2년이 지난 뒤에 나온 1594년 판이 최종판이 됐다.

《에세》의 주제는 몽테뉴 자신이다. 이처럼 자신에 대해 글을 쓴 것은 유럽 사

404

상사, 아니 인류 사상사의 혁명이었다. 몽테뉴 이전에는 신의 은혜를 받은 인간의 보기로, 또는 어떤 역사적 사건의 목격자로 자신을 드러내는 경우는 있었지만 자신을 대상으로 삼아 책을 쓴 사람은 하나도 없었다. 《에세》는 저자가 자신의 생각, 감정, 경험, 버릇, 습관, 환경, 독서, 사회적 관련사, 그리고 그런 것들에 대한 자신의 반응까지를 지극히 회의적이고 비판적으로 쓴 인류 최초의 책이다.

우리가 다음 장에서 보게 될 베이컨의 《에세이》는 몽테뉴의 《에세》를 모방한 것이고, 데카르트나 파스칼을 위시한 17세기의 사상가들은 물론이고 《고백》을 쓴 18세기의 루소도 몽테뉴의 후손이다. 물론 베이컨이나 데카르트의 사상은 몽테뉴의 사상과 전혀 다르다는 점에 유의해야 한다. 과학기술을 찬양하고 자연정복을 긍정한 베이컨이나 데카르트와 달리 몽테뉴는 자연을 사랑한 생태주의자이자 근대 최초의 환경사상가였다. 베이컨이나 데카르트는 제국주의에 대해 명확한 입장을 밝히지는 않았으나 긍정적이었으리라고 생각되는 반면에 몽테뉴는 제국주의에 반대한 르네상스 최초의 사상가이기도 했다.

우리가 4장에서 살펴본 알베르티의 《가족론》에서 제시된 전인상은 도시국가가 융성하던 시절의 이념이었다. 그 뒤에 공화정이 무너지고 군주정이 대두됨에 따라 군주를 정점으로 하는 궁정사회에 적응할 수 있는 '궁정인'상이 카스틸리오네(1478~1529)의 《궁정인》에 의해 제시된다.

《궁정인》은 19명의 귀족신사와 4명의 귀부인이 나흘 밤 동안 나누는 정담을 4권으로 구성한 책이다. 이 책에 의하면 궁정인은 귀족 출신으로서 교육, 행동, 체육, 무용, 음악, 회화, 복장 등에서 신사에게 필요한 요소들을 갖추고 있어야 한다. 또한 이 책은 현모양처로서의 부인이란 어떤 모습인지를 제시하고 있다. 이 책은 알베르티가 말한 전인적 교양 대신에 궁정인이 되기 위한 전문적 지식을 이야기한다.

이런 궁정인상을 비판한 사람이 몽테뉴다. 그는 이미 현학이 된 그리스어나 라틴어 공부를 버리고 자기 나라의 속어에 눈을 돌리라고 주장한다. 또한 현재 이곳에 살고 있는 자기 자신과 직접 관련된 사람이나 사물이야말로 중요하다고 말한다.

생트뵈브는 몽테뉴에 대해 "인간인 것, 이것이 바로 그의 직업이었다"라고 말했다. 그런 삶의 기본은 회의주의다. 다시 말해 '나는 무엇을 아는가'라는 사상과 사색이다. 몽테뉴의 사상은 언제나 현재진형형이다. 그는 스토아학파를 벗어나 정신과 육체의 다양한 존재방식에 대한 인식을 거쳐 정신과 육체의 해방으로 나아가는 자유의 발걸음을 보여준다. 따라서 그것은 고정된 사상이 아니다.

《에세》는 명확하고 테두리가 분명한 기승전결의 논리적 구조를 요구하거나 매사에 결론을 요구하는 사람에게는 잡다하고 통일성이 없는 것으로 보인다. 그러나 그런 점은 몽테뉴의 사상이 지닌 특징인 다양성과 유연성의 표현으로 이해돼야 한다.

웃음에도 색깔이 있다

나는 《에세》를 좋아한다. 특히 맨 앞의 '독자에게'에 나오는 다음과 같은 마지막 구절을 좋아한다. "그러므로 독자여, 나 자신이 이 책의 내용이다. 이런 시시한 주제로 인해 소중한 시간을 허비함은 정말 바보 같은 짓이다. 그럼 안녕."

그렇다고 여기서 읽기를 끝낼 수는 없다. 책 속에 나오는 다음과 같은 구절도 좋기 때문이다. "키케로가 말했듯이 영광을 공격하는 사람조차 그런 책의 표지에는 자기 이름을 적기를 희망한다. 영광을 경멸한다는 것을 자신의 영광으로 삼는다." "무능하고 세상에 유익하지 않은 저작자에게는 게으른 자나 부랑자의 경우와 같이 어떤 법률의 규제가 가해져야 하리라. 사람들은 나를 비롯한 몇몇 저작자들을 우리 민중의 손으로부터 추방하는 것이 좋으리라."

이처럼 몽테뉴는 자신을 포함한 인간의 어리석음을 비웃는다. 그러나 결코 높은 경지에 선 고고한 입장에서가 아니다. 그는 언제나 타인과 같은 눈높이에서 타인의 어리석음을 비웃고, 이어 자신도 동류라며 스스로를 비웃는다. 타인의 어리석음을 비웃는 자신을 비웃는다. 이런 겹눈이 몽테뉴가 짓는 웃음의 진수다. 그래서 서글프다. 언제나 쓴웃음이 난다. 이런 이유에서 나는 스탕달과 함께 몽테뉴를 읽는다.

사상사나 철학사에는 몽테뉴가 등장하지 않는다. 문학사에서는 '에세'라고 불리는 수필을 제일 처음 쓴 사람으로 그가 다루어지지만, 그를 수필가라고 부르는 사람은 없다. 그에 대한 가장 흔한 호칭은 모랄리스트다. 모랄리스트를 뭐라고 번역해야 할까? 도덕주의자? 천만의 말씀이다.

일반적인 의미로 보면 모랄리스트란 고대 그리스와 로마의 전통을 이은 휴머니스트들, 특히 회의론의 영향을 받은 17~18세기의 철학적 작가들, 다시 말해 몽테뉴와 같은 반합리주의자, 반체계주의자, 반형이상학주의자들을 말한다. 그들의 공통된 관심은 특히 감정이나 정서의 면에서 자기인식을 하도록 인간을 이끄는 것이다. 따라서 지성은 약화된다. 아니 그들은 과도한 지성이나 정신을 경계한다. 어쩌면 모랄리스트를 차라리 감정주의자라고 번역하는 것이 옳을지도 모른다.

그러나 이런 설명만으로는 불충분하다. 무엇보다 모랄리스트의 특징은 그의 웃음에 있다. 따라서 '웃는 모랄리스트'라는 말은 동어반복이다. 그러나 웃지 않는 모랄리스트도 있으므로 꼭 그렇다고 볼 수는 없다. 예를 들어 파스칼이나 알랭 같은 좀 고리타분한 도덕선생 스타일의 모랄리스트도 있다. 그러나 나는 파스칼의 《명상록》이나 알랭의 《인생론》보다 몽테뉴의 《에세》가 더 좋다.

우리에게는 그와 같은 모랄리스트가 없다. 억지로 찾는다면 김형석, 안병욱, 이어령, 김동길, 이태규 등과 같은 사람들을 꼽을 수 있겠으나, 그들에게는 웃음이 없다. 보다 최근의 사람들 가운데서는 박노자나 강준만을 꼽을 수 있겠으나, 그들에게도 웃음은 없다. 그들 역시 도덕선생이다.

몽테뉴처럼 웃는 모랄리스트는 도덕선생이 아니다. 그는 자기동일성이 없고 언행이 일치하지 않는다는 점에서 도덕선생과 다르다. 반면에 우리의 모랄리스트는 언제나 언행일치를 전제한다. 몽테뉴는 달관의 웃음을 보이지 않는다. 그는 인간의 약함, 어리석음, 천박함을 비웃으면서도 스스로 약하고 천박하며 어리석다는 점을 숨기지 않는다. 머리로는 알고 있으면서도 행동이 따르지 않는 모순을 솔직하게 인정함으로써 웃음을 자아낸다. 여기서 중요한 점은 그 모순을 숨기지 않는다는 것이고, 그 웃음이 쓴웃음이라는 것이다. 모랄리스트는 모순된 자기의 모습을 잘 알고 있고, 그런 인식을 쓴웃음으로 나타낸다.

모든 웃음이 다 모랄리스트의 웃음이 아님은 두말할 필요가 없다. 베르그송이 《웃음》에서 분석한 것은 몰리에르나 돈키호테의 희극적 웃음이다. 그 웃음에도 인간의 약함, 어리석음, 천박함에 대한 통찰은 있으나, 자기 자신 또한 그렇다는 점은 결코 드러내지 않는다. 즉 '안전한 웃음'이다. 이솝우화의 웃음이 그 대표적인 예다. 그것은 '도덕적 웃음'이다.

정치만화나 시사풍자의 웃음도 그렇다. 정치만화나 시사풍자는 약하고 착한 서민은 악덕한 정치인을 비웃을 권리가 있다는 전제에서 출발한다. 그것은 상호간 역할교대란 없다는 안전성에 기초하는 만큼 비열한 측면도 있고, 또 악덕한 자들을 웃어넘겨야만 그들을 능가할 수 있다는 심리적 계산도 깔려있어 사실 좀 서글프다. 채플린의 웃음도 마찬가지다.

웃는 철학자 데모크리토스도 그렇다. 라블레의 희극에 나오는 홍소나 발자크의 《인간희극》에 나오는 처절한 웃음도 같다. 임제를 비롯한 선승의 폭풍 같은 웃음도 마찬가지다. 그들의 웃음은 높은 경지에서 아래를 내려다보는 달관의 웃음이다.

그러나 모랄리스트는 자신도 어리석고 추악하다는 것을 잘 알고 있다. 그의 웃음은 쓴웃음이다. 인간의 어리석음과 추악함을 비웃는 것은 바로 자신의 어리석음과 추악함을 비웃는 것이기 때문이다. 높은 경지의 달관이 아니라 낮은 경지의 현실인식, 더 정직하게 말하면 자기 꼴을 알고 웃는 것이다.

그 웃음은 악마적인 웃음과도 다르다. 우리에게도 몇 번이나 영화로 소개된 라클로의 《위험한 관계》는 악마처럼 머리가 좋은, 그리고 그 밖에는 할 일이 없는 귀족 남녀들의 심리, 그러니까 간계로 얽히고설킨 인간심리의 변방을 보여주어 우리를 웃게 만든다. 그러나 금방 싫증이 난다. 그 소설이나 영화를 보면 진실한 사랑이란 없는 것처럼 보인다. 그뿐 아니라 흔히 여성은 자신을 유혹하는 남성을 거부하면서도 그 유혹에 넘어가는 성욕의 소유자로 묘사된다. 예를 들어 모파상의 소설도 그런 묘사로 우리를 웃긴다.

웃음에는 형이상학적인 웃음도 있다. 막스 브로트는 친구인 카프카의 웃음을 그렇게 불렀다. 그러나 카프카의 웃음은 죽음을 눈앞에 둔 절박한 웃음이다. 극단의 절망에 이른 자의 웃음이다. 담당의사가 모르핀 주사를 놓기를 거부하자 카프카는 말한다. "나를 죽이시오. 그렇게 하지 않으면 당신은 살인자요."

모랄리스트의 웃음은 그렇게 순수하지도 심각하지도 않다. 우아하지도 저속하지도 않다. 고급도 저급도 아니다. 그 모든 것이 뒤섞여 있다. 그런 웃음이 등장하는 곳은 화려한 사교장이다. 근대 유럽의 경우에는 무도회나 카페 같은 곳이다. 그곳은 언제나 웃음이 흘러넘친다. 그곳에는 '안전한 웃음'도 없고, '최후에 웃는 자'도 없다.

그런 웃음의 대표선수는 라로슈푸코와 라브뤼예르다. 그들은 인간의 추악한 자기애를 한껏 비웃는다. 라로슈푸코는 "연애를 하지 않은 여자는 있으나 단 한 번밖에 연애를 하지 않은 여자는 없다"느니 "행복하게 되는 것은 그다지 어렵지 않다. 그보다 자신이 행복하다고 사람들에게 믿게 하는 것이 어렵다"느니 하고 말한다.

라브뤼예르는 더 비관적이다. 그래서 예컨대 다음과 같이 말한다. "인간들이 무정하고 배은망덕하며, 부정하고 잔인하며, 자기만을 사랑하고 남을 잊는 것을 보고 그들에게 화내지 말라. 그들은 그렇게 만들어져 있기 때문이다. 그것이 그들의 천성이다. 그것을 이러쿵저러쿵 말하는 것은 돌이 떨어진다고, 불이 타오른다고 화를 내는 것과 다름이 없다.”

몽테뉴는 그들보다 웃음의 범위가 더 넓고 깊다. 그러나 파스칼이 경멸한 천박함도 가득하다. 이런 예를 들 수 있다. “피타고라스의 며느리는 말했다. 여자가 남자와 잘 때 옷과 함께 부끄러움도 벗어야 한다고, 그리고 옷을 입을 때 부끄러움도 다시 입어야 한다고.” “디오게네스는 남들 앞에서 자위행위를 하며 말했다. ‘나처럼 배를 문질러 배가 부르도록 하면 좋지요’라고.”

식민정책을 비판한 최초의 철학자

몽테뉴는 《에세》의 여러 곳에서 ‘신세계 발견’으로 제기된 문제점을 다각도로 검토했다. 예컨대 1권 36장의 ‘옷 입는 습관에 관하여’에서 그는 종래 야만의 상징으로 치부된 ‘나체로 사는 것’을 기후가 더운 탓이거나 인간 본래의 모습으로 볼 수도 있다는 견해를 제시했다.

언어에 대해서도 그는 종래의 견해와 다른 견해를 제시했다. 아메리카 원주민의 언어는 추상적 개념을 포함하고 있지 않아 기독교 교리를 설명하는 데 적합하지 않다는 견해가 당시에 있었고, 에스파냐는 이런 견해를 토대로 17세기 말에 포교를 위해 현지어 사용을 금지하는 조치를 취했다. 콜럼버스도 원주민에게 말을 가르칠 필요성을 느꼈다고 했다. 이처럼 유럽인은 원주민의 언어는 엄밀한 의미에서의 언어가 아니라고 생각했다. 그러나 몽테뉴는 통역을 통한 브라질 원주민과의 대화를 근거로 원주민의 언어가 당시에 최고의 언어로 평가되던 그리스어와 마찬가지로 훌륭하다고 평가했다.

몽테뉴의 《에세》에서 ‘새로운 판단의 시도’라는 에세의 정신을 가장 잘 보여주는 것은 아마도 당시에 야만으로 여겨지던 원시사회에 대한 새로운 인식을 보여주는 부분일 것이다. 1권 31장인 '식인종에 관하여'에서 몽테뉴는 '속인들의 의견'이나 '일반의 여론'에 얽매이지 말고 '이성의 방법으로 판단해야 한다'고 주장한다. 이어지는 몽테뉴의 논의는 신세계에 대해 당시의 부정적인 상식에서 벗어나 과학적으로 검토했다는 점에서 그 의의가 대단히 크다.

몽테뉴는 "내가 들은 바에 의하면, 누구든 자신의 습관에 없는 것을 야만이라고 부르는 것을 별도로 한다면 그 나라에서는 야만적이고 야생적인 것은 하나도 없다고 나는 생각한다"면서 "그들에게는 진실하고 유익하며 자연스러운 미덕과 특질이 생생하고 강력하게 존재한다"고 말한다. 몽테뉴는 그 야만국이 "시가(詩歌)에 아름답게 묘사되던 황금시대"나 "사람들이 상상해내는 모든 행복한 상태의 개념이나 욕망 자체"보다도 더 아름답다고 주장한다. 특히 플라톤의 이상국가보다 그곳이 더 아름답다면서 이렇게 말한다.

나는 플라톤에게 말하고 싶다. 이 나라에는 어떤 종류의 매매도 없다. 문자의 지식도 수의 지식도 전혀 없다. 관리나 정치가라는 명칭도 없다. 사람을 부리는 습관도 빈부의 제도도 없다. 계약, 상속, 분배도 없고, 직업도 힘이 안 드는 것밖에 없다. 친척간의 관계도 없고 모두가 평등하다. 의복도, 농사도, 금속도 없고, 곡식의 사용 또는 포도주도 없다. 거짓말, 배신, 은닉, 탐욕, 시기, 비방, 용서 등을 뜻하는 말 자체가 없다. 그는 자기가 상상한 '공화국'이 그 완벽함에 있어 얼마나 '신의 손에서 방금 나온 인간들'(세네카)의 사회인 이곳만 못한지를 알아보았을 것이리라!

몽테뉴는 유럽인들이 이성의 법칙에 비추어 그들을 야만인이라고 부를 수는 있지만, 그들 자신이 모든 종류의 야만에서 그들을 능가하고 있으므로 자신들과 비교해서는 그들을 야만인이라고 부를 수 없다고 말한다. 그는 원주민들이 유럽과 교류하면 곧 멸망할 것이라고 예상했다. 이런 그의 예상은 나중에 그대로 됐다. 아니, 수십 년 전부터 이미 멕시코와 페루에서 살육과 착취가 행해지고 있었다. 그러나 당시에 유럽인들은 대부분 몽테뉴와는 반대로 유럽이 야만을 문명화시킨다고 생각했다.

그래서 그는 죽기 직전에 처음이자 마지막으로 화를 낸다. "우리가 전염병을 옮겨주어 신세계의 쇠퇴와 파멸을 크게 앞당긴 것은 아닌지 나는 걱정된다." "그들은 신기한 것, 미지의 것을 보고 싶은 호기심에 사로잡혀, 그리고 우리의 거짓된 우정과 성실함에 속아 허를 찔린 민족이다. … 그런데도 우리는 그들의 무지와 미숙함을 이용하고 우리의 풍습을 본보기로 삼아서 그들을 배신과 음탕과 탐욕에, 그리고 그 밖의 온갖 몰인정과 잔인에 굴복하게 만들었다."

최초의 환경사상가

《에세》에 전쟁, 잔인성, 인명살해를 비판하는 글이 많이 나오는 것은 몽테뉴의 시대가 그러했으므로 어쩌면 당연한 일이다. 몽테뉴는《에세》에서 부정, 허위, 배반, 비겁 등 수많은 악덕을 고발하지만, 그가 가장 증오한 악덕은 잔인성이었다. 2권 11장 '잔인성에 대하여'에서 그는 다음과 같이 말한다.

우리에게 아무런 해를 끼치지 않는 무방비의 죄 없는 동물을 쫓아가 죽이는 것을 보는 것만으로도 나는 고통을 느끼지 않을 수 없다. 자주 일어나는 일이지만, 사슴이 숨이 넘어갈 듯하고 힘이 다한 것을 느끼고 더 이상 달리 도망칠 방도가 없어 추격하는 우리 앞에 몸을 던져 항복하고 눈물을 흘리며 자비

를 구걸하는데 ··· 이런 것은 언제 보아도 나에게는 말할 수 없이 불쾌한 광경
이었다. 나는 짐승을 잡았는데 살아있으면 반드시 들에 풀어준다.

이러한 몽테뉴의 행위는 그로서는 지극히 당연한 동물사랑의 실천이었지만,
당시 다른 유럽인들에게는 이상한 행위로 비쳤을 것이 틀림없다. 당시의 왕족이
나 귀족은 자신의 거대한 영지인 숲에서 사슴을 비롯한 동물을 키우면서 사냥을
즐겼기 때문이다. 그래서 몽테뉴는 자신이 "짐승에 대해 이런 동정심을 가진 것"
을 비웃지 못하게 하기 위해 레몽 드 스봉드의 자연신학, 피타고라스의 윤회설, 그
리고 여러 민족의 신앙까지 끌고 온다.

《에세》에 나오는 '레몽 드 스봉드에 대한 변호'라는 글은 레몽 드 스봉드라
는 에스파냐 신학자가 1487년에 낸 《자연신학》이라는 천 쪽 분량의 방대한 저서
에서 인간의 이성을 근거로 신앙의 정당성을 논증한 것을 변호하고자 쓴 글이다.
《자연신학》에서 스봉드는 자연이란 성서와 마찬가지로 신의 존재를 보여주는 하
나의 책이라고 했다. 자연은 신의 창조물 가운데 가장 고귀하고 완전한 것이고,
인간을 정점으로 하는 하나의 계층구조라고 그는 보았다. 그는 자신의 신학은 계
시나 신앙의 도움을 받지 않고 이성에만 근거를 둔 신학이라면서 그러한 자신의
신학을 자연신학이라고 불렀다. 이런 그의 신학론은 인간의 존엄성에 대한 당대
휴머니스트들의 사고를 반영한 것이었다.

이에 대해 신앙을 절대적인 것으로 본 전통주의자들은 신앙의 문제에 이성
을 끌어들이는 것은 부당하다고 비판했고, 무신론자들은 그의 논증은 설득력이
없다고 비판했다. 몽테뉴는 이러한 두 가지 비판에 대해 반대하고 스봉드를 옹
호했다. 그는 자연의 물체에 영혼과 생명과 사고력이 없다고 할 수 없다고 말한
다.

또한 그는 '인간은 동물보다 나을 것이 없다'라는 글에서 생물 가운데 인간이 가장 약한 동시에 가장 오만하다면서 "내가 고양이와 놀 때 내가 고양이를 상대하고 있는 것이 아니라 도리어 고양이가 나를 상대로 해서 노는 것은 아닌가"를 묻고, 인간이 동물보다 못하다고 주장한다. 몽테뉴를 동물 애호주의의 선구자라고도 볼 만하게 하는 40쪽 이상에 걸친 이 글은 몽테뉴의 상대주의를 가장 극명하게 보여준다고 할 수 있다.

그러나 데카르트는 1637년에 쓴《방법서설》에서 자연을 인간의 이성이 과학적으로 탐구해야 할 대상으로 정의하면서 자연을 하나의 기계로 규정했다. 따라서 데카르트에게는 동물이란 어떠한 사고나 언어나 감각을 갖고 있지 않은 하나의 기계에 불과했다.

'과도한 절제'의 허위성을 폭로하다

중세인은 인간을 죄인이자 타락하기 쉬운 존재로 보았다. 반면에 르네상스인은 인간의 결점을 들춰내기보다는 인간의 행위를 칭송할 만하거나 비난할 만한 것, 고상하거나 탐욕적인 것, 귀감이 될 만하거나 조롱할 만한 것으로 만드는 것이 무엇이냐에 관심을 두었다. 다시 말해 르네상스인은 인간의 구체적인 행위를 그 세세한 본질과 정황에 비추어 평가하는 태도를 갖고 있었다. 그것은 인간의 행위를 하나하나 구체적으로 보고 그 도덕성을 평가하는 태도였다. 지적 풍요의 표현인 이런 르네상스인의 태도에 대해 16세기의 일부 유럽인들은 비이성적인 혼동이라고 비난했다.

이러한 논의에서 몽테뉴가 중재자로 나선다. 그는 보편적 판단을 중지할 것을 권고하고, 있는 그대로의 자연과 인간세계에 대한 관점을 풍부하게 축적하는 것이 최선이라고 주장한다. 그는 경험에 대한 신뢰를 바탕으로 복잡다단한 인간의 행위와 동기에 대해 관찰하고 사색하는 사람들을 존중하고, "인간사에는 낯선 것이 없다"는 자신의 견해를 피력한다. 몽테뉴는 자연에 대해 이론적 합의에 도달하려는 시도는 인간의 특정한 정신상태나 자기기만에서 비롯된 것이라면서 일축한다. 이러한 그의 견해는 당연히 문화상대주의를 전제하는 것이다.

1570~80년대에 저술된 몽테뉴의 《에세》는 인문주의 철학의 완성이다. 몽테뉴는 자신의 일상습관에 대해서도 짓궂으리만큼 솔직하게 말한다. 그러나 그는 원죄를 고백하게 한다면서 사람들로 하여금 가슴을 드러내게 한 뒤 그 가슴을 때리는 당시의 관습은 야만적인 것이라고 말한다. 그는 가장과 허식, 과장된 행동과 위선적인 자학을 배격하고 자신의 생활체험과 정신자세를 꾸밈없이 드러낸다는 태도로《에세》를 썼다.

그는 정신활동을 육체적 변화와 분리시키려는 시도를 비판한다. 또한 육체적 경험에 대한 경멸을 정당화하기 위해 정신과 육체를 나누는 이분법을 사용하는 철학자들을 비판한다. 심지어 그는 자신의 성 체험을 이야기하면서 당시의 사회적 관습인 과도한 절제에 대해 개탄한다. 그는 이렇게 말한다. "나는 감히 행할 수 있는 것이라면 무엇이든 말하리라고 다짐해왔고, 공개할 수 없는 것은 그것이 단순히 생각에 머물러 있는 것일지라도 혐오한다."

1618년부터 1648년까지 이어진 30년전쟁은 종교개혁파와 가톨릭의 대립을 더욱 격화시켰다. 지적인 논쟁은 사라졌고, 칼과 화약 외에는 다른 대안이 없어 보였다. 어느 쪽이나 자신들의 교리만이 확실한 진리이며 적의 교리는 어리석거나 사악하다는 신념을 더욱 확고하게 굳혀갔다. 종교적 진리를 따르고자 하는 사람에게 필요한 덕목은 자신이 믿는 것을 열렬히 믿는 게 전부였다. 그래서 17세기의 바로크 예술은 과장과 환상의 뒤범벅이 된다.

그러한 시대에 불확실성과 애매함을 당연한 것으로 여기고 살아가는 인문주의자들은 배척당할 수밖에 없었다. 사람들은 회의주의에 대한 불만으로 인해 개연성 있는 학설이나 교의는 더 이상 돌아보지 않고 이단에 대한 극단적인 혐오감을 키워 결국은 믿음 자체를 위한 믿음으로 나아갔다.

17세기 데카르트의 시대에 이르면 몽테뉴가 개탄한 과도한 절제가 지배적인 사회관습으로 자리 잡게 된다. 데카르트는 이성적 계산, 직관적 관념, 지적 숙고, 감각자료 등을 통해서만 정신활동에 대해 말하며, 몽테뉴와 같은 솔직함이나 편안함은 전혀 보여주지 않는다. 그는 스스로 "가면을 쓰고 다닌다"고 말한다.

그러나 몽테뉴는 육체와 감정에 대한 책임, 즉 육체와 감정 때문에 저지른 일의 결과에 대한 책임을 지는 것을 인간다움의 일부로 수용한다. 의지적인 정신적 활동과 육체적인 물질적 과정을 구분해서는 안 된다는 것이다. 육체적인 기능 가운데 통제할 수 있는 것과 통제할 수 없는 것을 선험적으로 판별할 방법은 없다는 것이다. 그래서 그는 체면에 구애받지 않는다. 인간의 경험은 전체적으로 그 구석구석까지 다 살펴야 한다는 게 그의 입장이다.

감정을 이성에서 분리시켜 윤리도피주의에 빠진 이성주의는 르네상스 인문주의와 거리가 멀다. 감정을 육체적 인과과정의 결과로만 취급하는 것은 우리 자신으로부터 감정을 분리시키고, 감정에 대한 책임을 벗어던지는 것이다. 이것은 우리가 올바르게 사고한 것에 대해서만 이성적으로 책임을 질 수 있다는 태도다. 그 결과로 17세기에는 사회적 수준에서 토론과 상상의 자유가 위축되고 사고나 행동에서 개인적 체면과 같은 개인적 차원을 강조하는 새로운 태도가 자리 잡게 된다.

데카르트는 철학자들에게 민족학, 역사학, 시학 등에 대해 연구하기를 단념

하고 기하학, 역학, 인식론 등에 대해 연구하기를 권한다. 이는 곧 추상적이고 비현실적인 연구를 권하는 것이다. 이를 계기로 실천적이었던 철학이 추상적인 것으로 변모하게 된다.

르네상스의 단절

몽테뉴의 사상을 비롯한 16세기 휴머니즘은 수사적이고, 특수하고(사례별로 구체적이고), 지역적(비합리적)이고, 일시적인 지식에 대한 관심을 본질로 가진 것이었다. 그러나 17세기에 논리적이고, 보편적(추상적)이고, 일반적(합리적)이고, 초시간적인 지식에 대한 관심이 고조되면서 휴머니즘은 사라지게 된다. 이런 변화를 좀더 자세하게 살펴보자.

첫째, 르네상스에서는 수사학이 존중됐다. 물론 수사학이 그것 단독으로 존중됐다기보다는 논리학과 함께 중시됐다는 점에 주의할 필요가 있다. 그러나 17세기에는 수사학이 저질의 논증을 고상한 논증인 것처럼 만드는 기술로 비판받게 된다.

둘째, 르네상스는 물론이고 중세에도 철학은 오늘날 영미권 법학처럼 사례분석을 중시하는 등 특수성을 강조하는 것이었다. 그러나 17세기에 이르면 선과 정의가 초시간적이고 보편적인 원리에 따른다고 가정된다. 특히 파스칼은 사례윤리학 자체를 부정했다.

셋째, 르네상스에서는 민족학, 지리학, 역사학 등 지역적인 학문이 중시됐다. 그러나 17세기가 되면 그러한 지역성을 넘어 두루 연결되는 추상적이고 일반적인 관념이나 원리를 찾고 합리성을 추구하는 것이 가장 중시된다.

넷째, 르네상스에서는 시의성이 존중됐으므로 과학이 아닌 법학이 지적 추구의 기반이었다. 당시에 법학은 실천적 합리성과 시의성 사이의 고리를 밝히는 것을 통해 지역적 다양성의 의미를 부각시켰다. 그러나 17세기가 되면 변화무쌍한 자연현상의 근저에 놓인 영속적 원리나 구조를 규명하는 것이 지적 추구의 목표가 된다.

이런 변화의 결과로, 17세기에는 르네상스에서 중시되던 임상의학, 사법절차, 사례윤리학, 수사학, 시학 등이 무시당하게 되고, 이에 따라 철학과 인문학 사이의 거리가 멀어진다. 그리고 실천적 활동이나 공적 활동을 하는 대신에 이론만 파고드는 이론 중심의 학자라는 계층이 생겨나서 추상적이고 초시간적인 연구에 집중하게 된다. 그들에 의해 자연만이 아니라 도덕까지도 추상적, 초시간적, 일반적, 보편적인 이론에 끼워 맞춰진다.

르네상스 시대까지는 법이 관습법의 전통에 따라 구체적이고 제한적인 방식으로 집행됐다. 그러나 17세기에 이론법학이 발전하면서 법학이 점차 법의 형식적인 측면에 치중하게 됐다. 그 단적인 예가 그로티우스의 《전쟁과 평화의 법》(1625)이다. 실제로 통용되던 법의 일반적 규칙을 유클리드 공리에 상응할 만한 하나의 체계로 재편한 그의 법학은 법률가에게만이 아니라 데카르트를 비롯한 다른 분야의 지식인들에게도 큰 영향을 미쳤다. 그리고 그의 영향력은 19세기까지 이어졌다.

정치학에서도 홉스의 《리바이어선》을 비롯해 새로운 일반이론을 수립하려는 시도가 이루어졌다. 르네상스 시대의 마키아벨리는 고대 그리스의 투키디데스처럼 역사적 경험에 대한 반성적 분석을 정치학의 기본으로 삼았다. 즉 그는 특정한 정치체제가 구체적인 역사적 사실 속에서 작용하는 양상을 그대로 정치학 논의의 출발점으로 삼았다. 그러나 1640년대 이후에는 정치학이 추상적이고 일반적인 견지에서 시민이나 백성 개인을 원자나 입자와 같은 존재로 취급하기 시작했다. 그 뒤로 정치학은 국가에 대한 개인의 정치적 충성심을 설명하는 작업에 치중하게 된다.

신학의 경우에는 르네상스 시대에는 물론이고 그 전의 중세에도 바티칸의 통제가 상당히 약했다. 17세기의 갈릴레이에게는 지동설을 주장하는 것이 금지됐으나 16세기의 코페르니쿠스에게는 똑같은 지동설을 주장하는 것이 허용됐다. 당시에는 교회가 학문의 자유를 인정한 셈이었다. 그러나 17세기 초엽에 프로테스탄트와의 싸움이 시작되면서 그런 분위기가 사라졌다. 그러면서 가톨릭이 역사상 처음으로 이성주의와 결합하면서 도그마로 경직되어 간다.

1650년경에 종교전쟁이 진정되면서 봉건시대가 끝나고 국민국가시대가 열린다. 새로운 사회관계를 요구하는 시대적 상황에 따라 계급사회가 형성된다. 여기서 계급이란 단순히 경제적인 계급만을 뜻하는 것이 아니다. 그것은 사회적인 계급이기도 했다. 그러한 국민국가─계급사회 체제는 20세기까지 유지된다.

실증주의의 부활을 가져온 세계대전

르네상스적 전통이 완전히 단절된 것은 아니었다. 최근에 몇 번이나 영화화된 라클로의 《위험한 관계》는 데카르트적인 이성적 계산인을 악당으로 묘사한다. 과거에도 그런 전통은 디킨스, 도스토예프스키, 제임스, 울프로 이어졌다. 그러나 그와 같은 낭만적 전통은 이성주의와 절연된 것이라기보다는 이성주의와 동전의 앞뒷면 관계인 것에 불과했다. 다시 말해 그것은 이성주의의 이원론을 전제로 해서 이성주의의 반대편으로 기운 것에 불과했다.

르네상스적 전통은 19세기 말에 프로이트가 몽테뉴의 솔직함을 재현하면서 부활했다. 프로이트는 사회지도자들의 삶 속에서 억압된 성욕의 위력을 찾아내 강조했다. 그의 그런 시도는 이성과 감정, 사고와 느낌을 각각 분리해 에로스를 억압해온 근대에 대한 중대한 도전이었다. 예술에서도 생명을 존중하는 아르누보가 등장했다.

이러한 흐름은 인간과 자연의 재결합, 에로스와 감정의 존중, 효과적인 국제기구의 창설, 전통적인 계급차별과 인종차별, 성차별의 철폐, 과학의 다원성 용인, 철학적 원리주의와 확실성 추구의 포기 등과 깊이 연관된 것이었다. 철학에서는 그 흐름이 비트겐슈타인으로 집약됐다.

그러나 1차 세계대전으로 인해 르네상스 휴머니즘의 부활은 실패하고 이성주의, 추상주의, 형식주의로의 회귀가 진행됐다. 역사적인 것, 구체적인 것, 심리적인 것을 다시 멀리하는 대신에 형식적인 것, 추상적인 것, 논리적인 것이 선호되게 된 것이다. 그 결과는 실증주의의 부활로 나타났다. 철학에서는 라이헨바흐, 카르납, 러셀이 이런 새로운 흐름을 대표한다. 이때 융성한 모더니즘 예술도 보편적 설계원리에 입각한 기하학적 추구에 다름 아니다.

극단적 민족주의에서 발단된 1차 세계대전은 떠들썩한 관념적 구호 속에서 막을 내렸다. 그리고 1930년대에 불어 닥친 세계적인 불황 속에서 중용의 자세는 완전히 사라졌다. 2차 세계대전이 끝난 뒤에는 전쟁 중의 이데올로기적 수사가 공산주의에 맞서는 이데올로기적 수사로 대체되는 상황이 빚어졌다.

1950년대에 인간 대 자연, 정신적 활동 대 물질적 운동, 인간의 합리성 대 감정적 행동 등을 재통합하려는 움직임이 생겨났으나, 이런 방향의 논의가 본격적으로 전개된 것은 1960년대 이후의 일이었다. 베트남전쟁으로 인해 인위적 국가의 정체성에 대한 의문이 생겨난 것도 그 배경이 됐다. 이제는 생태학이 자연과 인간의 상호관계를 강조하고 나섰고, 프로이트의 제자들이 인간행동의 감정적 원인을 탐구하기 시작했다.

앞에서 보았듯이 16세기에 르네상스 휴머니즘을 대표하던 몽테뉴의 회의와 관용의 실천철학은 17세기에 수학적, 논리적 엄밀성에 치중된 이론을 추구한 데카르트와 뉴턴의 체계철학으로 대체된다. 그 체계철학은 18세기에 기술공학 발전의 토대가 되지만, 19~20세기에는 인간적인 관점에서 보면 쓰디쓴 결과를 초래한다. 이에 대한 비판은 1960년대 이후에 본격적으로 제기되지만, 이미 2세기 전의 블레이크와 실러, 20세기 초엽의 듀이와 비트겐슈타인, 후설, 하이데거 등에 의해서도 제기된 바 있다.

그러나 우리나라의 경우에는 1960년대에 서양 기술공학 따라잡기에 사력을 다하는 상황 속에서 당시 서양에서 제기된 비판은 한갓 학문적 유행으로만 소개됐을 뿐 역사를 고뇌하는 철학으로 뿌리내리지 못했다. 그런 만큼 우리는 그 비판의 뿌리를 그야말로 '뿌리부터' 살펴보지 않을 수 없다. 다시 말해 몽테뉴부터 시작하자는 것이다.

내가 이 책의 토대가 된 글을 〈신동아〉에 연재할 때 시오노 나나미를 비판한 것에 대해 다분히 반일감정 탓에 그랬다는 지적이 있었다. 그러나 나는 일본책을 번역한 적도 있고, 일본에 많은 친구도 두고 있다. 내가 좋아하는 일본인도 많은데 그 가운데 홋타 요시에(堀田善衡, 1918~1998)가 있다. 그가 쓴 책 가운데서 특히 《몽테뉴》를 나는 좋아한다. 그러나 그 책은 우리나라에서 나나미의 책만큼 팔리지 못했을 것이다.

요시에는 젊은 시절에는 진보적 문학인이었으나, 나이 50줄에 접어든 뒤로 죽기까지 30여 년 동안에는 고야나 몽테뉴와 같은 인물들의 평전을 쓰는 작업에 몰두했다. 그가 쓴 평전 가운데 너무 방대한 탓에 다소 산만한 느낌을 주는 고야 평전에 비해 상대적으로 분량이 적고 집약적인 몽테뉴 평전(전3권)이 나는 더 좋다. 물론 내겐 그 세 권도 길긴 하다.

　고야 평전을 쓴 50대의 요시에가 그 평전의 주인공처럼 열정적이었다면, 몽테뉴를 천착한 70대의 요시에는 은거한 몽테뉴처럼 조용히 회의와 관용을 강조했다. 글이란 모름지기 작가가 그 글을 쓴 나이쯤에 읽어야 제대로 이해할 수 있는 것인지는 모르겠으나, 나로서는 몽테뉴나 요시에의 글을 완벽하게 이해하지 못한다고 하더라도 그들의 글이 좋다.

" 아는 것이 힘이다! "

기술과학에 기반을 둔 베이컨의 유토피아를 오늘날의 관점에서 돌아보면 결국 디스토피아의 발단이 아니었을까? 르네상스를 마감하면서 근대적 불행의 씨앗을 뿌린 베이컨. 그는 어떤 사상을 갖고 있었기에 그런 역사적 역할을 맡게 된 것일까?

*

이제 우리는 르네상스의 끝부분에 이르렀다. 우리는 중세를 부정하고 고대로의 회귀를 추구하며 휴머니즘을 세우고자 한 최초의 휴머니스트인 페트라르카(1장)를 살펴보는 것으로 르네상스 이야기를 시작했다. 그런데 페트라르카보다 250여 년 뒤에 태어난 프랜시스 베이컨(1561~1626)은 그런 페트라르카와 그의 후예들이 기울인 노력을 색 바랜 환상에 불과하다며 무시했다. 베이컨은 페트라르카를 비롯한 휴머니스트들이 신주처럼 모신 고대문명을 부정하고 오로지 기술만을 믿고자 했다.

베이컨은 예술에 대한 이해가 전혀 없었다는 점도 그를 전형적인 르네상스인으로 보기 어렵게 만든다. 그래서 그를 르네상스 시대의 사람이 아닌 그 이후 시대의 사람으로 보는 견해도 있다. 그러나 이 책의 앞에서 우리가 이미 보았듯이 과학을 중시하는 경향은 르네상스 시대에 이미 중요한 몫을 차지하고 있었으므로 베이컨을 그러한 경향의 완성자라고 보아도 좋을 것이다.

"아는 것이 힘이다"라는 말은 베이컨이 처음 한 말이라고 하지만, 설령 그게 사실이 아닐지라도 그가 이 말을 자신의 모토로 삼은 것은 분명하다. 그가 지식을 찬양한 것은 사실이다. 하지만 그는 르네상스 휴머니스트들의 휴머니즘에 대해서는 부정적이었고, 당시에는 가치를 제대로 인정받지 못하고 있었던 기술지식을 중시했다. 따라서 그가 말한 '아는 것'이란 기술지식을 뜻하는 것이었고, 이런 점에서 그는 기술과학의 아버지라고 할 수 있다. 그는 기술과학을 중심으로 한 유토피아를 꿈꾸었다. 그러나 그의 유토피아는 500년 뒤의 세계에 재앙을 초래했고, 이로써 그의 유토피아는 디스토피아로 변했다.

베이컨은 세습귀족이 아닌 신귀족에 속하는 권력자의 집안에서 태어나 케임

브리지대학에서 공부를 하면서부터 출세를 지향했다. 그 뒤에 그는 법률가가 되기 위한 교육을 받았고, 20세에 하원의원이 된 데 이어 그 이듬해에 변호사가 됐다. 그는 정계에 들어가 활동하면서 당대의 휴머니즘을 부정했다. 그는 인쇄술, 대포, 나침반과 같은 기술적 발명을 통해 자연을 지배해야 한다는 생각을 피력했고, 기술을 진흥시키기 위한 기술센터의 설립을 주장했다. 30대 초반에 그가 갖고 있었던 이러한 생각은 신념으로 굳어졌고, 그 신념은 그가 66세에 《새로운 아틀란티스》를 쓸 때까지 변함이 없었다.

　　베이컨은 1597년에 몽테뉴의 《에세》와 제목이 같은 《에세이》(권오석 옮김, 홍신문화사, 1990)를 썼으나 그 내용은 전혀 달랐다. 그에게 더 중요한 저작은 《학문의 진보》(이종흡 옮김, 아카넷, 2002)였다. 그는 1605년에 이 책을 내면서 마키아벨리처럼 왕에게 바쳤다. 경력면에서 볼 때 그와 비슷한 삶을 살았던 토머스 모어가 순수하고 경건했던 것과 달리 그는 야심에 가득 찬 출세주의자였다. 그는 최고위 관직인 대법원장이 된 뒤에도 왕권 옹호파로서 법과 법관의 독립을 주장하는 개혁세력을 물리치면서 출세가도를 달렸다. 자연에 대한 인간의 지배를 주장한 그의 사상도 어쩌면 그런 야욕과 일맥상통하는 것이었는지도 모른다. 그는 1620년에 《대혁신》이라는 책을 쓰기도 했으나, 재판을 하면서 돈을 받았다는 이유로 런던탑에 감금됐다. 그는 국왕의 사면에 의해 이틀 만에 풀려났지만, 그 뒤로 관직에서 물러나 《새로운 아틀란티스》(김종갑 옮김, 에코리브르, 2002) 등의 저서를 쓰고 65세에 죽었다.

　　당시에 대법원장은 국회의장을 겸한 최고 권력을 누리는 자리였다. 대법원장에 오를 즈음에 그려진 그의 전신 그림을 보면 그의 삶이 호사스러웠을 것 같다. 그림 속의 그는 《새로운 아틀란티스》에 나오는 솔로몬 학술원 회원의 화려하고 위풍당당한 모습 그대로다. 그와 그의 저서 《새로운 아틀란티스》는 모어와 그의 저서 《유토피아》와 극단적으로 대조된다. 시기적으로 반세기 정도 차이가 나는 두 사람 사이에 왜 이런 극단적인 차이가 생겼을까? 모어는 마치 과학문명이 발달하기 전의 원시인 같고, 베이컨은 과학문명이 발달한 뒤의 문명인 같다. 그 반세기 사이에 영국이 그렇게 많이 변한 것일까? 그렇지 않다.

베이컨은 자본주의적 발전에서 이익을 보는 집단을 옹호하는 강력한 중앙집권국가를 지지했다. 그는 귀족에 대해서는 물론이고 인민에 대해서도 맞서면서 오로지 상인계급만이 정치체계의 대동맥이라고 주장했다. 특히 인민은 '소동'의 원인이니 국가를 '바르게 통치'하기 위해서는 환자를 치료하기 위해 피를 뽑는 '사혈요법(瀉血療法)'과 같은 처방과 실현 불가능한 기대에 의한 '인민 잠재우기' 처방을 결합해야 한다고 주장했다. 이 점에서 그는 마키아벨리와 비슷했다.

특히 베이컨은 대영제국의 제국주의를 적극적으로 옹호했다. 그는 인민을 속이듯이 다른 나라를 속임으로써 나라의 이익을 얻어야 한다고 주장했다. 그는 전쟁에 대해서는 정치에 반드시 필요한 훈련이라고 찬양한 반면에 평화에 대해서는

대법원장에 오를 무렵의 베이컨

용기를 약화시키고 풍속을 퇴폐하게 만든다고 보았다. 이 점에서도 그는 플라톤이나 마키아벨리와 유사한 반면에 에라스무스나 모어와는 달랐다.

모어의 시대에나 베이컨의 시대에나 소수의 권력자나 부자들은 있었지만 대다수는 가난했다. 모어와 베이컨은 둘 다 소수의 권력자 집단에 속했다. 그러나 모어는 가난한 사람들을 걱정한 반면에 베이컨은 가난한 사람들을 걱정하지 않았던 것 같다. 지난 500년 동안 모어의 유토피아는 가난한 사람들의 이상사회였다. 반면에 베이컨의 아틀란티스는 부자나 기술자들의 이상사회였다. 따라서 두 사람의 저서를 읽는 독자들도 달랐다. 특히 20세기에는 물론이고 21세기에도 과학기술로 인해 문명 자체가 파괴될지도 모른다는 우려가 확산됨에 따라 베이컨의 아틀란티스는 악몽 그 자체가 되고 있다. '아는 것이 힘'이 아니라 '아는 것이 저주'가 되고 있는 셈이다.

베이컨의 학문관

베이컨이 보기에 당시에 유행한 아리스토텔레스의 철학을 비롯한 고대 그리스의 철학이나 그것에 근거를 둔 휴머니즘은 시대착오적인 환상에 지나지 않았다. 그런 철학이나 휴머니즘은 인간의 생활에 유익한 생산적인 것이 아니라 사람들을 말장난만 일삼고 당파싸움에만 젖게 만드는 것이라는 이유에서였다. 그에게 플라톤은 무지를 가장해 사람들을 방심하게 한 뒤에 마지막으로 자신의 광기를 신격화하면서 종교에 호소한 사람이었고, 아리스토텔레스도 광기의 교과서를 만들어 사람들을 언어의 포로로 만든 사람이었다. 또한 의학의 아버지로 불리는 고대 그리스의 갈레노스는 치료할 수 있는 병에 대해서도 불치병이라고 선고해 의사의 명예를 옹호하고 사람들의 무지를 조장했다고 베이컨은 비판했다.

베이컨은 위와 같은 고대 철학자들뿐만 아니라 르네상스 철학자들에 대해서도 문제가 많다고 비판했다. 특히 그는 고대 그리스 철학과 함께 쌍벽을 이루는 공허한 지식으로 연금술을 꼽고, 이것은 사기, 비밀의 전승, 몽매함을 근거로 한 것이라고 비판했다. 그는 연금술에 대해 "공허한 관념과 제멋대로 하는 실험의 결혼"이라고 비판하고 그 대신 "인간정신과 사물본성의 행복한 결혼"을 추구할 것을 권했다. 그는 후자의 결과로 인쇄술, 화약, 나침반을 들면서 이런 것들이 "인간을 자연의 노예에서 벗어나 자연의 주인이 되게 했다"고 찬양했다.

당시에 인쇄술 등은 '기계적 기술(artes mechanicae)'이라고 불렸고, 중세 이래 유럽 학문의 주종이었던 법학, 의학, 신학은 물론이고 '자유적 기술(artes liberales)'보다도 못한 것으로 취급됐다. 베이컨은 '자유적 기술'을 중시한 휴머니스트와 달리 '기계적 기술'을 중시한 최초의 '지식인'이었다. 여기서 '지식인'이라는 말은 오늘날 우리가 '지성인'이라는 의미로 사용하는 '지식인'이 아니라 그야말로 베이컨 자신이 말한 대로 '지식이 힘'이라고 믿는 사람을 가리킨다.

베이컨이 말한 '기계적 기술'이란 오늘날의 '자연과학' 내지 '과학기술'과 같은 것이라고 보면 될 것 같다. 베이컨은 기계적 기술에는 '증대와 진보'의 원리가 포함된다고 보았다. 다시 말해 그것은 스스로 증대하고 진보할 가능성을 내재하고 있다는 것이었다. 또한 베이컨은 그러한 기계적 기술은 '자연과 경험의 빛'에 근거한다고 말했다. 그리고 자연에 기초를 두는 것은 성장하고 증대하지만, 의견에 기초를 두는 것은 변모는 해도 증대하지는 않는다고 그는 주장했다.

베이컨은 종래의 학문에 대해 증대 즉 진보를 하지 않는 것이라고 비판했다. 여기서 증대 또는 진보란 구체적으로는 새로운 발견과 부에 의해 인간의 생활이 풍요해지는 것을 말한다. 베이컨은 그러한 부를 위해 생산수단의 개량이 필요하며 이를 가능하게 하는 것이 학문의 혁신이라고 보았다.

베이컨은 또한 종래의 학문은 창시자라는 독재자의 이름 아래 소비됐지만, 새로운 학문은 권위를 가진 의견이 아니라 각자가 자신의 자유를 포기하지 않는 '원로원 의원들' 의 지혜를 계승한 것이어야 한다고 주장했다. 더 나아가 그는 새로운 학문은 확고한 방법적 이념에 따라야 한다고 주장하면서도 그 방법은 탁월한 지성을 필요로 하지 않으며, 그 방법을 올바르게 사용하면 모든 사람이 협동을 통해 학문의 증대와 진보에 관련되게 된다고 주장했다.

베이컨이 구상했다는 '학문의 대혁신'은 과학기술의 발전만을 뜻하는 것이 아니라 모든 학문을 과학기술처럼 되도록 혁신해야 한다는 것이었다. 가령 도덕과 정치와 역사에 관한 학문도 당연히 대혁신의 대상에 포함되므로 과학적이 돼야 한다는 것이었다. 그는 전통적인 학문구분을 답습하는 대신에 학문을 나름대로 재편성해 자연신학, 자연철학, 인간철학으로 구분하고 그 각각을 세분한 다음에 그 모든 것 위에 제1철학이라는 것을 수립해야 한다고 주장했다. 그러나 그가 말한 학문구분 가운데 어느 것도 지금 우리에게는 유용하지 않다.

'아는 것이 힘이다'라는 베이컨의 말은 단순히 지식을 찬양한 것이 아니라 그 나름대로 지식에 의한 세계의 변혁을 꿈꾼 것이라고 봐야 한다. 그리고 그 지식이라는 것이 반드시 자연과학이나 실험과학만을 뜻하는 것은 아니지만, 베이컨이 자연과학이나 실험과학을 가장 중시한 것은 사실이다. 이런 점에서 마르크스는 그를 실험과학의 시조라고 불렀다. 마르크스는 더 나아가 베이컨을 "영국 유물론의 창시자"라고 찬양하기도 했다.

이돌라와 귀납법

베이컨이 위와 같은 자신의 학문 방법론을 정리한 책이 《신기관: 자연의 해석과 인간의 자연지배에 관한 잠언》(진석용 옮김, 한길사, 2001)이다. 우리말로 '신기관'이라고 번역된 원어는 '노붐 오르가눔(Novum Organum)'이다. 그리스어에서 유래한 '오르가눔'은 도구나 기계를 뜻하는 말인 동시에 연구의 수단과 도구도 지칭하는 말이어서 중세에는 아리스토텔레스의 논리학을 가리키는 데도 사용됐다. 따라서 베이컨이 책 제목으로 삼은 '노붐 오르가눔'이란 아리스토텔레스의 논리학을 대체할 '새로운 논리학' 또는 '새로운 자연해석'을 뜻하는 말이다.

그는 그 '새로운 논리학'은 논증의 발견이 아닌 기술의 발견을 추구하는 것이라고 하면서, 종래의 학문은 여러 가지 이돌라(환상 또는 우상)에 사로잡혀 있다고 비판했다. 베이컨이 말한 이돌라는 네 가지다. 종족의 이돌라. 동굴의 이돌라, 시장의 이돌라, 극장의 이돌라가 그것이다.

첫째, 종족의 이돌라는 인간이라는 종족에 속하기 때문에 그 본성에 따르는 것을 말한다. 예컨대 사물을 단순화하고 질서를 추구하는 경향, 자신의 취향에 맞추어 사물을 이해하고자 하는 경향, 안이한 유추에 의해 궁극적인 것을 탐구하고 추상적이고 불변적인 것을 추구하고자 하는 경향이 종족의

《노붐 오르가눔》 초판본의 속표지

이돌라다.

둘째, 동굴의 이돌라는 인간 각자의 개인적인 성질에서 나오는 환상을 말한다. 교육, 타인과의 담화, 독서, 자신이 찬양하는 권위에 의한 환상도 여기에 포함된다. 이 점에서 베이컨은 전통적인 교육에 대해서도 회의적이었음을 알 수 있다.

셋째, 시장의 이돌라는 인간 상호간의 접촉과 사회생활에서 비롯된 환상을 말한다. 언어가 지성에 폭력을 가하여 모든 것을 혼란시키고 사람들을 공허한 논쟁이나 허구에 빠지게 하는 것도 여기에 속한다.

넷째, 극장의 이돌라는 철학의 여러 학설이나 증명의 잘못된 규칙이 인간의 영혼에 들어간 것이다. 베이컨은 당대까지의 모든 철학을 인간의 영혼에 그러한 영향을 주는 연극이라고 보았다.

베이컨은 이돌라를 벗어나는 방법으로 귀납법을 주장했다. 귀납법이란 특수한 개별적 사실로부터 일반적인 결론을 도출하는 논리적 추리다. 베이컨은 귀납법이 과거에도 있었던 것이지만 당시에는 삼단논법에 의해 밀려났을 뿐이라고 주장했다. 그는 연역법에 의존하는 것을 비난했고, 나아가 수학도 실험적인 면이 부족하다는 이유로 낮게 평가했다. 베이컨은 자료를 체계적으로 정리하고 귀납법을 따르면 올바른 가설이 무엇인지가 밝혀진다고 보았다. 그러나 이런 작업은 그리 단순한 일이 아니며, 베이컨 자신도 그러한 노력을 기울였으나 성공했다고 말하기 어렵다.

베이컨의 사상은 중세적인 것도 포함한 모순적인 것이기도 했다. 가령 과학과 종교의 관계에 대해 그는 양자가 서로를 침범하지 않는다는 이중진리식 타협에 그쳤고, 종교로부터 과학이 독립하는 것을 인정하지 않았다. 이런 입장에서 그는 한정된 생명을 가진 '감성적 영혼' 외에 '신의 호흡'에서 탄생한 '이성적 영혼'이 존재한다고 믿었다.

《새로운 아틀란티스》와 실리콘밸리

베이컨은 모어가 죽은 지 반세기 뒤인 1603년에 태어났다. 그 역시 모어처럼 법률가, 궁정신하, 정치가, 철학자로 살았고, 모어의 《유토피아》에 대비되는 《새로운 아틀란티스》를 썼다. 그러나 그는 모어와 근본적으로 달랐다. 특히 그는 인간이 자연을 정당하게 지배할 수 있다는 새로운 사고방식을 내세웠다는 점에서 유명한데, 이는 모어에게서는 찾아볼 수 없는 점이다.

베이컨이 《새로운 아틀란티스》에서 그려 보인 것은 유토피아라기보다는 미국의 실리콘밸리나 우리의 대덕단지와 같은 과학연구단지다. 다시 말해 부를 증대시키기 위해 생산수단인 기술을 개량하는 곳이다. 이러한 그의 구상은 1660년에 영국 왕립협회(Royal Society)의 창설로 실현됐다.

'새로운 아틀란티스'는 자연탐구와 기술개혁이 인류에게 행복을 가져다주고 "사람이 사람에 대해 신"인 나라다. 그 중심에 있는 '솔로몬의 전당'은 도서관, 실험실, 약초원, 식물원, 동물원, 기관실 등의 시설이 갖춰져 있고, 그곳의 학자들은 매일 신을 찬양하면서 연구를 한다.

그 구성원은 36명으로 9가지 일을 분담한다. 12명의 '빛의 상인'은 외국을 여행하며 책과 실험의 모형을 가져온다. 3명의 '약탈자'는 책 속의 실험을 수집한다. 3명의 '신비인간'은 사회적 관행에서 실험을 수집한다. 3명의 '파이어니어' 또는 '광부'는 새로운 실험을 시도한다. 3명의 '편찬자'는 위 네 가지 실험을 분류하여 표로 만든다. 3명의 '은혜 수여자'는 여러 실험을 음미하여 그중 인간의 생활에 도움이 될 만한 것을 골라내거나 원인을 설명하는 지식과 그 응용방법을 탐구한다.

이상의 작업을 검토하는 회원 전체의 토의가 행해진 뒤 3명의 '등불'이 보다 높은 수준의 새로운 실험을 기획한다. 그리고 3명의 '예방접종자'가 그 실험을 실제로 수행하고 그 결과를 보고한다. 이어 3명의 '자연해석자'가 이상의 성과를 가지고 공리와 잠언을 만들어낸다. 마지막으로 그렇게 해서 얻은 결과 가운데 무엇을 공개하고 무엇을 비밀에 붙일지를 서로 상의한다.

르네상스 유토피아 연구자인 김영한은 《르네상스의 유토피아사상》에서 모어의 기독교적 공유제 유토피아와 베이컨의 과학적 유토피아는 기독교의 질서와 자연의 질서가 조화될 수 있다는 믿음에서 나온 것이라는 점에서 똑같다면서, 이런 유토피아를 '판소피아(Panso-phia)의 꿈'이라고 부른다. 그러나 이는 서로 대립되는 두 가지 유토피아 사상을 억지로 연결시키려

《새로운 아틀란티스》에 나오는 솔로몬의 전당

고 하는 것 같다. 판소피아란 '백과사전식'이라는 뜻인데 이 말을 모어와 베이컨의 사상을 조화시키는 개념으로 사용하는 것이 어떤 의미를 갖는 것인지 나로서는 도무지 알 수가 없다. 멈퍼드는 베이컨의 과학적 유토피아를 졸렬한 것이라고 평가했고, 에콜로지 내지 포스트모더니즘 관점의 논의에서도 베이컨은 자연에 대한 지배를 주장했다는 점에서 비판받고 있다.

김영한은 해방 이후 안정과 자유에 대한 양자택일이 강요돼온 한국의 현실 속에서 사회적 조화를 추구하는 유토피아에 관심을 갖게 됐다고 말한다. 그러나 유토피아는 안정과 자유에 대한 양자택일을 넘어설 수 있도록 그 둘을 조화시키는 사고가 아니다. 유토피아는 현실을 비판하거나 부정하는 사고이지 현실에서 대립되는 것을 조화시키려는 사고가 아니다.

나는 오히려 베이컨의 유토피아보다는 모어의 유토피아를 통해 우리도 환대, 정의, 책임의 유토피아를 꿈꿀 수 있기를 기대한다. 모어가 꿈꾼 유토피아의 문제점으로 과학을 경시한 점을 꼽을 수 있을지 모르겠다. 그러나 르네상스 시대에는 과학이 교양과 분리되지 않았다고 보는 것이 옳다. 과학은 베이컨 이래 교양과 분리되고 18세기 이후에 비약적으로 발전하면서 산업혁명을 낳았으나, 그 결과로 오히려 위기를 맞게 됐다. 왜냐하면 현실에 입각하지 않는 한 과학은 무의미해지고 그 가치를 상실하게 되기 때문이다.

또한 과학이 각 분야로부터 고립되어 다른 분야와의 상호 관련성을 상실하게 되면 과학의 전문가는 사회로부터 유리돼 개인적 세계에 매몰될 위험에 처하게 된다. 이렇게 되면 과학은 수도원에 갇힌 종교처럼 미신으로 전환될 수도 있다. 현재 과학은 공동체와의 관계성을 상실한 탓에 무질서한 상태에 빠져있고, 과학이 공동체에 주는 이익보다 공동체에 끼치는 손실이 더 크다.

17세기 후반에 이르러 과학과 교양이 명확하게 구분되기 전에는 인간의 지적 활동 속에서 그 둘이 함께 진행됐다. 예를 들어 르네상스 시대의 다 빈치와 미켈란젤로는 예술가이자 기술자이자 과학자였다. 모어는 정치가, 법률가, 사회개혁가였으므로 전인적 면모를 갖고 있었더라도 다 빈치나 미켈란젤로와는 달랐지만, 그 역시 예술이나 과학을 무시하지 않았을 뿐 아니라 그 둘의 분리를 주장하지도 않았다.

이어 18~19세기에는 유토피아라는 관념이 퇴진하는 대신에 이성과 과학의 가능성을 실현함으로써 현실을 유토피아로 만든다는 발상이 생겨나 확산됐다. 예를 들어 프랑스혁명 직후의 공포정치 아래서 콩도르세는 과학과 그것을 이용하는 사회의 무한한 진보에 대해 말했다. 이러한 콩도르세의 사고도 유토피아의 일종으로 볼 수 있겠다.

그 뒤에 생시몽, 푸리에, 오언 등이 제시한 유토피아는 엥겔스로부터 '공상'이라는 비판을 받았다. 그러나 엥겔스는 동시에 그들의 유토피아가 마르크스의 과학적 사회주의를 준비한 것이라고도 평가했다. 그 과학적 사회주의는 20세기에 포퍼 등의 비판을 받게 된다.

20세기와 21세기의 유토피아

20세기는 사회주의 건설로 시작되어 그 실패로 끝났다. 그래서 20세기 말부터는 자본주의만이 유일한 길이라는 주장이 팽배하게 됐다. 그러나 20세기에는 국가에 의한 사회의 관료제화라는 현상이 팽배했고 사회주의든 자본주의든 이러한 경향에서 벗어나지 못했다. 그리고 21세기에 들어와서도 이러한 경향은 사라지지 않고 있다. 따라서 오늘날 우리에게 필요한 것은 무한정의 시장원리에 의해 국가가 해체된다는 환상이 아니라 국가 자체의 사회화다.

우리는 인간이 상호작용하는 시민사회를 재생시켜야 하고, 시민사회를 통해 국가를 사회에 봉사하는 존재로 바꾸어야 한다. 시민사회는 각종 사회단체나 지역단체의 활력에 의존하는데 그러한 사회단체나 지역단체가 지금 빈사상태에 있다. 이제 국가는 교육이나 복지 등을 지역단체에 양보하고, 그런 분야에서는 자신의 역할을 자금지원이나 시설정비 등 간접적인 것으로 한정해야 한다.

산업화는 국가 및 전쟁과의 관련성 속에서 발전돼온 점에 문제가 있다. 예를 들어 식품보존 기술은 원격지에 파견된 군대에 식량을 보급하기 위해, 컴퓨터는 고사포 관제를 위해 개발됐다. 기술이 자동적으로 진보한다고 본 발전사관이나 진보사관은 권력과 지배를 추구하는 근대기술의 동기를 은폐한다. 이 문제는 전쟁이 낳은 기술이라도 평화적으로 이용하면 된다는 안이한 사고방식만으로는 해결될 수 없다. 기술의 윤리적 목적이라는 것 자체가 중요한 의제가 돼야 한다.

기술은 언제나 도시문화를 만들어내고 뒷받침하는 것, 즉 도시생활의 무대장치가 되는 하부구조를 창출하는 것을 중요한 목적으로 삼아왔다. 그러나 현대에는 기술에 의해 이상적인 도시를 실현한다는 유토피아 사상이 더 이상 타당하지 않게 됐다. 도시에서는 자연의 힘이 아니라 인간관계가 인간을 규율한다. 따라서 '인간다운 인간과 사회를 실현한다'는 이상이 없다면 권력과 지배를 추구하는 기술의 어지러운 발전이 도시를 황폐하게 만들 것이다.

또한 지구 규모의 경제는 16세기 이래 발전해온 자본주의의 완성으로 보이기도 하지만 여러 가지 심각한 문제를 낳고 있다. 한 가지 예를 들자면 법의 지배라는 원칙이 그동안 시민사회의 발전에 크게 기여했지만, 오늘날 지구 규모의 경제는 국제법의 지배에 복종하지 않는다. 21세기의 새로운 유토피아는 이런 오늘날의 문제를 극복할 수 있는 것이어야 하리라.

"인도와도 못 바꾼다고?"

문학가를 비롯한 예술가들에게는 물론이고 법학, 정치학, 경영학, 심리학 연구자들에게까지 무한한 상상력과 문제의식을 촉발시키는 셰익스피어의 희곡들. 그 속에 숨은 정치적 코드는 무엇인가.

$$*$$

이제 우리는 최후의 르네상스인을 만나보고 우리의 여정을 마칠 때가 됐다. 내가 최후의 르네상스인으로 셰익스피어를 드는 것에 대해 반발할 사람들이 많을 것이다. 특히 아직도 르네상스를 이탈리아제 명품으로만 생각하는 사람들은 당연히 반발하리라.

윌리엄 셰익스피어(1564~1616)는 앞에서 만나본 베이컨과 거의 같은 시기를 살았으나, 그 삶의 내용에서는 베이컨과 달랐다. 평생에 걸쳐 고관을 지낸 베이컨과 달리 셰익스피어는 대중작가에 불과했다. 고관을 지낸 사람답게 베이컨의 경우에는 그 삶에 관한 자료가 많이 남아 있지만, 대중작가였던 셰익스피어에 관한 자료는 남아 있는 게 거의 없다. 이 때문에 한때는 셰익스피어가 실존했던 인물의 이름이 아니며, 베이컨이 그 실체라는 주장도 나왔다. 그만큼 두 사람이 닮은 탓이겠지만, 이런 주장은 일반적으로 받아들여지지는 못하고 있다.

이 책을 읽는 독자 치고 셰익스피어를 모르는 사람은 없을 테고 셰익스피어가 세계적인 작가임을 알고 있을 테니 그에 대한 상세한 소개는 생략하자. 우리나라에서 셰익스피어 연구의 최고봉으로 일컬어지는 권중휘는 《셰익스피어 전집》의 서문에서 "후세 작가들은 그를 시공을 초월한 작가, 대자연과 같은 작가, 그의 보고(寶庫)를 인도와도 바꾸지 못할 작가, 또는 그의 낱낱 작품이나 그의 전체 작품이 우주체계와도 비교할 만한 작가라 하였다"고 소개하고 있다.

방금 인용한 소개의 구절 가운데 그 내용을 이해할 수조차 없는 부분은 무시하겠다(시공을 초월한다거나, 대자연과 같다거나, 우주와 비교된다는 등의 이야기는 도대체 무슨 소리인지 알 수가 없다! 나는 마술쟁이나 점쟁이가 아니므로 그런 것은 이해할 수가 없다). 그러나 "그의 보고를 인도와도 바꾸지 못할 작가"라는 표현에 대해서는 나도 할 말이 있다.

이것은 영국이 인도를 식민지로 삼으려고 침략하던 시절에 영국인의 입에서 나온 말인데, 그 당시의 인도인은 물론이겠고 지금의 인도인이 들어도 참으로 경악할 만한 말이다. 그야말로 터무니없는 제국주의적 교만이 숨어있는 말이라고 하지 않을 수 없다. 만약 일제 때 어느 일본인이 어느 한 일본인 작가를 두고 "조선과도 바꿀 수 없는 작가"라고 말했다면 우리의 기분이 어땠을까? 그랬다면 나는 죽어도 그 일본인 작가의 책을 읽지 않았으리라.

셰익스피어는 1564년에 태어나 1616년에 죽었으니 18세기에 본격화된 영국의 인도 식민지화와 관계가 있는 사람은 아니었다. 그러나 그는 당시에 이미 본격화된 영국의 아메리카 식민지화에 대해 알고 있었을 것이 틀림없다. 그가 한창 활동하던 무렵보다 100년가량 전인 1492년에 콜럼버스가 '신세계 발견'을 했기 때문이다. 기독교적 세계관에 젖어 있었던 당시의 유럽인에게 그것은 '천지창조' 이래 최대의 충격이었다.

신세계는 '발견'되자마자 '정복'됐다. 유럽인은 아메리카를 발견하면서 동시에 정복했다. 아니 정복하기 위해 발견한 것이라고 하는 게 나을지 모른다. 타인에 대한 인식은 그 타인과의 관계를 통해서만 형성되며, 식인종 설화가 생겨난 것도 그런 맥락에서 이해할 수 있다. 널리 알려진 이야기지만, 정복이라는 정치적 필요에 의해 사실과 다른 식인종 설화가 만들어진 것이다. 유럽인은 이에 더해 당시에 막강한 영향력을 갖고 있었던 아리스토텔레스의 '선천적 노예인설'을 원용해 아메리카 선주민의 열등성을 논증하는 것으로 학문적 완결을 기했다.

이렇게 유럽은 정복을 위해 물리적 수단(항해술, 군사력, 폭력)뿐만 아니라 여러 차원의 개념장치 개발에도 적극적으로 나섰다. 특히 당시의 지식인들은 신세계 발견에 민감하게 반응했다. 셰익스피어도 당연히 그런 지식인들 가운데 한 사람이었다. 이 글에서 나는 셰익스피어를 제국주의 문인으로 다루고자 한다. 이러한 나의 관점은 셰익스피어 연구자들이나 셰익스피어 독자들에게는 꽤나 당혹스러운 것일 게 틀림없다. 그들이 나에게 셰익스피어의 숲 전체를 보지 않고 그 가지만을 본다는 식으로 비판을 가해올 수도 있겠다. 그러나 분명히 말하지만, 나는 셰익스피어를 매도하려는 것이 아니라 그의 문제점 하나를 짚어 보려는 것일 뿐이다.

나는 셰익스피어가 지난 500년 동안 서양의 일반인들뿐만 아니라 마르크스를 비롯한 수많은 사회주의자들, 심지어는 서양의 노동자들로부터도 사랑을 받아 왔음을 잘 알고 있고, 그의 작품 속에 진보적인 요소가 들어 있다는 것도 잘 알고 있다. 그러나 서양이 아닌 곳에서는 노동자들을 비롯한 많은 사람들이 그의 작품을 반드시 그렇게만 읽지는 않을 것이다. 나 역시 그렇다.

영화 〈셰익스피어 인 러브〉

아무리 셰익스피어에 대해 회의한다고 해도 셰익스피어를 무시할 수는 없다. 〈셰익스피어 인 러브〉(1998)라는 영화가 우리나라에서도 상연된 바 있다. 그를 좋아하지 않는 나도 이 영화를 보았으니 그를 좋아하는 사람이라면 당연히 이 영화를 보았으리라. 이 영화는 아카데미상을 7개나 탄 대단한 영화이니 꼭 봐야 할 영화라는 소문이 자자했다.

그러나 미국영화 잔치판에서 수여되는 아카데미상이라는 게 세계적인 것이 아니다. 그 밖에도 여러 가지 이유에서 아카데미상 수상작이라고 해서 훌륭한 영화라고 믿을 것은 애초부터 아니지만, 특히 〈셰익스피어 인 러브〉에 대해 나는 호감을 가질 수가 없다. 셰익스피어에 대한 영어권, 나아가 서양권의 과도한 찬사

("인도와도 바꿀 수도 없다"는 식의 찬사)에 대한 반감 탓인지도 모르겠다.

여하튼 이 영화의 내용은 허구일 뿐이다. 셰익스피어가 《로미오와 줄리엣》을 쓴 동기를 셰익스피어가 그 내용과 비슷한 사랑에 빠진 탓으로 꾸며댄 것도 전적으로 허구다. 그러나 이 영화의 내용 가운데 당시 연극계의 형편을 엿볼 수 있게 해주는 부분들은 흥미롭다. 당시 사람들의 유일한 오락거리였던 연극이 지금의 영화처럼 일종의 공동창작의 방식으로 만들어졌고, 그것도 고급한 것이 아니라 지극히 대중적인 것이었음을 이 영화는 보여준다. 그런 것을 가지고 우리는 21세기에 들어와서도 '대단한 고급 교양물' 취급을 하고 있으니 부끄러운 노릇이다.

셰익스피어의 작품이 '대단한 고급 교양물'이 아니라고 말하고자 하는 것은 아니다. 문제는 우리가 셰익스피어의 작품을 그렇게'만' 취급한다는 데 있다. 그의 작품은 적어도 그의 시대에는 대중물이었고 지금도 영어권에서는 수많은 영화로 만들어지는 데서 보듯이 대중물이다. 그런데 우리는 그의 작품을 그렇게 보지 않는다는 데 문제가 있다. 물론 여기서 우리는 대중물과 고급물의 차이란 사실 종이 한 장 차이라는 데 주의해야 한다. 다시 말해 대중적인 것이라고 해서 반드시 고급이 아니라는 법은 없다는 것이다.

하지만 셰익스피어가 고급이냐 아니냐는 나의 관심거리가 아니다. 나의 관심은 그의 작품이 '대영제국'이 시작되는 시기에 씌어졌으니 그 제국의 제국주의를 표상하는 것일 가능성이 높으므로 그런 관점에서 셰익스피어와 그의 작품을 재검토하는 것이다. 이런 맥락에서 보면 〈셰익스피어 인 러브〉의 마지막 장면, 즉 여주인공이 귀족인 웨섹스 경과 결혼하고 아메리카 식민지로 떠나는 장면이 인상 깊다. 웨섹스 경은 버지니아 식민지에 거대한 담배농장을 소유하고 있는 인물이다.

물론 이 마지막 장면도 허구이겠지만, 당시에 충분히 가능했을 이야기다. 예를 들어 《로미오와 줄리엣》은 1595년경에 씌어졌다고 하는데, 그때는 이미 버지니아 식민지가 수립된 지 10년이 지난 시기였다.

셰익스피어의 시대

셰익스피어가 태어나기 약 70년 전인 1492년에 콜럼버스가 서인도제도에 도착했다. 그리고 그로부터 5년 뒤인 1497년에 이탈리아 제노바 태생의 조반니 카보트가 영국왕의 명을 받아 북아메리카에 도착했고, 다시 5년 뒤인 1502년에 3명의 에스키모인이 영국으로 이송되어 구경거리가 됐다. 그 뒤로 약 100년 동안에는 영국이 아닌 에스파냐와 포르투갈이 식민지 약탈을 주도했다.

그러나 영국은 서서히 그 뒤를 추격했다. 가령 노예무역을 시작한 사람으로 악명이 높은 존 호킨스를 비롯해 많은 영국인들이 아메리카로 건너갔고, 아메리카에 갔다 온 영국인 마틴 프로비셔는 에스키모인이 사람을 산 채로 먹는다는 '식인종 에스키모'에 관한 소문을 퍼뜨렸다. 영국의 해적이자 탐험가인 프랜시스 드레이크는 1577년부터 1580년까지 세계일주 항해를 하다가 금은보화를 가득 실은 에스파냐 배를 습격하기도 했고, 해전에서 에스파냐의 무적함대를 격파하기도 했다.

그러다가 1585년에 신세계 탐험에 관한 리처드 해클루트(1552~1616)의 보고서가 출판되자 영국은 이 보고서에 근거해 1차 버지니아 식민계획을 수립했고, 이를 계기로 영국의 식민사업이 본격화된다. '버지니아'란 당시의 영국 여왕인 엘리자베스를 처녀로 본 신화에 따라 식민지에 붙여진 이름이지만, 식민지를 '처녀'로 보던 당시의 환상을 상징하는 것이기도 하다. 바로 이 시점에 셰익스피어가 작품활동을 시작한다. 다시 말해 영국의 식민지 개척활동과 셰익스피어의 작품활동은 같은 시점에 시작됐다.

해클루트의 보고서가 출판될 즈음에 영국에서는 식민지에 관한 무수한 담론이 쏟아져 나왔다. 그 대부분은 식민지 개척의 이점과 당위성을 선전하기 위한 것이었다. 신세계에는 자원이 무진장하게 있고, 무역의 대상으로 삼을 만한 상품이 풍부하며, 야만적인 원주민을 기독교도로 개종시킬 필요가 있는데 그렇게 하는 것은 매우 쉽다는 식의 내용이었다. 그 가운데 유일하게 식민지의 비참한 현실을 고발한 책이 1583년에 영어로 번역된 라스 카사스의 《인디아스 파괴에 대한 간결한 보고》였다.

17세기에 들어서면서 유럽의 식민지 사업은 더욱 활기를 띠었다. 영국은 1606년에 식민지 개척을 위한 '버지니아회사'를 설립했고, 1607년에는 체서피크에 '제임스타운'을 건설했다. 1608년에는 프랑스가 퀘벡에 식민지를 세웠다. 이는 그 뒤로 몇 세기에 걸쳐 영국과 프랑스 사이에 전개되는 아메리카 식민지 경쟁의 시작이었고, 그 전에 1세기 동안 독점적으로 식민지 침략을 하던 에스파냐와 포르투갈 대신에 영국과 프랑스가 식민지 침략의 주축으로 떠오르게 됐음을 의미하는 것이었다.

이처럼 영국의 식민지 사업이 본격화되면서 영국에서는 식민지의 선주민을 '본질적인 야만인'으로 보고 적대시하는 관점이 형성됐다. 그러나 이런 관점은 사실은 식민지의 안전을 확보하기 위해 인디언을 대규모로 학살한 백인들이 내세운 변명에 불과했다. 특히 1610년부터 1612년 사이에 자행된 인디언 대학살은 셰익스피어가 죽기 직전에 벌어진 일이었다. 그런 사태에까지 이르게 된 역사에서 셰익스피어가 무엇을 느끼고 어떤 생각을 했을지는 한번 상상해볼 만한 주제다.

《베네치아의 상인》

《베네치아(베니스)의 상인》의 주인공은 그 제목처럼 베네치아의 상인인 안토니오
이며, 그는 이상적인 자본주의 상인이다. 셰익스피어는 이탈리아의 상인이자 재
산가인 안토니오라는 인물을 설정하고 그에게서 고리대금업자라는 오명을 벗겨
내어 그를 사유재산에 대한 절대적 소유권을 안정적으로 누릴 자격이 있는 사람
으로 만든다. 안토니오와 대조적인 인물인 샤일록은 과거에 속하는 비합리적이고
중세적인 사람이다. 셰익스피어의 작품에 악당으로 등장하는 다른 인물들(가령

샤일록을 질책하는 안토니오.
19세기에 그려진
《베네치아의 상인》 삽화.

이아고나 맥베스 등)이 자신보다 연상인 상관을 타도하는 연하의 부하인 반면에 샤일록은 시대착오적인 가치관을 갖고 있고 복수심에 불타는 고리대금업자 노인이다. 샤일록은 유대인이라는 점에서 그를 안토니오와 대비시킨 것은 명백한 인종차별이라고 볼 수도 있다.

안토니오는 기독교의 전통과 확고하게 연결된 인물인 데 비해 바사니오는 벤처기업가의 모습으로 등장하므로 더욱 자본주의적인 인물이라고 할 수 있고, 이런 점에서는 바사니오의 아내인 포샤도 마찬가지다. 《베네치아의 상인》에서 결국은 안토니오와 바사니오 부부 등 세 사람이 채무와 관련된 재판에서 샤일록을 상대로 승리를 거두는 것은 셰익스피어의 가치관을 보여준다. 그 가치관은 당시 영국의 지배계급인 토지귀족이 지배권을 계속 장악하되 근대적인 상업자본가와 손을 잡아야 한다는 것이었다고 볼 수 있다. 다시 말해 셰익스피어는 1590년대 당시 영국의 절대주의 국가체제를 귀족과 상업자본가의 협력이라는 관점에서 변호한 것이다.

우리는 우리의 옛 문학이 권선징악을 주제로 하고 선악의 이분법에 근거했다는 점에서 전근대적이라고 생각하는 경향이 있는데, 셰익스피어의 작품도 이런 점에서는 마찬가지다. 특히 《베네치아의 상인》은 권선징악이 주제라고 볼 수 있다. 이 작품에서 선인은 포샤를 비롯한 백인 남녀이고, 악인은 샤일록을 비롯한 유대인과 그 밖의 비백인이다. 선악의 대립구도가 백인 대 비백인으로 설정됐다는 점에서 이 작품은 백인중심주의, 인종차별, 제국주의를 명백하게 보여준다.

그래서 우리는 《베네치아의 상인》을 단순히 재판극으로만 볼 수 없다. 또한 이 작품은 샤일록이라는 유대인을 극악한 인물로 그렸다는 점에서 반유대주의를 바탕에 깔고 있으므로 교육용으로 사용되어서는 안 된다는 주장도 있다. 물론《베네치아의 상인》은 유대인 차별, 《오셀로》는 흑인 차별, 《리처드 3세》는 장애인 차별이라고 하여 그 출판이나 상연을 금지한다면 표현의 자유를 침해하는 것이 되므로 그렇게 해서는 안 된다는 것은 두말할 필요도 없겠다. 그러나 셰익스피어의 모든 작품에 그러한 제국주의적 차별주의가 깔려있다는 점은 유의해야 한다.

《오셀로》

피부가 검은 인간에 대한 유럽적 언설은 고대 그리스 이래 방대하게 축적돼왔다. 그리스 신화에는 태양의 화차를 잘못 운전한 탓으로 피부가 검게 된 것이 피부가 검은 인간의 유래라는 설명이 나오고, 구약성서와 유대교 경전에는 노아가 한 자식에게 내린 저주로 피부가 검은 인간이 생겨나게 됐다는 설명이 나온다. 또는 자연적인 감염이나 유전에 의해 피부가 검게 됐다는 설명도 있다. 어느 것이나 흑인은 백인과 다름을 강조하는 것이다.

15~16세기에 이미 흑인은 서양사회에 깊숙이 들어와 있었다. 당시에 아직 후진국이었던 영국에서조차 백인의 실업문제를 해결하기 위해 흑인을 나라 밖으로 이송하라는 명령이 빈번히 내려질 정도였다. 그리고 서양사회에서 흑인은 유대인과 마찬가지로 언제나 '남'이었다. 그냥 '남'이기만 한 것도 아니었다. 유럽에서 검은색은 언제나 불결, 불순, 음험, 위험, 악의, 죽음, 불길 등을 뜻하는 색이었다.

셰익스피어의 작품 《오셀로》에서 주인공 오셀로는 이름으로 불리기보다는 무어인으로 더 많이 불린다. 그가 흑인임을 부정적으로 강조하는 대사도 18개나 들어 있다. 그 대사들은 두터운 입술, 검은 피부, 악마성, 호색, 변덕, 격정, 마술성 등을 강조하고 있다. 물론 그와 같은 흑인의 이미지는 셰익스피어가 만들어낸 것이 아니라 당시 유럽에서 일반적으로 통하는 것이었다.

《오셀로》의 제국주의적 요소는 그 이야기 자체 안에 들어 있다. 흑인인 오셀로는 주체적인 판단을 하지 못하고 타인의 감언이설에 속아 백인인 아내를 죽인다. 이런 오셀로의 인간상은 흑인에 대한 멸시를 형상화한 것으로 볼 수 있다.

셰익스피어가 《오셀로》를 쓰기 4년 전인 1600년에 북아프리카의 모로코가 파견한 대사가 영국 런던을 방문해 6개월 동안 머물렀다. 그때 영국은 이슬람 국가와 최초로 정식 무역교류를 했다. 그러나 그 뒤로 양국 관계는 급속히 냉각됐다. 고대 로마의 지배를 받았던 영국에는 북아프리카 출신의 흑인들로 구성된 흑인부대가 있었다. 그러나 엘리자베스 1세 시대에 에스파냐와 포르투갈에서 추방

〈오셀로와 데스데모나〉.
1820년대에 그려진 그림.

된 흑인 난민이 몰려들자 영국은 두 차례에 걸쳐 흑인 추방령을 내린다.

당시에 영국에서 흑인은 검은 피부색 때문에 천대를 받는 동시에 관능의 상징으로 여겨지기도 했다. 이는 당시의 시, 이야기, 희곡 등을 보면 흑인이 언제나 성적 에너지의 화신으로 등장한다는 점으로 미루어 알 수 있다. 지금도 미국을 비롯한 세계의 여러 곳에 흑인에 대한 그러한 이중적 관점이 존재한다. 이런 관점과 반대로 《오셀로》에서는 흑인 오셀로가 아내인 데스데모나를 놓고 백인인 부관 캐시오의 젊음과 성적 매력을 질투하는 것으로 나온다. 이는 셰익스피어가 오셀로를 통해 당시 흑인 남성에 대한 백인 남성의 질투를 역으로 표현한 것으로 볼 수 있다.

오셀로는 처음에 장군으로 등장한다. 백인 장군과 다름이 없다. 백인 여성인 데스데모나와의 결혼은 그의 그런 백인성을 강화시킨다. 그러나 이아고가 등장해 여성에 대한 부권제 사회의 부정적인 심리를 오셀로의 마음에 심어 넣는다. 만일 오셀로가 백인이었다면 그렇게까지 추락하기보다는 중간에서 타협함으로써 캐시오에 대한 질투가 죽음으로까지 연결되지는 않았으리라. 그러나 오셀로는 겉으로는 백인이나 다름없지만 내면적으로는 흑인이다. 이 때문에 그는 당시 흑인 남성에 대해 백인 남성의 질투와 같은 감정을 갖게 되면서 추락의 길을 걷게 된다. 다시 말해 그는 검은 얼굴을 한 백인이다. 오셀로는 백인사회의 악을 한 몸에 지고 추방되는 희생양이다.

오셀로가 이아고에게 전혀 대항하지 못하는 것은 그 자신의 경직성과 유약함, 그리고 그가 빠져든 정염의 강도를 반영한다. 오셀로가 빠져든 정염을 관중인 백인은 동경한다. 그러한 매혹의 힘은 방치될 수 없기에 오셀로는 흑인 이슬람교도로 악마화되지 않을 수 없다. 이러한 도착된 흑백 이미지의 강조가 《오셀로 》의 핵심이다.

만일 셰익스피어가 영국의 백인 장군으로 주인공을 설정했다면 엄청난 사회적 비난을 감수해야 했을 것이다. 그래서인지 그는 안전하게 당시 영국인이 가장 멸시하던 흑인을 주인공으로 설정했다. 그리고 이런 설정이 개연성을 갖게 하기 위해 영국의 대중이 잘 모르는 먼 나라인 베네치아를 무대로 삼았다. 베네치아가 당시에 제국적 도시국가였던 것은 분명하지만 흑인에게 장군직을 허용했는가는 의문이다. 그러나 여하튼 그러한 설정은 극작가인 셰익스피어의 탁월한 상상력에 의한 것이었다.

이와 동시에 셰익스피어는 희생되는 여성을 흑인 또는 비백인이 아닌 백인, 그것도 귀족인 백인으로 설정하고, 무지하고 포악한 흑인 남성 주인공과 극단적으로 대조되게 해서 연극적 재미를 극대화시켰다. 만일 오셀로의 아내를 당시에 경멸의 대상이던 흑인 여성으로 설정했다면 그 흑인 여성이 간통을 저질렀다고 해도 연극으로서는 그다지 재미를 주지 못했으리라. 흑인 장군인 오셀로의 부관을 영국인으로 설정하기도 어려웠을 것으로 추측된다. 그래서인지 셰익스피어는 이아고라는 에스파냐식 이름을 가진 남자로 설정했다. 이처럼 이 희곡은 등장인물들을 인종차별적으로 설정했다는 점에서 철저히 제국주의적인 작품이라고 할 수 있다.

인종차별이 극심한 백인사회에서 자신의 능력으로 성공한 흑인 남성이 지극히 착한 백인 여성을 아내로 맞지만 아내를 폭력적으로 학대하는 사람으로 변해 결국은 아내를 죽이고 스스로도 파멸한다는 오셀로의 비극과 비슷한 사건이 1994년 미국에서 발생했다. 흔히 'O. J. 심슨 사건'으로 불리는 그 사건은 미국 사회에 큰 충격을 주었다. 우리나라에서 흑인 남자가 육군 대장이 되어 한국여성 가운데 가장 아름답고 똑똑한 규수(가령 서울대를 나온 미스코리아)와 결혼했는데 그 후 얼마 안 되어 그 여성이 남편에게 살해당했다고 상상해보자. 우리 대중은 어떤 반응을 보일까?

《안토니우스와 클레오파트라》

클레오파트라는 아프리카에 있는 이집트의 여왕(기원전 51~30년)이었으니 흑인이었을 가능성을 배제할 수 없다. 그동안 알려지기로는 그녀는 알렉산더 대왕의 후손인 그리스계 백인이었고, 고대 그리스의 조각상(가령 비너스상)처럼 코가 유난히 높은 종족에 속했다고 한다. 그러나 최근의 여러 연구에 따르면 고대 그리스인은 백인보다 흑인에 더 가까웠고, 고대 그리스에 흑인도 많았으며, 그 문화에도 흑인적 요소가 상당히 섞여 있었다. 그러니 클레오파트라가 백인이었다고만 생각할 필요가 없다. 그녀는 흑인이었을 가능성이 얼마든지 있는 것이다.

세익스피어의 작품 《안토니우스와 클레오파트라》는 로마와 이집트를 비교해 보여준다. 1막 1장에서부터 로마는 '질서정연한 제국'으로 나오는 반면에 이집트는 '자질구레한 땅덩이가 짐승이나 인간이나 한 가지로 길러주는' 곳으로 나온다. 즉 질서와 무질서, 규율과 혼돈의 대비다. 이 작품은 로마인과 이집트인도 비교해 보여준다. 카이사르 남매는 냉정하고 이성적인 로마인인 반면에 풍요와 다산을 상징하는 클레오파트라는 감성의 대표 격이다. 카이사르의 아내인 옥타비아와 클레오파트라가 비교되기도 한다. 옥타비아는 '미모와 지혜와 숙덕'을 지닌 여성, '성스럽고 냉담하고 침착한 성격'의 여성으로 표현되는 반면에 클레오파트라는 '정열'과 '폭풍같은 관능미'로 넘친다. 이러한 극단적인 동시에 본질론적인 비교는 전형적인 오리엔탈리즘의 표현이다.

카이사르와 안토니우스도 비교된다. 안토니우스는 클레오파트라의 유혹에 빠져 주색잡기에 젖어들지만 카이사르는 그런 그를 이용해 스스로 로마를 지배하

알마-타데마의 〈안토니우스와 클레오파트라〉

고자 한다. 안토니우스는 《율리우스 카이사르》에서는 주색을 좋아하는 인물로, 브루투스로 상징되는 로마인의 전형적인 모습과는 다른 '가장 로마인답지 않은 로마인'으로 그려졌지만 《안토니우스와 클레오파트라》에서는 클레오파트라의 유혹으로 인해 타락하는 인물로 그려진다. 이는 곧 동양의 관능에 의해 서양의 용기가 타락한다는 오리엔탈리즘적 사고방식의 표현이다. 이러한 몇 가지만 보아도 우리는 《안토니우스와 클레오파트라》가 제국주의적인 작품임을 알 수 있다.

제국주의 소설의 원조 《폭풍우》

셰익스피어가 만년인 1611년에 쓴 《폭풍우》는 당시의 식민지 문제를 가장 집약적으로 보여주는 상징적인 작품이다. 《폭풍우》의 주인공은 밀라노의 공작인 프로스페로다. 쿠데타로 쫓겨난 그는 표류하다가 무인도에 닿는다. 그곳에서 그는 추악한 야만인인 캘리번과 정령 에어리얼을 만난다. 프로스페로는 에어리얼을 해방시켜 자기의 지배 아래 두지만 캘리번은 그의 교육에 불응한다. 프로스페로는 마법으로 그에게 강제노역을 시킨다. 이렇게 해서 지배권을 확보한 프로스페로가 그 섬에서 세월을 보내면서 12년쯤 됐을 때 과거에 밀라노에서 쿠데타를 일으켰던 사람들이 그 섬에 표류해 온다. 프로스페로는 복수를 하고자 하나 캘리번 등의 쿠데타에 부닥친다. 그러나 그는 에어리얼을 이용해 그 음모를 붕괴시킨다.

식민지 지배를 정당화하는 이 희곡이 오랜 세월에 걸쳐 영국인들의 사랑을 받아왔음은 물론이다. 예를 들어 대영제국이 강성하던 1876년에 《폭풍우》의 편집자는 식민의 시대에 이 작품의 주인공들은 각별한 의미를 갖는다면서, 프로스페로가 캘리번의 토지를 빼앗듯이 영국도 식민지 원주민들로부터 그들의 토지를 빼앗는 것은 정당하다는 식으로 설명한다.

또한 2차 세계대전 말기에 당시로서는 가장 유명한 셰익스피어 학자였던 윌슨 나이트는 《폭풍우》를 분석하면서 그 내용에 빗대어 대영제국을 극찬했다. 그는 제국의 정신적 지주로 종교적 규율과 관용, 자연을 이용하는 기술, 야만인의 문명화에 대한 강고한 의지를 들고 그 세 가지 각각에 프로스페로, 에어리얼, 캘리번을 대응시켰다.

그러나 이렇게 제국을 찬양하는 방향의 분석만 있었던 것은 아니다. 1950년에 프랑스의 정신분석의사이자 사회과학자인 마노니는 프랑스의 식민지인 마다가스카르의 지배자와 원주민을 분석하면서 그 각각을 프로스페로와 캘리번에 대응시켰다. 그 뒤로 프로스페로와 캘리번은 식민지 지배를 상징하는 이름으로 널리 사용된다. 예를 들어 케냐의 작가 응구기와 씨옹고는 1967년에 쓴 그의 초기

프로스페로와 에어리얼(가운데), 그리고 강제노역을 하는 원주민 캘리번(오른쪽). 윌리엄 호거스의 그림.

장편《한 톨의 밀알》에서 민족독립운동을 무자비하게 탄압하는 식민관료를 묘사하는데, 그 식민관료가 소설 속에서 쓰는 회상록의 제목이 '아프리카의 프로스페로'다. 셰익스피어는 저항문학이나 민중문학에서도 장사가 되는 모양이다.

셰익스피어의 희곡이 대부분 그렇듯이 《폭풍우》도 이탈리아의 도시국가(밀라노와 나폴리)를 배경으로 삼고 있고, 등장인물도 모두 그곳 사람이다. 그리고 프로스페로가 표착한 섬은 나폴리와 튀니지를 연결하는 선상에 있는 절해의 무인도다. 그러나 셰익스피어의 머릿속에 들어 있었던 그 섬의 이미지는 분명히 아메리카 대륙이다. 그곳과 관련이 있는 것으로 작품 속에 나오는 고유명사, 인용문, 상황, 인물 등에서 20여 건은 아메리카 대륙과 관련이 있다. 이러한 사실은 18세기 후반과 19세기 초엽에 걸쳐 분명하게 밝혀졌다. 특히 식민통치자인 프로스페로의 생김새, '캘리번'이라는 이름, 몽테뉴의 《에세》 중 1권 31장 '식인종에 관하여'에서 길게 인용한 대목 등이 그렇다.

프로스페로는 이탈리아 귀족이지만 원주민인 캘리번에게 생활수단 전부를 의존한다. 그렇지만 그가 캘리번에게 유럽어를 가르친다거나 원주민의 신을 압도하는 기술로 원주민을 지배하게 된다는 등의 내용을 보면 그는 아메리카 식민지 배자와 흡사하다. '캘리번(Caliban)'이라는 이름의 유래에 대해서는 여러 설이 있으나, 식인종을 뜻하는 '캐니벌(cannibal)'의 철자를 바꾼 것이라는 견해가 18세기 후반 이래 통설이 됐다. 1888년에 간행된 《옥스퍼드 영어사전》에도 그렇게 설명돼 있다. 만약 이것이 사실이라면 신세계 원주민이 식인종이라는 견해는 《폭풍우》가 상연된 1611년에 이미 널리 퍼져 있었다는 얘기가 된다. 《폭풍우》에서 캘리번이 식인종으로 직접 묘사되지는 않았지만, 그의 이름이 식인종에 빗대어 정해졌다는 설은 유력하다. 2막 2장에서는 캘리번이 인디언 또는 야만인으로 불린다. 그는 인디언 특유의 고기잡이법을 보여주기도 한다.

셰익스피어와 몽테뉴

셰익스피어는 《폭풍우》의 2막 1장에서 몽테뉴의 글을 인용한다. 곤잘로의 식민정책에 관한 대사에서다. 그것은 몽테뉴가 브라질 원주민에 대한 성찰을 통해 유토피아의 모습을 기록한 글이었다. 셰익스피어는 그 글을 앞으로 건설하게 될 유토피아의 청사진으로 삼는다. 그 구절을 읽어보자.

그 국가에서 저는 만사를 보통과는 정반대로 처리하겠습니다. 즉 어떠한 상거래도 인정하지 않고, 관공리는 없을 것이며, 학문도 금지하고, 빈부도 없을 것이며, 고용도 전혀 없을 것입니다. 계약, 상속, 경계, 소유지, 경작지, 포도원 같은 것도 전혀 없을 것입니다. 금속, 곡물, 주류, 유류 등의 사용도 없을 것이며, 직업도 없고, 남자는 무위도식할 것이며, 여자 또한 천진난만할 것이며, 군주권도 없고. (중략) 만인이 필요한 물건들은 죄다 땀도 노력도 없이 자연이 생산해 줄 것이며, 칼, 창, 단도, 총을 비롯한 전쟁무기 같은 것도 필요 없을 것이며, 자연은 풍요한 오곡을 생산하여 순박한 백성들을 양육해줄 것입니다.

그런데 이런 유토피아의 꿈은 곧 악역들에 의해 야유당하고 우스개로 평가절하된다. 악역들이 "무위도식자뿐이니 결혼도 없고 갈보와 악당뿐이겠다"라고 하자 곤잘로는 웃음거리를 제공한 것에 불과하다며 곧바로 꽁지를 내린다. 이 대목은 셰익스피어가 몽테뉴를 인용해 몽테뉴를 비웃고자 한 것이 아니었나 하는 의심을 불러일으킨다.

《폭풍우》 4막 1장에서 유토피아는 정령 케레스의 다음과 같은 노래를 통해 재현된다.

대지의 생산은 풍부하고,
광과 곳간은 가득 차고,
포도는 주렁주렁,
과목의 가지는 늘어지고,
봄철은 늦어도
추수여 어서 오라!

부족이나 결핍은 오지 말고

케레스의 축복을 받으라.

여기서의 유토피아도 극중에서 곧 소멸하고 만다. 캘리번의 쿠데타 때문이다. 이런 구성을 통해 셰익스피어는 원주민을 완전히 정복하지 않고는 유토피아 건설이 불가능하다는 말을 하고 있는 듯하다.

이런 관점에서 《폭풍우》에 나타나는 식민지화의 과정을 살펴보면, 첫째 초기의 우호관계(캘리번은 프로스페로에게 섬의 풍부한 자원을 알려준다), 둘째 제국 측의 문명화 노력과 실패(캘리번에게 언어를 가르치나 그것이 나쁜 짓에 악용된다), 셋째 적대관계와 토지수탈 및 원주민의 노예화라는 단계를 거침을 알 수 있다. 이는 콜럼버스의 행보와도 일치한다.

셰익스피어의 시대 이후로 영국은 '해가 지지 않는 제국'이 됐고, 셰익스피어는 그 제국의 보물 같은 작가로서 세계적인 명성을 누렸다. 물론 셰익스피어의 작품 자체가 위대함은 부인할 수 없는 사실이니 영국이 세계제국을 형성했기 때문에 그가 세계적인 작가가 됐다고만 말할 수는 없지만, 그의 조국인 영국의 국력이 그의 명성과 영향력을 증폭시켰다는 것은 무시할 수 없는 사실이다.

＊

에필로그: 자유―자치―자연의 르네상스

"개혁이라는 단어가 사람들 입에 어찌나 자주 오르내리는지, 누구와 대화를 나누더라도 그것이 가장 빈번하게 주제가 된다." 지금 한국에도 더할 나위 없이 잘 어울리는 이 말은 500여 년 전 르네상스 시대의 어느 인물이 한 말이다. 르네상스는 개혁 그 자체였다. 우리 시대에도 개혁이 필요한가? 그렇다면 르네상스를 살펴보아야 한다.

"아담아, 나는 너를 세상의 중심에 세웠노라. … 너 자신을 실현하고 창안하는 자로서, 네 자유의 존엄성으로부터 네가 스스로 원하는 모습을 만들어낼 수 있도록 하기 위해서다."(피코,《인간의 존엄성에 관하여》) "자유로운 사회에서만 인간은 자신의 모든 것을 발휘할 수 있다."(리누치니,《자유에 대하여》) "사람들은 아름다움과 힘과 명민성 같은 자연의 특별한 은총을 찬미해 마지않는다."(모어, 《유토피아》)

21세기 한국인의 좌우명이 되기에도 부족함이 없는 이 말들 역시 500여 년 전 르네상스 시대의 경구다. 르네상스는 바로 그러한 사회를 추구했고, 르네상스인은 바로 그러한 인간이 되고자 했다. 우리 시대에도 그러한 인간, 사회, 자연이 필요한가? 그렇다면 르네상스의 인간관, 사회관, 자연관을 살펴보지 않을 수 없다.

물론 그때라고 해서 완벽한 개혁이 이루어졌거나, 자유의 존엄성이 완전하게 보장됐거나, 자연의 은총이 의심할 바 없이 확보됐던 것은 아니다. 명백한 한계가 있긴 했으나 르네상스인은 '자유의 존엄성'을 그 어느 때보다 소리 높여 부르짖었다. 적어도 르네상스 시대의 인간은 '자유인'이 되고자 했다. 그렇다. 르네상스는 인간의 자유, 사회의 자치, 아름다운 자연을 향한 개혁의 몸부림이었다.

인간의 자유로운 정신활동이 존중되는 동시에 인간의 육체도 존엄성을 획득했다. 그 전에는 육체가 신의 이름 아래 경멸당했을 뿐이다. 르네상스에 이르러 비로소 사람들이 육체의 아름다움을 찬양하기 시작했다. 아울러 자유의 존엄성을 해치는 궁핍과 무지, 편견과 독단, 권위와 억압은 비난의 대상이 됐다. 물론 법이 자유의 존엄성을 인권으로 규정했거나 궁핍과 무지에 대한 제도적 해결책이 제시되지는 못했다. 그렇더라도 정신만은 확실히 고양됐다.

'전문가'는 전인적 지성의 적

성, 계층, 국가의 측면에서 한계가 있긴 했으나 르네상스인들은 개혁가이자 창조자였고, 박식가이자 사상가였으며, 여행가이자 생활인이었다. 그들은 학문과 예술에 두루 관심을 가졌고, 항상 자기만의 새로움을 창조하고자 했다. 또 세상에 대한 호기심으로 모든 곳을 여행했고, 그러면서도 한편으로는 일상생활에 충실했다.

그리하여 그들은 도그마에 빠지지 않고 상대적인 관점과 관용으로 다양성과 변화를 인정하는 동시에 다른 한편으로는 언제나 새롭고 드높은 삶의 보편성을 추구할 수 있었다. 이는 곧 르네상스가 지성인, 교양인, 보편인의 인간상이 실현될 길을 열었다는 뜻이다.

방금 말한 지성인, 교양인, 보편인의 인간상은 오늘날 흔히 그 대명사로 간주되는 대학교수를 비롯한 전문가를 가리키는 것이 아니다. 앞뒤가 꽉 막힌 '전문가'는 오히려 보편인의 적이며, 르네상스의 전인적 지성인 또는 교양인에 반하는 인간상의 개념이다. 그보다는 다양한 지식과 교양을 추구하고 새로운 사회와 세계, 그리고 조화로운 자연을 모색하는 성실한 생활인이야말로 우리 시대의 르네상스인이라고 할 수 있을 것이다.

르네상스는 흔히 천재들의 명단과 그들의 작품들로 대변된다. 그러나 우리에게 필요한 것은 그런 '암기용 리스트'가 아니라 르네상스의 핵심 정신이다. 그래서 이 책에서 나는 르네상스 문화의 가장 중요한 정신이라고 할 수 있는 세 가지, 즉 '나', 휴머니즘, 유토피아의 핵심을 형성한 인물들을 살펴보았다.

어느 영문학 교수와 르네상스 이야기를 하다가 내가 셰익스피어를 언급하자 그는 왜 셰익스피어를 르네상스의 인물에 포함시키느냐며 의아해했다. 그와 마찬가지로 많은 사람들이 르네상스라고 하면 이탈리아, 그것도 피렌체, 그리고 거기에서 살았던 다 빈치, 미켈란젤로, 라파엘로만을 떠올린다. "르네상스의 3대 천재는?" 하는 식의 암기교육이 낳은 폐해다.

르네상스가 피렌체를 중심으로 중부 이탈리아에서 시작되어 3대 천재를 비롯한 많은 예술가와 학자들을 낳은 것은 사실이다. 알베르티나 마키아벨리도 거기에 포함될 것이다. 그러나 이는 '르네상스의 절정기(High Renaissance)'에만 해당하는 이야기일 뿐이다. 그 전에 초기 르네상스가 있었고, 그 뒤에 이탈리아 북부와 유럽대륙에서 전개된 후기 르네상스가 있었다. 셰익스피어는 후기 르네상스를 대표하는 작가다.

이탈리아 밖에서도 르네상스가 일어나 에라스무스, 몽테뉴, 라스 카사스, 라블레, 모어, 브뤼헐 등을 배출했다. 모두 이탈리아 르네상스의 인물들에 못지않은 사람들이다. 그들은 '나', 휴머니즘, 유토피아라는 르네상스 문화의 핵심을 선명하게 보여주었다는 점에서 이탈리아 르네상스인들만큼 관심을 불러일으킨다. 17세기 이후에 그런 '르네상스 정신'이 사라지면서 서양이 문화적 위기를 맞았다고 보는 입장에서는 더욱 그러하다.

근대의 봄인가, 중세의 가을인가

흔히 르네상스를 '근대의 봄'이라고 한다. 그러나 르네상스를 '중세의 가을'로 보는 견해도 있다. 그러니 르네상스란 근대와 중세 사이의 시기, 그러니까 14~16세기 유럽의 사회와 문화를 뜻한다고 보면 무난할 것이다. 한국에서 르네상스 연구의 태두로 불리는 역사학자 차하순은 《르네상스의 사회와 사상》에서 르네상스 시대를 1300~1500년으로 명시했으나, 그렇게 하면 그 자신이 르네상스 시대의 인물에 포함시킨 셰익스피어(1564~1616) 등이 제외되고 만다. 여하튼 여기서 근대는 르네상스인들이 자기들의 시대를 가리키는 데 사용한 말이기도 하다. 자기들의 시대를 고대나 중세와 구분해 근대라고 부른 것이다. 이러한 역사적 시대구분을 3분법이라고 한다.

　르네상스를 '중세의 가을'이라고 부른 학자들에 따르면, 르네상스가 지닌 중세적 요소의 핵심은 봉건제와 가톨릭이다. 봉건제와 가톨릭은 13세기 말부터 진행된 화폐경제의 부활, 도시민의 대두, 상공업의 발흥, 세속문화의 형성, 종교의 분열이라는 '근대의 봄' 기운에 밀리면서 점차 쇠퇴했으나 그 기본은 르네상스에서도 그대로 유지됐다. 그렇더라도 나는 르네상스를 '중세의 연속'이라고 생각하지 않는다. 나는 '중세의 개혁'이라는 측면에서 르네상스를 바라보기 때문이다.

　르네상스를 '근대의 봄'으로 규정한다면 그 뒤의 근대사는 르네상스의 발전이므로 '근대의 여름과 가을'이 될 것이다. 종교개혁, 봉건국가의 쇠퇴와 국민국가의 형성, 자본주의의 발전, 과학혁명을 비롯한 지식혁명 등은 근대의 '여름'에 해당할 것이다. 그리고 20세기에 인류가 두 차례의 세계대전을 겪고 자본주의가 서서히 저물기 시작한 것은 근대의 '가을'이 되지만, 이를 근대의 '겨울'이라고 불러도 무방할 듯하다. 이런 견해는 르네상스 시대와 그 뒤의 17~19세기, 그리고 현대로 이어지는 연속성을 강조한다.

이처럼 르네상스를 그 전의 중세와 그 후의 근대와 앞뒤로 연결하는 역사관은 역사에는 연속성이 있다는 일반론에서 보면 문제가 없다. 그러나 역사에서는 연속성보다 단절성이 더 뚜렷하게 나타나는 시기도 있다. 적어도 르네상스의 개혁성을 강조하는 입장에서는 어느 정도의 연속성이 있다고 하더라도 단절성에 주목하게 된다. 이에 관한 판단은 결국 역사를 어떻게 보느냐 하는 문제와 관련이 있다.

나는 르네상스를 문화에 급격한 변화가 일어난 '개혁'의 시기로 보며, 이런 관점에서 그것을 중세와 구별할 뿐만 아니라 17세기 이후의 근대와도 구별한다. 이는 지성사의 측면에서 볼 때 르네상스에서 나타난 구체성, 다양성, 상대성, 관용성, 통합주의, 회의주의 등의 경향이 17세기 이후에 추상성, 절대성, 배타성, 획일성, 실증주의 등으로 대체됐고, 그 결과로 20세기에 인류가 두 차례의 세계대전을 겪게 됐다고 보기 때문이다.

인간개혁, 사회개혁, 자연개혁의 꿈

흔히 르네상스를 '문예부흥'이라고 번역한다. 이는 일본식 번역을 그대로 따른 것이다. '문예'란 문학과 예술을 합쳐 부르는 말이다. 국어사전은 문예를 문학 즉 문학예술의 준말이라고도 설명한다. 그러나 이런 시각에서 문예부흥을 이해하는 것은 문제가 있다. 르네상스는 문학이나 예술의 부흥만을 뜻하는 것이 아니기 때문이다. 브리태니커 백과사전은 르네상스를 '고전 학문과 지식의 부활'이라고 설명해놓았는데, 이것도 범위가 너무 좁기는 마찬가지다.

르네상스에서는 문예의 부흥만 이루어진 것이 아니라 신대륙의 발견(이는 물론 유럽인의 입장이 반영된 표현이다)과 탐험, 천동설의 지동설로의 대체, 가톨릭과 봉건제의 몰락, 도시국가와 국민국가의 탄생, 민족언어의 발전, 상업의 성장, 신기술(종이, 인쇄술, 항해술, 화약)의 발명과 응용 등도 이루어졌다. 따라서 문예와 학문뿐만 아니라 이 모든 변화가 일어난 분야를 두루 포괄하는 개념으로 '문화'라는 말을 사용할 수밖에 없다.

그리고 '문예부흥'에서 '부흥'이란 기독교에서 부흥회라는 말을 사용하는 데서 알 수 있듯이 무엇인가를 '다시 일어나도록 북돋운다'라는 뜻이다. '부활'이나 '재생'이라는 말과 그 뜻이 비슷하다. 문예부흥은 르네상스가 그리스와 로마의 고전문화를 부흥시켰다는 의미로 사용돼온 말이다. 그러나 고전문화에 대한 재조명은 르네상스의 출발점일 뿐이다. 르네상스는 결코 고전문화의 복사판이 아니다. 도리어 르네상스는 고전문화를 재조명하는 작업을 통해 중세문화를 개혁했다고 보는 것이 적절하다. 그래서 나는 르네상스를 '문화개혁'으로 본다.

한 발 더 나아가 나는 르네상스가 문화개혁만도 아닌 인간개혁, 사회개혁, 자연개혁이었다고 본다. 르네상스의 기반인 그리스와 로마의 고전에 대한 연구의 목적도 단순히 고전에 관한 지식을 얻으려는 것이 아니라 중세의 종교적, 사회적 속박에서 벗어나 자유롭고 자치(自治)를 하며 자연스럽게 살아가는 인간, 그리고 그런 인간의 삶을 가능하게 하는 사회와 세계를 만들려는 것이었다. 신이 아닌 인간을 위한 학문, 예술, 생활이 르네상스의 중심적인 지향이었다.

르네상스 시대에 인간은 스스로 세상 속에 서는 자유롭고 독립적인 존재, 신에게 의존하기보다는 자신의 자유로운 의지와 노력을 통해 스스로 보편적인 상태에 이르고자 하는 존재였다. 여기서 '보편적'이라 함은 모든 학문과 예술에 두루 정통한 것을 뜻한다. 그러한 보편적 상태에 이른 인간이 바로 보편인 또는 만능인의 인간상이다. 르네상스는 인간의 자유의지에 절대적인 지위를 부여했고, 그 자유의지에 따른 인간의 모든 사회활동을 존중했다.

그래서 르네상스인은 정치인, 경제인, 기술인이기도 했다. 르네상스인은 시민자치의 정치를 추구했다. 예를 들어 알베르티, 미켈란젤로, 마키아벨리를 비롯한 많은 이탈리아 르네상스인들이 메디치가와 같은 유력가문의 독재정치를 비판하고 시민자치의 도시국가를 옹호했다. 흔히 정치술수의 대명사로 간주되는 마키아벨리도 사실은 현실정치의 중요성을 강조하면서도 독재정치를 비판하는 데 진력했다. 에라스무스, 몽테뉴, 모어, 라블레, 브뤼헐 등도 당대의 정치나 전쟁을 비판했고, 특히 라스 카사스는 제국주의의 식민지 착취에 평생에 걸쳐 저항했다.

경제력을 추구하는 행위는 중세에는 비난의 대상이었으나 르네상스 시대에는 긍정됐다. 알베르티가 《가족론》에서 가정의 지출을 줄이고 수입을 늘리는 합리적인 태도를 찬양한 것도 그렇지만, 마키아벨리가 인간의 본질은 소유욕에 있고 정치란 그러한 욕망을 이용해 정치적인 목적의 실현을 도모하는 기술이라고 말한 것도 그런 맥락으로 이해할 수 있다. 그렇다고 해서 르네상스가 자본주의식의 '경제적 동물'까지 예찬한 것은 아니었다. 오히려 브뤼헐은 자본주의의 악폐를 비판적으로 묘사했고, 모어는 아예 사유재산제를 부정하는 주장까지 했다. 당시에는 어디까지나 자유와 학예를 위한 수단으로서만 부를 추구하는 것이 정당화됐다.

또한 르네상스인은 자신이 속한 세상과 우주를 대상화해 관찰하면서 그렇게 대상화된 것과 당당하게 교감하는 주체적인 태도를 보였다. 이런 의미에서 르네상스인을 합리인, 경험인, 과학인이라고 부를 수도 있을 것이다.

그러나 다 빈치에게서 보듯이 당시의 과학은 예술과 분리되지도 않았고, 자연을 지배하기 위한 것도 아니었음에 유의해야 한다. 르네상스의 과학은 예술과 어우러진 상태에서 인간과 자연의 공존을 추구했고, 이런 점에서 베이컨과 데카르트 이후, 즉 17세기 이후의 과학과 구별된다. 이런 점에서 르네상스는 자유와 자치는 물론이고 자연도 중시한 문화개혁이었다고 볼 수 있다.

르네상스는 휴머니즘이라는 지적 개혁으로부터 시작됐다. 휴머니즘을 주도한 학자들이 바로 휴머니스트다. 그들은 중세의 신학에 젖은 대학교수가 아니라 대학 밖에서 활동하는 세속 문필가였다. 그들은 무엇보다 '인간의 존엄성'을 강조했다. 그들이 중세의 이상인 '속죄의 생활' 대신에 '자유와 창조를 위한 투쟁'을 주장한 점, 전통적 종교의 강요에 의해 정신이 억압된 상태에서 인간을 해방시키고 자유로운 탐구정신과 비판의식을 자극한 점, 사고 및 창의력의 가능성과 관련해 사람들에게 새로운 자신감을 불러일으킨 점 등은 아무리 강조해도 지나치지 않다.

모색과 탐구의 자유정신

요즘 들어 휴머니즘이라는 말을 인문학의 다른 표현으로 사용하는 경우가 많다. 그러나 그렇게 하는 것은 옳지 않다. 휴머니즘은 특정한 분야를 가리키는 말이거나 학문과 예술에 대한 특정한 태도를 가리키는 말이 아니라 하나의 '정신'이며, 그 핵심은 생활과 지혜의 결합, 지적활동과 실천의 조화에 있다. 휴머니즘은 이른바 '문사철(문학, 사학, 철학)'에 대한 특별한 관심이 아니라 인간의 모든 구체적 문제에 대한 토론을 중시하는 실천적 명제다.

르네상스인들은 한없이 모색하고 탐구하는 자유정신을 갖고 있었다. 그들이 모색하고 탐구하는 대상에 한정이 없었고, 그들이 모색하고 탐구하는 기간에도 한정이 없었다. 그들은 모든 구분과 경계를 자유자재로 뛰어넘으며 언제나 변화했다. 이러한 개별자의 미완, 유동, 다양은 전체의 통일, 조화, 균형과 모순되지 않았다. 다양한 삶의 영역을 자유롭게 넘나들며 보편성을 추구하는 태도, 이것이야말로 르네상스적 전인(全人)의 핵심이다.

그 전형을 보여준 인물이 알베르티, 다 빈치, 미켈란젤로다. 르네상스인들은 모두 그들과 같은 만능인의 경지에 다다르고자 노력했다. 알베르티는 이렇게 말했다. "인간은 하고자 한다면 무엇이든 성취할 수 있다." 그렇기에 르네상스인들은 모든 지식과 예술을 두루 포용하는 동시에 육체적, 사회적으로 완성된 상태에 이르는 것을 비롯해 자신의 능력을 최대한 계발하고 발휘하기 위해 노력해야 한다고 믿었다.

르네상스인들은 자유로운 인간이 누리는 '삶의 환희'를 모토로 삼았다. 단테의 《신곡》을 비롯해 르네상스의 문학작품이나 미술작품에서 우리가 볼 수 있는 인간은 개성과 관능이 넘치는 자유분방한 존재다. 그 인간은 육체와 감각을 스스로 죽이는 중세의 종교적 인간이 아니라 육체와 감각이 살아있는 현실의 인간이자 현실주의자다.

여기서 우리는 르네상스의 휴머니즘적 인간상과 근대적 과학사상이 설정한 '확고하게 자리 잡고 변화가 없는 기계적 인간'의 차이에 유의해야 한다. 르네상스인은 인간이라면 누구나 자신의 삶을 자유롭게 선택할 수 있고, 어떤 고정된 위치나 자리에 얽매일 필요가 없다고 보았다. 이런 사고방식은 르네상스 시대가 정치적, 경제적, 사회적 위기상황이었기에 그러한 위기상황에 유연하게 대처하기 위해 요구된 것이기도 했다. 개혁을 필요로 하는 시대는 위기의 시대다. 위기에 대처할 수 없는 '과거'를 대체할 새로운 '현실'을 만드는 것이 곧 개혁이다.

"행동하라, 무위는 죄악이다"

이탈리아에서 발생한 휴머니즘은 인쇄술이 발달함에 따라 유럽 전역으로 퍼져갔다. 휴머니스트들 가운데 '왕'이라고 불려온 이가 에라스무스다. 그는 유럽의 방방곡곡을 누비면서 많은 책과 편지를 썼고, 각국의 휴머니스트들과 두루 친교를

16세기 중엽의 인쇄소 풍경. 15세기에 구텐베르크에 의해 발명된 인쇄술은 르네상스시대의 문화와 사회에 커다란 영향을 끼쳤다.

맺으면서 유럽 사상계의 지도자로 군림했다. 그는 자유인답게 어디에도 정착하지 않았고, 추기경을 비롯한 어떠한 직업에도 안주하지 않았다. 그는 어지러운 세파에 휩쓸리지도 않았다. 자유는 그의 운명이었다.

에라스무스는 "그러나…"라는 말을 너무 자주 해 '그러나 박사'로 불리기도 했다. 성직자의 사생아로 태어난 그는 형식적인 경건에 대립해 심중에서 우러나오는 선을 주장하는 《바보자찬(우신예찬)》을 쓰는 등 풍자문학 활동으로 당시의 현실을 비판해 종교개혁의 불을 지폈다. 그러나 자신은 끝까지 '그러나'라는 말로 상징되는 정신적 균형을 유지했다.

또한 그는 최초로 신약성서를 라틴어로 번역해 성서번역의 효시가 됐고, 기존 성서의 부정확성을 폭로함으로써 원전비평의 기초를 놓았다. 그는 대중도 성서를 읽어야 한다는 주장을 계속 했다. 신학자로서의 그는 가톨릭교회와 교황의 절대적 권위를 부정했고, 형식에 구애받는 성직자들이나 복잡한 사변에 몰두하는 신학자들을 비판했으며, 소박하고 순수한 원시 기독교로 돌아가자고 주장했다.

프랑스의 몽테뉴와 라블레도 에라스무스에 버금가는 전인적 휴머니스트였다. 라틴어로 글을 쓴 에라스무스와 달리 그들은 자기 나라의 언어인 프랑스어로 풍자와 비유의 걸작인 《에세》, 《가르강튀아》와 《팡타그뤼엘》을 각각 썼다. 그들은 위선, 가식, 전통을 거부하고 인간의 신체적 활동에 주목한 민중문화의 선구자다.

르네상스 휴머니즘이 다양성을 추구했다고 함은 단순히 잡다한 관심을 가졌다는 말이 아니다. 그보다는 권력이 지배하는 추악하고 부조리한 현실에 끝없이 저항하며 보편성을 추구했다는 말이다. 이런 태도는 필연적으로 유토피아를 그리는 사회적, 정치적 태도로 연결된다. 알베르티는 이렇게 말했다. "행동하라, 무위는 죄악이다." 그는 언제나 인간의 이성과 현실의 시민생활에 관심을 가졌다. 그가 도덕생활의 원리인 법과 사회생활의 수단인 경제를 중시한 것도 그 때문이었다.

르네상스는 작고 자유로운 도시, 활기찬 자치의 도시, 저마다 개성을 가진 다양한 시민들이 보편성을 추구하는 도시를 추구하는 시민자치의 정신에서 비롯됐다. 미켈란젤로가 지키고자 한 피렌체가 그 상징이고, 모어가 추구한 유토피아도 바로 그런 곳이다.

이상(理想)에 비해 현실의 도시에는 문제가 너무 많았다. 휴머니스트들은 무엇보다 부패한 교회에 저항했다. 에라스무스, 모어, 알베르티, 미켈란젤로도 그랬다. 다 빈치는 아예 무신론자였다. 그러나 다른 한편으로 그들은 배타적인 종교개혁에는 반대하면서 종교의 자유를 옹호했다.

르네상스 정치사상을 대표하는 마키아벨리는 정치에서는 사실을 있는 그대로 인식하고 그 결과에 따라 목적에 맞는 수단을 강구해야 한다면서 민중군주론을 주창했다. 그러나 16세기 후반 이후에 교회국가가 다시 융성해지면서 마키아벨리는 악마의 변호인으로 비난받게 된다.

시민자치의 유토피아를 추구한 모어는 국가주의가 아닌 자치적 사회주의의 기원이 됐다는 점에서 중요한 르네상스인이다. 르네상스 유토피아 사상의 정점을 보여준 그는 과학 만능의 유토피아를 제시한 베이컨과는 명백하게 구별되는 사회개혁가였다.

르네상스 시대에 시작된 제국주의적 침략에 비판을 가한 휴머니스트는 많지 않았다. 셰익스피어는 오히려 제국주의적 침략을 합리화했다. 제국주의의 폐해가 아직 본격적으로 드러나기 전이었음을 감안하면 당시의 휴머니스트들이 제국주의적 침략에 대한 문제제기에 소홀했다고 해도 어느 정도는 이해할 수 있는 일이다. 그럼에도 라스 카사스는 평생을 두고 제국주의적 침략과 원주민에 대한 인권탄압에 맞서 싸우면서 국제주의 정신을 몸으로 구현함으로써 선각자가 됐다.

르네상스 예술의 핵심은 두 가지다. 하나는 인간의 삶과 자연에 대한 사랑이고, 다른 하나는 틀에 박힌 과거의 형식을 벗어던지고 인간과 자연의 생명력을 존중하는 태도다. 단테의 《신곡》은 그 구조와 사상이 중세적이기는 하지만 인간본성의 다양성을 표현했다는 점에서 르네상스 문학의 선구로 볼 수 있다. 최초의 휴머니스트라고 불리는 법학도 페트라르카는 사랑하는 여인에게 이탈리아어로 현세적 애욕을 고백하는 연애시를 썼다. 이런 페트라르카의 모습은 중세적인 '플라톤적 사랑'과는 대조적인 것이다. 페트라르카와 친구로 지낸 보카치오는 사랑하는 여인을 위해 《데카메론》을 썼다. 이것은 당시의 기준으로는 가히 포르노 수준의 '위험한' 소설이었다. 그 안에 묘사된 성도덕의 해이는 당시의 사회상을 반영하고 있다.

애욕의 시, 삶의 환희, 나체 묘사

이처럼 예술은 르네상스의 특징을 가장 잘 보여주는 분야다. 르네상스 예술가들은 중세의 전통적 형식에서 벗어나 자유롭게 개성을 표현했으며, 예술가로서의 긍지를 갖고 정당한 사회적 대우를 요구했다. 그들은 전통적 형식보다는 경험과 관찰에 의존해 작품을 생산했다. 중요한 것은 예술가의 눈과 그 눈에 투영되는 대상이었다. 삶의 환희, 정신과 육체의 조화를 추구한 시대였던 만큼 나체 묘사야말로 민주적이고 사회적이며 현실적인 장르였다. 예술가들은 같은 계급인 민중의 지지를 받았다.

르네상스 예술의 중심은 회화였다. 중세 예술의 중심은 건축이었으나, 르네상스 시대에 회화가 건축을 밀어냈다. 회화에서 지금도 가장 중요한 위치를 차지하고 있는 유화가 그때 시작됐다. 르네상스 화가들은 이젤을 사용했고, 원근법을 도입했다. 이렇게 해서 확립된 사실적 자연주의 화풍은 그 뒤로 근대 회화의 흐름을 주도했다. 그러나 르네상스 회화의 핵심은 인간의 존엄성을 표현했다는 점이다.

르네상스 회화의 선구자인 조토의 작품은 지금도 성 프란체스코 교회의 벽에 남아 있다. 13세기 초의 교회개혁가이자 수도사인 성 프란체스코는 형식적인 스콜라주의를 배격하고 가난한 사람들에게 자연의 아름다움과 그 영적 가치를 설교했다. 조토의 그림은 명료하고 단순한 구도와 심리적 통찰에 의거한 새로운 양식으로 성 프란체스코의 사상을 잘 구현하고 있다. 이런 점에서 조토의 그림은 장식적이면서 종교적 위계질서를 강조하던 전통화와 확연히 구별되는 것이었다.

호노리우스 3세 교황 앞에서 설교하는 성 프란체스코.
성 프란체스코 교회의 벽에 그려진 조토의 그림.

눈에 비친 그대로의 자연과 인간

사람들이 가장 잘 아는 르네상스 예술가인 다 빈치와 미켈란젤로는 둘 다 예술가이자 학자이며 사상가였다. 다 빈치는 자연인이자 반항인이었다. 〈모나리자〉와 〈최후의 만찬〉을 비롯한 그의 수많은 걸작들은 정확한 형상과 초자연의 정신성을 결합해 생명의 신비를 표현하고 있다. 그러나 더욱 중요한 점은 그의 그림에 민중과 자연에 대한 사랑이 배어있다는 것이다. 〈모나리자〉는 임신한 여성 노동자를 그린 최초의 그림이 아닐까? 이 그림은 생명의 근원인 물을 배경으로 하고 있다는 점도 주목할 점이다. 다 빈치는 흔히 과학의 선구자로 불리지만, 그가 대표하는 르네상스 과학은 어디까지나 생명력을 존중하는 유기적 자연관에 입각한 것으로 17세기 이후의 기계적 과학과는 확연하게 다른 것이었다.

시스틴 교회의 벽화 〈최후의 심판〉과 그 천장화 〈천지창조〉 등의 작품을 남겨 르네상스 미술의 일인자로 꼽히는 미켈란젤로는 인체의 생명력을 풍부하게 표현하기 위해 구도와 비례의 원칙을 스스로 내던져버렸다. 미켈란젤로만큼 인간의 벗은 몸을 미술로 아름답게 재창조한 르네상스인은 없다. 그는 모든 인간을 아름답게 그렸다. 이 점은 그가 민주주의자이자 공화주의자였음을 보여준다. 〈최후의 심판〉은 신에 귀의하는 화해와 관용의 정신을 보여준다.

이탈리아가 아닌 다른 유럽 지역의 르네상스 문학가나 예술가들은 삶에 대한 사랑과 인간의 위대성에 대한 예찬을 넘어 민중의 생명력을 표현하는 데 진력했다. 문학에서는 프랑스의 라블레와 몽테뉴, 영국의 셰익스피어, 에스파냐의 세르반테스 등을 그 대표로 꼽을 수 있다. 미술에서는 네덜란드의 보스와 브뤼헐을 그 대표로 볼 수 있다.

당대의 지식인이기도 했던 보스는 빈민의 비참한 삶을 환상적인 필치로 표현했다. 민중화가 브뤼헐도 보스와 마찬가지로 중세적 화풍을 구사했다. 그의 주제는 노동민중의 고뇌였다. 거지를 내쫓는 부자의 향연과 비만한 집달리에게 쫓기는 걸인의 기아를 한 화면에서 보여주는 그의 판화는 당시의 사회적 모순을 신랄하게 폭로하고 있다. 또한 브뤼헐은 과장된 환상이나 멋진 정원을 그리기보다 노동민중의 눈에 비친 그대로의 자연을 화폭에 옮겼다. 그의 작품은 자연과 인간세상에 대한 당시 노동민중의 경험과 완전히 일치한다.

휴머니즘

르네상스 휴머니즘은 인간행위의 원천은 인간의 의지이고, 인간행위의 목적은 인간이며, 모든 인간이 똑같이 인류라는 하나의 종에 속한다고 본다. 이 점을 보다 자세히 살펴보자.

첫째, 인간행위의 원천이 인간의 의지라는 관점은 인간에게 선택의 자유가 있다고 보는 것이다. 신이 중심이었던 중세의 세계에서는 신이 모든 것을 결정하며 인간에게는 선택의 자유가 없었다. 중세에는 또한 집단이 개인에 우선하므로 집단이 모든 것을 결정했다. 르네상스 휴머니즘은 이런 중세의 사고방식을 거부했다. 여기서 특히 중요한 점은 르네상스 휴머니즘이 인간이란 본래 선한가 악한가를 따지는 성선설과 성악설을 모두 부정하고, 인간은 선한 존재가 될 수도 있고 악한 존재가 될 수도 있다고 보았다는 것이다. 이런 관점은 타인에 대해서도 그를 행복하게 만들 수도, 불행하게 만들 수도 있는 존재가 인간이라는 뜻도 내포한다.

둘째, 인간행위의 목적이 인간이라는 관점은 르네상스 휴머니즘이 철저히 세속적이고 사회적이었음을 의미한다. 신이나 우주가 아닌 인간, 그것도 노동계급과 같은 특정한 인간집단이 아닌 인간 그 자체에 대한 사랑이 르네상스 휴머니즘의 토대였다. 인간이 사회적 동물이라고 한다면 사회적이지 않은 인간은 허구이며, 따라서 다른 인간에 대한 사랑이 없는 인간도 허구다. 인간이 다른 인간을 사랑하는 것은 그 다른 인간이 훌륭하거나 아름답거나 도덕적이어서가 아니라 그 다른 인간 역시 자신과 마찬가지로 대체될 수 없는 존재이기 때문이다. 그렇다면 사랑은 다른 인간을 통해 자기 자신을 초월하는 것이다.

셋째, 모든 인간이 똑같이 인류라는 하나의 종에 속한다는 관점은 모든 인간은 평등하다고 보는 것이다. 이러한 평등을 전제로 해서 차별이 아닌 차이가 인정돼야 한다. 그러므로 평등의 근거인 보편성은 세계와 인간의 균질성이나 획일성을 뜻하는 것이 아니라 '과정'의 보편성이다. 이는 곧 르네상스 휴머니즘의 보편주의란 탐구의 출발점에서 보편성을 주장하고 타인에게 강요하는 것도 아니고 보편성을 최종목표로 삼는 것도 아니며, 단지 타인과의 관계에서 서로를 이해하기 위해 공통의 공간을 탐구하는 '과정'의 보편주의를 뜻한다는 말이다. 다시 말해 그것은 상호간의 차이를 인정하면서 대화를 하는 것이다.

따라서 르네상스 휴머니즘은 '나'의 자율성, '너'의 목적성, '우리' 또는 '그들'의 보편성을 중시하는 정신이다. 이 세 가지를 가장 잘 보장해주는 정치체제는 민주주의다. 민주주의도 물론 완벽한 것은 아니지만, 루소에서 비롯된 인민주권이라는 개념 아래 인간의 자율성을 전제로 해서 인간이 스스로 선택하는 정부와 스스로 결정한 법 아래서 살 수 있게 해주는 것이니 휴머니즘과 합치한다. 그러나 실제의 권력은 소수에게 집중되기 마련이므로 인민주권의 원리가 실제로 사회 속에서 살아가는 개인들에게 반드시 자유를 보장해주지는 않는다. 그래서 몽테스키외가 주장한 권력분립에 의해 전제를 방지하는 것이 중요하다. 몽테스키외는 전제는 저항을 인정하지 않기 때문에 악이라고 보았다. 그런가 하면 프랑스혁명 직후의 공포정치는 전제와 민주정을 결합시켰다.

여기서 전체주의와 개인주의를 휴머니즘의 관점에서 간단히 살펴볼 필요도 있겠다. 인간의 자율성을 부정하고 인간을 집단으로만 파악하는 전체주의는 당연히 휴머니즘에 반한다. 전체주의는 인종과 민족의 승리나 순결, 또는 계급의 승리와 독재를 목적으로 하고, 이를 위해 개인은 희생돼야 한다고 본다. 반면에 개인주의는 휴머니즘과 마찬가지로 인간의 자율성을 인정하지만 그 자율성은 각각의 개인에게서 충족되는 것으로 상정하고, 타인은 개인적 이익의 실현을 위한 도구로만 인정한다는 점에서 휴머니즘과 다르다. 앞에서도 말했듯이 휴머니즘은 타인을 자기 행위의 목적으로 삼지만, 개인주의는 인간이란 타인을 통해 인간일 수 있음을 부정하고 자기 안에 갇혀 대화를 거부하는 태도다.

대한민국의 르네상스를 위하여

르네상스 휴머니즘은 자유의 사상이다. 여기서 자유는 신체의 자유와 정신의 자유를 아우른다. 자유는 배타주의를 배타하고, 금지를 금지한다. 르네상스 휴머니즘은 다원주의이며, 보수와 진보를 포함한 모든 사상의 공존과 상호대화를 인정한다. 그것은 곧 민주주의와 통한다. 민주주의는 자유로운 지성을 갖춘 시민들의 삶에 다름 아니다.

한 분야에 대한 전문성은 자유인의 속성이 아니다. 자유인에게 최대 이윤의 추구나 절대적 신조의 신봉은 경멸의 대상이다. 모든 시민이 자유롭고 평등하게 삶의 모든 영역에 참여하고 적절한 책임을 진다는 것, 다시 말해 자유에 입각해 참여와 책임을 실천하는 것, 그것이 바로 우리가 추구하는 민주주의의 핵심이자 르네상스 정신의 핵심이다.

르네상스 시대의 예술가나 학자들은 일상적인 삶, 노동, 지성의 함양, 사회참여를 아우르는 교육을 받았고, 그런 예술과 학문을 추구했다. 그들은 구체성, 다양성, 상대성, 관용성, 통합성, 회의주의를 추구했다. 그러나 그러한 정신은 17세기 이후에 쇠퇴하면서 추상성, 획일성, 절대성, 배타성, 개별성, 실증주의에 자리를 내주게 됐다. 이와 같은 지적 경향의 변화는 20세기에 인류가 겪은 역사적 위기의 원인이 됐다.

자연에 대한 지배, 최대생산의 추구로 상징되는 자본주의가 부닥친 위기를 극복하기 위해서라도 우리는 르네상스로 돌아가야 한다. 특히 일제 치하에서는 17세기 이후에 득세한 서구의 지적, 사회적 폐쇄주의를 강제로 주입받고 해방 이후에는 천민자본주의와 획일적 대중문화에 젖어버린 우리에게는 르네상스 문화의 핵심인 자유로운 인간, 자치하는 사회, 자연에 대한 존중은 그만큼 더 중요한 가치가 아닐 수 없다. 아울러 오늘날 대한민국의 르네상스를 위해서는 자유로운 인간을 만들어내는 자유로운 교육이 무엇보다 절실한 과제가 되고 있다.

르네상스에 대한 보론

* 기존의 르네상스관에 대해

* 르네상스 시대의 정치, 경제, 사회, 문화

*

기존의 르네상스관에 대해

부르크하르트의 르네상스관

부르크하르트는 예술의 관점에서 역사를 바라보았다는 점에서 특이한 학자였다. 이런 그의 관점은 예술을 중심으로 역사를 바라보는 것을 넘어선다. 그의 스승인 랑케(1975~1886)를 비롯해 당대의 독일 사학자들이 정치사로 기울어졌던 것과 크게 다르게 그는 전혀 새로운 예술의 관점에서 역사를 탐구했고, 심지어는 정치, 국가, 전쟁이라는 현상마저도 예술적으로 인식했다. 이 얼마나 '기묘'한 학자인가!

부르크하르트는 자신의 저서 《이탈리아 르네상스의 문화》에서 르네상스의 천재들을 근대유럽 최초의 지적 지도자였다고 찬양한다. 그리고 르네상스 시대는 서양이 정신적, 물질적 혁명을 이룬 결정적인 시기로서 중세에 대립해 근대의 서막을 열었다고 그는 주장한다.

《이탈리아 르네상스의 문화》는 모두 6부로 구성돼있다. 1부 '예술작품으로서의 국가'에서 그는 13~16세기 이탈리아의 역사를 군주정과 공화정의 관점(특히 군주정에 중점을 두고)에서 설명한다. 여기서 그는 국가나 전쟁이 인간의 개성적 의식에 의해 생겨난 현상이라고 설명한다. 이런 그의 설명에 따르면 가령 한국이라는 나라나 6.25라는 전쟁도 인간의 개성에 의해 생겨난 것이 되는데, 우리가 과연 이런 관점에 동의해야 할까?

2부 '개인의 발전'에서 그는 중세의 '익명성'을 르네상스 시대의 '전인'이나 '명성'이라는 개념과 대비시키고, 3부 '고대의 부활'에서는 '휴머니스트'에 대해 설명한 다음에 르네상스의 새로움을 '개인주의'에서 찾고 이것을 고대의 부활과 연결시킨다.

이어 4부 '세계와 인간의 발견'에서 그는 자연과학과 자연미 등에 대해 설명하면서 르네상스 시대에 아메리카대륙이 '발견'되고 단테의 작품과 같은 새로운 종류의 문학작품이 창작된 것은 당대 지식인의 시야가 급격히 넓어졌기에 가능했다고 주장한다. 그는 5부 '사회의 축제'에서는 사회적 조직에 대해 설명하고, 6부 '도덕과 종교'에서는 미신에 대한 불신으로 인해 기독교 도덕이 발전했다면서 종교를 문화의 일부로 본다고 말한다.

《이탈리아 르네상스의 문화》를 읽어보면 역사서라기보다 문학서에 가깝다는 느낌을 강하게 받게 된다. 이 책에는 예를 들어 중세가 끝나고 르네상스가 일어난 이유에 대한 설명이 없다. 이 책에 의하면 르네상스는 별다른 계기 없이 그냥 돌연히 일어났을 뿐이다. 게다가 아메리카에 대한 '침략'을 지식인의 문제로 다루거나 전쟁을 개성의 충돌로 보는 등 도무지 이해할 수 없는 요소가 군데군데 눈에 띈다. 부르크하르트 자신도 이런 점을 인식하고 있었던 것 같다. 스스로 이 책을 '에세이'라고 불렀던 것을 보면.

낭만적 근대주의자의 착각

우리가 오늘날의 관점에서 《이탈리아 르네상스의 문화》에 대해 짚고 넘어가야 할 점 몇 가지를 검토해보자.

첫째, 《이탈리아 르네상스의 문화》는 르네상스를 근대문화의 효시로 보고 있다. 이 책이 발간된 해인 1860년은 근대 자본주의 문화가 절정에 이른 시점이었고, 이 책이 나온 지 얼마 지나지 않아 새로운 시대가 펼쳐지기 시작한다. 그때까지의 전통과는 다른 새로운 도시공업사회(산업자본주의, 독점자본주의, 제국주의)가 출현한 것이다. 말하자면 부르크하르트는 마지막 근대인으로서 자기가 속해 있었던 시대의 문화적 코드로 르네상스를 바라보았던 것이다.

1860년 이후에는 사람들이 르네상스를 근대보다는 중세에 훨씬 더 가까운 것이라고 생각하게 된다. 그리고 이러한 생각은 르네상스와 중세를 하나로 묶는 연구의 활성화로 이어졌다. 중세를 암흑의 시대로 본 부르크하르트의 관점에 반발한 중세주의 역사가들은 르네상스에서 나타난 여러 가지 현상이 이미 중세에 뿌리를 내린 것이었다고 주장했다. 이어 '12세기 르네상스'를 다룬 책들이 쏟아져 나왔다. 그러다보니 르네상스라는 개념 자체가 부정되기도 했다. 이런 흐름을 대표하는 책이 네덜란드의 역사가 호이징가(1872~1945)가 쓴 《중세의 가을》(1919)이다.

이 논쟁은 지금까지 100년 넘게 계속되고 있으나 여전히 명확한 결론은 나지 않고 있다. 그렇지만 이제는 누구도 더 이상 중세를 암흑, 야만, 미신의 시대로만 보지 않는다. 이제는 많은 사람들이 르네상스는 중세로부터 발전했고, 르네상스 속에 중세적 뿌리가 들어있다고 믿는다. 그러나 르네상스는 '중세의 가을'이라기보다는 새로운 시대를 연 '근대의 봄'이었다고 보는 견해가 여전히 압도적이다.

여하튼 《이탈리아 르네상스의 문화》가 출간된 직후에도 사람들이 부르크하르트의 근대중심적 사고에 이의를 제기했다면, 21세기를 사는 우리에게는 그의 관점이 더욱 고리타분하게 여겨져야 마땅하다고 생각할 수도 있다. 그런데 어찌

된 일인지 우리는 그의 관점을 전혀 고리타분하게 여기지 않는 듯하다. 이는 아마도 우리 사회가 근대서양중심주의 또는 근대서양화주의에 깊이 젖어있기 때문일 것이다. 그래서인지 부르크하르트의 이 어려운 책이 국내 독자들의 관심을 꾸준히 모으며 스테디셀러로 자리 잡았다.

둘째,《이탈리아 르네상스의 문화》는 14~16세기 이탈리아 피렌체의 몇몇 전제군주와 천재들에 의한 문화적 생산물에 국한해 르네상스를 조명하고 있다. 다시 말해 이 책은 르네상스 시대의 이탈리아 인구 가운데 극소수에 불과한 상류계급의 문화만을 다루고 있다. 당시 이탈리아인의 대다수는 무식하고 가난한 농민이었다. 가난이 주는 고통의 질곡 속에서 하루하루를 살아간 그들에게 문화란 아무런 의미도 가치도 없는, 그야말로 소수의 권력자들과 그들의 어릿광대들(예술가, 저술가 등)이 즐기는 사치스러운 여가행위의 대상에 불과했다. 그런데 부르크하르트는 그런 여가행위를 대단한 문화로 여기면서《이탈리아 르네상스의 문화》를 집필한 것이다. 물론 여전히 황제와 귀족이 부와 권력을 쥐락펴락하던 1860년대의 독일인으로서는 그렇게 생각한 것이 지극히 당연한지도 모른다. 그때 마르크스(1818~83)라는 사람도 있긴 했지만, 그는 비주류 중의 비주류였으니까.

하지만 지금 우리가 부르크하르트의 관점에서 문화와 예술에 대해 이야기하는 것은 바람직하지 않다. 왜냐하면 우리는 황제나 귀족은 물론이고 그 어떤 헛된 권위도 인정하지 않는 민주사회에서 살고 있기 때문이다. 민주시민이라면 르네상스 시대를 돌이켜볼 경우에 당시의 이탈리아 민중이 무엇을 생각하고 느끼고 행했는지를 살피면서 그들의 문화를 탐구해야 하지 않을까? 아니 탐구까지는 하지 못하더라도 ‘전제주의는 개인을 압살한다’는 명제를 잊지 말고, 부르크하르트의 관점을 수용하더라도 비판적으로 수용하는 자세 정도는 갖추어야 하지 않을까?

셋째, 부르크하르트는 일상생활을 중시하기보다는 일종의 정신사관에 입각해, 즉 관념에서 출발해 대립적인 것을 무시하고 시대의 문화적 일체성 내지 정체성을 과도하게 강조하는가 하면 상이한 활동들 사이에 막연한 관련성을 상정하는 방식으로 역사를 바라보았다. 1860년은 그러한 정신사관 또는 관념사관이 절정을 이룬 시점이기는 했지만, 그와 동시에 그러한 사관이 경제사회사관으로부터 중대한 도전을 받기 시작한 시점이기도 했다. 경제사회사관은 일상생활에서 출발하고, 공통의 경향보다는 대립적 경향을 강조하며, 문화를 경제사회적 토대에 의해 결정되는 이데올로기로 본다. 이런 경제사회사관으로 보면 부르크하르트는 그야말로 '보수반동'의 표본이다. 이처럼 부르크하르트는 적어도 민주주의의 관점에서 보거나 경제사회사관으로 보면 문제가 많다. 게다가 경제사회사관과는 상관없이, 부르크하르트가 서술한 역사는 구태의연한 왕조사나 천재사로 보인다는 점도 문제다.

《이탈리아 르네상스의 문화》에는 이 밖에도 문제가 많다. 예를 들어 르네상스는 유럽 전역의 문화였는데도 부르크하르트는 이탈리아에만 국한해 르네상스를 말한다. 그가 말하는 르네상스는 시대적으로도 14~16세기로 제한된다는 한계도 있다. 그러나 여기서 우리가 그 모든 문제를 다 살펴볼 수는 없다.

'상식'이 돼버린 '기묘'한 학설

정말 큰 문제는 부르크하르트의 시각이 오늘날 우리 사회의 상식이 돼버렸다는 데 있다. 우리의 초중고교의 세계사 교과서는 물론이고 대학의 세계사 교과서도 부르크하르트의 시각을 그대로 차용하고 있다. 교과서들은 하나같이 '고대 그리스로마 시대의 예술을 부활시켜 찬란한 예술을 꽃피우고 사실주의, 세속주의, 개인주의를 바탕으로 중세의 막을 내리는 동시에 근대의 막을 올린 것'이라는 식의 설명과 함께 몇몇 천재들의 작품으로 르네상스를 정의하고 있다. 그러나 과연 그런가? 여기서 우리는 우리의 머릿속에 주입된 르네상스를 대한 정의에 대해 짚고 넘어갈 필요가 있다.

첫째, 르네상스는 고대 예술의 부활이다?

르네상스를 상징하는 그림으로 가장 흔히 제시되는 그림은 라파엘로(1483~1520)의 〈아테네 학당〉이다. 기독교와 무관한 세계를 그렸다는 이유에서다. 이 그림에는 하늘을 가리키는 플라톤과 땅을 가리키는 아리스토텔레스를 중심으로 그들과 소크라테스, 피타고라스 등 고대 그리스의 철학자들이 그려져 있다. 그런데 바티칸 박물관에 있는 라파엘로의 방에는 이 그림과 마주보는 위치에 〈성체논의〉라는 그림이 그려져 있다. 〈성체논의〉는 그리스도를 중심으로 신의 나라를 그린 그림으로, 르네상스가 기독교를 배경으로 해서 일어난 것임을 말해준다.

라파엘로는 〈아테네 학당〉에 등장하는 고대 그리스 철학자들의 얼굴을 자기와 같은 시대를 사는 예술가들의 얼굴로 대체했다. 이를테면 플라톤은 다 빈치, 헤라클레이토스는 미켈란젤로, 에우클레이데스는 브라만테의 얼굴을 하고 있다. 플라톤을 다 빈치로 묘사한 것은 다 빈치의 예술이 플라톤적이어서가 아니다. 라파엘로는 〈아테네 학당〉을 통해 예술가가 철학자를 대신하는 새로운 시대상황을 보여주고자 한 것이다. 고대 그리스에서는 철학자가 중시됐지만 르네상스에서는 예술가가 중시된다는 이야기인 셈이다. 고대 그리스의 헤라클레이토스는 우수에 젖은 인간의 모습과는 거리가 멀었으나, 그의 표현인 미켈란젤로는 우수에 흠뻑 젖은 모습이다. 그야말로 새로운 인간상을 보여주고 있다.

그림의 배경인 아치형 건축물도 고대 그리스 시대의 건축 스타일이 아니다. 그리스의 신전 유적을 봐도 알 수 있듯이 고대 그리스 시대의 건축 스타일은 직선형이다. 고대 그리스의 건축에서 아치형을 전혀 발견할 수 없는 것은 아니지만,

<아테네 학당>

그것은 건물의 일부에서만 사용됐을 뿐 건물의 전체 구조로 사용된 적이 없다. 특히 주목할 점은 이 그림에 적용된 원근법이 그리스 시대는 물론 로마 시대의 작품에서도 찾아볼 수 없는 표현기법이라는 것이다. 중심점을 향해 집중하는 원근법은 우수에 찬 인간의 표현과 마찬가지로 르네상스에 고유한 것이다.

르네상스 말기의 화가이자 역사가인 조르조 바사리(1511~74)는 자신이 '그리스 양식'이라고 부른 비잔틴 미술이나 '독일 양식'이라고 부른 고딕 미술을 경멸하고, 르네상스 미술을 가장 진보한 '현대 양식'으로 찬양했다. 실제로 이탈리아의 예술가들은 독일, 프랑스, 영국의 예술가들과 달리 고딕과 밀접하게 연관되지 않았기에 혁신을 할 수 있었다. 이는 훗날 독일이 계몽주의의 영향을 덜 받았기에 낭만주의로 쉽게 옮겨갈 수 있게 되는 것과 같은 이치다. 르네상스 시대의 사람들은 바로 '앞' 시대의 고딕을 부정하기 위해 '먼' 전통인 그리스를 긍정했다. 그러나 중세를 완전히 부정하고 고대를 완전히 재현한 것은 아니었다. 보티첼리는 성모와 비너스를 함께 그렸고, 미켈란젤로는 아폴로상을 바탕으로 예수상을 만들었다. 이렇듯 르네상스에는 중세와 고대가 뒤섞여 있는 것이다.

르네상스의 아버지 격이라고 하는 조토(1266~1337)의 작품에 나타나는 공간구성이나 인간상은 고대 그리스의 그것과 다르다. 그는 오히려 몽골제국에 의해 서양에 알려진 중국 회화의 영향을 받았다고 볼 수 있다. 비너스를 주제로 한 그의 작품도 고대 그리스의 비너스상과는 전혀 다른 조형성을 갖고 있다. 사실 성모나 십자가처럼 르네상스 이후에 가장 많이 다루어진 소재는 고대 그리스 시대에는 아예 다루어지지도 않았다.

둘째, 르네상스는 '찬란한 예술의 번영'을 가져다주었다?

우리는 다 빈치, 미켈란젤로, 라파엘로 등 르네상스의 세 천재와 그들의 작품을 거론하면서 르네상스가 찬란한 예술의 번영을 이루었다고 주저 없이 말하곤 한다. 〈모나리자〉, 〈피에타〉, 〈아테네 학당〉과 같은 세 천재의 작품은 너무나 유명해서 모르는 사람이 거의 없을 정도다. 물론 그들의 작품이 매우 뛰어난 것은 사실이다. 그렇지만 그들의 작품이 다른 나라, 다른 시대의 그 어떤 작품보다 더 뛰어나다고 단정할 수는 없다. 다만 한 가지 분명한 것은 르네상스 시대에는 그 어느 때보다 많은 예술가들이 왕성하게 창작활동을 했다는 점이다. 말하자면 르네상스 예술의 번영은 질적인 데 있다기보다 양적인 데 있다고도 말할 수 있다.

그러면 그 양적인 우수성은 절대적인 것일까? 예술의 양적 번영도 분야를 구별해 살펴볼 필요가 있다. 미술에서 유화, 목판화, 동판화, 인쇄본은 독일이나 네덜란드에서 비롯됐다. 문학에서는 14세기 전반에 활동한 단테와 페트라르카 이후로 '시가 없는 세기'(1375~1475)가 이어졌다. 음악의 번영은 전적으로 네덜란드가 주도했다. 휴머니스트로 유명한 에라스무스도 네덜란드 출신이다. 따라서 이탈리아 르네상스가 예술과 학문의 모든 분야에서 '찬란한 번영'을 가져다준 것은 결코 아니다.

물론 눈에 띄는 몇 가지 성과가 더 있었다. 원근법의 사용은 미술에 기술적 혁신을 일으켰고, 장르상의 혁신도 있었다. 미술, 문학, 음악 분야 외에 정치 분야에서도 마키아벨리를 중심으로 새로운 이론이 등장했다. 인문학으로 일컬어지는 문법, 수사학, 시학, 역사학, 윤리학에 대한 연구와 학습도 활발하게 이루어졌다. 그러나 이런 점도 르네상스 예술이 다른 나라, 다른 시대의 그 어떤 예술이나 학문보다 더 우수했다는 증거가 될 수는 없다.

셋째, 르네상스 예술의 본질은 사실주의, 세속주의, 개인주의에 있다?

미술사에서 '사실주의'란 관념주의의 반대를 뜻한다. "창조된 것의 진리는 본질적으로 그것이 전체로서 그 이데아에 대응하고 있다는 사실 속에 있다"는 플라톤주의자 피치노(1433~99)의 말이 웅변하듯이 이탈리아 르네상스는 관념주의적인 성격이 짙었다. 반 에이크를 다룬 이 책의 3장에서 말했듯이 나는 플랑드르의 르네상스 미술에서는 사실주의가 분명히 나타나지만 이탈리아 르네상스 미술에서는 사실주의가 분명히 드러나지 않는다고 본다.

르네상스 예술이 '세속주의'라는 것도 과장된 해석이다. 이런 과장된 해석은 르네상스가 신이 아닌 인간을 중시한 혁신적인 운동이었다는 주장을 뒷받침하기 위한 것임이 분명하다. 그러나 미켈란젤로와 같은 르네상스의 대표적인 예술가들은 대부분 종교적인 주제로 작품활동을 했고, 그들 자신도 독실한 기독교도로서 살았다.

르네상스 예술의 본질이 '개인주의'에 있다는 주장도 엄밀하게 따져봐야 한다. 차라리 '개성주의'라는 표현을 사용한다면 조금은 그럴싸하다. 획일적인 것처럼 보이는 중세 예술에 비하면 르네상스 예술은 개성이 뚜렷해 보이기 때문이다. 그러나 이 또한 별로 설득력이 없음은 마찬가지다. 서양인의 눈에는 동양인이 거의 다 비슷하게 생긴 것처럼 보여도 실제로는 그렇지 않은 것처럼 중세의 예술 작품도 결코 획일적이기만 한 것은 아니었기 때문이다.

르네상스사의 저변에 깔린 서양중심주의

부르크하르트보다 300년가량 먼저 르네상스에 대해 연구한 사람이 있다. 앞에서도 잠깐 언급한 바 있는 조르조 바사리(1511~74)다. 그는 《가장 뛰어난 이탈리아의 건축가, 화가, 조각가들의 생애》라는 방대한 분량의 르네상스 예술 연구서를 남겼다. 이 책은 《이탈리아 르네상스 미술가전》이라는 제목의 번역서로 국내에도 소개됐다.

바사리는 르네상스가 다른 곳이 아닌 피렌체에서 일어나게 된 이유로 피렌체 사람들이 지닌 다음 세 가지 특성을 들었다. 첫째, 철두철미하고 떠들썩한 기질과 이를 바탕으로 한 비판의 습관화. 둘째, 험준한 자연환경 속에서 살면서 다져진 근면성과 기민함. 셋째, 강한 명예욕. 그런데 이러한 특성들은 비단 피렌체 사람들만 가진 것이 아니다. 이탈리아 사람이라면 대체로 다 가지고 있는 특성이며, 한국인의 기질도 매우 흡사하다. 그러므로 바사리의 주장은 다소 설득력이 떨어진다. 바사리의 주장이 옳다고 한다면 흡사한 기질을 가진 우리에게도 르네상스가 가능했어야 할 텐데 왜 우리에게는 르네상스가 없었는지를 설명할 수 없다.

16세기 사람인 바사리와 달리 볼테르를 비롯한 18세기의 프랑스 계몽주의자들은 '자유와 경제'가 르네상스를 촉발시켰다고 보았다. 도시국가의 등장이 상업의 발달을 촉진했고, 이것이 다시 문화의 발달로 이어졌다는 것이다. 이탈리아의 자유도시뿐만 아니라 네덜란드의 도시들과 13~15세기에 한자동맹을 맺은 독일 북부연안과 발트해 연안의 도시들도 유사한 발전형태를 보였다는 게 그들의 주장이다. 당시의 도시국가들이 실제로 얼마나 자유롭고 상업적으로 발달했을까 하는 의문이 들기는 하지만, 그래도 바사리의 주장보다는 그들의 주장이 훨씬 더 설득력 있게 들린다.

　　지금까지 대략 살펴본 대로 바사리와 부르크하르트는 르네상스가 단순히 고대문화를 부활시키는 차원에 그친 것이 아니라 고대문화를 능가한 것이었고, 역사상 그 어떤 문화보다 뛰어난 것이었다고 평가했다. 이러한 평가는 오늘날 거의 정설처럼 받아들여지고 있다. 하지만 우리는 이러한 평가에 대해 다시 생각해봐야 한다. 이러한 평가의 밑바닥에는 서양문명이 절대적으로 우월하다는 의식이 깔려 있다. 이런 점은 다윈의 진화론과 스펜서의 사회진화론이 19세기 서양문화의 절대적 우월성을 찬양했고, 서양의 제국주의적 팽창을 뒷받침하는 데 이용됐다는 사실을 연상시킨다.

20세기의 르네상스관

20세기에도 르네상스에 대한 연구가 꾸준히 이어졌다. 우리가 여기서 방대한 르네상스 연구사를 모두 다 검토해볼 수도 없거니와 그렇게 할 필요도 없으니 주목할 만한 경향 몇 가지만 살펴보도록 하자.

　　첫째는 정치적 관점과 관련해 마르크스주의자인 프레데릭 안탈(1887~1954)의 견해가 눈길을 끈다. 그는 《피렌체 회화와 그 사회적 배경》이라는 저서에서 런던의 내셔널갤러리에 나란히 걸려있는 르네상스 시대의 성모자화(聖母子畵) 두 점에 대해 설명한다. 그는 그 가운데 한 점은 즉물적이고 명쾌하며 소박한 데 비해 다른 한 점은 화려하고 장식적이며 성화(聖畵)풍이라고 평하고, 이러한 차이의 이유는 전자는 소박하고 합리적이며 진보적인 중류계급을 위해 그려진 그림인 반면에 후자는 보수적이고 봉건적인 귀족계급을 위해 그려진 그림이기 때문이라는 설명을 덧붙인다. 그런데 안탈의 이런 주장에는 문제가 있어 보인다. 르네상스 시대의 사람들을 진보적 중류계급이라는 식의 20세기적 용어를 사용해 구분할 수 있는가, 과연 그런 계급이 존재하기는 했는가, 그 시대에 화가에게 그림을 주문할 수 있었던 사람이라면 누구나 문화적 호사를 누릴 만큼 부를 갖고 있었을 터이니 모두 한 부류로 보아야 마땅한 게 아닌가 하는 이의를 제기할 수 있다.

둘째, '자유와 경제'라는 측면에서 르네상스를 설명한 18세기 계몽주의 사상가들의 견해에 이의를 제기한 20세기의 대표적인 경제사회사적 관점 두 가지도 눈길을 끈다. 먼저 경제사의 측면에서 로버트 로페스(1910~1987)는 14~15세기에 이탈리아 경제는 발전한 게 아니라 퇴보했다는 사실을 밝혀냈다. 그는 중세에 호황을 누리던 이탈리아 경제가 당시에는 침체되면서 오히려 상인들이 문화활동에 투자할 시간여유가 생겨서 문화가 번성하게 된 것이라고 설명한다. 이는 최근에 우리나라에서 나타난 현상과 비슷해 보인다. 토지나 주식의 가치가 떨어지면 부자들이 예술품에 투자하는 양상을 보이게 된다. 그러나 이러한 투자도 일정한 경제적 번영을 전제로 해야 가능하다는 점을 부인할 수 없다.

그런가 하면 한스 바론(1900~1988)은 도시국가의 자유로운 분위기보다는 국가적 위기상황이 르네상스 문화의 번성을 가져왔다고 주장했다. 1400년경에 밀라노가 피렌체를 침략했고, 피렌체 사람들 사이에 그에 따른 위기를 극복하기 위해 집단적 동질성을 강조하는 분위기가 형성됐으며, 그 과정에서 피렌체 사람들이 자국을 아테네나 로마와 동일시하게 되면서 르네상스가 일어났다는 것이다. 나름대로 설득력이 있어 보이는 주장이다. 그러나 피렌체 사람들이 위기극복을 위해 그렇게 적극적인 태도를 취한 것이 사실이라고 해도 그것은 근본적으로 피렌체가 자유로운 도시국가였기에 가능한 일이었음을 인정해야 한다. 전제국가에서는 위기를 문화로 극복한다는 것 자체가 불가능할 수 있기 때문이다.

셋째, 20세기 후반에 나온 그 밖의 다양한 르네상스론도 주목된다. 그 가운데 하나는 르네상스 시대를 17세기 전반까지로 종래보다 길게 잡는 견해, 즉 1618~1648년의 30년전쟁이 끝난 시점까지 르네상스가 계속됐다고 보는 견해다. 예를 들어 미국의 역사학자 시어도어 래브가 《르네상스 시대의 삶》(김일수 옮김, 안티쿠스, 2008)이나 《르네상스의 마지막 날들》(강유원·정지인 옮김, 르네상스, 2008)과 같은 저서를 통해 이런 견해를 밝혔다. 이 견해에 따르면 루벤스(1577~1640)는 물론이고 밀턴(1608~1674)도 르네상스 시대에 속하게 된다. 뿐만 아니라 데카르트(1596~1650), 렘브란트(1606~1669), 스피노자(1632~1677)도 르네상스 시대의 인물에 포함될 수 있다. 이러한 견해는 일리가 없는 것은 아니지만 적어도 통설적인 것은 아니다.

넷째, 국내외의 수많은 르네상스 관련 책에서 볼 수 있는 '르네상스=이탈리아'나 '르네상스=고전부흥'이라는 관점도 주목해볼 필요가 있다. 이런 관점은 부르크하르트 이래로, 보다 거슬러 올라가면 바사리 이래로 자리 잡았다. 이는 '르네상스=이탈리아'나 '르네상스=고전부흥'이라는 등식에 의해 르네상스에 속하는지의 여부를 판단하는 것이다. 따라서 이는 르네상스가 어떤 문제의식에서 출발한 것인지와는 무관한 견해다. 르네상스를 이탈리아에 국한시켜 규정하는 태도는 옳지 않다고 나는 믿는다.

다섯째, 《르네상스를 만든 사람들》, 《르네상스의 여인들》, 《바다의 도시 이야기》, 《나의 친구 마키아벨리》 등 7권의 르네상스 관련 저작을 낸 시오노 나나미의 견해가 있다. 그의 책은 검토할 가치조차 없다는 게 나의 개인적인 생각이다. 하지만 그는 우리나라에서 상당히 많이 팔린 베스트셀러의 저자이므로 그의 책이 대중에게 미친 영향이 매우 클 것이기에 짚고 넘어가지 않을 수 없다. 르네상스 발생의 배경과 관련해 그는 '보고 싶어 하고 알고 싶어 하는 인간'이 폭발적으로 많이 배출되면서 예술과 학문이 융성해짐으로써 르네상스가 일어났다고 하면서, 호기심 많은 인물이 대거 배출될 수 있는 토양을 배양한 인물로 13세기의 가톨릭 수도사인 성 프란체스코를 들었다. 성 프란체스코를 르네상스의 선구자로 보는 이러한 견해는 전혀 일반적이지 않을 뿐더러 단 한 명의 성자에 의해 인간의 호기심이 별안간 왕성해졌다는 식의 견해에도 나는 도저히 찬성할 수 없다.

이어 그는 이탈리아에서 르네상스가 발생한 것은 거기에 교황청과 시민공동체가 존재했고, 도시국가가 학문에 투자했기 때문이라고 말한다. 그리고 다른 곳이 아닌 피렌체가 르네상스를 주도한 것은 피렌체 사람들의 비판정신과 피렌체의 경제적 번영 덕택이라면서 피렌체의 경제적 번영을 주도한 메디치가에 대해 책의 상당부분을 할애해 설명한다. 이 또한 지도자를 중시하는 견해다.

시오노 나나미의 르네상스 관련 저작들은 그의 또 다른 베스트셀러 저작인 《로마인 이야기》가 그렇듯이 인

주르바란의 〈성 프란체스코〉

물사, 그것도 정치인 중심의 왕조비사(王朝秘史)와 같은 것이다. 처음부터 대중성을 염두에 두고 집필된 듯한 그의 저작들은 그의 조국인 일본의 학계에서는 무시되고 있는 반면에 우리나라에서는 학자들이 친절하게도 논평까지 곁들이며 책의 유명세에 한몫 기여하고 있다. 인물 중심의 지배사라는 관점에서 씌어진 일본의 야사물과도 같은 시오노 나나미의 저작들이 우리나라에서 크게 성공을 거두는 현상에 대해 나로서는 다소 씁쓸한 마음을 갖게 된다. 일본의 야사물은 대개 천황이나 사무라이를 영웅적으로 묘사하는데다가 천황제가 확립된 메이지 시대에《플루타르크 영웅전》,《그리스로마 신화》 등과 함께 유행하면서 일본 국수주의의 한 뿌리가 된 것이기 때문이다.

이상 20세기에 대두된 르네상스관 몇 가지를 살펴보았다. 그 내용을 보면 문화가 경제에 의해 결정된다는 가정이 일반적이지만, 나는 문화(학문, 문학, 미술, 건축, 음악, 연극, 무용, 영화 등에 나타나는 태도나 가치관으로서의 문화)와 사회(정치, 경제, 사회의 총칭으로서의 사회)의 상호관계를 이해할 필요가 있다고 본다. 문화란 인간의 자각과 의도에 의해서도 발생하고 발전하지만, 그 전에 모든 인간이 사회적 존재로 살아가는 과정에서 자연스럽게 발생하고 발전하는 것이기도 하기 때문이다. 따라서 문화만을 강조하는 정신사관과 경제만을 강조하는 물질사관은 둘 다 일면적인 관점이다. 우리는 양면적인 관점을 가질 필요가 있다고 나는 생각한다.

'진보적'이니 '근대적'이니 하는 수식어를 붙여가며 르네상스 문화를 극찬하면서 동서양의 다른 문화는 깡그리 무시해버리는 듯한 태도도 금물이다. 모든 문화가 다 그렇듯이 르네상스 문화도 다른 문화와 공존하면서 상호교류했음을 잊어서는 안 된다.

마찬가지로 한국 문화도 저 홀로 자연발생한 것이 아니다. 한국 문화도 주변의 문화들과 끊임없이 교류하는 가운데 만들어지고 다듬어졌다. 그런데도 '단군'이나 '무속'을 들먹이며 한국 문화의 원형과 순수성에 집착하는 이른바 민족주의자(보다 정확하게 말하면 국가주의자)들을 보면 과연 그들이 문화라는 것을 제대로 이해하고 있는지 의문이 든다. 문화란 근본적으로 잡스러운 것, 즉 '잡종'이다. 우리 문화가 중국의 영향을 받았느냐, 일본이나 서양의 영향을 받았느냐 하는 것은 그다지 중요하지 않다. 그런 영향을 받는 것은 당연한 일이다. 문제는 그런 영향 속에서 우리 자신이 얼마나 독창적인 문화를 창조했는가 하는 점일 것이다.

＊

르네상스 시대의 정치, 경제, 사회, 문화

르네상스를 제대로 이해하기 위해서는 그 시대적 배경과 기원에 관한 기본적인 사실들을 알아둘 필요가 있다. 왜냐하면 르네상스는 지금의 우리와는 너무나 동떨어진 500년 전쯤의 서양 이야기이기 때문이다. 그러나 유럽 전역에서 전개된 르네상스를 전부 다 말하기는 어렵다. 여기서는 이탈리아 르네상스의 시대적 배경과 기원을 중심으로 르네상스의 정치, 경제, 사회, 문화에 대해 설명하기로 한다.

(1) 정치

정치형태

교회는 중세와 근대에 걸쳐 유럽의 중심이었지만 정치는 근대 이후에 나타난 현상이다. 중세에는 작고 고립된 자족의 공동체들이 무수하게 존재했고, 사람들은 정치적, 경제적으로 파편화된 상태로 살았다. 그러나 많은 전쟁을 겪게 되면서 각 지역별로 사람들이 그 지역의 최고 지주이자 무력을 갖춘 영주에게 의존했다. 이렇게 해서 성립된 중세의 사회구조는 그동안 봉건제라고 불렸다. 그러나 최근에는 소수의 토지소유자와 다수의 경작자 사이의 지배─예속 관계를 중심으로 하는 농노제로 중세의 사회구조를 파악하는 관점이 보다 부각되고 있다. 그 지배—예속 관계에는 거주이전의 금지도 포함돼있었다.

흔히 이탈리아 르네상스는 도시국가와 공화정의 산물이라고 한다. 이탈리아에서는 11세기 이전에는 도시가 드물었으나 13세기 무렵에 이르면 도시국가가 200~300개나 있었다. 15세기에 이르면 그 대부분이 독립성을 상실하게 되지만, 르네상스의 중심무대인 피렌체나 베네치아 등은 독립성을 유지하고 있었다. 북유럽에서도 13세기 말에 도시가 형성됐으나 파리, 런던, 헨트, 브뤼헤, 쾰른 정도였다. 당시 유럽의 인구는 압도적으로 시골에서 살았고, 도시인구는 유럽 인구 전체의 10% 이하였다. 그러나 도시민은 시골 주민에 비해 정치경제적 권리를 많이 누렸다. 도시의 구조는 어디나 비슷해서 대부분 성, 교회, 시청, 광장이 중심이었다. 도시의 정치와 경제는 수공업 길드가 주도했다. 길드의 장인 밑에는 일용노동자가 최하층 신분을 형성했다.

도시국가는 여러 가지 정치형태를 갖고 있었으나, 여기서는 베네치아와 피렌체의 정치형태만을 비교해보자. 이 두 도시국가는 대조적이었다. 흔히 베네치아의 정치는 안정, 균형, 조화가 특징이었다고 한다. 그리고 그 이유로 베네치아의 정치가 세 가지 제도, 즉 군주제에 해당하는 통령제, 귀족제에 해당하는 원로원, 민주정에 해당하는 평의회가 혼합된 형태였다는 점이 거론된다. 그러나 통령은 힘이 약해 실질적인 권력은 행사하지 못하는 상징적인 존재에 불과했고, 의회는 귀족으로 구성됐으므로 실제로는 민주적인 것이 아니었다. 따라서 베네치아의 정치형태는 소수의 귀족에 의한 지배체제였다고 보는 것이 정확하다. 물론 그 소수의 지배자들은 도시내 성년귀족 모두였으므로 일인독재는 아니었다. 16세기 초엽에 베네치아의 의회를 구성한 귀족의 수는 2500명을 넘었다. 따라서 의회의 회의장은 거대한 공간이었고, 그곳을 장식하기 위해 거대한 그림이 그려졌다.

베네치아는 상대적으로 안정된 정치를 유지한 반면에 피렌체의 정치는 언제나 불안정했다. 그런 피렌체를 두고 단테는 《신곡》에서 '아무리 몸을 움직여도 편하지 않은 병든 여성'에 비유했다. 피렌체 사람들은 자신들의 정치체제에 결코 만족할 수 없었기에 그것을 인정하지 않았다. 그래서 그들은 언제나 변화를 추구했고, 이에 따라 하나의 정체가 15년 이상 유지된 적이 없었다. 이러한 차이에는 여러 가지 이유가 있었다. 그 가운데 하나는 피렌체에서는 14세부터 정치적 권리를 누릴 수 있었으나 베네치아에서는 25세가 돼야 정치적 권리를 누릴 수 있었을 뿐 아니라 노인들이 정치를 주도했다는 점이다. 베네치아의 통령은 평균연령이 72세였다.

이유가 어떻든 피렌체는 정변이 거듭되는 변혁의 도시였다. 중요한 역사적 사실 몇 가지만 보아도 1434년에는 그 전에 추방됐던 코지모 데 메디치가 돌아와 피렌체를 장악했고, 1458년에는 70인 평의회가 권력을 잡았고, 1494년에는 메디치가가 추방되면서 베네치아의 의회와 같은 형태의 의회가 설립됐고, 1502년에는 일종의 통령제인 종신 국가주석제가 도입됐고, 1512년에는 메디치가가 외국군대를 끌고 들어와 다시 권력을 잡았다. 메디치가는 그 뒤 1527년에 다시 추방됐다가 1530년에 귀환했다. 피렌체는 통치자가 빠르게 교체됐다는 점에서 베네치아와 달랐다. 피렌체에서는 귀족은 물론이고 기술자와 상인도 피선거권을 갖고 있었고, 피선거권자의 수가 6천 명을 넘었다. 이러한 정치적 변혁은 예술의 변혁과 상당한 관련성이 있다고 볼 수 있다. 이런 점은 피렌체와 대조적으로 베네치아에서는 예술의 변혁이 뒤처졌다는 사실을 통해서도 알 수 있다.

당시 이탈리아의 5대 도시국가 가운데 피렌체와 베네치아를 제외하고 나머지 3개 도시국가의 정체는 군주정이었다. 밀라노와 나폴리의 정체는 세습군주정이었고, 교황이 다스리는 교회국가 바티칸의 정체는 선출군주정이었다. 군주정

1434~1464년에 피렌체를 지배한 코지모 데 메디치

아래서는 르네상스를 빛낸 미술과 문학의 발전이 이루어지기 어려웠을 것이라고 지레짐작해서는 안 된다. 도리어 군주정 아래서 미술과 문학은 더욱 발전했다.

군주정의 주된 무대인 궁정의 구성원은 수백 명 정도였다. 예를 들어 1527년에 교황의 궁정은 약 700명으로 구성돼있었다. 이에 비해 피렌체공화국을 지배한 메디치가의 구성원은 수십 명 정도였을 뿐이다. 궁정에는 귀족의 몫인 상위직 외에도 여러 가지 직책과 직위가 있었다. 시인, 음악가, 미술가 같은 예술가는 군주를 즐겁게 하는 역할을 맡은 하위직이었다.

군주정은 군주와 그 가족이라는 사적 부분과 국가를 운영하는 귀족이라는 공적 부분으로 구성됐다. 군주는 가족이나 귀족과 함께 식사를 하고 함께 움직였는데 그러한 행위 자체가 거대한 행사이자 행진이었다. 궁정을 구성하는 귀족은 물질적, 시간적 여유가 있어 예술에 관심을 가졌고, 이 점은 민중과 다른 그들만의 특징이었다. 그리고 귀족의 예술취미는 르네상스 시대에만 국한된 것이 아니라 하나의 전통이 되어 17세기 파리의 살롱문화에까지 이어졌다.

그러나 궁정의 군주나 귀족이 고상했다고는 결코 말할 수 없다. 당시의 문헌은 궁정문화를 미화하는 경향이 있으나 그 궁정문화라는 것이 사실은 시간을 죽이는 오락 정도에 불과했고, 그 오락도 예술이라기보다는 헛되고 소비적이며 퇴폐적인 향락인 경우가 대부분이었다. 르네상스 예술로 남은 것들은 그러한 오락의 쓰레기 가운데 일부다.

관료제

도시국가는 이탈리아에만 있었던 것이 아니라 네덜란드, 스위스, 독일에도 있었다. 그러나 당시 유럽에서는 도시국가보다는 군주국가가 일반적이었다. 르네상스 시대에 이탈리아 특유의 정치조직이 문화를 촉진시킨 방식에 대해 부르크하르트는 정치의식으로 설명했지만, 최근에는 관료제로 설명하는 학설이 우세하다. 막스 베버는 관료제를 가산제(家産制)와 대립시켰다. 가산제에서는 국가가 군주 개인에게 귀속하지만 관료제에서는 국가가 전문관료에 의해 운영된다. 그리고 가산제는 전통에 의존하지만 관료제는 법과 이성에 의존한다.

그러나 르네상스 당시의 이탈리아 도시국가는 우리의 읍 정도에 불과한 크기였기 때문에 비인격적인 행정이 기본적으로 불가능했고, 따라서 거기에서 막스 베버가 말한 근대적 관료화가 진행됐다고 볼 수 없다. 인구가 10만 명을 넘은 곳은 나폴리와 베네치아 두 곳뿐이었다. 또한 도시를 세분해 생긴 지역단위로 로마에는 리오네, 베네치아에는 세스티에레가 있었는데 이런 지역단위에 대한 주민들의 충성심은 대단했다. 그 흔적이 지금도 이탈리아의 여러 도시에서 행해지는 지역대항 경마 등의 전래행사로 남아 있다.

피렌체는 4개의 구로 나뉘고 각 구마다 4개의 동(곤팔로네)이 있어 모두 16개동으로 구성됐다. 이 동이야말로 정치활동의 중심이었다. 인구가 몇천 명에 불과했을 그와 같은 동 단위에서 동장과 같은 공무원이 공적인 비인격성을 갖는다는 것은 불가능함을 우리는 우리 사회를 통해서도 충분히 이해할 수 있다.

시골사회와 같은 그러한 지역단위에서 문화인들은 당연히 서로를 잘 알고 지내면서 친밀한 관계를 유지했다. 예를 들어보자. 1503년에 미켈란젤로의 다비드상을 어디에 둘 것인가를 놓고 피렌체 교회의 조형담당자가 30명이 넘는 전문가를 불러 모았다. 그들 대부분은 미술가였고, 보티첼리를 비롯해 그렇게 모인 사람들이 서로 의견을 교환해서 다비드상의 위치를 결정했다는 사실이 기록으로 남아 있다.

그러나 당시 이탈리아의 도시가 우리의 과거 시골처럼 단순한 농촌사회였던 것은 물론 아니고, 그것보다는 훨씬 더 복잡해서 세분될 필요가 있었다. 그 이유 중 하나는 빈부격차에 있었다. 예를 들어 1500년경에 베네치아에서 가장 부유한 추기경의 수입이 1만 4천 리라였던 데 비해 1450년경에 피렌체의 사환이 받은 급료는 40리라에 지나지 않았으니 빈부격차가 얼마나 심각했는지를 알 수 있다.

르네상스 시대의 이탈리아에서는 도시화가 진행됐고, 사람들 사이에 식자율과 계산능력이 높아졌다. 알베르티는 공사의 구분을 주장했다. 정부에는 감사제도가 있어서 관리들이 사적 이익을 취하지 못하게 하는 기능을 했다. 또한 상근하는 관리의 수가 많았고, 그들은 전문교육을 받았으며 정액의 급여를 지급받았다.

이처럼 당시의 이탈리아에서는 예술의 영역에서와 마찬가지로 정치의 영역에서도 혁신이 이루어졌다. 그러나 당시 군주국에서는 공사가 명확하게 구분되지 않았다. 공직은 매매되는 것이 보통이었고, 공직자의 급여가 비숙련 노동자의 급여에도 미치지 못해 부정부패가 만연했다.

정치관

근대적 용어는 근대 이후에 사용되기 시작한 것이니 그 전의 시대에 적용할 때 주의해야 한다. 예컨대 '사회'라는 말은 서양에서 17세기 후반에 등장했다. 르네상스 시대에는 그 대신에 플라톤과 아리스토텔레스가 사용했던 '통치체(corpo politico)'라는 말이 사용됐는데 이것은 '신체'에 비유된 말이라는 점이 흥미롭다. 즉 신체에서 모든 기관이 심장의 지배에 복종하듯이 통치체에서 사람들은 군주에 복종하는 것이 가장 자연스럽다는 식이었다. 또한 지배자가 통치체의 '내과의사'에 비유되기도 했다. 예를 들어 마키아벨리는 《군주론》에서 진단과 치료라는 개념으로 정치를 설명했다. 《군주론》 3장에서 우리는 군주를 심장과 같은 것으로 보고 인체가 심장에 의해 지배되듯이 통치체가 내과의사인 군주에 의해 지배된다는 관점을 보게 된다.

한편 르네상스 시대에 '국가(lo stato)'는 통치체에 대비되는 말로서 공공복지, 정체, 권력구조의 뜻으로 사용됐다. 마키아벨리는 《군주론》에서 이 말을 115번이나 사용했다. 또한 '정체(governo, reggimento)'는 군주정, 공화정, 과두정, 민주정과 같은 것을 가리키는 말로 사용됐다. 그런데 당시 이탈리아의 실제 정체로 군주정과 공화정도 있었지만 그 중간의 형태도 있었고, 과두정과 민주정도 있었지만 역시 그 중간의 형태도 있었다. 따라서 사람들은 정체란 얼마든지 변화시킬 수 있는 것으로 인식했고, 마키아벨리를 비롯한 당시의 지식인들은 정체를 선택하는 것이 가능하다고 믿었다.

다시 말해 정체는 신이 부여하는 것이 아니라 인간이 만드는 것이므로 마치 건축과 같이 얼마든지 변경할 수 있는 것이라고 당시 사람들은 인식했다. 사실 당시의 건축론은 사회건축론이었다. 예컨대 알베르티의 건축론은 건축과 관련된 유토피아인 동시에 사회적인 유토피아로서의 이상적인 도시국가를 구상한 것이었다. 다 빈치의 상상도시 설계도 사회생활을 계획하는 것이 가능하다는 인식을 기초로 한 구상된 것이었다. 부르크하르트가 《이탈리아 르네상스의 문화》의 '예술작품으로서의 국가'라는 장에서 강조한 것이 바로 이것이다.

정치와 르네상스의 관련성

이탈리아 르네상스와 관련된 새로운 세대의 문화인들은 1460년과 1479년 사이에 태어난 85명이라는 주장이 있는데 그 가운데 피렌체가 중심인 토스카나 지역 출신은 21명에 불과했다. 그들에게는 1494년에 프랑스군이 이탈리아에 침략하고 그 뒤로 프랑스와 에스파냐 사이에 오랫동안 전쟁이 이어진 상황이 이탈리아인으로서의 공통의 운명을 인식하는 계기가 됐다. 1494년은 이탈리아의 역사에서만이 아니라 유럽 전체의 역사에서도 하나의 중요한 전환점이었다. 그때부터 시작된 혼란에 지식인과 문화인들은 다양하게 반응했다.

예를 들어 사보나롤라는 프랑스의 침입은 자신이 예언했던 대홍수의 현실화이고, 프랑스 왕은 죄가 많은 이탈리아의 교회를 개혁하기 위해 신이 보낸 사자라고 했다. 그러나 마키아벨리는 이탈리아가 쉽게 함락되는 것을 보고 정치를 결정하는 것은 15세기 휴머니스트들이 말한 이성이 아니라 힘이라고 생각했고, 그들이 주장한 인간의 완전성에 대해 의문을 품었다. 여하튼 그들에게 1494년은 중요한 의미를 갖는 것이었다.

예술가들의 반응을 확인해보기란 쉽지 않지만, 예를 들어 보티첼리의 경우는

1494년 이후에 작품이 비극적인 방향으로 변했다. 그는 사보나롤라처럼 천년왕국론의 입장을 갖게 됐고, 그 영향으로 후기에는 불안정한 내용의 작품들을 제작했다. 그러나 보티첼리를 제외하면 당시의 화가들에게서 정치적 영향의 흔적을 발견하기가 쉽지 않다. 다 빈치는 16세기 초부터 세계의 파멸을 그렸으나, 그가 남긴 글에서는 정치적인 문제와 관련이 있다고 볼 수 있는 문장은 전혀 발견할 수 없다. 게다가 그는 1494년과 그 직후에는 그런 그림을 그리지도 않았고, 프랑스군의 침입에도 불구하고 밀라노를 떠나지 않았다.

이탈리아 르네상스에 큰 전환점이 된 사건으로 1527년에 로마가 신성로마제국 황제인 카를 5세가 이끄는 군대에 의해 침략당한 것을 들 수 있다. 그 전에는 로마가 '세계의 중심'으로 간주돼 많은 문화인들이 로마로 모여들었으나 이 사건을 계기로 문화인들이 이탈리아의 전역으로 뿔뿔이 흩어졌고, 로마는 문화적 우월성을 상실했다.

게다가 1520년대는 기근과 페스트의 시기였고 피렌체, 나폴리, 밀라노, 제노바도 적군에 의해 포위되거나 약탈당했다. 당시에 가톨릭이 철저히 비판을 받게 되면서 엄격한 규율의 수도원이 창설됐고, 루터의 사상에 대한 공감도 확산됐다. 당시에 많은 예언서가 일반인에 의해 읽혀진 현상은 당시 사람들의 불안감이 얼마나 심했는지를 알게 해준다. 가톨릭은 이런 현상에 대응해 1542년에 이단을 심문하는 중앙집권적 기구인 성청을 만들고 금서목록을 작성했다. 이런 가톨릭의 조치는 그 뒤로 예술에 결정적인 영향을 끼쳤다.

1520년대는 마니에리즘이라는 양식이 등장한 시기이기도 했다. 르네상스 후기의 예술양식인 마니에리즘은 원근법, 균형, 건축적 모티브의 조합과 같은 초기 르네상스 양식과 단절된 새로운 양식이었다. 그러나 그러한 단절이 정치적인 계기에 의한 것으로 볼 근거는 거의 없다. 미켈란젤로만은 예외였다. 1475년에 태어난 그는 종교에 적극적이어서 청년시절에는 사보나롤라에 공감했고, 만년에는 로욜라에 공감했다.

(2)경제

도시의 발생과 발전

앞에서도 보았듯이 르네상스는 도시의 산물이라고들 한다. 그렇다면 도시는 어떻게 형성됐을까? 중요한 계기는 자연적 조건과 로마시대 이래 건설된 도로였다. 당시의 도시들은 자연적 조건을 기준으로 하면 해양도시와 강변도시로 분류된다. 베네치아, 제노바, 나폴리, 팔레르모 등은 해양도시이고 피렌체, 로마, 피사 등은 강변도시다. 로마시대 이래 건설된 도로는 지금은 대부분 철도로 바뀌었는데 그 연변에 설치된 도시로는 볼로냐가 대표적이다.

그러나 자연조건과 도로만으로는 도시의 발생을 설명하는 데 충분하지 않다. 도시가 발생하려면 그 도시의 서비스를 요구하는 다른 지역이 배후에 존재해야 한다. 이런 측면에서는 도시가 다음 세 가지로 구분된다.

첫째는 상업도시다. 그 대표적인 예는 베네치아와 제노바다. 베네치아의 서비스를 요구한 지역은 유럽 전역이었다. 베네치아의 상인들은 유럽과 동방 사이의 무역을 중개하는 역할을 맡았고, 15세기 말에 포르투갈인들이 희망봉을 도는 항로를 개척해 이용하게 되기까지는 경쟁상대가 없었다. 따라서 15세기 말까지 베네치아는 세계 최강의 상업도시로 군림하면서 목면, 비단, 향신료(특히 후추) 등을 수입해 유럽 전역에 팔고 모직물과 은화를 수출했다. 한편 제노바는 15세기에는 13세기와 같은 강력한 상업력은 상실했으나 곡물과 양모 무역으로 프랑스,

에스파냐, 북아메리카와 깊은 경제관계를 맺었다.

둘째는 공업도시다. 그 대표적인 예는 피렌체와 밀라노다. 피렌체는 모직물과 수공예 중심의 도시였다. 15세기 후반의 한창 때에 피렌체에는 모직물 공장이 270개, 견직물 공장이 83개, 목조 및 상감세공 공장이 84개, 금세공 공장이 74개, 석재가공 공장이 54개 있었던 것으로 전해진다. 미술을 적극적으로 지원한 것으로도 유명한 칼리마라 조합은 프랑스와 플랑드르에서 옷감을 수입해 완성품으로 가공해서 다시 수출했다. 모직물 공업은 밀라노에서도 중요했다. 그러나 밀라노에서 특히 발달한 것은 무기제조업을 비롯한 금속세공업이었다. 위에서 본 베네치아와 제노바의 경우도 공업이 발달했다. 베네치아에서는 유리가공업과 조선업, 그리고 특히 1490년 이후에는 인쇄업도 발달했고, 제노바는 견직물이 국제적으로 유명했다.

셋째는 서비스도시다. 도시가 제공하는 서비스 가운데 가장 이익이 많이 남는 분야는 금융업이었다. 14세기부터 16세기까지는 이탈리아인이 유럽 전체의 은행업을 지배했다. 피렌체를 지배한 메디치가는 그 자체가 유럽 최대의 은행이었다. 로마와 나폴리는 종교적, 정치적 서비스를 제공했다. 이 두 도시는 특히 관리들의 도시로서 권력의 중심이었다. 로마는 교회국가의 수도로서 가톨릭 세계 전체에 대해 종교적, 정치적 서비스를 제공했다. 로마는 '그리스도에 관한 모든 것을 판매하는 거대한 상점'이었고, 특히 값비싼 면죄부와 각종 허가서를 수출했다. 그러한 일의 경영은 교황청에 딸린 은행가들이 처리했다. 그리고 그러한 은행가들 가운데 가장 대표적인 것이 바로 메디치가였다.

그러나 어느 도시이든 간에 그것을 뒷받침한 것은 농업이었다. 특히 포 강 유역은 유럽 대평원의 일부로서 토지가 비옥했다. 그곳의 토지가 비옥했던 것은 농경에 적합한 강우라는 자연적 조건 덕분이기도 했지만 15세기의 백년에 걸친 운하건설 등 관개사업이라는 인위적 노력에도 힘입은 것이었다. 포 강 유역의 남쪽은 산악지대여서 농업에 불리했으나 내륙부의 포 강 유역은 토지가 비옥했다. 또한 아르노 강 유역은 밀, 키아나 강 유역의 포도주, 무젯로 지역은 과실, 룻카 일대는 올리브로 유명했다. 그러나 14~5세기에 토스카나에서는 경지가 상당부분 포기됐고, 촌락의 10%가 소멸했다.

토스카나보다 남쪽은 바위가 많은 지형인데다 작물 재배기에 강우량이 적다는 점이 농경에 장애가 됐다. 이에 따라 나폴리 주변의 풍요한 지역을 제외하면 이탈리아 반도 남부에서는 농업이 쇠퇴하면서 경지가 가축방목지로 전환됐고, 그에 따라 인구도 줄어들었다. 영국에서 토머스 모어로 하여금 "양이 인간을 잡아먹는다"고 개탄하게 한 현상이 이곳에서는 더 일찍 발생했다. 도시의 거대한 인구를 먹여 살리기 위해 농업은 시장에 공급하기 위한 상업적 생산을 해야 했다.

이탈리아의 도시들은 주변의 농촌을 지배하고 희생시켜 도시주민에게 값싼 식량을 제공하는 경제정책을 실시했다. 지금 자본주의 국가의 기본정책과 별반 다를 게 없었다. 또한 농민들에게는 본래 과세돼야 할 금액보다 더 많은 세금이 부과됐고, 이에 따라 부유한 농민들은 도시로 이주했다. 도시주민이 향유하는 법적, 정치적 특권은 농촌주민에게는 인정되지 않았다. 그래서 16세기에 임신부들은 자녀가 그런 특권을 누릴 수 있게 하기 위해 도시로 가서 아기를 낳았다. 당시 이탈리아에는 '농촌은 동물을 위한 곳인 반면에 도시는 인간을 위한 곳'이라는 격언이 존재했다고 한다.

자본주의 경제

자본주의가 무엇인가에 대해서는 여러 가지 논의가 가능하나, 그 특징의 하나로

소수 기업가들에게 자본이 집중되고 경제가 합리적, 계획적으로 제도화된다는 점을 들 수 있다. 이런 측면에서 르네상스 시대의 이탈리아 경제를 들여다보자.

첫째, 자본의 집중도를 보자. 코지모 데 메디치의 조부가 1492년에 거액의 유산을 남기고 죽었다는 데서 알 수 있듯이 당시에 이미 거대한 자본의 소유자가 존재했다. 이러한 자본축적은 대부분의 노동자들이 더 이상 독립적인 직인이 아니게 됐다는 점과 관련있다. 당시의 모직물 공장은 지금의 공장과 비슷한 규모로 운영됐고, 분업이 고도로 발달해 25단계 이상의 전문적인 직인을 필요로 했다. 그리고 그런 공장에서 일하게 된 직인(직공)은 일급을 받았다. 방적공업은 상당부분 재택 여성들에 의존했으나 그들도 원료를 공급해주는 상인들에 종속됐다. 상인들은 원료뿐만 아니라 기계나 공장까지도 대여해주었고, 19세기 이후처럼 생산자들을 직접 관리하지는 않았지만 간접적인 수단을 통해 그들에 대해 지배력을 행사했다.

둘째, 추상적인 개념과 계산을 토대로 한 복잡한 신용제도, 은행, 공채, 상업회사, 해상보험 등의 자본주의적 제도가 당시에 이미 존재했다. 특히 은행업은 당시에 이탈리아에서 처음 생겨났다. 공식적인 이자가 정해진 '공익전당포(Monti di Pieta)' 제도도 교회의 장려에 의해 만들어졌다. 이것은 14세기 피렌체에서 시민을 국가에 대한 투자자로 삼아 발행한 공채(公債, Monte commune)를 모델로 한 것이었다. 심지어는 딸이 결혼할 때 투자금을 이자와 함께 돌려받는 '결혼자금기금(Monte delle doti)' 제도까지 있었다. 상업회사에 투자한 사람은 회사가 파산하는 경우에 유한책임을 졌다. 선박을 상실할 가능성에 대해 보험을 드는 것도 가능했다. 특히 베네치아가 이러한 해상보험의 중심지였다. 제노바에서는 남편이 출산을 앞둔 아내를 대상으로 보험에 가입하기도 했다.

셋째, 예술가와 예술작품의 거래가 시작됐다. 베네치아에서는 중부 유럽에 향신료와 함께 예술가와 예술작품을 수출하기도 하고 수입하기도 했다. 예를 들어 티치아노는 지금의 독일 아우구스부르크 지역으로 갔고, 다 빈치는 프랑스로 갔으며, 뒤러는 독일의 뉘른베르크 지역에서 베네치아로 왔다. 또한 피렌체의 회화는 프랑스 왕실로 갔고, 그렇게 갔다가 되돌아오는 경우도 있었다.

이 시대에 상인들이 미술품을 선호한 이유에 대해서는 두 가지 견해가 있다. 그 가운데 하나는 1348~49년에 창궐한 페스트로 인한 경기후퇴 때문에 상인들이 미술품에 투자했다고 보는 견해이고, 다른 하나는 상인들이 미술품을 산 것은 투자가 아니라 자신의 신앙과 위신 또는 즐거움을 위한 행위였다고 보는 견해다.

물론 경제제도에 전통적인 요소도 남아있었다. 공업생산과 상거래는 여전히 소규모 공방에서 가족경영에 의해 이루어지는 것이 보편적이었다. 또한 대다수 소작농은 현물로 지대를 지불했다. 따라서 르네상스 시대의 이탈리아 경제를 근대 자본주의와 같은 것이라고 볼 수는 없으나 당시에 자본주의가 이미 시작됐음을 부정할 수 없다. 이 책 20장에서 보았듯이 셰익스피어가 베네치아를 무대로 삼아 《베네치아의 상인》을 쓴 것은 우연이 아니었다.

부르주아 사회?

지금까지 학자들은 르네상스 시대의 이탈리아를 부르주아들의 사회로 보아왔으나 이에는 여러 가지로 의문이 든다. 15~16세기의 이탈리아는 유럽에서 가장 도시화된 곳이기는 했다. 1550년에 인구가 1만 명 이상인 도시는 약 40개였고, 그 가운데 20개 도시는 인구가 2만 5천 명 이상이었다.

도시별 인구를 보면 나폴리의 인구가 약 21만 명으로 가장 많았고, 그 다음으로 베네치아는 16만 명, 밀라노와 팔레르모는 각각 7만 명, 볼로냐(1570년)와 피렌체, 제노바(1530년)는 각각 6만 명, 베로나는 5만 명, 로마는 4만 5천 명(1526년에는 5만 5천 명) 등이었다. 반면에 이탈리아를 제외한 유럽 전역에서 2만 5천 명 이상의 인구를 가진 도시는 20개 정도에 지나지 않았다.

당시 이탈리아의 도시 집중도도 높았다. 예를 들어 토스카나 지역의 인구 가운데 4분의 1은 피렌체를 비롯한 도시에 집중돼있었다. 당시에 이탈리아를 제외한 유럽 전역에서 그 정도의 도시 집중도를 보인 곳은 네덜란드의 플랑드르뿐이었다.

도시민 전체가 부르주아였던 것은 아니다. 도리어 대부분은 노동자였다. 물론 도시민 가운데 상인, 기술자, 전문직 종사자 등이 르네상스 문화의 주축을 형성한 것은 사실이다. 그러나 그들이 반드시 부르주아적 가치관을 지녔던 것은 아니다. 예를 들어 마키아벨리는 단테와 마찬가지로 '상점주인'들이 다스리는 피렌체를 경멸했고 이윤과 손실, 견직물조합이나 모직물조합에 대해서는 이야기하지 않겠다고 말했다.

근대의 부르주아 사회는 흔히 이념적으로 봉건적 대가족 제도를 탈피한 사회였다고 설명된다. 그것이 어느 정도 사실인가에 대해서는 의문이 있지만, 여하튼 르네상스 시대에는 대가족 제도에 근거한 가족과 가계가 중시되어 조상숭배와 관련된 거대한 궁전, 가족집회소, 가족예배당, 가족묘소 등이 많이 지어졌다.

(3)사회

르네상스 발생의 계기

우리는 '세대격차'라는 말을 사용하지만 '세대'라는 개념을 명확하게 정의하지는 않는다. 세대는 흔히 성숙한 시점부터 노령으로 인해 사회활동을 마치는 시점까지의 활동기를 가리킨다. 예를 들어 세대를 30세부터 60세까지로 본다면 30년 간이다. 그러나 한 세대의 기간은 일률적이지 않다. 경우에 따라서는 한 세대가 10년 정도의 기간일 수도 있다. 386세대니 486세대니 할 때의 세대가 그렇겠다. 한 세대의 해당기간을 더 짧게 끊어 말하는 경우도 있다. 청년기에 4.19에 참여하거나 겪은 사람들을 4.19세대니 1960년세대니 하는 경우가 그렇다.

르네상스 발생의 계기에 대한 설명에서도 정치적 사건을 중심으로 세대를 거론하는 경우가 있다. 예를 들어 1395년부터 1402년까지 밀라노의 군주정이 주변 지역을 병합하는 과정에서 공화정의 피렌체가 포위상태에 놓였던 사실을 중시하는 사람들이 그런 식으로 말한다. 피렌체의 초기 예술가들은 당시에 10~20대로 감수성이 강한 연령대였으므로 자국의 위기상태를 절감했고, 당시 피렌체의 지배자들도 마찬가지였을 것이다.

그러나 그 사건이 당시의 세대에게 자극을 주었을지는 모르나 이탈리아의 르네상스는 그 뒤로 2세기나 이어졌으니 그 사건만으로 이탈리아 르네상스 전체를 다 설명할 수는 없다. 게다가 그 사건이 당시의 세대에게 결정적인 것이었다고 볼 근거도 없다. 또한 그 사건은 피렌체가 아닌 다른 지역들의 르네상스를 설명하는 데는 아무런 도움도 되지 못한다. 이와 관련해 피렌체 이외의 지역들은 공화정이 아닌 군주정의 지배를 받고 있었다는 점에 유의할 필요가 있다.

르네상스 발생의 계기에 대한 또 하나의 견해는 1453년에 터키가 콘스탄티노플을 정복한 것이 르네상스의 계기였다고 보는 견해다. 그 정복에 의해 그리스의 학자들이 이탈리아로 이주하게 됐고, 그들이 그리스어와 그리스문학을 이탈리아에 소개해서 고대 학문의 부활을 자극했다는 것이다. 그러나 그 전에도 이탈리아에서 활동한 그리스 학자들이 많았다.

물론 그 정복 이후의 새로운 이주자들이 이탈리아에 영향을 미친 것은 사실이다. 이는 나치스의 집권으로 인해 1933년 이후에 많은 수의 유럽 학자들이 영국과 미국으로 건너가 그곳에 상당한 영향을 미친 것과 같다. 그러나 어느 경우에나 이주자들은 이미 존재하던 지적 수요를 충족시키는 역할을 했을 뿐이지 그들 자신이 새로운 세대를 형성하지는 않았다.

사회의 변화

인쇄기술의 발명은 르네상스의 확산에 중요한 역할을 했다. 그 덕분에 문법서, 시집, 서간집이 간행되면서 이탈리아인들이 토스카나어에 익숙해졌고, 삽화가 들어간 건축서의 간행으로 그들이 건축어휘에 익숙해지기도 했다. 그 결과로 예술시장이 더욱 넓어졌고, 고전적인 주제의 조각과 회화에 대한 주문이 늘어났으며, 건축양식의 차이에 대한 지식이 교양이 됐다.

예술에 대한 관심이 대중 사이에 확산되면서 예술이 변화하기 시작했고, 더욱 상징적인 예술과 문학이 등장했다. 예를 들어 페트라르카의 서정시를 패러디한 작품이 나오면 사람들은 그런 작품을 읽기 전에 페트라르카의 서정시를 먼저 읽을 필요가 있게 됐고, 페트라르카의 서정시를 읽는 것에 싫증이 나면 그것을 패러디한 작품을 찾아 읽는 식의 변화가 일어났다. 이러한 변화는 미술이나 건축 분야에서도 나타났다.

인쇄기술이 촉발한 위와 같은 변화들은 수 세기 동안 유지돼온 지역적 차이를 해소시켰다. 그 결과로 많은 방언이 문학의 표현수단에서 제외됐고, 그 밖의 다른 영역에서도 통일화가 진행됐다. 예컨대 회화에서 서민풍은 없어졌다. 16세기 중엽에 이르면 상류계층은 더 이상 민중의 축제에 참여하지 않고 자신들만의 축제를 즐기게 된다. 이에 따라 지역별 문화가 계급별 문화로 바뀌어 상하급 문화의 차이가 확대됐다.

또한 미술과 문학에서 개인적인 경향이 더욱 강해지고 세속적인 소재의 사용도 늘어났다. 여기서 세속적인 소재라는 말에 대해서는 주의해야 할 점이 있다. 그것은 종교적이 아니라는 의미이지 서민적이라는 의미가 아니며, 도리어 세속적인 소재는 귀족적인 경향을 갖고 있었다. 그래서 우아함, 엄숙함, 세련됨, 숭고함, 장엄함 등에 대한 관심이 높아졌다.

이러한 경향은 예술가의 사회적 신분이 높아진 점과 관련이 있다. 15세기에는 예술가의 사회적 신분이 매우 낮았다. 그러나 16세기 초의 20년 동안에 출생한 예술가들은 귀족이나 기사와 같은 비교적 높은 사회적 신분을 가진 부모에게서 태어났다.

15세기의 화가들은 가구에 그림을 그리거나 금박을 입히는 일을 하는 것을 부끄러워하지 않았으나 그들의 사회적 신분이 높아지면서 16세기의 화가들은 그렇게 하는 것을 부끄러워하고 거부했다. 이는 예술가가 보통의 노동자와 분리됐음을 의미하는 것으로서, 이런 변화에는 아카데미의 창설도 하나의 이유로 작용했다. 아카데미는 피렌체에서는 1560년에, 로마에서는 1590년에 각각 창설됐다. 그것은 본래 귀족의 아마추어 문학모임이었던 문학아카데미를 모델로 한 것이었다.

후원자들도 변했다. 새로운 후원자들은 미술작품을 그 자체의 가치를 보고 구입했고, 소재보다 양식이나 세부에 흥미를 갖는 전문가의 수준에 이르러 화가의 개성을 중시했다. 이런 변화는 예술적 개인주의의 발전이라고 할 수 있는 것이었다. 그래서 1600년 이전에는 작품의 목록에 화가의 이름이 등장하는 경우가 예외적이었으나 이제는 화가의 이름이 중시되기에 이르렀다.

이런 흐름은 화가와 후원자의 관계도 변화시켰다. 화가와 후원자의 관계에서 과거에는 후원자가 강했으나 이제는 화가가 강한 입장이 됐다. 15세기에도 미켈란젤로는 예외적으로 후원자에 대해 강한 입장을 보였으나 이는 그가 귀족출신이었기 때문이다. 게다가 그런 태도는 미술가의 경우에 국한된 것이었고 시인들은 여전히 노동자와 같은 대우를 받았다.

이러한 변화는 사회 전체의 상업화와 관련되는 것이었다. 15세기에 확대된 도시는 16세기에 더욱 확대됐다. 예를 들어 피렌체의 인구는 1427년에 약 4만 명이었으나 16세기 전반에는 7만 명으로 증가했고, 나폴리의 인구는 1450년에 4만 명이었으나 그로부터 1세기 뒤에는 20만 명에 이르렀다. 이런 도시의 확대는 농업의 상업화를 초래했다. 이에 따라 농민이 안정된 수입보다 이윤을 중시하는 상인으로 변해갔다.

그러나 이러한 변화를 자본주의적인 것이었다고 볼 수는 없다. 특히 당시에는 봉건화 현상이 동시에 일어나 상업화의 효과를 상쇄시켰다. 1570년 이후에는 상당수의 부유한 상인들이 상업이 아닌 토지에 투자하기 시작했고, 특히 피렌체와 베네치아에서 그러한 경향이 두드러졌다. 이는 부유한 상인들이 귀족화한 결과였다. 귀족과 시민 사이에 위치하는 존재였던 그들이 이제는 귀족처럼 살기를 희망했다. 그들은 기업가이기를 포기하고 지대생활자로서 소비를 즐기는 생활양식을 선택하고자 했다. 이런 태도변화는 당시에 그려진 그들의 초상화에서 쉽게 알 수 있다. 그들의 초상화는 그들의 선조처럼 기업가로서 열심히 일하는 모습이 아니라 화려한 별장에서 유희를 즐기는 모습으로 그려졌다.

그것은 미국의 경제학자 로스토가 토마스 만의 소설에 빗대어 '부덴브로크가적 변천의 패턴'이라고 부른 바 있는 일종의 제3세대 증후군이었다. 만의 소설 《부덴브로크가의 사람들》에서처럼 당시 이탈리아에서도 인문주의 교육의 후유증으로 상업에 실패해서 몰락한 가계가 메디치가를 비롯해 많이 있었다. 그렇다고 해서 새로운 부호가문이 등장한 것도 아니었다. 이는 당시의 아메리카 진출 붐으로 인해 상업의 중심이 지중해에서 대서양으로 옮겨갔기 때문이다. 이탈리아 상인들은 종래의 중개상 역할을 상실했고, 그 역할은 포르투갈 상인과 영국 상인에게로, 이어 17세기에는 네덜란드 상인에게로 옮겨갔다. 또한 당시에 식량가격이 많이 올라 토지가 투자대상으로 매력적인 것이 됐다.

이러한 변화는 예술가들에게 단기적으로 이익을 가져다주었으나 장기적으로는 손해를 초래했다. 지배계급이 자신들의 귀족적 생활을 위해 당장은 예술을 보호하는 태도를 보였지만, 계속해서 예술작품을 구입하거나 거대한 건축물을 세우는 데 필요한 그들의 부는 고갈돼갔다. 더구나 출신을 중시하고 노동을 경시하는 방향으로 예술가들의 가치관이 변화한 것도 장기적으로는 그들 자신에게 부정적으로 작용했다.

대신에 이탈리아 예술가들의 작품은 새로이 형성된 예술시장인 헝가리, 프랑스, 에스파냐, 영국 등으로 팔려갔다. 또한 미술은 음악에 그 우월한 지위를 뺏겼다. 이는 도시국가의 쇠퇴와 교회의 미디어 통제력이 증가된 탓이었다.

신분의 구별

르네상스 시대의 사회는 평등사회가 아니라 신분의 차이가 명확한 사회였다. 그러나 중세의 성직자, 군인, 농민이라는 단순한 구별은 받아들여질 수 없을 정도로 그 사회는 복잡했다.

먼저 사회적 직무가 아닌 징세의 편의를 위한 부자, 중산층, 빈민이라는 신분의 구별이 존재했다. 또한 가문에 따라 귀족이냐 아니냐 하는 구별과 정치적 권리에 따라 시민이냐 아니냐 하는 구별도 있었다. 지금 우리 사회에서 사용하는 것과 비슷한 '대중' 또는 '민중'이라는 개념도 있었다. 그런데 그 개념의 뜻은 그것을 사용하는 사람에 따라 달랐다. 예를 들어 상류층은 일반인을 경멸하는 뜻으로 그 개념을 사용한 반면에 중산층은 정치적 권리를 갖고 있지 못한 서민과 자신들을 구별하려고 그 개념을 사용했다. 당시에도 신분은 변할 수 있다는 믿음이 존재했다. 그래서 귀족성이 출신에 따르는가, 아니면 개인의 가치에 따르는가 하는 논쟁도 벌어졌다.

당시의 이탈리아 도시들이 신분이동이 원활하게 이루어질 정도로 개방적이었는가? 예를 들어 사환이 추기경이 될 수 있었는가? 조토를 비롯해 농민 출신이 예술가가 된 경우도 있고, 빈민의 자녀가 교수나 사제, 심지어는 교황까지 된 사례도 있다. 그래서 단테는 《신곡》의 지옥 편에서 벼락출세자나 벼락부자가 많다는 이유로 피렌체 사회를 비판하기도 했다. 이는 그만큼 그 사회가 개방적이었음을 뜻한다. 그 사회는 경쟁적이었고, 사람들 사이에 질투심이 많았다. 그러나 당대의 사람들은 벼락출세를 하는 것을 단테처럼 부정적으로 보지 않고 긍정적으로 보았다. 특히 상인이 지배한 피렌체에서는 업적을 중시하는 상인적 문화가 형성됐고, 이에 따라 업적을 세운 문화인의 가치가 쉽게 인정됐다. 당시에 출신을 중시하는 군인적 문화를 갖고 있었던 이탈리아의 나폴리나 프랑스, 에스파냐 등에 비해 피렌체에서는 업적이 보다 중시되고 창조력이 보다 높게 평가됐다.

그러나 당시 이탈리아 도시들의 사회적 유동성이 높았다고 볼 증거는 없다. 지금 우리나라도 사회적 유동성이 지극히 제한적임을 고려하면 당시의 피렌체가 사회적 유동성이 높았다고 생각하기 어렵다. 특히 15세기 후반에 이르면 사회적 신분상승의 길이 거의 막혀버렸다. 이는 베로나 등 여러 지역이 베네치아에 편입된 결과이기도 했다. 베네치아에서는 새로운 귀족이 탄생하기가 지극히 어려웠다.

(4)문화

문화 참가의 사회적 제약

어느 시대에나 참된 주인공은 창조적인 사람들이다. 물론 역사가 반드시 그렇게 서술되지는 않는다. 예를 들어 한국의 현대사를 이승만, 박정희, 전두환, 노태우 등 창조와는 아무런 관련도 없는 독재정치가들 위주로 서술하는 경우가 많은데 그러한 역사서술은 얼마나 삭막한가?

특히 우리가 르네상스에 대해 이야기할 때는 예술가와 저술가의 창조성이 중요하다. 말하자면 창조적 엘리트가 중요한 것이다. 우리 사회에도 엘리트는 많다. 그러나 그들은 창조성과는 무관하다. 그들은 소위 일류대학을 나와서 각 분야에서 출세한 사람들이다. 그러나 그들은 대부분 창조적이지 않다. 우리 사회에서는 창조적이면 도리어 출세를 하지 못한다. 르네상스는 물론이고 그 어떤 문화에서도 창조적 엘리트란 새로운 가치를 창조하는 사람들을 말한다. 이렇게 보면 우리나라에는 창조적 엘리트가 참으로 없다. 이렇게 창조적 엘리트가 없는 사회에는 르네상스가 있을 수 없다. 아니 예술이나 문화 그 자체가 있을 수 없다.

물론 르네상스 시대에도 창조적 엘리트가 배출되기 어렵게 하는 사회적 제약이 많았다. 르네상스의 창조적 엘리트라고 할 수 있는 사람들을 보면 크리스틴 드 피잔(1364~1430) 같은 예외도 물론 있긴 하지만 대부분이 남자였다. 미켈란젤로가 사랑한 비토리아 콜로나를 비롯해 여류시인이 3명 있었으나, 그들은 모두 르네상스 말기를 살았다. 르네상스 시대의 창조적 엘리트 가운데 여성이 드물었던 것은 그 시대의 여성이 여러 가지 사회적 제약을 받았기 때문이다.

또한 르네상스 시대의 창조적 엘리트는 그 출신지역이 토스카나와 베네치아에 치중됐고, 대부분 인구 1만 명 이상의 도시 출신이었다. 그들 가운데 로마 출신은 거의 없었다. 당시 로마는 이탈리아에서 8번째 도시였지만 교황청이 있고 귀족들이 사는 중심지였으니 창조적 엘리트가 많이 배출될 법했다. 그러나 로마보다 규모가 작은 도시들에서 창조적 엘리트가 더 많이 배출됐다. 이는 정치가 문화를 낳는 것이 아님을 보여준다. 정치보다는 자연조건이 중요한 요소로 작용했다. 그래서 예를 들어 조각가나 건축가는 석재가 풍부한 지역에서 많이 배출됐다. 미켈란젤로도 유명한 채석장 석공의 처를 유모로 삼아 자라났다.

당시 이탈리아 주민의 대부분이 농민이었으나, 창조적 엘리트 가운데 농민 출신은 매우 드물었다. 미술가 가운데는 기술자나 상인의 아들이 많았고, 저술가 가운데는 귀족이나 기술자의 아들이 많았다. 라파엘로는 화가의 아들이었다. 르네상스 당시에 회화나 조각은 잡화상이나 직물업과 마찬가지로 가족적 직업이었다. 이와 달리 문학과 학문의 경우에는 가족적 배경의 중요도가 훨씬 낮았다.

당시 유럽의 귀족이나 농민의 자녀는 예술가가 되기 어려웠다. 귀족의 경우에는 부모가 예술가를 천대했으니 자기 자녀에게 예술을 권했을 리 없다. 따라서 귀족의 자녀로 태어나 예술가가 되고자 하면 집안의 격렬한 반대에 부딪혔다. 미켈란젤로가 바로 그랬다. 그는 귀족 출신으로 예술가가 된 예외적인 경우다. 반대로 농민의 경우에는 당연히 가난으로 인해 예술가가 될 수 없었다. 저술가의 경우는 귀족 출신이 많았다.

르네상스 시대의 창조적 엘리트는 당시의 사회에서 좋은 대접을 받지 못했다. 귀족들은 그들을 사회적으로 무시했고, 결코 자신들과 같은 지위의 인간으로 보지 않았다. 당시에 그들은 지금 우리 사회의 창조적 엘리트보다 낮은 대우를 받았다고 할 수 있다. 그럼에도 불구하고 그들은 창조력을 발휘했다.

미술가들의 교육과 조직

우리의 대학에는 학문의 영역과 예술의 영역이 공존한다. 그러나 르네상스 시대에는, 아니 그 전부터도 서양에서는 저술가의 교육과 예술가의 교육은 분리됐다. 르네상스 시대에 저술가는 대학에서, 미술가는 화실에서 각각 직업교육을 받았다.

당시의 화가조합 규약에 따르면 예술가 지망생은 적어도 5년간의 기숙훈련과 2년간의 견습을 거쳐야만 자신의 독립된 화실을 열 수 있었다. 미켈란젤로는 13세, 다 빈치는 14세에 도제로서 예술가가 되기 위한 훈련을 받기 시작했다. 도제는 기숙비와 훈련비를 부담하는 것이 일반적이었으나, 미켈란젤로처럼 기술이 특히 뛰어나면 반대로 임금을 받는 경우도 있었다.

13~14세라면 지금 우리나라에서는 대체로 초등학교를 마치는 나이이다. 음악가가 되려는 아이의 경우는 모르겠지만 미술가가 되려는 아이의 경우는 이 정도의 나이에서 본격적인 훈련을 받기 시작하는 것이 좋지 않을까? 그렇다면 중학교 과정부터 전문화된 10년제 정도의 미술학교 같은 것을 구상해볼 필요도 있겠다. 그 학교는 처음부터 실기를 중심으로 하는 곳이 되어서는 안 되고 전인교육, 교양교육에도 관심을 기울여야 할 것이다. 최근 우리나라에 예술종합학교가 설립되어 여러 전공을 두고 실기 중심으로 교육을 실시하고 있다. 이 학교는 정부가 특별히 예술진흥을 위해 예산을 투자한 곳이지만, 나는 이 학교가 기능적 예술가를 만들어낼 수 있을지는 모르지만 르네상스적인 전인적 예술가를 배출하기는 어렵지 않을까 하는 생각을 갖고 있다.

르네상스 시대에는 대학에서 가르치는 자유 7과목에 대한 공부가 미술가 지망생들에게도 요구됐다. 이를 위해 아카데미가 설립됐고, 이것은 그 뒤로 17세기 프랑스, 18세기 영국에서 생긴 아카데미의 모델이 됐다. 다 빈치를 비롯한 당시의 몇몇 미술가들은 뛰어난 문학적 교양까지 갖추고 있었다는 사실은 널리 알려져 있다. 특히 미켈란젤로는 시인이기도 했다. 물론 모든 미술가가 다 그랬던 것은 아니다. 그러니 당시의 창조적 엘리트들 모두를 만능인이라고 부를 수는 없으나 적어도 알베르티, 다 빈치, 미켈란젤로는 만능인의 훌륭한 예가 된다.

여기서 내가 강조하고자 하는 것은 예술가란 어떤 분야의 기능인이나 기술자에 그쳐서는 안 되고 전인적 지식인이자 사회인이어야 한다는 점이다. 적어도 르네상스적 인간이 되기 위해서는 그래야 한다. 우리가 우리 나름의 르네상스를 이루기 위해서는 바로 그러한 예술가와 저술가를 많이 배출해야 한다.

위에서 미술가들의 사회적 조직을 화실이라고 했으나, 그 화실은 요사이 우리 사회의 화실과는 전혀 다른 것이었다. 당시의 화실은 공동작업을 통해 다종다양한 작품을 만드는 소집단의 작업장이었고, 근대 이후에 나타난 미술가의 개인주의적 화실과는 다른 것이었다. 화실보다 더 큰 미술가의 조직이 바로 동업조합(길드)이었다.

저술가들의 교육과 조직

다음은 저술가에 대해 살펴보자. 당시의 저술가도 대학에서 학업을 닦았다는 점에서는 지금과 다를 게 없었다. 그러나 당시 대학의 학비는 매우 비싸 두 사람의 하인을 두는 데 드는 비용과 같은 수준이었다고 한다. 하기야 지금 우리나라도 사립대학의 학비가 비싼 곳은 1년에 1000만 원을 넘나드니 당시 이탈리아와 다를 바 없이 비싸다.

당시 이탈리아에는 13개의 대학이 있었다. 그중에서 가장 많은 학자를 배출한 곳은 베네치아 공화정부로부터 집중지원을 받은 파도바대학이다. 그 다음으로 학자를 많이 배출한 곳은 세계 최초의 대학으로 불리는 볼로냐대학이고, 로마대학이 가장 뒤처졌다. 학문에서도 정치는 무의미했다.

당시의 예비 저술가는 예비 예술가보다는 늦은 나이이지만 지금 우리의 대학생보다는 이른 나이인 16세 정도에 대학을 다녔다. 여기서 우리는 당시의 대학이 오늘날 우리의 고등학교에 해당된다는 점에 주의할 필요가 있다. 그러나 그 교육의 내용은 지금 우리의 대학 1학년에서 가르치는 교양과목 수준이었다는 점에서는 달랐다.

당시의 대학에서는 먼저 교양과목으로 학예(Arts), 즉 자유 7과목(문법, 논리, 수사 등 기초 3과목과 산술, 기하, 음악, 천문 등 응용 4과목)을 공통으로 배운 다음에 신학, 법학, 의학 가운데 하나를 전공으로 선택해 진학했다. 교양과목에는 자유 7과목 외에 역사, 시, 윤리 등 '인문학'도 포함됐다. 수업은 모두 라틴어로 이루어졌다. 이렇게 볼 때 당시의 대학은 지금 한국의 대학과는 매우 다른 곳이었다.

당시의 대학에는 오늘날 우리의 대학에 존재하는 인문학 전공 같은 것은 없었다. 당시에 인문학은 교양과정으로만 존재했고, 모든 대학 입학생은 인문학을 공통으로 배웠으며, 그런 다음에야 종교인, 의사, 법률가 중 하나가 되기 위한 직업교육을 받았다. 이것이 대학의 원형이라면 대학은 본질적으로 직업교육을 실시하는 곳이고, 인문학은 그런 직업인의 교양을 위한 것이라고 말할 수 있겠다.

그런데 그 뒤로 대학교육은 인문학을 별도의 전공으로 설정했다. 이는 학자라는 근대적 전문직업인의 존재를 전제로 한 것이므로 처음에는 매우 예외적인 분야였고, 따라서 그 숫자는 당연히 매우 적었다. 지금도 유럽이든, 미국이든, 일본이든 인문학 영역이 대학에 설정돼있으나 인원이나 시설의 측면에서 그 비중은 그리 크지 않다고 할 수 있다.

그러나 우리의 대학은 출발부터 왜곡된 것이어서 여러 가지의 문제점을 갖고 있었다. 특히 인문학이 대학의 중심이나 되는 듯이 그 중요성이 과장됐고, 전공과 무관하게 철학이나 문학에 탐닉하는 것이 마치 교양인양 선전됐다. 이에 따라 대학에 낭만 과잉의 비현실적 분위기가 형성됐고, 특히 일제시대에는 그러한 분위기가 참혹한 식민지 현실로부터 청년들을 도피시키는 기능을 했다. 게다가 인문학은 아무런 시설도 필요 없고 강의자와 강의실만 있으면 되므로 그 뒤로도 어느 대학이나 손쉽게 인문학과를 개설할 수 있었다. 그리고 그렇게 개설된 인문학과는 학생정원제 강제와 복수전공 금지 등에 의해 배타적으로 유지됐다.

그러나 학자라는 직업인의 배출은 어느 사회에서나 지극히 제한적이다. 따라서 인문학을 공부하는 학생들이 대학졸업 후에는 대부분 전공과 무관한 분야에서 직업을 얻거나 실업상태에 놓였다. 최근에 와서 그러한 대학의 왜곡을 더 이상 방치할 수 없게 되어 인문학과의 학생정원을 줄이거나 학생들에게 전공을 자유롭게 선택할 수 있게 하는 제도가 채택되기에 이르렀다. 그 결과로 직업인으로서의 학자가 될 수 있는 가능성이 더욱 줄어들자 인문학자들이 반발하고 나선 것이 이른바 '인문학 위기론'의 배경이다.

인문학자들은 대학이 직업인 양성소가 아니라 학문을 하는 곳이라고 말한다. 그러나 이런 주장은 제도로서의 대학과 학문을 혼동하는 것이다. 대학은 처음부터 직업인 양성소였고, 지난 천 년간 모든 나라에서 젊은이들은 직업을 갖기 위한 준비로 대학을 찾았다. 학문이라고 하는 것도, 특히 인문학이라고 하는 것도 사실은 그 분야의 직업을 갖기 위해 필요한 지식의 다른 이름에 불과했다. 나는 제도로서의 대학은 이러한 본래의 모습을 되찾아야 한다고 생각한다.

르네상스 시대의 저술가들은 직업적 유대가 없었기에 예술가들의 조직과 같은 것을 갖지 못했다. 대학에서 교육을 받은 사람들은 대부분 교회나 국가에 취업

하고자 했다. 대학은 지식인들이 저술활동을 하는 곳으로는 부적합했고, 대학의 교수들은 강의에 쫓기다보니 여가가 생겨야만 책을 쓸 수 있었다. 르네상스 시대의 저술가 중에는 대학에 몸담았던 사람들도 있었으나 예외적이었고, 도리어 대부분의 저술가는 군인, 외교관, 신부 등의 직업인이었으며, 그들 역시 여가를 내어 책을 썼다.

예술의 후원자와 주문자

르네상스 시대의 예술가들은 후원자를 필요로 했다. 후원의 주된 형태는 예술가에게 몇 년간 숙식을 제공하거나 일시적으로 생활비를 대주는 식이었고, 후원자는 이러한 후원의 대가로 예술가로부터 작품을 받았다. 일시적으로 생활비를 대주는 경우는 후원이라기보다 주문이라고 볼 수도 있다.

예술가에게 장기간의 후원을 제공한 사람 가운데는 군주가 많았다. 궁정에서 일자리를 갖게 된 예술가는 상대적으로 높은 지위를 누렸다. 그러나 후원자인 군주가 죽으면 모든 것이 끝이었다. 또한 군주에게 예속된 입장이기 때문에 군주가 원하는 것은 무엇이든 다 들어주어야 했다. 예를 들어 다 빈치는 궁정의 잡다한 기획에 참여했다. 물론 다 빈치의 경우는 그것을 강요당하기만 한 것은 아니었고, 그 자신이 스스로 그것을 원해서 한 측면도 있다. 다 빈치는 밀라노공에게 보낸 편지에서 교량과 전차의 설계 등과 관련된 자기의 능력을 열거하면서 열 번째로 회화와 조각의 능력을 꼽았다. 그러나 예술가의 궁정생활은 결코 풍족하지 않았다. 그래서 다 빈치는 밀라노 시대의 걸작인 〈최후의 만찬〉은 수도원의 돈을 받고 그렸고, 〈암굴의 성모〉는 신도회의 돈을 받고 그렸다.

르네상스 시대에는 군주국의 궁정과 함께 공화정부도 예술가들에게 중요한 후원자였다. 다 빈치의 〈앙기아리의 싸움〉과 이것에 대비되는 미켈란젤로의 〈카치나의 싸움〉을 주문한 것은 피렌체 공화정부였다. 그러나 여기서 '정부'라고 한 말에는 주의가 필요하다. 우리식으로 말하면 그것은 규모가 읍이나 면 정도인 지방자치단체였기 때문이다. 그리고 그 정부에는 수석건축가나 공인화가들이 있었다. 그들은 고정적인 급료를 받았으니 군주에게 종속된 경우와 유사했으나, 그 외의 예술가들은 대부분 화실에서 일하며 주문을 받아 창작했다. 화실의 예술가들은 경제적으로 불안정하고 사회적 지위도 낮았으나 자신이 하고 싶은 것을 할 수 있다는 장점이 있었다. 그래서 르네상스의 참된 혁신은 궁정이 아니라 화실에서 비롯됐고, 그 중심은 공화국인 피렌체와 베네치아의 화실이었다.

〈암굴의 성모〉

군주정과 공화정과 같은 정부보다 더욱 중요한 것이 교회였다. 교회는 전통적으로 서양미술의 최대 후원자였다. 그래서 4세기경부터 17세기에 이르기까지의 서양미술사에서 우리가 보게 되는 것은 대부분 종교화다. 그리고 르네상스 시대의 이탈

다 빈치의 〈앙기아리의 싸움〉(소실됨)을 모사한 것으로 알려진 루벤스의 그림

리아에서는 일반인도 가족예배당이나 가정을 장식하기 위해 종교화를 주문하는 경우가 많았다. 양모조합을 비롯한 동업조합도 미술에 대한 주된 후원자 가운데 하나였다. 미켈란젤로의 〈다비드〉가 바로 양모조합에 의해 주문된 것이었다. 또 하나의 중요한 후원조직은 신도회였다. 자선사업과 은행사업을 병행한 신도회는 예를 들어 다 빈치의 〈암굴의 성모〉를 주문했다. 신도회는 개인으로서 작품을 주문할 수 있을 정도로 큰돈을 갖고 있지 못한 대중을 후원활동에 참가시켰다는 점에서 미술사에서 매우 중요하다.

투기는 없었다. 예술품에 대한 투기는 자본주의가 본격화되는 18세기 이후

524

미켈란젤로의 〈카치나의 싸움〉(소실됨)을 그의 제자가 모사한 것으로 알려진 그림

의 일이다. 그 전에는 신앙심과 명성, 그리고 개인적 즐거움이 예술을 후원하는 동기였다. 그중에서 르네상스 시대에 특히 두드러진 동기는 개인적 즐거움이었다. 후원자들은 예술을 참으로 사랑하는 애호자들이었다. 그 애호자들은 교양교육을 받은 인문주의자이자 전문직업을 가진 사람들이었다. 그와 달리 지금 우리의 사회에서는 투기적 가치에 따라 예술의 가치가 결정된다. 그리고 그 투기적 가치가 아카데미즘의 평가(미술평론가들의 장사치 평론까지 포함한)에 의해 결정된다. 이런 상황에서는 참된 예술이 있을 수 없다.

학문의 후원

한편 학문의 경우는 예술과 달리 후원자를 필요로 하지 않았다. 왜냐하면 저술가들은 다른 직업을 가지고 있었기 때문이다. 대학에서 교육을 받은 사람들은 대부분 교황청이나 정부의 관리로 출세했다. 특히 뛰어난 라틴어 능력이 당시의 행정에 필요했다. 예술을 후원하는 것과 마찬가지로 학자나 문인을 후원하는 것도 지배자의 명성에 도움이 되는 일이었다. 그래서 군주를 찬양하는 많은 시가 궁정시인들에 의해 씌어졌다.

시인들만이 아니라 역사가들도 군주를 위해 봉사했다. 《군주론》의 저자로 유명한 마키아벨리는 사실 역사가이기도 했는데, 그의 또 다른 유명한 저서인 《피렌체사》는 메디치가 출신의 교황인 클레멘스 7세의 위촉에 의해 씌어졌다. 지배자들은 군사적인 필요에서 과학자들을 후원하기도 했다. 예를 들어 다 빈치는 예술가로서가 아니라 군사기술자로서 밀라노 궁정에 초빙됐다.

예술의 용도

오늘날 우리는 예술작품이라는 것이 그냥 즐기고 소비하는 것이라고 생각하지 않는다. 또한 우리는 예술작품은 그 자체로서 가치가 있는 것이라고 생각하지 그것이 어떤 다른 용도를 위해 만들어진다고 생각하지 않는다. 그러나 과거에는 예술작품이 어떤 용도를 위한 소모품에 불과했고, 그 자체만으로 특별한 가치를 갖는 것이 아니었다.

르네상스 시대에 예술의 첫 번째 용도는 종교적인 용도였다. 그러나 여기서 '종교'라는 말의 뜻에 유의할 필요가 있다. 왜냐하면 당시에는 예를 들어 전염병을 쫓기 위해 그림이 그려지고 음악이 작곡되기도 하여 종교적인 것이라고 해도 사실상 '미신'에 가까웠기 때문이다. 보티첼리의 〈봄〉은 금성으로부터 행운을 가져다주는 부적을 표현한 것이었다고 보는 견해도 있다. 물론 예배를 위해, 또는 교회를 위해 성화나 조각이 제작되는 경우도 많았다.

두 번째 용도는 정치적 용도였다. 르네상스 시대의 미술은 대부분 교황, 군주, 군인, 공화국을 옹호하기 위한 것이었음은 잘 알려져 있다. 미켈란젤로의 〈다비드〉를 비롯한 많은 다비드상은 공화국 피렌체의 상징을 표현한 것이었다. 그러므로 우리는 그 작품을 예술로 보기 전에 정치현상의 하나로 이해할 필요가 있다. 또한 앞에서 소개한 피렌체 정부청사의 의회에 걸린 미켈란젤로와 다 빈치의 벽화도 공화국 찬미라는 정치적 의미를 가진 것이었다. 그래서 1513년에 메디치가 복귀했을 때 두 벽화는 파괴됐다.

세 번째 용도는 개인적 용도였다. 15~17세기의 이탈리아에서는 과시적 소비가 극에 이르러 귀족들이 가문의 명예를 드높이고 경쟁가문에 질투심을 유발하기 위해 거대한 집을 짓거나 정원과 실내를 갖가지 조각과 그림으로 장식했다. 그리고 가족이 죽게 되면 거대한 예배당과 묘비가 세워졌다. 미켈란젤로가 만든 메디치가의 예배당이 그러한 것이다.

예술의 취향

어느 시대에나 예술은 그 자체의 순수한 미적 가치에 의해 결정되기보다는 시대적 취향에 의해 결정된다. 르네상스 시대의 예술도 마찬가지였다.

르네상스 시대의 첫 번째 취향은 자연주의였다. 르네상스 미술은 생동감과 입체감 등에서 과거의 비잔틴 미술이나 고딕 미술과 구분된다. 르네상스 미술에서는 자연주의가 두드러지게 나타나기 때문이다. 바사리는 〈모나리자〉와 〈최후의 만찬〉을 자연주의의 걸작으로 칭송한 바 있다. 그러나 당시의 자연주의가 근대적인 자연묘사와 같은 것은 아니었다. 예를 들어 미켈란젤로는 자연을 그대로 묘사하는 플랑드르 회화를 비난했고, 그 자신은 이상적인 자연을 추구했다.

두 번째 취향은 조화와 질서였다. 따라서 수학적 법칙에 따르는 것이 중시됐다. 그러나 1520년대에 미켈란젤로는 이러한 취향에 반대했다. 그는 뒤러의 인체 비례론을 비판하고 "눈이 없으면 기하학이나 수학의 이론도, 원근법의 법칙도 사람에게 아무런 도움이 되지 않는다"라고 말했다. 이런 취향에 따라 객관적인 조화와 질서에 대항해 정신적이고 주관적인 우아미가 강조됐고, 이런 점은 특히 마니에리즘에서 가장 강조됐다.

세 번째 취향은 풍요, 활기, 생동, 다양, 찬란, 호화, 호사, 화려, 장대, 장려, 웅장, 위대, 위풍당당 등과 같은 말로 표현될 수 있는 것이었다. 그러나 단순함을 찬양하는 태도가 전혀 없었던 것은 아니다. 예를 들어 알베르티는 생동감을 찬양하면서도 장식이나 혼란은 혐오했고, 화가나 조각가는 모름지기 흰색을 좋아해야 한다고 주장했으며, 수수함을 찬양했다.

네 번째 취향은 감정표현이었다. 알베르티는 화가들에게 사람의 영혼을 움직여 사람으로 하여금 웃고 울고 슬퍼하게 하는 그림을 그릴 것을 요구했다. 다빈치는 〈최후의 만찬〉에서 예수와 12사도의 감정을 여실하게 표현했다. 미켈란젤로도 생각과 감정의 표현에 충실했다.

다섯 번째 취향은 교묘하고 탁월한 표현방법이었다. 즉 표현하기 어려운 것을 극복하고 사람의 손으로 그렸다고 하기에는 놀라운 기술이 칭송의 대상이 됐다. 중세의 미술을 비난할 때면 흔히 조잡하거나 졸렬하다는 표현이 동원됐다.

이와 같은 것들이 르네상스 예술의 일반적인 취향이었지만, 그러한 취향이 획일적으로 나타난 것이 아니라 다양하게 나타났다는 점에 유의해야 한다. 그 다양성은 다음과 같이 나타났다.

첫째, 지역간 다양성이 나타났다. 예를 들어 베네치아에서는 색채가 강조된 반면에 피렌체에서는 소묘가 강조됐다.

둘째, 계층간 다양성도 나타났다. 이 점은 앞에서 설명했듯이 안탈이 이미 지적한 바 있고, 르네상스 당시에도 널리 알려진 사실이었다. 당시에 이미 고급예술과 대중예술이 구분됐다. 지금도 그러한 구분이 있으니 계급사회였던 당시에는 그러한 구분이 더욱 분명했을 것이다. 아리스토텔레스가 《시학》에서 비극은 선량한 인간을 다루고 희극은 평범한 인간을 다룬다고 했지만, 르네상스 시대에는 비극은 귀족의 것이고 희극은 평민의 것이라고 여겨졌다. 그래서 단테의 작품이나 당시에 저속하다고 평가된 《데카메론》은 상인들에게 널리 읽혀졌고, 페트라르카의 작품은 귀족들에게 널리 읽혀졌다. 그러나 당시의 휴머니스트들은 물론이고 귀족들도 민중문화에도 참가했다. 예를 들어 로렌초 데 메디치는 카니발의 노래를 썼다.

셋째, 르네상스에 대한 반대자들도 있었다. 종교인들은 당연히 그러한 반대자들에 속했다. 교황청은 많은 책을 금서로 지정했고, 미켈란젤로의 〈최후의 심판〉을 가필하게 했다. 사보나롤라는 처녀인 마리아를 매춘부처럼 그린 화가들을 비난했다.

회화의 주제

르네상스 예술을 정확하게 판단할 수 있게 해줄 원전 자체가 완전하게 남아있지 않다. 예를 들어 르네상스 이탈리아 회화의 완전한 목록은 당연히 존재하지 않고,

현재 목록화돼 있는 것은 1420년부터 1539년까지 120년간의 작품으로 인정된 2229점이다. 그중 약 87%는 종교화이고, 나머지 13퍼센트는 세속화다. 종교화 가운데서는 절반 정도가 성모, 나머지 절반 정도가 예수와 성인을 그린 것이고, 세속화 가운데서는 67퍼센트가 초상화다.

르네상스 시대에 세속화가 개인들의 주문에 의해 많이 그려졌지만 그 뒤 400~500년이 지나면서 상당수가 분실됐을 것으로 추정된다. 이에 비해 종교화는 교회에 의해 보존이 가능했다. 르네상스 회화에 대해 분석을 할 때에는 이 점을 염두에 두고 분석을 해야 한다.

르네상스 시대도 당연히 기독교 문화가 지배적인 시대였는데도 예수의 그림이 매우 적은 것이 이채롭다. 이는 중세 때부터 예수를 그리는 것이 금지되거나 기피되던 현상의 연장으로 이해된다. 예수의 그림은 당시나 지금이나 가장 큰 종교행사인 크리스마스와 부활절의 주제인 탄생과 부활을 주제로 한 것이었고, 이와 다른 주제로 그려진 예수상은 많지 않다.

르네상스 시대에 그려진 그림에는 약 100명의 성인이 등장한다. 그 가운데 가장 많이 등장하는 성인은 성 요한, 성 세바스찬, 성 프란체스코 순이다. 성 요한은 피렌체의 수호성인이었고, 성 세바스찬은 당시에 가장 무서운 전염병이었던 페스트를 막아주는 보호성인이었으며, 성 프란체스코는 토스카나 출신의 이탈리아 성인으로 그 자신이 창설한 교단의 지지를 받았기 때문이다.

이런 순서는 현대 이탈리아인의 이름에 많이 쓰이는 순서와도 거의 일치한다. 그러나 그 순서가 신학상의 중요도 순서와는 일치하지 않는다. 예를 들어 신학에서 가장 중요한 사도로 취급되는 성 베드로를 그린 그림은 매우 적다. 이는 15세기 후반까지는 교황청이 있는 로마가 별로 중요하게 취급되지 않았고, 교황권이 약했기 때문인 것으로 보인다.

티치아노의 〈바쿠스와 아리아드네〉

한편 세속화 가운데 초상화는 고금의 유명한 인물(시인, 군인, 법률가), 지배자, 귀족과 그 가족, 상인과 직인의 순서로 많이 그려졌다. 상인과 직인의 초상화까지 등장하자 지배자나 귀족은 자신의 신분을 상징하는 시종이나 사냥개와 같은 것들을 자신의 초상화 속에 등장시켜 자신을 차별화하고자 했다.

또한 르네상스 회화에는 고대 신화를 묘사한 것이 많다. 특히 고대와 르네상스 시대에 인기가 있었던 오비디우스의 《변신 이야기》와 관련된 것이 많다. 예를 들어 티치아노의 〈바쿠스와 아리아드네〉는 《변신 이야기》 제8권의 내용을 그린 그림이다.